Lições de Português pela análise sintática

Evanildo Bechara

Professor Titular e Emérito da Universidade do Estado do Rio de Janeiro (UERJ) e da Universidade Federal Fluminense (UFF); Membro da Academia Brasileira de Letras e da Academia Brasileira de Filologia; Sócio correspondente da Academia das Ciências de Lisboa; Representante brasileiro do novo Acordo Ortográfico

Lições de Português pela análise sintática

*21.ª edição revista pelo autor
com exercícios resolvidos*

Rio de Janeiro, 2023

Copyright © 2006 by Evanildo Bechara

Direitos de edição da obra em língua portuguesa no Brasil adquiridos pela EDITORA NOVA FRONTEIRA PARTICIPAÇÕES S.A. Todos os direitos reservados. Nenhuma parte desta obra pode ser apropriada e estocada em sistema de banco de dados ou processo similar, em qualquer forma ou meio, seja eletrônico, de fotocópia, gravação etc., sem a permissão do detentor do copirraite.

EDITORA NOVA FRONTEIRA PARTICIPAÇÕES S.A.
Av. Rio Branco, 115 – Salas 1201 a 1205 –
Centro – 20040-004
Rio de Janeiro – RJ – Brasil

Dados Internacionais de Catalogação na Publicação (CIP)

B391l   Bechara, Evanildo
        Lições de Português pela análise sintática / Evanildo Bechara. – 21.ª ed. – Rio de Janeiro: Nova Fronteira, 2023.
        448 p.; 15,5 x 23 cm

        ISBN: 978-65-5640-690-9

        1. Língua portuguesa I. Título.

CDD: 469.09
CDU: 811.134

André Queiroz – CRB-4/2242

CONHEÇA OUTROS LIVROS DO AUTOR:

À minha esposa
e
aos meus filhos Evanildo, Enildo e Evaldo

"Todas as questões relativas à estrutura da frase são da maior importância teórica e prática: teórica, porque aí reside uma das partes integrantes de toda a ciência; prática, porque não há reflexão, não há regra, não há ensino referente ao emprego da língua a serviço do pensamento que não apele para as noções gerais desta natureza."

A. Sechehaye, *Essai sur la structure logique de la phrase*. Paris, 1926.

Sumário

Apresentação 15
Vale a pena pensar 16
Prefácio da 18.ª edição 17
Diferenças de conceitos e nomenclatura entre estas
   Lições de Português e as obras *MGP* e *GELP* 18
Prefácio da 11.ª edição 22
Prefácio da 10.ª edição 23
Prefácio da 2.ª edição 24
Prefácio da 1.ª edição 25

Lição I
Sintaxe 27
Que é oração 27
Entoação oracional 27
A importância da situação e do contexto 29
Constituição das orações 29
Estruturação sintática: objeto da SINTAXE 30
A oração na língua falada e na língua escrita 31
SINTAXE e ESTILO: necessidade sintática e possibilidade estilística 31
Tipos de oração 32

Lição II
Termos essenciais da oração 33
Sujeito e predicado 33
Omissão do verbo 33
A vírgula indicativa da omissão do verbo 34
Posição do sujeito e do predicado 34
A vírgula e a inversão dos termos da oração 35

Lição III
Tipos de predicado... 37
   Predicado verbal 37
   Predicado nominal 37
   Predicado verbonominal 38
   Verbos de ligação 38

Lição IV
Sujeito indeterminado e orações sem sujeito 41
   Sujeito indeterminado 41
   Orações sem sujeito 42
   Os principais verbos impessoais 43
   Os verbos impessoais sempre aparecem na forma de 3.ª pessoa do singular 45
   HAVER no singular e EXISTIR no plural 46
   Erro no emprego do verbo TER pelo HAVER 47

Lição V
Núcleo 48
   Que é núcleo 48
   O núcleo do sujeito é sempre um substantivo ou pronome 48
   Sujeito simples e sujeito composto 48
   A vírgula e o sujeito composto 49
   Ideia de concordância do verbo com o sujeito: princípios gerais 50
   Outros casos de concordância 51

Lição VI
Complemento 58
   Que é complemento 58
   Complementos nominais e verbais 59
   Os tipos de complementos verbais 60
   Tipos de objeto direto e indireto 62
   A preposição como posvérbio 63
   Objeto direto preposicionado 64
   Concorrência de complementos diferentes 65
   A classificação do verbo depende da frase 66
   Predicativo do objeto 67
   O pronome O como objeto direto e LHE como indireto 68
   O pronome ELE como objeto direto 69
   A preposição e o pronome pessoal oblíquo 69
   Os outros pronomes pessoais com função objetiva 71
   Alterações fonéticas das formas pronominais O, A, OS, AS 71
   Combinações de pronomes átonos 72
   Pleonasmo no emprego de pronomes objetivos 74
   Emprego da vírgula com objetos pleonásticos 74

Verbos a cuja regência se há de atender na língua-padrão 75
Elipse do complemento 83
Objeto direto interno 83
Complementos de termos de regências diferentes.................................84
A preposição com as palavras exceptivas..84
Complementos comuns a mais de um verbo...85
Expressões que alternam sua preposição 85

Lição VII
Adjunto 86
Que é adjunto...86
Exercem função de adjunto adnominal..87
A vírgula no adjunto adnominal 89
Adjunto adnominal comum a mais de um núcleo..................................89
Inversão nos adjuntos adnominais..89
Antecipação do adjunto adnominal..90
Adjuntos adnominais e objetos indiretos de posse ou
   dativos livres de posse 90
Adjuntos adverbiais 91
Advérbios interrogativos 92
Advérbios de base nominal e pronominal 93
Pontos de contato entre o advérbio e o adjetivo....................................94
Princípios de concordância nominal 95
A concordância com UM E OUTRO, NEM UM NEM OUTRO,
   UM OU OUTRO 97
A concordância com MESMO, PRÓPRIO, SÓ 98
A concordância do adjetivo LESO 98
A concordância de ANEXO, INCLUSO e APENSO 99
DADO e VISTO 99
TAL e QUAL 99
PSEUDO e TODO 99
A expressão A OLHOS VISTOS..100
A expressão HAJA VISTA 100
É PRECISO MUITA PACIÊNCIA 101
UM POUCO DE/UMA POUCA DE + SUBSTANTIVO 101
A VIDA NADA TEM DE TRÁGICA 101
Concordância do verbo com o sujeito seguido de adjunto adverbial
   de companhia 101
Advérbio de oração 102
Omissão de preposição em adjuntos adverbiais..................................103
Acúmulo de preposições no adjunto adverbial 103
Preposição redundante nos adjuntos adverbiais 104
Adjuntos adverbiais expressos por pronomes átonos..........................105
Verbos que se constroem com objeto direto ou adjunto adverbial......105
Repetição de advérbios em –*mente* 106

Lição VIII
Sujeito 107
    Sujeito como agente da ação verbal 107
    Sujeito como paciente da ação verbal: passividade 107
    O agente da passiva 108
    Sujeito como agente e paciente 108
    Vozes verbais: ativa, passiva e medial 108
    Mais de um sentido em certas construções 112
    Só os verbos transitivos diretos admitem voz passiva 112
    Transformação da voz ativa em passiva e vice-versa 113
    Evolução da conjugação reflexiva 115
    Diferença entre voz passiva e predicativo 117
    O pronome reflexivo SI 117

Lição IX
Aposto 119
    Que é aposto 119
    Tipos de aposto 120
    Aposto em referência a uma oração inteira 121
    Aposto circunstancial 121
    Aposto especificativo 122
    Pontuação no aposto 123
    Casos de concordância 124

Lição X
Expressões exclamativas 125
    As exclamações 125
    As interjeições 125
    O vocativo 126
    Um caso de concordância: VIVAM OS CAMPEÕES! 127

Lição XI
Período 129
    Período composto 129
    Orações independentes e dependentes 130
    As orações quanto à ligação: conectivas e justapostas 131
    Tipos de orações independentes 133
    Conjunções coordenativas 136
    Tipos de orações dependentes 138
    Funções sintáticas da oração subordinada substantiva 139
    Subordinadas substantivas conectivas e justapostas 140
    Características da oração subjetiva e predicativa 141
    Omissão da conjunção integrante 142
    Pleonasmos da conjunção integrante 143

Subordinada substantiva justaposta..144
Subordinada adjetiva: seus tipos...147
Subordinada adjetiva justaposta...148
Funções sintáticas do conectivo das orações adjetivas....................148
Emprego de relativos..150
Posição do relativo...151
Pronome relativo sem função na oração em que se encontra.........152
O QUE, A QUE, OS QUE, AS QUE...153
O DE que mais gosto É DE..154
Emprego de À em À QUE, ÀS QUE..155
Relativo universal 155
Concordância com os relativos QUE e QUEM...............................155
Observações finais...156
Tipos de oração subordinada adverbial..158
Análise de SEM QUE..173
QUE depois de advérbio ou conjunção..174
Orações subordinadas adverbiais justapostas..................................174
Uso da vírgula na oração subordinada adverbial..............................176
Composição do período...176
Decorrência de subordinadas..179
Concorrência de subordinadas: oração equipolente........................180
Concorrência de termo + oração..182

Lição XII
Orações reduzidas 183
Que é oração reduzida 183
Orações reduzidas coordenadas..186
O desdobramento das orações reduzidas..186
Orações substantivas reduzidas..187
Orações adjetivas reduzidas..189
Orações adverbiais reduzidas..191
Orações reduzidas fixas 202
Quando o infinitivo não constitui oração reduzida...........................203
Quando o gerúndio e o particípio não constituem oração reduzida...............207
Um tipo especial de substantivas reduzidas: DEIXEI-OS FUGIR....207
LHE por O como sujeito de infinitivo 209
A omissão do pronome átono em EU OS VI AFASTAR DAQUI em vez de AFASTAR-SE DAQUI..211
A construção PEDIR PARA 212
A construção DIZER PARA 214
A construção PARA EU FAZER...214
A posição do sujeito nas orações reduzidas 214
A construção É DA GENTE RIR..215
Reduzidas decorrentes e concorrentes..218
A locução verbal: tipos de verbos auxiliares 219

A concordância na locução verbal 221
Emprego do infinitivo flexionado e sem flexão na locução verbal 223
O emprego do infinitivo com os verbos causativos e sensitivos........... 224
O emprego do infinitivo fora da locução verbal.................................. 225
A colocação dos pronomes átonos (ME, TE, SE, NOS, VOS, O, A, OS,
AS, LHE, LHES) 226
Algumas inversões do pronome átono em escritores portugueses....... 230

Fenômenos de sintaxe que mais interessam à análise sintática 232
Elipse 232
Pleonasmo 233
Anacoluto 233
Antecipação (Prolepse) 234
Braquilogia 234
Haplologia sintática 235
Contaminação sintática 235
Expressão expletiva ou de realce 236

Modelos de análise 238
Augusto Epifânio da Silva Dias... 238
José Oiticica 242

Exercícios elementares 251

Exercícios adiantados 292

Exercícios elementares resolvidos 330

Exercícios adiantados resolvidos 363

Bibliografia 433

Índice remissivo 437

Apresentação

Todos os bons mestres das ciências da linguagem e da pedagogia sempre insistiram em que a análise sintática é um meio e não um fim, mediante a qual os alunos devem compreender como as palavras se relacionam entre si na construção das frases, e as frases na construção do discurso.

Esta boa lição sempre foi repetida, mas nunca apareceu como objeto de estudo em manuais destinados à orientação dos professores para que servissem de proveito a seus alunos. Nos manuais só se viam rótulos aplicados a funções sintáticas e aos fatos da língua que estavam sob a pele de tais rótulos.

As *Lições de Português pela Análise Sintática* elaboradas pelo professor Evanildo Bechara foi o primeiro manual a tratar a análise sintática na perspectiva de ser um meio e por ela o professor ultrapassar o simples rótulo classificatório das funções sintáticas para oferecer aos alunos não só as relações que entretêm as palavras na contextura frasal, mas ainda os demais fatos sintáticos decorrentes dessas mesmas relações. Assim, a noção de sujeito e predicado, por exemplo, não termina só na rotulação, mas, partindo desta noção, o aluno, guiado e orientado pelo professor, ultrapassa o rótulo classificatório, para compreender melhor os fatos morfológicos (classes gramaticais que representam as várias funções sintáticas), sintáticos (como a concordância, a regência, a ordem das palavras na frase e as ideias de expressividade conseguidas pela posição dos termos da oração e pelos pleonasmos vernáculos), a pontuação e outros recursos discursivos.

Que a novidade foi bem-recebida pelos professores (haja vista os resultados positivos entre os alunos) servem de incontestável prova as sucessivas edições e reimpressões que as *Lições de Português pela Análise Sintática* alcançaram desde a sua 1.ª edição em 1960 até nossos dias.

Vale a pena pensar

Há duas maneiras de aprender qualquer coisa: uma, leve, suave, com informações corretas mas superficiais, que, pela incompletude da lição não indo aos assuntos a ela correlatos, acaba sendo insuficiente para permitir a fixação da aprendizagem. É um método que pode agradar, e até divertir o leitor menos exigente; mas não lhe garante o sucesso do conhecimento.

A segunda maneira é aquela que procura dar um passo à frente da resposta breve e imediata: estabelece relações entre a dúvida apresentada e outros assuntos afins, de modo que, aprofundando um pouco mais a lição, amplia o conhecimento e garante sua permanência, porque não se contenta em ficar na superfície dos problemas e das dúvidas.

Falamos em superfície, e a palavra nos sugere agora uma comparação entre as duas maneiras de aprender de que vimos tratando. A primeira ensina a pessoa, no mar de dúvidas, a manter-se à superfície; não afunda, mas não sai do lugar. A segunda, além de permitir à pessoa permanecer à superfície, ensina-lhe dar braçadas, ir mais além. Assim, pela primeira maneira, a pessoa boia; pela segunda, nadando, avança e chega a seu destino.

Estas *Lições de Português pela Análise Sintática* adotam a segunda maneira de ensinar por acreditar que é mais útil a quem quer aprender.

Por tudo isto, este volume constitui leitura útil e indispensável aos que se servem da análise sintática como um meio para transformar um conhecimento intuitivo no indispensável conhecimento reflexivo e criativo da língua.

Evanildo Bechara

Prefácio da 18.ª edição

Saída em 1960, a presente obra passou por sucessivos melhoramentos nas edições subsequentes até a 15.ª, graças a estudos pessoais e à experiência de sala de aula, bem como às sugestões de colegas de magistério e ao apoio dos três editores anteriores: Fundo de Cultura, Grifo Edições e Padrão Livraria Editora.

Em todas as edições, a obra esteve presa, na medida do possível, às recomendações da Nomenclatura Gramatical Brasileira.

Passados tantos anos, os estudos de sintaxe, tanto geral quanto de língua portuguesa, têm-se beneficiado de alguns progressos que procuramos introduzir nas recentes revisões da nossa *Moderna Gramática Portuguesa* (*MGP*), a partir da 37.ª de 1999, e da *Gramática Escolar da Língua Portuguesa* (*GELP*), a partir de 2001, ambas da Editora Lucerna, progressos que gostaríamos de inserir nestas *Lições*. Todavia, como se trata de uma obra cuja filiação à NGB procuramos respeitar, optamos por apresentar a seguir uma relação, resumida quanto possível, de pontos em que elas diferem da doutrina e da nomenclatura da *MGP* e da *GELP*.

Outra novidade desta edição é a correção de todos os exercícios, mediante os quais procuramos também apresentar aos colegas e, principalmente, aos alunos alguns comentários que julgamos úteis à atividade da análise sintática e ao seu estudo.

Se estes melhoramentos continuarem a merecer a simpatia dos colegas e promoverem o aproveitamento de alunos e estudiosos da sintaxe portuguesa, dar-nos-emos por bem-pago.

Rio de Janeiro, 9 de abril de 2006
Evanildo Bechara

Diferenças de conceitos e nomenclatura entre estas *Lições de Português* e as obras *Moderna Gramática Portuguesa* e *Gramática Escolar da Língua Portuguesa*

1 - Predicado e sujeito

A tradição tem posto o sujeito como núcleo da oração. Mais recentemente considera-se o predicado como centro da função predicativa, donde partem, graças aos conteúdos léxicos implicados, todos os outros termos, inclusive o sujeito. Como consequência deste novo modelo de descrição, não se adotará a divisão do predicado em verbal, nominal e verbonominal, já que não se atribui ao nome a posição central no chamado predicado nominal, mesmo porque um advérbio pode exercer a função de predicativo. Também segundo este novo modelo, o predicativo, como complemento verbal, está no mesmo nível sintático do objeto direto, por exemplo.

2 - Complementos verbais

A NGB divide os complementos verbais em diretos e indiretos. O complemento indireto tem-se mostrado de difícil conceituação, já que a consideração como complemento preposicionado acaba abarcando termos de comportamentos sintáticos diferentes, como nos exemplos: *Dei um livro* **à Belinha**. *Gostamos* **de Belinha**. *Fui* **à casa de Belinha**. Por outro lado, há o caso dos *dativos livres* que quase sempre não se prestam à caracterização de "complementos verbais", como em casos de: **Para mim**, *ele está doente. Não* **me** *mexam nesses papéis*, etc.

3 - Complemento nominal e adjunto adnominal

Considerado o complemento nominal uma expansão do nome, à semelhança do adjunto adnominal, autores modernos preferem colocá-lo no grupo adjetival, transposto de substantivo para adjetivo, mediante o concurso da preposição e, assim, não fazer a distinção entre adjunto adnominal e complemento nominal. Daí a preferência de classificação da *oração subordinada completiva* (*O desejo **de que venças**... Estou desejoso **de que venças***, etc.) como adjetiva e não entre as substantivas. Primitiva substantiva que, mediante a preposição, é transposta a adjetiva, analogamente a *homem **de coragem**, café **com leite***, etc. A mesma transposição ocorre com a primitiva oração substantiva que, pelo concurso da preposição, passa a adverbial de agente da passiva, em exemplos do tipo *O livro foi escrito **por quem não esperávamos***. (Veja-se aqui o item 9.)

4 - Artigo *o* x pronome *o*

Outra análise diferente ocorre com a construção do tipo: *Não sei **o que possa fazer**. Ela vê **o que eu não vejo***, em que a tradição tem considerado *o, a, os, as* (= *aquilo / aquele / isso, aquela, aqueles, aquelas*) como pronome demonstrativo seguido de um pronome relativo que transpõe a oração a adjetivo, com a seguinte análise: *Não sei o que possa fazer*
  1.ª oração: não sei *o* (= isto, aquilo)
  2.ª oração: *que possa fazer*: subordinada adjetiva

Autores há que veem na construção uma substantivação, mediante os artigos *o, a, os, as*, da primitiva oração adjetiva introduzida pelo pronome relativo *que*. Assim, a análise passaria a:
  1.ª oração: *não sei*
  2.ª oração: *o que possa fazer*: subordinada substantiva objetiva direta

O aparecimento de *o, a, os, as* resulta da primitiva construção *O menino que, A menina que, Os meninos que, As meninas que*, com posterior apagamento dos substantivos: *O que / A que / Os que / As que*, analogamente ao que ocorre com *O homem inteligente, A mulher inteligente, Os homens inteligentes, As mulheres inteligentes*, que se simplificam em *O inteligente, A inteligente, Os inteligentes, As inteligentes*, em que *o, a, os, as* sempre foram classificados como artigo.

5 - Construções com infinitivo

Em construções infinitivas do tipo: *Vejo crescer as árvores*, em que tradicionalmente se analisa *as árvores* como sujeito de *crescer* (= *Vejo que as árvores crescem*), há a possibilidade de se considerar *as árvores* como objeto de *vejo* (= *Vejo-as crescer*), análise que vê *crescer* como predicativo do objeto direto *as árvores*, analogamente a construções do tipo *Vejo as árvores caídas / Vejo-as caídas*, em que *caídas* é predicativo de *árvores*. Talvez porque *árvores* não seja sujeito de *crescer*, mas o objeto direto de *vejo*, é que o infinitivo normalmente não se flexione nestes casos. Esta lição está no excelente sintaticista espanhol Alarcos Llorach. Esta análise já era a do velho gramático inglês Mason adotada por Eduardo Carlos Pereira (*Gramática Expositiva*, § 517, 3, obs.).

6 - Orações intercaladas

Nas chamadas orações justapostas interferentes ou intercaladas (de citação, de opinião, etc.), há a tendência, cada vez mais generalizada, de entendê-las como um período à parte, que se justapõe a outro período, com análise própria, independente daquele período em que se inserem.

7 - Grupos oracionais (período composto) e oração complexa

Há modernamente a orientação de distinguir a *coordenação* como resultante de "junção" de orações (só as conjunções coordenativas as "ligam"), da *subordinação* como resultante da "degradação" de uma oração independente à condição de um termo oracional. Assim, as chamadas "conjunções" integrantes e o pronome relativo não passam de transpositores. Desta forma, na coordenação teremos grupos oracionais ou *períodos compostos*, enquanto na subordinação teremos orações ou *períodos complexos*.

8 - Conjunções coordenativas

Vai-se hoje retornando à lição já antiga de se considerarem apenas três tipos de conjunções coordenativas: as *aditivas*, as *adversativas* e as *alternativas*. As outras estariam representadas por *advérbios* que estabelecem relações de *conclusão* (*logo, pois, portanto, por isso*, etc.), *explicação* (*pois, porquanto*), *continuação* (*ora, demais, outrossim*, etc.), *concessão* (*não obstante, embora, contudo, entretanto*, etc.), e que mais pertencem à esfera dos marcadores textuais. Não havendo a presença de conjunção, orações começadas por esses advérbios serão consideradas *assindéticas*.

9 - Classificação de orações subordinadas e os constituintes imediatos

Como vimos no item 3, numa análise sintática há de se acompanhar cada fase por que se apresenta a unidade (termo ou oração) no discurso. Assim, já se leva em conta que a oração adjetiva (*de quem falas*), com antecedente claro em *Conheço a pessoa de quem falas*, se tem apagado esse antecedente, passa a funcionar como subordinada substantiva, na função de objeto indireto em *Escrevo* **a quem me pedia notícias**, função normalmente expressa por substantivo ou pronome. O fato gramatical é idêntico ao que ocorre com *brasileiro*, que é um adjetivo em *o povo brasileiro*, mas que passa a substantivo quando se cala o substantivo *povo*: *o brasileiro*. Portanto, é artificial o desdobramento do *quem* do último exemplo **a quem me pedia notícias** em *aquele que, a pessoa que*, para garantir a originária classificação como adjetiva. Não se procede assim (aliás, corretamente) quando da passagem de *o povo brasileiro* → *o brasileiro*, na análise tradicional.

Também a oração adjetiva transposta a substantiva do nosso exemplo (***quem me pedia notícias***) pode exercer outra função, se contar com o concurso de uma preposição, como, por exemplo, a de oração subordinada adverbial de agente da passiva em: *A carta foi escrita **por quem me pedia notícias**.* Classificar a nova oração transposta como substantiva, em vez de adverbial, é o mesmo que classificar como substantivos os adjuntos adverbiais de *O ladrão foi preso **pelo policial*** e *Ele trabalha **na cidade**.* A função adverbial está expressa pelos sintagmas *pelo policial* e *na cidade,* e não apenas pelos substantivos *policial* e *cidade.* (Ver também *Moderna Gramática Portuguesa,* 39.ª ed., págs. 491 e ss.; *Gramática Escolar da Língua Portuguesa,* 3.ª ed., págs. 380 e ss.)

Prefácio da 11.ª edição

Graças ao favor do público benévolo, logo se esgotou a 10.ª edição deste livro. Ao fazer agora algumas correções, desejo expressar aqui minha gratidão ao distinto colega Prof. Arnaldo Belluci que, em longa e erudita carta, me ajudou a corrigir alguns erros e imperfeições que maculavam as edições anteriores.

Rio de Janeiro, 19 de dezembro de 1977
Evanildo Bechara

Prefácio da 10.ª edição

Ao entregar ao público estudioso de língua portuguesa esta nova edição, aproveito a oportunidade que a GRIFO EDIÇÕES me proporciona para melhorar o livro em alguns pontos que de há muito vinham destoando de conceitos divulgados pelo avanço dos estudos linguísticos entre nós.

Em face da natureza especial do público a que o livro se destina, julguei melhor não enveredar por caminho diferente daquele que se costuma chamar tradicional, isto é, não aproveitei os estudos iniciados principalmente com as *Syntactic Structures* de Noam Chomsky, desde 1957.

Esse novo caminho, onde já se contam reais e importantes progressos no campo da pura conceituação, ainda apresenta ao professor de língua embaraços para sua proveitosa utilização em compêndio escolar. Enfeitar as páginas iniciais com árvores, sob a ilusão de que esgotam a teoria transformacional, e logo depois confundir os novos conceitos com noções e posições tradicionais, é jogar areia nos olhos do leitor incauto, mas é também aviltar-se perante o julgamento do leitor inteligente. Por outro lado, confundir as noções de teoria da comunicação com lições de língua é passar ao próprio autor atestado de ignorância em dois campos diferentes, mas contíguos, de estudo.

Por isso, preferi bater a mesma estrada que vem percorrendo este livro pelo espaço de dez edições, conquistando aplauso de quem o lê e elogio de quem o aplica, como compêndio paralelo, nas suas aulas a estudantes de língua portuguesa.

É para esse grupo de leitor benévolo que estas *Lições* continuam sendo editadas.

Rio de Janeiro, 30 de janeiro de 1976
Evanildo Bechara

Prefácio da 2.ª edição

Ao apresentar ao público esta 2.ª edição, desejo patentear o meu agradecimento pela benévola acolhida que mereceram as *Lições de Português* por parte de mestres, colegas, alunos e pessoas interessadas no cultivo do idioma.

Saem agora consideravelmente melhoradas graças não apenas ao esforço com que procurei aperfeiçoá-las tanto na doutrina quanto no estilo, mas ainda – e principalmente – a muitas das observações importantes que se dignaram enviar-me alguns mestres e amigos, entre os quais ressaltam as de MARTINZ DE AGUIAR, ANTENOR NASCENTES, ADAUTO PONTES, ADRIANO DA GAMA KURY, OTHON GARCIA, OLMAR GUTERRES e ARTUR LOUREIRO DE OLIVEIRA FILHO. Não posso também deixar passar em silêncio o estímulo que me trouxeram as referências elogiosas, na imprensa e em carta particular, de JÚLIO NOGUEIRA, SOUSA DA SILVEIRA, ISMAEL DE LIMA COUTINHO, ROCHA LIMA e PAULO RÓNAI.

No intuito de transformar, na medida do possível, estas *Lições de Português* num completo repositório de fatos de sintaxe da nossa língua, continuei aproveitando as lições das melhores autoridades do assunto, como SAID ALI, MÁRIO BARRETO e EPIFÂNIO DIAS. Muitas vezes me seria fácil repetir o que estes mestres disseram; mas preferi citá-los para que se registrassem as fontes onde os interessados pudessem colher notícia mais larga dos pontos aqui tratados.

A 1.ª lição foi totalmente remodelada, inspirada pelas leituras dos sugestivos livros de Linguística de MATTOSO CÂMARA JR., LEONARD BLOOMFIELD e CHARLES BALLY, para que o livro ganhasse certo equilíbrio entre as primeiras e as últimas lições, elevando, destarte, o nível geral desta sintaxe. Dei novo tratamento ao estudo das orações reduzidas, filiando-me à maneira tradicional de encará-las, por ver aí maior comodidade didática. No capítulo da regência introduzi a noção de posvérbio que nos ensina Antenor Nascentes. Se outras inovações da ciência não foram aqui contempladas é porque penso que a sintaxe é onde com mais lentidão se pode romper com a larga tradição gramatical em que se alicerça o nosso ensino.

Continuam estas *Lições* esperando a contribuição valiosa da crítica honesta e competente para que se apresentem melhoradas em nova oportunidade.

Rio de Janeiro, 24 de junho de 1961
Evanildo Bechara

Prefácio da 1.ª edição

Ao escrever estas *Lições de Português*, foi meu intuito conferir à análise sintática a posição adequada no ensino de nossa língua. Aqui e ali dei tratamento diferente a alguns pontos que têm merecido a atenção de nossas melhores autoridades no assunto; mas isto não chega, penso eu, a fazer *original* este livro. Seu mérito está na maneira de aproveitar os conhecimentos de análise sintática como ponto de partida para explicação de numerosos fatos de nosso idioma.

O estudo da análise sintática é utilíssimo, desde que, feito com sobriedade, seja encarado como o fio que nos conduzirá à análise da estrutura oracional, às relações de dependência e independência que as palavras, expressões e orações mantêm entre si, e às consequências que daí se tiram para a melhor e mais expressiva tradução do pensamento. A função precípua da análise não é entender o trecho, embora, quando orientada com perfeição, nos leve a encarar o passo pelo melhor prisma de interpretação. Por isso devemos pôr em seus devidos termos a célebre crítica de SILVA RAMOS: "Em resumo, o vício essencial da análise patenteia-se, de modo irresistível, no seguinte circo de que não há sair: Não é possível analisar um trecho, se não se lhe compreende o sentido, e se ele se compreende, para que serve analisá-lo?"[1]

Levei em consideração a *Nomenclatura Gramatical Brasileira*, mas, em alguns pontos, tomei a liberdade de propor à douta Comissão e aos colegas de magistério orientação diferente que me pareceu mais acertada.

Quero deixar aqui minha gratidão aos mestres que, através de seus livros, me permitiram repetir as boas doutrinas; ainda quando não lhes sigo as pegadas, permanece o meu preito de reconhecimento.

Se estas *Lições de Português* conseguirem tornar realidade a pretensão do autor, e estimular o gosto pela língua portuguesa, fica-me ainda a satisfação de ter contribuído para o aperfeiçoamento do ensino da análise sintática.

Março de 1960
Evanildo Bechara

---

[1] "Explicar ou complicar", *Revista de Filologia Portuguesa*, São Paulo, I, v. I, p. 62.

LIÇÃO I
Sintaxe: noções gerais.

1 - Que é oração

Oração é a unidade do discurso, marcada entre duas pausas.

A oração constitui a menor unidade de sentido do discurso e encerra um propósito definido. Para tanto, faz uso dos elementos de que a língua dispõe de acordo com determinados modelos convencionais de estruturação oracional. Estes modelos convencionais nem sempre coincidem de idioma para idioma e vêm a formar o sistema sintático característico desse mesmo idioma ou de um grupo de idiomas.

2 - Entoação oracional

Em português, como na maioria das outras línguas, a unidade de sentido de uma oração se caracteriza pela *entoação*, isto é, pela maneira com que é proferida em obediência a certa *cadência melódica*. A parte final de uma oração é sempre marcada por uma pausa de maior ou menor duração, consoante o que se tem em mente expressar. Simples vocábulos, como *João, Absurdo!, Vá!, Sim,* constituem orações completas desde que ocorram entre duas pausas, e formem unidades de sentido se proferidos entre dois silêncios.

Na entoação final se podem estabelecer algumas diferenças fonêmicas, isto quer dizer que tais diferenças implicam mudança no sentido que as orações encerram:

a) entoação assertiva:[1] *João estuda.*

Nesta oração a linha melódica assinala uma subida de voz até a parte que recebe o acento frásico e daí acusa uma descida até a parte final. Há, portanto, uma parte ascendente e outra descendente. Pela entoação assertiva caracteriza-se a oração *declarativa*, que pode ser simbolizada por [.]

---

[1] Tomamos a lição a BLOOMFIELD. *Language*, 114-5.

b) entoação interrogativa: *João estuda? Quem veio aqui?*

A linha melódica na interrogação encerra apenas a parte ascendente, de tal maneira que a só elevação da voz pode chegar a ser o único traço distintivo entre a oração interrogativa e outra declarativa:

João estuda [.]   *João estuda* [?]

Distingue-se, na interrogação, a *interrogativa geral* ou de *sim* ou *não*, feita em relação ao conteúdo de toda a oração (*João estuda?*), da *interrogativa parcial*, feita em relação a um termo da oração (*Quem veio aqui?*).

Na *interrogativa geral* a resposta se resume ou se pode resumir em *sim* ou *não* (ou equivalente), e a parte ascendente da entoação é mais acentuada. Na *interrogativa parcial*, a pergunta é feita, em geral, por vocábulos especiais de interrogação, e a resposta não se resume em *sim* ou *não*. Simbolizaremos a entoação da interrogativa geral com [?] e da interrogativa parcial com [¿].

De acordo com a entoação utilizada percebe-se a diferença de sentido em orações do tipo *Quem viu o filme?*. Proferida *Quem viu o filme* [¿], como interrogativa parcial, indaga-se a *pessoa* que viu o filme; em *Quem viu o filme* [?], como interrogativa geral, a oração significa "é sobre este assunto que se pergunta?".

c) entoação exclamativa: *João estuda!*

Na exclamação a linha melódica só tem também a parte ascendente com que se traduz um enunciado expresso com acentuado predomínio emocional para comunicar, acompanhado ou não de mímica, dor, alegria, espanto, surpresa, cólera, súplica, entusiasmo, desdém, elogio, gracejo. A entoação exclamativa também é empregada para exigir a presença ou a atenção de alguém (*João! Menino!*) ou para traduzir ordens e pedidos (*Corra! Saltem!*). A entoação exclamativa pode combinar-se com os tipos enunciados anteriormente. Compare-se a resposta *João* (da pergunta parcial *Quem estuda?*) com *João!* para chamar ou atrair a atenção de alguém e com *João?!*, quando a pergunta envolve um sentimento de surpresa. Simbolizamos a entoação exclamativa com [!].

d) entoação suspensiva ou parcial: *Ele, o irmão mais velho, tomou conta da família.*

Consiste a entoação suspensiva ou parcial em elevar a voz antes da pausa final dentro da oração. Difere da entoação final por mostrar que o enunciado não termina no lugar em que, em outras ocasiões, a estrutura oracional poderia marcar o fim de uma oração. Simbolizamos a entoação suspensiva com [,]. É pela entoação suspensiva que se distinguem alguns tipos de oração, como, por exemplo, a adjetiva restritiva da explicativa. Note-se o contraste de sentido pela entoação distinta que se dá ao trecho: *O homem [,] que vinha a cavalo [,] parou defronte da casa*. A narração pressupõe a existência de um só homem. Se proferimos: *O homem que vinha a cavalo parou defronte da casa* (sem entoação parcial), pressupõe-se que na narração há mais de um homem.

3 - A importância da situação e do contexto

No intercâmbio de nossas ideias, dentro das mais variadas circunstâncias, desempenham relevante papel a *situação* e o *contexto*. Entende-se por situação o ambiente físico e social onde se fala; *contexto* é o ambiente linguístico onde se acha a oração.[2]

Situação e contexto são estímulos decisivos para a melhor aproximação entre falante e ouvinte ou entre escritor e leitor. Através destes estímulos as pessoas se identificam numa mesma situação espacial e temporal, e a atividade linguística, mesmo reduzida a termos estritamente necessários em fragmentos de orações, atinge a eficiência desejada.

4 - Constituição das orações

A oração pode ser constituída por uma sequência de vocábulos ou por um só vocábulo:
   a) *Pedro trabalha.*
   b) *Dormimos.*
   c) *Sim.   Pedro.*
   d) *Fogo!   Parada de ônibus.*

No primeiro exemplo temos uma oração que encerra nos seus limites os dois termos de que em geral se compõe: o *sujeito (Pedro)* – ou o ser de quem se declara alguma coisa – e o *predicado (trabalha)* – aquilo que se declara na oração.

O segundo exemplo nos evidencia que não é sempre necessária a representação do sujeito por vocábulo dependente especial, com indicação redundante, uma vez que este termo oracional pode ser indicado pela desinência do verbo. Realmente o *-mos* de *dormimos* expressa como de 1.ª pessoa do plural o sujeito da declaração. Omitimos com mais frequência, em português, o pronome sujeito quando de 1.ª e 2.ª pessoas do singular e plural, porque a desinência verbal aí o especifica com evidência; a omissão do pronome sujeito de 3.ª pessoa do singular ou plural fica dependente da situação e do contexto, sem o que, muitas vezes, não se pode precisar a pessoa a quem se refere o predicado.

---

[2]   J. MATTOSO CÂMARA Jr., *Linguística Geral*, 5.ª ed., 106, e A. H. GARDINER, *The Theory of Speech and Language*, 49 e ss.

No terceiro caso temos orações cujo enunciado se relaciona com um contexto anterior, sem o qual seriam incompreensíveis. Explicam-se, por exemplo, como respostas às perguntas *Você passeou?* e *Quem veio aqui?*

No quarto caso temos orações cujo enunciado se relaciona com a situação em que se acha o falante e, assim, contém um elemento extralinguístico. Tais tipos de orações constituem o que o linguista francês BRUNOT chama *indicações*.

A língua portuguesa conhece todas as constituições de orações acima relacionadas. As constituições *favoritas* de estrutura oracional em português apresentam a binaridade *sujeito* e *predicado*, podendo o primeiro vir expresso apenas pela desinência verbal. Pelo jogo estrutural de sua composição, onde os termos se apresentam numa sequência de relações sintáticas, essas constituições favoritas são as que mais de perto interessam ao gramático e na sua análise está o maior propósito do estudo da sintaxe acadêmica.

Orações do tipo c) e d) dizem-se constituições de estrutura *menor* e apresentam pouca importância para o gramático, porque nelas o jogo das relações sintáticas quase sempre se patenteia com desempenho reduzido. Isto não quer dizer que, para a atividade linguística, as estruturas *favoritas* são mais importantes que as *menores*; apenas naquelas o gramático encontra os elementos componentes dos padrões estruturais de cujo estudo mais se ocupa a sintaxe.

5 - Estruturação sintática: objeto da SINTAXE

Ao construir orações conta o falante com a liberdade de escolher os vocábulos com que elas se vão constituir; mas não pode criar a estrutura em que eles se combinam no intercâmbio das ideias. As estruturas oracionais obedecem a certos modelos formais que, como já dissemos, podem não ser coincidentes de uma língua para outra, e que constituem os *padrões estruturais*.

As estruturas oracionais ou construções sintáticas apresentam seus processos característicos que são:
a) associação dos vocábulos de acordo com a sua função sintática [*Regência*];
b) concordância dos vocábulos de acordo com certos princípios fixados na língua [*Concordância*];
c) ordem dos vocábulos de acordo com sua função sintática e importância na comunhão das ideias [*Colocação*].

Assim, na oração *Os bons alunos dão alegria aos pais*, temos *os bons alunos* exercendo a função de sujeito (de acordo com *a*), o que lhe garante, como posição normal, o lugar inicial no contexto (de acordo com *c*) e, por ser constituído por um *núcleo* masculino e no plural (*alunos*), determina que nesse número e gênero estejam seus adjuntos (*os* e *bons*) e no plural o verbo da oração (*dão*), conforme preceitua o item b).

A sintaxe se ocupa do estudo dos padrões estruturais vigentes em determinada língua, motivados pelas relações recíprocas dos termos na oração e das orações no discurso. Pode ainda a sintaxe estudar o emprego dos vocábulos.

A *Nomenclatura Gramatical Brasileira* divide a sintaxe em:

a) *de regência* { nominal / verbal

b) *de concordância* { nominal / verbal

c) *de colocação*

6 - A oração na língua falada e na língua escrita

A língua falada conta com numerosos recursos para que a oração alcance seu objetivo de unidade de sentido. Entram em seu auxílio não só os elementos linguísticos de que dispõe o idioma, mas ainda os recursos extralinguísticos elocucionais (os sons inarticulados como, por exemplo, o muxoxo, o riso, o suspiro) e não elocucionais, isto é, à margem da língua, como a mímica.

Na língua escrita entram em jogo outros fatores. Em primeiro lugar, desaparece o recurso da entoação que, como ensina MATTOSO CÂMARA, "tem de ser deduzida do texto pelo LEITOR (no qual se transformou o ouvinte), mediante uma técnica especial, que é a arte da leitura. Em segundo lugar, esse 'leitor' encontra-se, ao contrário do 'ouvinte' no intercâmbio falado, muito distante no tempo e no espaço, e não é em regra um indivíduo determinado e conhecido pelo ESCRITOR (em que se transformou o falante). Finalmente, não envolve o discurso uma situação concreta e bem definida".[3]

7 - SINTAXE e ESTILO: necessidade sintática e possibilidade estilística

Cumpre distinguir uma *necessidade sintática*, ditada pelo jogo das relações recíprocas dos vocábulos na oração ou das orações no discurso, da *possibilidade estilística*, que permite ao falante ou escritor uma escolha dentre dois ou mais elementos de expressão que a língua lhe oferece, para atingir melhor *eficiência expressiva*. Saímos, assim, do terreno da *sintaxe* e entramos no domínio da *estilística*, isto é, da utilização da língua como "apelo à atividade e comunhão social, ou, então, liberação psíquica".[4] Na sintaxe, como parte da Gramática, está o intuito *intelectivo*; na estilística ressalta o elemento *emocional*, isto é, o apelo e a liberação psíquica.

---

[3] J. MATTOSO CÂMARA Jr., *Princípios de Linguística Geral*, 5.ª ed., 200.

[4] *Id., ibid.*, 204.

8 – Tipos de oração

A oração pode encerrar:

a) a declaração do que observamos ou pensamos (*oração declarativa* com entoação *assertiva*):
   As aulas começaram.
   Ainda não tocou a sineta.

b) a pergunta sobre o que desejamos saber (*oração interrogativa* com entoação *interrogativa*):
   As aulas começaram?
   Alguém virá à festa?
   Quem tocou a sineta?

c) a ordem, a súplica, o preceito, o desejo, o pedido para que algo aconteça ou deixe de acontecer (*oração imperativa* com entoação *exclamativa*):
   Estuda bem tuas lições!
   Sê forte!
   Bons ventos o levem!
   Queira Deus!

d) o nosso estado emotivo de dor, alegria, espanto, surpresa, elogio, desdém (*oração exclamativa* com entoação *exclamativa*):
   Como chove!
   Que susto levei!

Observação:

➥ As orações exclamativas são normalmente introduzidas por pronomes ou advérbios de sentido intensivo.

LIÇÃO II

Termos essenciais da oração: sujeito e predicado. Omissão do verbo. Posição do sujeito e do predicado.

1 - Sujeito e predicado

A oração, de modo geral, se compõe de dois termos essenciais: *sujeito* e *predicado*.

Sujeito é o termo da oração que indica o tópico da comunicação representado por pessoa ou coisa de que afirmamos ou negamos uma ação ou uma qualidade.

Predicado é o comentário da comunicação, é tudo o que se diz na oração, ordinariamente o que se diz do sujeito.

Assim:

SUJEITO (Tópico)	PREDICADO (Comentário)
Machado de Assis	escreveu belos livros.
As aulas	começaram em março.
Salvador	é uma das mais originais cidades do Brasil.

2 - Omissão do verbo

O verbo, quando muito nosso conhecido, e, assim, facilmente identificável, pode não ser repetido na oração seguinte:

No exemplo abaixo, omitimos o verbo:
    Antônio foi ao cinema e Carlos ao teatro.

Isto é: e Carlos *foi* ao teatro.

Cumpre-nos observar que o termo oculto pode exigir flexão diferente (de gênero, de número, de pessoa, de tempo, de modo), desde que não se prejudique a clareza do pensamento:
    Eu *estudarei* História e tu Geografia (estudarás).
    Foram compradas *várias* bicicletas e automóveis (vários).
    Será mau o irmão e as irmãs que não tiverem a boa orientação dos pais (serão más).

Modernamente evita-se colocar entre os casos de elipse a ausência de pronome sujeito junto a verbo, porquanto a referência ao sujeito está na desinência verbal.
    Assim, não se diz que há elipse do sujeito em *Fui ao cinema* ou *Fomos ao cinema*.
    Esta omissão de um termo presente em nosso espírito, graças à situação ou ao contexto, recebe o nome de *elipse*.
    Para o conceito de elipse, cf. p. 232.

3 - A vírgula indicativa da omissão do verbo

Costuma-se indicar por vírgula a omissão do verbo:
    "Dos meninos é próprio o aprender; dos mancebos, o empreender; dos varões, o compreender; dos velhos, o repreender" (PACHECO e LAMEIRA, *Gramática*, 2ª. ed., 714).

No trecho omitiu-se o verbo *é* acompanhado do adjetivo *próprio*: *é próprio o empreender*, etc.
Na elipse do verbo este pode ser subentendido com flexão diferente da forma verbal expressa, por ter havido mudança de sujeito.

4 - Posição do sujeito e do predicado

Tomemos a seguinte oração de MACHADO DE ASSIS:
    Naquele dia, a árvore dos Cubas brotou uma graciosa flor.

Sujeito: a árvore dos Cubas (que é que brotou, naquele dia, uma graciosa flor?)
Predicado: brotou, naquele dia, uma graciosa flor.

Fazendo esta análise, demos outra disposição aos termos, sem que o sentido mudasse. Poderíamos tentar outras disposições:
    a) Naquele dia brotou uma graciosa flor a árvore dos Cubas.
    b) Brotou, naquele dia, uma graciosa flor a árvore dos Cubas.
    c) A árvore dos Cubas, naquele dia, brotou uma graciosa flor.
    d) A árvore dos Cubas brotou, naquele dia, uma graciosa flor.

Nem sempre contamos com tal liberdade no arranjo dos termos de uma oração. Em *José feriu Pedro*, o sentido mudaria se disséssemos *Pedro feriu José*.

Em nossa língua, a posição dos termos de uma oração é *livre*, mas não *indiferente*.

Na oração declarativa vem normalmente em primeiro lugar o sujeito, depois o verbo com os seus pertences constitutivos do predicado:

Antônio já fez todos os exercícios.

Nos cabeçalhos dos jornais, onde a novidade da informação corre a par do sensacionalismo, o verbo inicia normalmente a oração:

Aumentou consideravelmente o tráfego aéreo.
Pôs o coronel fim à confusão.
Será inaugurada este mês nova ponte.
É um perigo possuir cartão de crédito.

A oração interrogativa, como já vimos, pode diferenciar-se da declarativa apenas pela entoação:

José chegou da escola.
José chegou da escola?

Pode-se ainda alterar a ordem dos termos, pondo-se o sujeito depois do verbo:

Que tu dizes disso?
Que dizes tu disso?

5 – A vírgula e a inversão dos termos da oração

Proferindo uma oração, damos-lhe uma unidade de entoação. Não podemos, ao enunciá-la, subir ou descer ao acaso o tom de voz, fazer pausas que comprometam a unidade de sentido e o propósito que ela encerra.

Entre o sujeito e o verbo normalmente não se faz pausa e, por isso, não há vírgula entre estes dois termos da oração:

Eu fui ao cinema / depois que ele chegou.

Se proferíssemos:

Eu / fui ao cinema

o sentido seria outro: *quanto a mim, se você se refere a mim, digo-lhe que fui ao cinema*. Neste caso, a vírgula teria perfeito cabimento: *Eu, fui ao cinema.*[1]

---

[1] Cf. em francês: **Moi, je pense que...**
Neste caso, a rigor, **eu** não é sujeito do verbo **fui**, mas o é de uma oração de estrutura menor, constituída unicamente do pronome. Noutras ocasiões, entretanto, a vírgula que denota uma pausa de valorização expressiva e significativa é posta unicamente entre o sujeito e o seu verbo, como nos seguintes exemplos de linha melódica ascendente:

Se entre os dois termos (sujeito e verbo) aparecerem outros elementos deslocados de sua posição normal, a vírgula deverá indicar a inversão:
Naquele dia, a árvore dos Cubas brotou uma graciosa flor.
A árvore dos Cubas, naquele dia, brotou uma graciosa flor.

A inversão pode conduzir a um ritmo pouco usual, o que leva a um emprego de pontuação também inusitado, como sucede com o seguinte exemplo de João Ribeiro:
"É que torna todos amigos e iguais, a escola" (trad. *Coração*, 170).

A variação da ordem dos termos da oração, por intercalações, ou antecipações, traz uma quebra da unidade de entoação que poderá ser assinalada por vírgula. Assim, a pontuação, num texto literário, não pode representar uma camisa de força ao poder criador do universo linguístico do artista. Há normas de uma pontuação gramatical, que cumpre conhecer e respeitar. Mas, ao lado desta, existem usos que aparentemente são transgressões dessas normas, e que na essência se explicam pelo ritmo novo que o escritor empresta aos termos da oração. Cabe, ao leitor inteligente, descobrir esse ritmo para não ferir sua função poética.

"– Ficas aqui? – pergunta Amaral.
– Fico.
– **Pois eu, vou-me...**" (MANUEL CAMPOS PEREIRA, *Almas sem Rumo*, 108 *apud* MARTINZ DE AGUIAR, *Notas e Estudos de Português*, 108).
"**Aquela era a minha oportunidade**" (MARIO PALMÉRIO, *Vila dos Confins*, 204 *apud* A. HOUAISS in Revista do Livro, n.º 10, 139).
"**O céu, parece** até que era lavado e esfregado de novo" (*Id., ibid.*, 376 *apud* HOUAISS, *ibid.*)
No caso de haver oração de estrutura menor, pode ocorrer a repetição do sujeito junto ao seu predicado real. Note-se a pontuação deste exemplo:
"– E para que presta você, menino?
– **Eu**? Eu... fui poeta" (MONTEIRO LOBATO, *Cidades Mortas*, 133).
Trata-se de orações onde entra o elemento de ênfase, indicado, linguisticamente, pelo ritmo. Quanto à importância do ritmo na concordância, veja-se nota da página 54.

LIÇÃO III
Tipos de predicado: verbal, nominal e verbonominal. O predicativo do sujeito. Verbos de ligação.

1 - Predicado verbal

A respeito do sujeito podemos dizer uma ação que ele pratica ou sofre:
    João *cumprimentou* os colegas.
    Os colegas *foram cumprimentados* por João.

Quando o predicado exprime o que o sujeito faz ou sofre, cabe ao verbo ser o elemento principal da declaração, isto é, o núcleo do predicado (veja a 5.ª lição). Daí dizermos que o predicado é verbal.

Em *Euclides da Cunha escreveu lindas páginas*, é sem dúvida *escreveu* (e não *lindas páginas*) o que declaramos mais intimamente relacionado com o sujeito. *Escreveu* é o núcleo do predicado verbal, porque nele repousa a afirmação principal do comentário.

2 - Predicado nominal

A respeito do sujeito também podemos dizer uma *qualidade*, *estado* ou *classificação*:
    João é *educado*.
    João ficou *contente*.

Se o predicado exprime o que o sujeito *é*, *está* ou *passa a ser*, cabe a um *nome* (substantivo, adjetivo ou pronome), que vem depois do verbo, denotar a declaração principal do predicado. Nestas circunstâncias o predicado se diz *nominal*.

Em *João é educado*, o adjetivo *educado* encerra o que desejamos declarar do sujeito. O verbo *é* apenas *liga* esta qualidade ao sujeito, razão por que os verbos que entram no predicado nominal (*ser, estar, ficar, tornar-se, parecer*, este último no sentido de *parecer ser, parecer estar*) recebem o nome de *verbos de ligação* ou *relacionais*.[1]

O núcleo do predicado nominal, isto é, o termo que exprime o que o sujeito *é, está* ou *passa a ser*, se chama *predicativo do sujeito*:
    João é educado.

Sujeito: *João*
Predicado nominal: *é educado*
Predicativo do sujeito: *educado*

3 – Predicado verbonominal

Outras vezes acrescentamos ao predicado verbal um adjetivo ou substantivo para indicar o estado ou condição em que se achava o sujeito no momento da ação expressa pelo verbo:
    José estudou doente.

O sujeito *José* pratica uma *ação: estudou*; mas, ao fazê-lo, se apresenta num *estado: doente*.

Trata-se, portanto, de um predicado condensado, que tem um pouco de *verbal* (porque encerra uma ação) e um pouco de *nominal* (porque exprime um estado ou condição); chama-se, por isso, predicado *verbonominal*.

O adjetivo ou substantivo que, nestes casos, se acrescenta ao predicado verbal se chama ainda *predicativo do sujeito*.

4 – Verbos de ligação

Vimos que o verbo de ligação entra na constituição do predicado nominal. Seu ofício é ligar ao sujeito um estado, qualidade, condição ou classificação que pode ser, entre outras indicações:[2]

a) *estado permanente*:
    José *é* estudioso.
    Aurora *vive* cansada.

b) *estado passageiro*:
    José *está* estudioso.

---

[1] A *Nomenclatura Gramatical Brasileira* prefere **verbo de ligação**.

[2] Cf. JOHN ROBERT SCHMITZ. *A Ocorrência de SER e ESTAR em Orações Predicativas e o Ensino de Português para Falantes de Inglês*. Tese de Doutorado. São Paulo, 1974.

Maria *anda* triste.
Antônio *acha-se* preocupado.
Pedro *encontra-se* doente.

c) *continuidade de estado*:
José *continua* estudioso.
Maria *permanece* triste.

d) *mudança de estado*:
José *ficou* estudioso.
Maria *tornou-se* triste.
Antônio *acabou* preocupado.
Pedro *caiu* doente.
O vizinho *fez-se* professor.
A crisálida *virou* borboleta.
Ela *converteu-se* em culpada.
Quem *servirá* de meu advogado?
Ele *se meteu* poeta (ou a poeta).

e) *aparência*:
José *parece* estudioso (parece ser).
Maria *parece* triste (parece estar).

Observações finais:

▶ O predicativo é normalmente constituído por substantivos, adjetivos e pronomes. Não é porém raro termos a função predicativa exercida por expressões formadas da preposição *de* + substantivo ou pronome, o que ocorre nos seguintes casos principais:[3]

a) *Ele é dos nossos amigos* (abreviadamente: *ele é dos nossos*), onde a preposição *de* tem sentido partitivo, e o substantivo ou pronome, em função de predicativo, se nos apresenta como um todo de que se separa a parte que constitui o traço distintivo do sujeito.

b) *Este homem é de baixa condição; esta mesa é de mármore*, onde a preposição *de* indica procedência, origem ou matéria de que se separa a parte que constitui o traço distintivo do sujeito.

c) Em *sou de parecer; isto não é da sua competência*, pode-se, com certeza, ver uma filiação no genitivo predicativo do latim [*aliquid est mei judicii apud* MADVIG (trad. EPIFÂNIO), *Gramática Latina*. § 281, Obs.].

---

[3] Cf. MEYER-LÜBKE, *Grammaire*, III, p. 449-50.

d) As expressões *isto não é de ser humano; isto é muito dele; esta é bem dele* (cf. *Os Lusíadas*, II, 84: "E porque é de vassalos o exercício") ainda se acham presas ao genitivo latino com o verbo *esse* (ser), no sentido de "ser próprio de alguém ou de alguma coisa", "o que é ato próprio de alguém, o que é função, dever, costume, etc. de alguém, o que é característico ou sinal distintivo de uma coisa: *Cujusvis hominis est errare nullius, nisi insipientis, in errore perseverare*. Cícero, *Phil.*, errar é de todo o homem, acontece a todo o homem" (MADVIG, ibid., § 282).

e) *Era de êxtase o olhar de Negrinha* (M. LOBATO), onde a preposição *de* introduz um termo qualificativo.

Destarte, na análise destes casos, não há necessidade de recorrermos a elipses.

Nota: Em *isto é bem*, ao lado de *isto é bom*, o advérbio não exerce a função de predicativo, porque o verbo *ser* (lat. *esse*) possui um sentido de verbo nocional, e não pode ser considerado propriamente um verbo de ligação. Continua ainda a construção latina *bene est* por *bonum est* (cf. italiano *è bene*, fr. *c'est bien*).

f) O predicativo, nos momentos de ênfase, pode vir repetido: *Amigo dele já o sou há alguns anos*. Cf. *pleonasmo*, p. 233.

LIÇÃO IV

Sujeito indeterminado. Orações sem sujeito: verbos impessoais. A concordância do verbo nas orações sem sujeito.

I - Sujeito indeterminado

Muitas vezes não queremos ou não sabemos determinar com precisão o sujeito da oração. Temos certeza de que a ação verbal foi praticada por um ser, mas nem por isso desejamos ou podemos apontá-lo:

Estão chamando o professor lá fora.
"*Diz* (= dizem) que era uma vez quatro ladrões muito sabidos e finos" (CÂMARA CASCUDO, *Contos Tradicionais do Brasil*, 180).

Nestes casos, trata-se de um sujeito indiferenciado, referido à massa humana em geral.

A indeterminação do sujeito não quer sempre dizer que não o conhecemos; serve também de manha inteligente de linguagem, quando não nos interessa torná-lo patente àquele com quem falamos, como no seguinte exemplo:

Pedro, *disseram-me* que você falou mal de mim.

Em todos estes casos dizemos que o sujeito é *indeterminado*. A língua portuguesa indetermina o sujeito de duas maneiras:

a) empregando o verbo na 3.ª pessoa (singular ou plural, sendo este último caso o mais comum) ou uma forma infinita de verbo, sem referência a pessoas determinadas:
   Diz que vai chover. (*diz = dizem*)
   Estão batendo.
   É desagradável saber más notícias. (*saber = que alguém saiba*)

b) empregando o pronome *se* junto ao verbo, de modo que a oração passe a equivaler a outra que tem por sujeito *alguém, a gente*:

Vive-se bem aqui. / *Precisa-se* de empregados.
A gente vive bem aqui. / *Alguém* precisa de empregados.[1]

Dizemos neste caso que o *se* é *índice de indeterminação do sujeito*.

> **Observação:**
>
> ▶ Diante de construções do tipo *cumpre se guardar de* e *cumpre uma pessoa guardar-se de*, a tradição literária em português prefere a última. Sobre o assunto, ensina EPIFÂNIO DIAS na sua *Gramática Francesa*, § 258, e): "Quando o pronome reflexo (e também o pronome possessivo da 3.ª pessoa) se refere à pessoa a quem mentalmente se atribui um infinitivo, é melhor e às vezes é indispensável, na tradução portuguesa, dar ao infinitivo um sujeito acomodado, v. g. *il faut se garder de*, cumpre uma pessoa guardar-se de; *il n'est pas prudent de lutter* (não é prudente uma pessoa lutar) *contre de plus puissant que soi; il faut faire à ses vices une guerre continuelle.*" Com os verbos pronominais é impossível o emprego de *se se*: "sem se se enganar", em vez de: "sem uma pessoa se enganar."

2 - Orações sem sujeito

Vimos que normalmente a oração encerra dois termos essenciais: sujeito e predicado. Porém há casos em que as orações não têm sujeito. Não se trata, entretanto, nem de sujeito oculto nem de indeterminado; a verdade é que nas referidas orações não se pensa em atribuir a declaração expressa no predicado a quem quer que seja:
   Chove.
   Faz frio.
   Há bons livros na livraria.

A rigor trata-se de centrar o intento da comunicação no comentário.
   Os verbos destituídos de sujeito se chamam *verbos impessoais*, e as orações unimembres em que aparecem se dizem *orações sem sujeito* ou, menos adequadamente, de *sujeito inexistente*.

---

[1] Com esses outros indefinidos, não há propriamente sujeito indeterminado, pois que não existe referência à massa humana indiferenciada, traço fundamental à noção de indeterminação do sujeito.

Observação:

▶ Pertence à sintaxe popular, com exemplos também em escritores clássicos do passado, o emprego do pronome *ele* junto a verbos impessoais, tal como o francês utiliza *il* nas mesmas circunstâncias: "Não que *ele* há marotos muito grandes na tropa! – obtemperou o padre João da Eira, rancoroso inimigo das armas sem que fosse notável partidário das letras" (CAMILO, *A Corja*, 24. Note-se a caracterização, pela linguagem, de um tipo que não era "notável partidário das letras"); "Harpagão – E vamos nós; a moça, achas que está deveras / perdidinha por ti? *ele* há tantas quimeras / no bichinho mulher!" (A. F. DE CASTILHO, *O Avarento*, p. 265 da ed. de 1925); "*Ele* há muito anequim e tintureira por aqui" (M. LOBATO, *Urupês*, 61. Fala um marítimo "na sua linguagem pinturesca", como diz o autor.)

▶ O nosso escritor RUI BARBOSA, imitando de propósito o modo de dizer que colheu nos bons autores que aponta em nota de pé de página, escreve na p. 492 da *República*: "Que *ele* há nesse lugar um hiato, isso não direi que não."

3 - Os principais verbos impessoais

São:

a) os verbos que denotam fenômenos atmosféricos ou cósmicos: *chover, trovejar, nevar, anoitecer, fazer* (frio, calor, sol), etc.
   Anoitece.
   Faz frio.

b) os verbos *haver* e *ser* em orações sinônimas às construídas com *existir*:
   Há livros bons. (existem livros bons)
   "*Eram* quarenta pessoas ao todo, entre homens, mulheres e crianças" (M. TORGA, *Vindima*, 4ª. ed., 7).

Observação:

▶ O verbo *ser*, com sentido existencial, na expressão literária e hoje consagrada do início das histórias *era uma vez*, tende a ser empregado impessoalmente e, por isso, invariável:

> ➥ "Disse que *era* uma vez dois corcundas, compadres, um rico e outro pobre" (CÂMARA CASCUDO, *Contos Tradicionais do Brasil*, 31); "*Era* uma vez três moças muito bonitas e trabalhadeiras..." (Id., ibid., 120); "Diz que *era* uma vez quatro ladrões muito sabidos e finos" (Id., ibid., 180).
> ➥ Na página 292, sem a expressão *uma vez*, ocorre o plural: "Eram quatro irmãs tatibitates e a mãe delas tinha muito desgosto com esse defeito."
> ➥ Mestres há, como o Prof. MARTINZ DE AGUIAR (em carta particular), que ensinam que o verbo tem de ir ao plural, concordando com o seu sujeito, sendo o singular um caso de inércia mental, igual a *lá vai os homens*. Neste caso o sujeito será: *dois corcundas*; *três moças*; *quatro ladrões*; *quatro irmãs*.

c) os verbos *haver, fazer* e *ser* nas indicações de tempo:
   Há cinco anos não aparece aqui.
   Faz cinco anos não aparece aqui.
   Era à hora da sobremesa.

A tais verbos podemos chamar *impessoais essenciais*, uma vez que há vários outros que acidentalmente aparecem em construções impessoais mas que tendem, em sua maioria, a ser usados com sujeito próprio, portanto em todas as pessoas. Dos verbos que entram nessas construções impessoais merecem atenção: [2]

1) *bastar, chegar* + de (nas ideias de suficiência):
   "*basta de* férias" (B. GUIMARÃES, *Seminaristas*, 145).
   "*chega de* sacrifício."

2) *dar-se*:
   "como quem não *se* lhe *dá* da vizinha fronteira" (M. DE ASSIS, *Memórias Póstumas de Brás Cubas*, 29).

3) *constar*:
   "nem me *consta* de serviços que nunca entre nós se trocassem" (RUI BARBOSA, *Cartas Políticas e Literárias*, 326).

---

[2] Lição e exemplos extraídos de EPIFÂNIO DIAS, *Sintaxe Histórica*, § 3 e CÂNDIDO JUCÁ (FILHO), *O Fator Psicológico*, 152 e ss.

4) *ir* acompanhado de advérbio ou locução adverbial para exprimir como correm as coisas a alguém:
"*Pouco* te *vai* em meus negócios" (M. BARRETO, *Fatos,* 2.ª ed., 207).

5) *ir* acompanhado das preposições *em* ou *para* exprimindo o espaço de tempo em que uma coisa acontece ou aconteceu:
Vai em dois anos ou pouco mais.

6) *vir* acompanhado das preposições *por* ou *a* exprimindo o tempo em que algo acontece:
"Nesse mesmo dia quando *veio pela* tarde" (A. F. CASTILHO, *Quadros Históricos*, II, 107).

7) *passar* acompanhado da preposição *de* exprimindo tempo:
Já *passava de* dois meses.

8) *feito é de*, locução do estilo literário que significa que uma coisa está perdida:
"*Feito era* talvez para sempre, *dos* alterosos fados nascentes desta Monarquia, se dos céus lhe não assistira uma providência, e na terra um D. Egas" (A. F. CASTILHO, *Quadros Históricos*, I, 104).

9) *tratar-se* acompanhado da preposição *de* em construções do tipo:
Agora não *se trata disso.*

4 - Os verbos impessoais sempre aparecem na forma de 3.ª pessoa do singular

Desconhecendo-se a natureza impessoal dos verbos *haver* e *fazer*, é comum aparecerem erradamente na 3.ª pessoa do plural, quando seguidos de substantivo no plural. Isto acontece, porque o falante toma tais plurais como sujeito, quando, na realidade, não o são: *verbo impessoal não tem sujeito.*
Assim, notemos:

CERTO	ERRADO
Houve enganos lamentáveis	*Houveram* enganos lamentáveis
Haverá prêmios	*Haverão* prêmios
Faz quinze dias	*Fazem* quinze dias
Fazia duas semanas	*Faziam* duas semanas

Também ficará no singular o verbo que, junto a *haver* e *fazer*, sirva de auxiliar:
Pode haver enganos (e não: *podem haver*).
Deverá fazer três meses (e não: *deverão fazer*).

> **Nota:**
>
> ➥ Na oração: **José faz hoje dez anos**, o verbo **fazer** não é impessoal. Seu sujeito é **José**. Assim pode ir ao plural em: **José e Maria fazem dez anos**.

Usar-se-á também no singular a fórmula inicial das narrações *era uma vez*, ainda que seguida de nome no plural ou de mais de um substantivo (cf. p. 37).
Era uma vez dois jovens (e não: *eram uma vez...*).
Era uma vez um irmão e uma irmã.

O verbo *ser* usado como impessoal nas indicações de horas, datas e distâncias concorda com a expressão numérica ou equivalente, no plural, que funciona como predicativo:
"*Eram quatro* de agosto, quando se encontraram" (ALEXANDRE HERCULANO).
"Da estação à fazenda *são três* léguas a cavalo" (SAID ALI).

> **Observação:**
>
> ➥ Se o predicativo plural é precedido de uma expressão avaliativa (*perto de*, *cerca de*, etc.), os escritores ora usam o plural, ora o singular: "*Era* perto de duas horas quando saiu da janela" (M. DE ASSIS, *Quincas Borba*, 180, *apud* S. SILVEIRA, *Lições de Português*, § 473). "*Eram* perto de oito horas" (Id., *Histórias sem Data*, 68 *apud* S. SILVEIRA, ibid.).

5 - HAVER no singular e EXISTIR no plural

Embora *haver* entre em construções de sentido igual às do verbo *existir*, em frases como *Há livros bons*, *haver* fica no singular, enquanto *existir* vai ao plural: *Existem livros bons*.

A razão é porque o verbo *haver*, assim empregado, é impessoal. *Existir*, ao contrário, é pessoal, isto é, tem sujeito. Na oração dada, o sujeito de *existir* é *livros bons*.

A sinonímia de *haver* e *existir* tem levado muitos escritores ao emprego de *haver* no plural, prática de linguagem que nos cumpre evitar cuidadosamente.

6 – Erro no emprego do verbo TER pelo HAVER

Constitui incorreção, na língua culta, o emprego do verbo *ter* em lugar de *haver* em orações como:
   Tem livros na mesa por *Há livros na mesa.*

Este emprego corre vitorioso na conversação de todos os momentos, e já vai ganhando aceitação nos escritores modernos brasileiros que procuram aproximar a língua escrita da espontaneidade do falar coloquial:
   "Na Rua Toneleros *tem* um bosque, que se chama, que se chama solidão" (M. BANDEIRA, *Poesia e Prosa*, II, 419).

O emprego de *ter* impessoal parece ter-se originado de duas ordens de fatores: a) a mudança na formulação da oração *A biblioteca tem bons livros* ao lado de *Na biblioteca há bons livros*; b) a progressiva vitória do verbo *ter* sobre o verbo *haver* em uma série de enunciados em que ambos lutaram pela sobrevivência, como na auxiliaridade dos tempos compostos (*hei estudado / tenho estudado*), em expressões como *há nome / tem nome* (= chama-se) e tantos outros.

Fora do seu sentido normal, muitos verbos impessoais podem ser usados pessoalmente, vale dizer, constroem-se com sujeito.

Nestes casos, a concordância se faz obrigatória:

Choveram bênçãos dos céus.

"No dia seguinte *amanheci* de cama" (ÉRICO VERÍSSIMO, *Solo de Clarineta*, 50).

LIÇÃO V

Núcleo. Conceito de núcleo. Núcleo do sujeito. Sujeito simples e composto. Uso da vírgula no sujeito composto. Ideia de concordância do verbo com o sujeito.

1 - Que é núcleo

Tomemos as seguintes orações:
  Meu querido primo nos visitará hoje. Ele é um excelente companheiro.

O sujeito da primeira oração é *meu querido primo*; porém, na expressão, há um termo que tem maior importância, porque é dele que fazemos a declaração *nos visitará hoje*. Este termo é o substantivo *primo*, que, para a expressão total do nosso propósito, se acha acompanhado de *meu* e *querido*. Dizemos que *primo* é o *núcleo* do sujeito.

2 - O núcleo do sujeito é sempre um substantivo ou pronome

Se na primeira oração apontada acima o núcleo do sujeito é o substantivo *primo*, na segunda oração o núcleo do sujeito é o pronome *ele*, que, por não vir acompanhado de outro termo ou termos, coincide com a expressão total do sujeito.

Se procurarmos o núcleo do sujeito em todas as orações exemplificadas até aqui ou em novas citações, este será de base *nominal*, isto é, um *substantivo* (ou expressão de valor substantivo) ou *pronome*.

3 - Sujeito simples e sujeito composto

O sujeito pode conter *um só núcleo*:
  "A melhor companhia acha-se em uma escolhida livraria" (MARQUÊS DE MARICÁ).
  Sujeito: *a melhor companhia*.

Núcleo do sujeito: *companhia*.

Dizemos então que o sujeito é *simples*. São ainda exemplos de sujeitos simples:
Nós não o queremos.
O povo escolherá bons governos.
Os rios são estradas que andam.

Se pensamos em dois ou mais seres distintos e deles fazemos o sujeito de uma oração, esta conterá dois ou mais núcleos:
Eu e *ele* assistimos a este filme.
Sujeito: *eu e ele*.
Núcleos do sujeito: *eu, ele*.

O *gaúcho* e o *vaqueiro* do Nordeste são tipos diferentíssimos.
Sujeito: *o gaúcho e o vaqueiro do Nordeste*.
Núcleos do sujeito: *gaúcho, vaqueiro*.

Se o sujeito encerra *mais de um núcleo*, dizemos sujeito *composto*.
Os núcleos do sujeito composto se acham ligados pelas conjunções coordenativas:
João *e* Pedro viajaram hoje.
Maria *ou* Glória fará as compras. (cf. p. 52 e 53)
Pedro, *mas* não Paulo, viajou hoje.

4 - A vírgula e o sujeito composto

Numa série de núcleos que constituem o sujeito composto, todos se separam normalmente por vírgula, salvo o derradeiro, que aparece ligado ao anterior por conjunção coordenativa:
Livros, cadernos, lápis e *canetas* são materiais escolares.

Se é nossa intenção imprimir ênfase, vigor, a cada núcleo do sujeito composto, então repetiremos a conjunção em lugar da vírgula:
O olhar *e* o aspecto *e* as mentiras refletiam o que lhe ia na alma.

Havendo pausa no último núcleo da série, pode aparecer a vírgula antes da conjunção:
Pai, mãe, *e irmãos* assistiam àqueles dolorosos minutos.

Ainda nos momentos de ênfase, ressaltamos a participação dos vários núcleos do sujeito composto na declaração do predicado, substituindo a conjunção

e pela série *não só... mas também* (ou outra de sentido aditivo), como no seguinte exemplo:
   Pedro *e* Paulo foram ao cinema.
   Não só Pedro, *mas também* Paulo foi ao cinema.

5 – Ideia de concordância do verbo com o sujeito: princípios gerais

A relação íntima entre o sujeito e o verbo determina que este se acomode ao número (singular ou plural) e à pessoa (1.ª, 2.ª ou 3.ª) daquele. Dizemos, por isso, que o verbo *concorda* com o sujeito em *número* e *pessoa*.

A nossa língua é muito rica no tocante à concordância do verbo com o sujeito, a que chamamos também *concordância verbal*.

Fizemos no item 3 uma distinção entre sujeito *simples* e sujeito *composto*, fundamental para o aspecto da concordância:

SUJEITO
- a) simples
  - 1) constituído de núcleo no singular:
     O homem *trabalha*.
  - 2) constituído de núcleo no plural:
     Os homens *trabalham*.
- b) composto
  - O homem *e a* mulher *trabalham*.
  - *Os* homens *e as* mulheres *trabalham*.

Baseados nesta distinção, poderemos expor os princípios gerais da concordância verbal:

1.º) Quando o sujeito for *simples* e *singular*, o verbo irá para o singular, ainda que seja um coletivo:
   O homem *trabalha*.
   O povo *marcha*.

2.º) Quando o sujeito for *simples* e *plural*, o verbo irá para o plural:
   Os homens *trabalham*.
   Os povos *marcham*.

3.º) Quando o sujeito for *composto*, o verbo irá normalmente para o plural, qualquer que seja a posição do sujeito em relação ao verbo:
   O homem e a mulher *trabalham*.
   Brincam no pátio José e Maria.

> **Nota:**
>
> ➡ No caso do sujeito composto, pode o verbo concordar com o elemento mais próximo, principalmente **se o sujeito vem depois do verbo**. A língua portuguesa moderna prefere orientar-se pelo princípio geral acima estabelecido, pondo o verbo no plural. Eis as duas concordâncias na pena de excelente escritor:
>
> ➡ "O urso ferocíssimo, o javali indomável, a leve corça *abasteciam* a grosseira mesa dos godos, a quem a desgraça e a vida dura das solidões *fizera* mais feros, mais indomáveis e mais ligeiros do que eles" (ALEXANDRE HERCULANO, *Eurico, o Presbítero*, 163).
>
> ➡ "Nas solidões do Calpe *tinha* reboado a desastrada morte de Witiza, a entronização violenta de Ruderico e as conspirações que ameaçam rebentar por toda a parte" (Id., ibid., 21).

No primeiro exemplo *abasteciam* está no plural concordando com os núcleos do sujeito composto: *urso, javali, corça*. No segundo, *tinha* concorda apenas com o núcleo mais próximo do sujeito composto: *morte*.

Esta concordância do verbo com o núcleo mais próximo, e não com a totalidade do sujeito composto, se chama *concordância atrativa* ou *por atração*.

O primeiro exemplo de HERCULANO contém ainda um caso interessante de concordância que precisa logo de nossa atenção: "a desgraça e a vida dura das solidões *fizera*..."

Se os substantivos no singular ligados pela conjunção *e* forem sinônimos e, assim, designarem um único ser, o verbo poderá ficar no singular. No trecho do escritor português, *desgraça* e *vida dura* traduzem uma só ideia, daí o verbo *fizera*, no singular.

6 - Outros casos de concordância

a) Se o sujeito composto é constituído por uma série em que entra o pronome *eu* ou *nós*, o verbo irá para a 1.ª pessoa do plural:
   Eu e meu colega *conquistamos* bons lugares.
   Eu e tu *desconhecemos* esse problema.

b) Se o sujeito composto é constituído por uma série em que entra o pronome *tu* ou *vós* e nenhum dos outros núcleos encerra pronome da 1.ª pessoa, o verbo irá para a 2.ª ou 3.ª pessoa do plural:
   Tu e José *fostes* (ou *foram*) premiados.
   Vós e todos os outros *deveis* (ou *devem*) sair.

"Se Casimiro ficar condenado, *tu ou teu cunhado vão* para Lisboa, e entreguem as cartas, onde eu mandar" (CAMILO, *O Bem e o Mal*, ed. Casassanta, 116).

Observação 1.ª:

▶ A gramática tradicional prefere que se dê supremacia, nestes casos, à 2.ª pessoa, de modo que para ela o verbo cabe melhor na 2.ª pessoa do plural. A verdade, porém, é que a língua moderna tem dois plurais de *tu*; no estilo coloquial é *vocês* e no estilo solene é *vós* (verdadeiro plural gramatical). Daí a possibilidade de o verbo poder ir para o plural de 2.ª ou 3.ª pessoas, conforme vimos.

Observação 2.ª:

▶ Em português podemos dispor os pronomes pessoais em qualquer ordem: *eu* e *tu*, *tu* e *eu*, *eu* e *ele*, *ele* e *eu*, sendo que, por cortesia, o pronome de 1.ª pessoa pode vir em último lugar: "Vínhamos da missa, ela, o pai e eu" (M. DE ASSIS, *Memórias Póstumas de Brás Cubas*, 309).

c) Se o sujeito composto tem os seus núcleos ligados pela série aditiva do tipo *não só... mas também*, o verbo vai para o singular (concordando com o mais próximo dos núcleos) ou para o plural (o que é mais comum quando o verbo vem antes do sujeito):
Não só Pedro, mas também Paulo *saiu* (ou *saíram*).
Saíram (ou *saiu*) não só Pedro, mas também Paulo.

d) Se o sujeito composto tem os seus núcleos ligados pela série aditiva negativa *nem... nem*, o verbo vai normalmente para o plural, podendo também ir para o singular:
Nem eu nem tu *seremos* escolhidos agora.
Nem José nem Maria *foram* embora.
Nem o parente nem o vizinho lhe *dará* crédito.

e) Se o sujeito composto tem os seus núcleos ligados pela conjunção *ou*, o verbo concordará com o sujeito mais próximo se:

1) a conjunção indicar *exclusão* dos núcleos restantes:
José ou Antônio *ganhou* o prêmio.

2) a conjunção indicar *retificação de número gramatical*:
   O livro ou os livros *foram* vendidos.
   Não *se queixou* o prejudicado ou os prejudicados pelo roubo.
   "Cantares é o nome que o autor ou autores do Cancioneiro chamado de Colégio dos Nobres *dão* a cada um dos poemetos..." (HERCULANO, *O Bobo*, 131 nota).

3) a conjunção indicar *identidade* ou *equivalência*:
   O professor ou o nosso segundo pai *merece* o respeito da pátria.

Se a ideia expressa pelo predicado puder referir-se a toda a série do sujeito composto, o verbo irá para o plural:
   O rico ou o pobre não *fogem* ao seu destino.

f) Se o sujeito é constituído pelas expressões do tipo *a maior parte de, a maioria de, grande parte de, parte de* e um nome no plural, o verbo vai para o singular ou plural:
   A maior parte dos companheiros *recusou* (ou *recusaram*) sair.

g) Se o sujeito é constituído com a expressão *mais de um*, o normal é aparecer o verbo no singular:
   Mais de um candidato se *queixou* da extensão da prova.

Nestes casos, o plural aparece mais raramente:
   Mais de um candidato se *queixaram* da prova.

Se se trata de sujeito composto com a repetição de *mais de um*, impõe-se a concordância no plural:
   Mais de um candidato, mais de um fiscal se *queixaram* da extensão da prova.

Também o sentido de reciprocidade que envolve a expressão *mais de um* leva o verbo ao plural:
   Mais de um candidato aprovado se *cumprimentaram* pelo bom resultado do concurso.

h) Se o sujeito constituído de numeral vem precedido de expressões que denotam aproximação (*cerca de, perto de*, etc.), o verbo continuará concordando com o numeral:
   Cerca de dois casos semelhantes *ocorrem* a cada hora.
   Perto de vinte pessoas *ficaram* sem ingresso para o jogo.

i) Se o sujeito é constituído por um dos pronomes *isto, isso, aquilo, tudo*, e o verbo da oração é *ser* seguido de predicado no plural, o verbo pode ir para o singular ou plural (este último caso é o mais comum):
Tudo *é* (ou *são*) flores.

j) Se o sujeito denota pessoa ou personificação, e o verbo da oração é *ser*, o verbo concorda com o sujeito, qualquer que seja o número do predicativo:
Ele *é* as alegrias dos pais.
O afilhado *era* as preocupações do padrinho.
"Justiça *é* tudo, justiça *é* as virtudes todas..." (GARRETT, *Da Educação*, 45, ed. 2.ª).[1]

k) Se o sujeito da oração é expresso por substantivo, e o verbo é *ser* seguido de pronome pessoal, com este último concorda o verbo em número e pessoa:
O dono do livro *sou* eu.
Os responsáveis *seremos* nós.
"E se souberem que o autor *sou eu*, naturalmente me chamarão potoqueiro." (G. RAMOS, *S. Bernardo*, 3.ª ed., 9)

---

[1] Elemento decisivo aqui é o ritmo com que se profere a oração, que determina ora a concordância com o sujeito, ora com o predicativo. São oportunas as considerações de Rodrigues Lapa: "O sentimento, por vezes obscuro, do ritmo também desempenha o seu papel na concordância. Veja-se, por exemplo, esta frase: "Papas de linhaça, **é** muito bom." Aquela pausa, indicada pela vírgula, desliga a relação lógica entre o sujeito e o verbo e dá tempo a que se considere "papas de linhaça" como um remédio usual, enunciado em sua generalidade abstrata, e por isso com o verbo no singular. Se tiramos a vírgula, já não podemos manter a discordância: "Papas de linhaça **são** muito boas."
Coisa idêntica sucede neste passo de Garrett: "As lágrimas **era** um rio." Dizem os gramáticos que a discordância se deve à atração do verbo **ser** para o nome predicativo. Mas não há dúvida de que a entoação desempenha nisso papel importante, talvez decisivo. Faz-se uma pausa grande, que se pode representar graficamente por meio de travessão ou reticências: "As lágrimas... **era** um rio." Esta pausa não só quebrou os laços da concordância, mas ainda favoreceu uma intensa representação coletiva (= isso tudo, esse grande choro).
Uma frase de Vieira: "Hoje os pregadores **são** eu e outros como eu." O mais correto, o mais normal seria dizer **sou eu**. Neste caso, a parte ascendente da frase terminaria em **pregadores**: "Hoje os pregadores / sou eu..." Mas Vieira procura outro efeito e por isso dá à frase outro ritmo: "Hoje os pregadores são / eu e outros como eu." Entoando assim, todo o interesse recai não sobre **pregadores**, mas sobre a parte descendente da frase: **eu e outros como eu**. É esse efeito expressivo que procura e alcança plenamente o grande orador. Logo, a frase deve ser assim pontuada: "Hoje os pregadores são: eu e outros como eu."
Uma outra frase do mesmo escritor, que se esclarece à luz do mesmo princípio: "Do mesmo pai **nasceu** Isaac e Ismael." Hoje, sobretudo ao escrever, diríamos **nasceram**. Mas é bom não esquecer que Vieira proferia em público os seus sermões e usava o ritmo como um processo expressivo. Pronunciaria que os dois filhos tinham nascido em tempos diferentes. De modo que a concordância só é legítima em virtude do ritmo que a esclarece (*Estilística*, 196).

l) Nas orações interrogativas iniciadas pelos pronomes *quem, que, o que,* o verbo *ser* concorda com o nome ou pronome que vier depois:
Quem *são* os culpados?
Que *são* os sonhos?
O que *seremos* nós sem fé?

> **Observação:**
>
> ▶ A forma interrogativa enfática *o que* foi condenada por alguns gramáticos, mas constitui hoje um fato da língua moderna, com a adoção dos mais distintos escritores brasileiros e portugueses.[1]

m) Cuidado especial há de merecer a concordância do verbo acompanhado do pronome *se* e sujeito plural posposto (cf. adiante, p. 108):[2]

CERTO	ERRADO
Alugam-se casas.	Aluga-se casas.
Fazem-se chaves.	Faz-se chaves.
Consertam-se rádios.	Conserta-se rádios.
Vendem-se apartamentos.	Vende-se apartamentos.

> **Observação:**
>
> ▶ Se o nome no plural vem precedido de preposição, não pode ser sujeito, e, por isso, o verbo fica no singular:
>
> | CERTO | ERRADO |
> |---|---|
> | Precisa-se de empregados. | Precisam-se de empregados. |
>
> Trata-se, neste caso, de sujeito indeterminado; o pronome *se* é índice de indeterminação do sujeito.

---

[1] Cf. SAID ALI, *Dificuldades da Língua Portuguesa*, 5.ª ed., cap. I.

[2] Autoridades de peso têm caído neste engano. Cf. MÁRIO BARRETO, *Últimos Estudos*, 388-9. Ensina-nos MARTINZ DE AGUIAR: "**Vende-se casas** e **frita-se ovos** são frases de emprego antiliterário, apesar da já multiplicidade de exemplos. A genuína linguagem literária requer **vendem-se, fritam-se**. Mas ambas as sintaxes são corretas, e a primeira não é absolutamente, como fica demonstrado [o Autor se refere ao trecho que transcrevemos nas p. 113 e 114], modificação da segunda. São apenas dois estágios diferentes da evolução. Fica também provado o falso testemunho que levantaram à sintaxe francesa, que em verdade nenhuma influência neste particular exerceu em nós" (*Notas e Estudos de Português*, 183).

n) O verbo *dar*, aplicado a horas, ou concorda com o sujeito *relógio*, se vier expresso, ou, na falta deste, com a expressão numérica:
O relógio *deu* uma hora.
Deram duas horas.

o) Merece, por fim, a nossa atenção a concordância que leva em conta não a *forma* da expressão, mas a *ideia* que ela sugere. É o que os gramáticos chamam de *silepse*.

Há silepse de *gênero*, *número* e *pessoa*, podendo ocorrer ainda a combinação de mais de um tipo.

Exemplos de *silepse de gênero* (aparente discordância de gênero):

V. Ex.ª é { DELICADO (referindo-se a homem).
DELICADA (referindo-se a mulher).

Passaremos o fim de semana na bela *Governador* (levando-se em conta o vocábulo *ilha*, que se subentende).
A gente é enganado a todo instante (trata-se de uma pessoa do sexo masculino, embora também possa haver aqui a concordância, sem silepse, com *a gente*: a gente é enganada).
"Opulenta outrora, *os seus* (de Carteia) *estaleiros* tinham sido famosos antes da conquista romana" (A. HERCULANO, *Eurico 7 apud* EPIFÂNIO, *Sintaxe Histórica Portuguesa*, § 478).
A construção normal, para explicar o feminino *opulenta*, seria *os estaleiros dela*, e não *os seus estaleiros*.

Exemplos de *silepse de número* (aparente discordância de número):
"Misericórdia! – bradou toda aquela multidão, ao passar por el-rei: *e caíram* de bruços sobre as lájeas do pavimento" (A. HERCULANO, *Lendas e Narrativas*, I, 285).
Caíram, em vez de *caiu*, leva em conta a ideia de pluralidade contida no coletivo *multidão*.
"*A gente* compreende como estas coisas acontecem; casos se podem ter dado *conosco* da mesma natureza, mas o que *nós* não fizemos nunca..." (CAMILO, *A Queda dum Anjo*, 132).
A gente... nós apresenta mudança de número (singular x plural).

Exemplos de *silepse de pessoa* (aparente discordância de pessoa no verbo):
Os alunos desta sala desejamos que o professor seja feliz (o aluno que fala em nome de seus colegas se inclui no rol e leva o verbo à 1.ª pessoa do plural em vez do normal *desejam*).

"Uma criança! disse ela a si mesma, naquela língua sem palavras que *todos trazemos* conosco" (M. DE ASSIS *apud* S. DA SILVEIRA, *Lições de Português*, § 537).

Combinação de mais de um tipo:
"Vem descendo os montes
Ou abicando às povoadas praias
Gente de raça ilustre. A onda imensa
Pelo arraial se estende pressurosa.
De quantas cores natureza fértil
Tinge as próprias feições, copiam eles
Engraçadas, vistosas louçanias.
Vários na idade são, vários no aspeito.
Todos iguais e irmãos no herdado brio" (M. DE ASSIS *apud Pequeno Dicionário Brasileiro da Língua Portuguesa*, s.v.).

Registra-se nestes versos silepse de gênero e número: *gente*, sendo uma reunião de soldados, leva naturalmente o autor a empregar no masculino e plural: *vários* e *todos*.

LIÇÃO VI
Conceito de complemento. Complementos nominais e verbais. Emprego dos pronomes *o* e *lhe*. Combinações de pronomes pessoais. Pleonasmo. Verbos em cuja regência frequentemente se erra.

1 - Que é complemento

Traduzimos perfeitamente uma unidade de sentido quando dizemos:
    Antônio acordou.
    Maria brinca.
    O cão desapareceu.
    A boneca anda.

Já não acontecerá o mesmo se proferirmos:
    Eu preciso.
    Maria quer.
    O aluno espera.
    O vizinho contou.

Há verbos, como os dos primeiros exemplos, que se bastam a si mesmos, isto é, não precisam de nenhuma expressão seguinte para *completar* o seu sentido.
Outros, por sua vez, necessitam do auxílio de uma expressão subsidiária. Estão nesse grupo os verbos da segunda série de exemplos. Eles poderiam ter o seu sentido completado, perfeito, se disséssemos:
    Eu preciso *do livro*.
    Maria quer *este caderno*.
    O aluno espera *as melhores notas*.
    O vizinho contou *as novidades aos presentes*.

A expressão que completa o sentido das palavras que não se bastam a si mesmas se chama *complemento*. Assim, *do livro, este caderno, as melhores notas, as novidades* e *aos presentes* são complementos dos verbos *precisar, querer, esperar* e *contar*.

Os verbos que dispensam complemento se chamam *intransitivos*. Os que precisam de complemento recebem o nome de *transitivos*.

Regência é "a relação necessária que liga entre si duas palavras, de tal modo que uma dependa gramaticalmente da outra."[1]

A palavra que *rege*, isto é, aquela de que depende o complemento, se chama *regente*. O complemento se diz *regido* ou *regime* de tal expressão regente.

Os elementos fundamentais da regência são o verbo, o nome e a preposição. O termo regido por uma preposição é normalmente um substantivo ou pronome:

O livro *do menino*.
O livro *dele*.

Em linguagem como:
"O luxo, como o fogo, devora tudo e perece de *faminto*" (MARQUÊS DE MARICÁ, *Máximas*).
"Muitas pessoas se prezam *de firmes e constantes* que não são mais que teimosas e impertinentes" (Id., ibid.).

a presença do adjetivo se explica pela omissão de um verbo de ligação adequado (*ser, estar, ficar*, etc.) ou pela fusão de construções onde aparecem numa o adjetivo e noutra o substantivo: *O pai repreendeu a filha por desmazelada* (resultante da fusão de *por ser desmazelada* com *pelo seu desmazelo*).

Em *veste-se de branco*, por exemplo, temos a substantivação do adjetivo.[2]

2 - Complementos nominais e verbais

Os complementos servem a *nomes* (substantivos e adjetivos) e a *verbos*; daí a regência dividir-se em *nominal* e *verbal*.

Exemplos de complementos de nomes:
Tenhamos amor *ao próximo*. (*amor ao próximo*)
Paulo sentia inclinação *pela música*. (*inclinação pela música*)
Sejamos úteis *à pátria*. (*úteis à pátria*)
Estavam desejosos *de vitória*. (*desejosos de vitória*)
Eram questões referentes *à lição dada*. (*referentes à lição dada*)

---

[1] LÁZARO CARRETER, *Diccionario de Términos Filológicos*, 283.

[2] Cf. para o assunto M. BARRETO, *De Gramática*, 297 da 2.ª edição.

Tais complementos nominais designam a pessoa ou coisa "como objeto da ação ou sentimento que o substantivo ou adjetivo significa: *temor do perigo, amor da pátria, execução de uma ordem, cobiçoso de honras* (o que corresponde *a temer o perigo, amar a pátria, executar uma ordem, cobiçar honras*)".[3]

Os substantivos e adjetivos que denotam sentimento constroem-se com variadas preposições: *de, a, por* (*per*), *contra, para com*, atendendo-se à clareza e à eufonia da expressão. Assim, *amor da pátria* pode ser tanto o amor que se deve ter à pátria, como aquele que a pátria tem aos seus filhos. Daí a preferência moderna por *amor à pátria, amor pela pátria*, quando se quer traduzir a primeira ideia.

> **Observação 1.ª:**
>
> ➥ Acham-se incluídos nesta classe de palavras regentes os advérbios de base nominal:
>
> *Referentemente ao assunto* (compare-se com: *em referência ao assunto, referente ao assunto*).[4]

> **Observação 2.ª:**
>
> ➥ Em *longe de, perto de*, etc. não temos complemento nominal de advérbio, mas locuções prepositivas.

Exemplos de complementos de verbos:
Os alunos ouviram *uma história*.
As crianças gostam *de histórias*.

Os complementos de nomes se chamam *nominais*; os de verbos, *verbais*.

3 - Os tipos de complementos verbais

Vimos que se chamam *transitivos* os verbos que pedem complemento. Mas estes complementos se dividem em dois grupos, conforme venham ou não iniciados por *preposição necessária*:
Os alunos ouviram *uma história*.
As crianças gostam *de histórias*.

---

[3] EPIFÂNIO DIAS, *Gramática Portuguesa Elementar*, § 150.

[4] Tais advérbios merecem nossa particular atenção no capítulo seguinte deste livro.

Dizem-se *transitivos diretos* os que pedem complemento não introduzido por preposição necessária. Neste caso, o seu complemento se denomina *objeto direto*. Assim, *uma história* é objeto direto do verbo transitivo direto *ouvir*.

Dizem-se *transitivos indiretos* os que pedem complemento introduzido por preposição necessária. Neste caso, o seu complemento recebe o nome de *objeto indireto*. Assim, *de histórias* é objeto indireto do verbo trasnsitivo indireto *gostar*.[5]

> **Observação:**
>
> ➡ Insistimos, em toda esta explicação, em dizer *preposição necessária* para fazer referência *àquela que não pode ser retirada sem prejuízo do sentido ou da correção da frase*. Ao lado desta *preposição necessária* corre a preposição que pode ser dispensada ou que aparece como recurso estilístico da clareza do pensamento. Por exemplo: jamais diremos *As crianças gostam histórias*, mas usaremos indiferentemente *Amo meus pais* ou *Amo a meus pais*. Neste último caso, o verbo *amar* é transitivo direto e *meus pais* é objeto direto. A preposição é mero recurso estilístico e sua explicação está em se pôr em evidência a pessoa para quem a ação se dirige, a pessoa que recebe a ação expressa pelo verbo.

Certos verbos transitivos, mesmo acompanhados de objeto direto, continuam com sentido incompleto, exigindo outro complemento precedido de preposição para indicar o ser a quem a ação se destina ou o ser beneficiado ou prejudicado por esta referida ação:

O professor relatou esses casos *aos seus alunos*.
Os pais distribuíram prêmios *aos filhos*.

Este complemento vem sempre precedido da preposição *a* ou *para* e também se classifica como *objeto indireto*.

---

[5] NOTA AO PROFESSOR: Diante de expressões do tipo:
Irei *à cidade*,
Voltei *do trabalho*,
tínhamos a rigor de falar em verbos **transitivos adverbiais**, isto é, os que pedem como complemento uma expressão adverbial. Contra o conceito de **complemento**, a *Nomenclatura Gramatical Brasileira* arrola tais casos entre os **adjuntos adverbiais**. A incongruência se torna mais patente quando, em **Ida à cidade**, **Volta ao trabalho**, classificamos **à cidade** e **ao trabalho** como complementos nominais.

> **Observação:**
>
> ➡ A NGB, a bem da simplificação, reúne sob o título de objeto indireto complementos verbais preposicionados de naturezas bem diversas: o *objeto indireto* propriamente dito, em geral encabeçado pelas preposições *a* ou *para* e que pode ser substituído pelo pronome clítico *lhe, lhes* (*escrevi AOS PAIS*); o *complemento partitivo*, em geral iniciado pela preposição *de* (*lembrar-se DE ALGUMA COISA*) e o *complemento de relação*, também em geral introduzido pela preposição *de* (*ameaçar alguém DE ALGUMA COISA*). Isto nos leva a compreender por que uma oração pode conter dois objetos indiretos como: *Queixou-se DOS MAUS-TRATOS AO DIRETOR*.

4 - Tipos de objeto direto e indireto

Quanto ao sentido, o objeto direto pode exprimir:

a) a pessoa ou coisa que sofre ou recebe a ação verbal:
   O professor elogiou o *aluno*.

b) o produto ou resultado da ação:
   O carpinteiro fez *a mesa*.

c) a pessoa ou coisa para onde se dirige um sentimento, sem que o objeto seja forçosamente afetado pelo dito sentimento:
   "*Otelo ama a Iago e Iago odeia a Otelo*". [6]

d) com os verbos de movimento, o espaço percorrido ou o objetivo final:
   "Andei *longes terras*" (G. DIAS), atravessar *o rio*, correr *os lugares sacros*, subir *a escada*, descer *a montanha*, navegar *o rio*, etc., ou o tempo decorrido (viver *bons momentos*, dormir *a noite inteira*, etc.).

O objeto indireto pode exprimir:

a) a pessoa ou coisa que recebe a ação verbal:
   Escrever *aos pais*.

b) a pessoa ou coisa em cujo proveito ou prejuízo se pratica a ação (*dativo de interesse*):
   Trabalha *para o bem geral da família*.

---

[6] M. SAID ALI, *Gramática Histórica*, I, 183.

c) a pessoa ou coisa que, vivamente interessada na ação expressa pelo verbo, procura captar a simpatia ou benevolência do ouvinte (*dativo ético*):
Prendam-*me* esse homem!
Não *me* vire esses papéis da mesa.
"Beba-*lhe* bem" (EPIFÂNIO DIAS, *Sintaxe Histórica*, § 150).

d) a pessoa a quem pertence uma opinião, caso em que o objeto indireto pode servir a um verbo de ligação (*dativo de opinião*):
Para ele tudo eram flores.
José *pareceu-lhe* adoentado.[7]

5 - A preposição como posvérbio

Assim denomina ANTENOR NASCENTES[8] a preposição que, depois de certos verbos, mais serve para lhes acrescentar um novo matiz de significação do que reger o complemento desses mesmos verbos:

Arrancar *a espada*.
Arrancar *da espada* (o pósverbio acentua a ideia do uso do objeto, a retirada total da bainha ou cinta).

Cumprir *o dever*.
Cumprir *com o dever* (o pósverbio acentua a ideia de zelo ou boa vontade para executar algo).

Fiz *que ele viesse*.
Fiz *com que ele viesse* (o pósverbio acentua a ideia do esforço ou interesse no fato).

Olhar *a criança*.
Olhar *pela criança*
Olhar *a uma vantagem*
} o posvérbio acentua a carga afetiva (prep. *por*) ou interesse (prep. *a*).

Perguntar *alguma coisa*.
Perguntar *por alguma coisa* (o pósverbio denota interesse).

---

[7] Cf. do latim: "Quintia formosa est multis" (CATULO, 86, I *apud* ERNOUT-THOMAS, *Syntaxe Latine*, 8.ª ed. § 91).

[8] A. NASCENTES, *O Problema da Regência*, 17.

6 – Objeto direto preposicionado

Não raro o objeto direto pode aparecer precedido de preposição. Isto acontece nos seguintes principais casos:

a) quando se trata de pronome oblíquo tônico (uso hoje obrigatório):
Nem ele entende *a nós*, nem *nós a ele*.

b) quando se deseja encarecer a pessoa a quem a ação verbal se dirige, distinguindo-se do sujeito:
Amar *a Deus* sobre todas as coisas.
Ele soube vencer *aos inimigos*.

c) quando se pretende evitar confusão de sentido, nos casos em que ocorre:

1) inversão (o objeto direto antecede ao sujeito):
A Abel matou Caim.

2) comparação:[9]
Estimo-o *como a um pai*.

Poderia ter mais de um sentido a construção:
Estimo-o *como um pai* (*como um pai estima* ou *como se estima a um pai*).

d) na expressão de reciprocidade: *um ao outro, uns aos outros*:
Eles se conhecem *uns aos outros*.[10]

e) com o pronome relativo *quem*, com antecedente expresso:
Conheci a pessoa *a quem admiras*.

f) nas construções em que se coordenam um pronome átono e um substantivo:
"Mas engana-se contando com os falsos que nos cercam.
Conheço-*os e aos leais*" (HERCULANO, *O Bobo*, 120 apud *Fragmentos*, 132).
"Meus irmãos, meus irmãos passarinhos, cantai bem o vosso Criador, que vos deu essa árvore... para vos agasalharem *a vós e aos vossos filhinhos*" (EÇA DE QUEIROS apud H. MEIER, *Ensaios*, 138).

---

[9] Cf. ainda a p. 159.

[10] Na oração **Eles se conhecem uns aos outros**, o *se* funciona como objeto direto do verbo **conhecer**, e a expressão reforçativa da reciprocidade **uns aos outros** é o pleonasmo desse objeto direto.

g) nas construções de objeto pleonástico, sem que isto constitua norma obrigatória:

"A desventura faz o homem religioso, *a ele fê-lo fanático*" (HERCULANO, *Fragmentos*, 121).

"*Ao ingrato*, eu não *o* sirvo, porque (= para que) me não magoe..." (RODRIGUES LOBO, *Antologia Nacional*, 279).

"*Ao vão* nem *o* gabo, nem o repreendo. Ao lisonjeiro não no (= o) creio..." (Id., ibid.).

7 – Concorrência de complementos diferentes

Um verbo transitivo pode acompanhar-se de dois objetos, surgindo daí as três seguintes concorrências:

1) *objeto indireto de pessoa* (regido das preposições *a* ou *para*) e *objeto direto de coisa*:

"Eu sou aquele *a quem* padre Antônio de Azevedo ensinou *princípios de solfa, e as declinações da arte francesa*" (CAMILO, *O Bem e o Mal*, 37 ed. M. Casassanta).

Estão neste caso, entre outros, os seguintes verbos: *aconselhar, agradecer, aludir, anunciar, assegurar, atribuir, avisar, ceder, conceder, confiar, consentir, dar, declarar, dedicar, dever, dizer, doar, encobrir, entregar, explicar, expor, extorquir, fiar, furtar, impedir, imputar, informar, ministrar, mostrar, negar, ocultar, oferecer, ordenar, pagar, pedir, perdoar, perguntar, permitir, proferir, proibir, prometer, propor, requisitar, responder, revelar, rogar, roubar, sacrificar* (dar em sacrifício), *subtrair, sugerir, tirar, tomar, tributar* e os que exprimem percepção dos nossos sentidos ou do espírito, como *ver, ouvir, conhecer*:

Ouviu essa história **a um parente afastado**.

2) *objeto direto de pessoa* e um *complemento de relação*, regido das preposições *de, sobre* e, algumas vezes, *a* (a que a NGB chama *objeto indireto*):

"D. Miguel de Almeida e D. Antão de Almada, informando-o *de tudo*, pediram-lhe a sua cooperação" (REBELO DA SILVA, *História de Portugal*, IV, 127).

Pertencem a este grupo os seguintes principais verbos, alguns dos quais, com diferente maneira de construir, já foram relacionados no grupo anterior: *aconselhar, acusar, ameaçar, assegurar, avisar, bendizer, certificar, convencer, culpar, desculpar, informar, louvar, maldizer, persuadir, prevenir*.

3) *objeto indireto de pessoa* (principalmente com *a* ou *para*) e *complemento de relação* (a que a NGB chama *objeto indireto*, o que nos leva a considerar dois objetos indiretos numa mesma oração):
   Queixou-se *dos maus-tratos* (compl. de relação) *ao diretor* (obj. indireto).
   Desculpou-se *do ocorrido aos amigos*.

> **Observação 1.ª:**
>
> ➡ Alguns verbos podem admitir duas ou mais construções sem que se altere fundamentalmente a sua significação geral: *ensinar alguma coisa a alguém* ou *ensinar alguém a fazer alguma coisa*; *avisar alguma coisa a alguém* ou *avisar alguém de alguma coisa*; *informar alguma coisa a alguém* ou *informar alguém de alguma coisa*, etc.

> **Observação 2.ª:**
>
> ➡ Em virtude do cruzamento de construções diferentes, podem aparecer dois objetos diretos (hoje raramente) ou indiretos: *rogar alguém que faça alguma coisa*; *ensinar a alguém a ler*; *lembrar a alguém de alguma coisa*; *esquecer a alguém de alguma coisa*, etc.; "e este enfarrapadinho inocente ensina a Fr. Bertolameu a ser Arcebispo" (Fr. LUÍS DE SOUSA, *Vida do Arcebispo*, I, 97 ed. de 1818).

8 - A classificação do verbo depende da frase

A classificação do verbo – como de qualquer palavra – depende da situação em que se acha empregado na frase. Muitos verbos, de acordo com os vários sentidos que podem assumir, ora entram no grupo dos verbos de ligação, ora são transitivos (diretos ou indiretos), ora intransitivos:
   Ele *passou* a presidente (*verbo de ligação*).
   O caçula *passou* o mais velho (*transitivo direto*).
   A chuva *passou* (*intransitivo*).

De modo que, a rigor, para muitos verbos não podemos falar em transitivos, intransitivos, etc., mas num *emprego* transitivo, intransitivo, etc. dos mesmos verbos.

9 – Predicativo do objeto

No predicado verbonominal, o predicativo pode referir-se não só ao sujeito, como já vimos, mas ainda ao objeto, auxiliado, quase sempre, por entoação adequada:

Vi as crianças *alegres*.
Acusavam o pobre homem *de ladrão*.
Tachou-o *de louco*.
Deixaram o livro *rasgado*.
A maioria tinha o réu *por* (ou *como*) *inocente*.
Chamaram-no *tolo*.
Eu me dou *por satisfeito*.
Quero-o *para padrinho*.

Com *chamar* podemos dizer ainda:
Chamaram-no *de tolo* (referente ao objeto direto).
Chamaram-no *tolo* (referente ao objeto direto).
Chamaram-lhe *de tolo* (referente ao objeto indireto).
Chamaram-lhe *tolo* (referente ao objeto indireto).

Pedem predicativo do objeto os verbos:

a) que significam *chamar* e *ter na conta de*: chamar, considerar, reputar, julgar, supor, declarar, intitular, crer, estimar, ter e haver por, dar e tomar por, etc.
"Não tinha ele *de esposa* a mais formosa menina de Espanha, D. Leonor de Mendonça, filha dos duques de Medina-Sidônia?" (CAMILO, *Cavar em Ruínas*, 23 apud MÁRIO BARRETO, *Últimos Estudos*, 279).

b) que significam *tornar tal em tal*: fazer, designar, nomear, escolher, instituir, levantar, reconhecer, coroar, sagrar, etc.
Nomearam Pedro *professor*.
O cliente instituiu Clarice *sua advogada*.

c) *deixar, ver, ouvir, encontrar* em construções do tipo:
Viu-o *vivo e forte*.

Observação:

➥ Não têm os mestres por vernácula a construção *erigir-se em juiz* ou *erigir-se juiz*, mandando-a substituir por *fazer-se* ou *constituir-se juiz, arrogar-se a autoridade de juiz, meter-se a julgar*.

> "O inconveniente – comenta MÁRIO BARRETO – não está na construção com *em*, pois os nomes *predicativos* umas vezes se combinam imediatamente com o verbo, e outras vezes os acompanhamos, já necessária, já facultativamente, de uma partícula (*como, para, por, em*): *Adotei-o por filho; Aceitei-o por amigo; Ter alguém por feliz; Considerar uma coisa como justa; Davam-no como incurável; Aclamaram como seu capitão um estrangeiro; Foi sagrado e ungido em rei; Elegeram Pio em Sumo Pontífice; Uma fortuna que quase nos constitui em potentados; Elegeram-no bispo, por bispo, em bispo; Aquele que escolhestes por esposo, para esposo, ou aquele que escolhestes esposo; Foi alevantado por rei.* O inconveniente está em usar-se *erigir* na significação reflexiva, que não concederam nunca ao dito verbo os autores da clássica idade" (*Novos Estudos* 2.ª ed., 474).

Pode o predicativo do objeto exprimir resultado ou consequência da ação verbal:
Nós constituímos José *nosso advogado*.
Os colegas elegeram o Mário *secretário do clube*.
Faço *minhas* as suas recomendações.

Às vezes podemos indicar no predicativo o estado ou condição anterior do objeto e o resultado da mudança:
O secretário passou José *de auxiliar a chefe*.

10 - O pronome O como objeto direto e LHE como indireto

O substantivo que funciona como objeto direto pode ser substituído pela série pronominal clítica *o, a, os, as*:
Eu vi *José* no cinema. Eu *o* vi no cinema.
Convidamos *Maria* para a festa. Convidamo-*la* para a festa.

Muitos verbos que pedem objeto indireto têm esse termo substituído pelas formas pronominais clíticas *lhe, lhes*, principalmente quando precedido das preposições *a* e *para*:
Relatei *a todos* o ocorrido. Relatei-*lhes* o ocorrido.
O secretário obteve *para ele* bons negócios. O secretário *lhe* obteve bons negócios.
A explicação agradou *aos alunos*. A explicação agradou-*lhes*.[11]

---

[11] A cliticização está à espera de um estudo profundo no português. Cf. VERA LÚCIA PAREDES, *Complementos verbais*.

11 – O pronome ELE como objeto direto

No português padrão moderno, não se usa *ele* como objeto direto:
Eu o vi (e não *eu vi ele*).

No Brasil, salvo nas páginas de alguns escritores modernos, *ele* só se usa em literatura quando o autor procura imitar o falar inculto, como na seguinte fala de um personagem de M. de ASSIS: "É um vadio e um bêbado muito grande. Ainda hoje deixei *ele* na quitanda, enquanto eu ia lá embaixo na cidade, e ele deixou a quitanda para ir na venda beber" (*Memórias Póstumas de Brás Cubas*, 191).
"Deve ser um pio triste, mas não tão triste que, a gente piando *ele*, só escute depois, nesse mato inteiro, um grande silêncio, o silêncio de todos os bichos tristes" (R. BRAGA, *Elenco*, 78-9).
Se *ele* é acompanhado de *todos* pode aparecer, inclusive no falar culto, como objeto direto, segundo nos atesta o seguinte exemplo extraído da redação da *Gramática Portuguesa* de dois distintos estudiosos, PACHECO DA SILVA JÚNIOR e LAMEIRA DE ANDRADE: "No latim eram quatro os pronomes demonstrativos. *Todos eles conserva o português*" (p. 398 da 2.ª ed.).

12 – A preposição e o pronome pessoal oblíquo

A preposição exige a forma pronominal oblíqua tônica:
Para mim tudo vai bem.
A ti sempre dizem a verdade.
Em ti repousam as nossas esperanças.

Daí ser rejeitada a construção *entre eu e tu* em lugar de *entre mim e ti*, uma vez que, sendo *entre* uma preposição, só haverá lugar para as formas oblíquas apontadas:
"Por que vens, pois, pedir-me adoração quando *entre mim e ti* está a cruz ensanguentada do Calvário...?" (A. HERCULANO, *Eurico*, 46.ª-7.ª ed., 1864).
"Nenhumas relações estreitas existiam *entre mim e ela*" (M. DE ASSIS, *Memórias Póstumas de Brás Cubas*, 85).

Tais pronomes devem aparecer na forma oblíqua ainda que estejam em último lugar da série:
"Desfarei este muro de bronze que está *entre vós e mim*" (A. HERCULANO apud HERÁCLITO GRAÇA, *Fatos da Linguagem*, 264).

Não são raros no português moderno, principalmente na língua falada, embora não conquistem adeptos, entre o falar culto, exemplos como:
"Odeio toda a gente / com tantas veras d'alma e tão profundamente, / que me ufano de ouvir que *entre eles e eu* existe / separação formal" (A. F. CASTILHO, *Misantropo*, 11-2 apud H. GRAÇA, ibid., 265).

Até como preposição que indica limite pede pronome oblíquo:
As notícias chegaram *até mim*.

Como palavra de inclusão pede pronome reto:
Até eu (= inclusive eu) mereci as críticas dele.

Como preposições acidentais ou palavras denotativas, *afora, conforme, consoante, exceto, fora, menos, salvo* e *segundo* são acompanhados de formas retas:
Todos foram premiados *afora eu*.
Segundo ele as coisas vão bem.

Cumpre lembrar aqui a lição de EPIFÂNIO DIAS: "Uma palavra substantiva ligada a outra por uma partícula exceptiva deve estar na forma correspondente à função que exerce a palavra a que se liga, v.g.:
Saíram todos menos (exceto) *eu*
Falou a todos menos (exceto) *a mim*" (*Gramática Portuguesa Elementar*, § 195 a).

Construções como *não tenho outro amigo SENÃO TU* ou *SENÃO A TI* estão certas, mas talvez seja mais frequente a segunda maneira de dizer, "porque nela o *senão* transmite ao segundo termo *a ti* o regime do verbo *ter*, debaixo de cuja ação está o primeiro termo *outro amigo*. Nesta construção o *senão* liga casos idênticos. *Ter* pede acusativo; o acusativo da segunda pessoa do singular é *te* ou *a ti*; mas, não se podendo usar *te* senão junto de um verbo, é preciso empregar-se nesta frase a forma *ti* precedida de preposição:
"Ama-me muito e sempre; ama-me como te eu amo; que mais ninguém tenho neste mundo *senão a ti*" (A. F. DE CASTILHO, *Camões*, ato IV, cena XVII).[12]

Senão tu, em tais condições, também está certo, como demonstra a passagem:
"Não tenho ninguém que me estime, *senão tu*" (CAMILO, *O Carrasco de Vitor Hugo José Alves*, 142 *apud* M. BARRETO, ibid.).

Com a preposição *com* dizemos *comigo, contigo, consigo, conosco, convosco*; entretanto, emprega-se *nós* e *vós* quando a estes pronomes se junta *outro, mesmo, todo, ambos* ou outro adjunto (termo ou oração):
Com nós mesmos isso já aconteceu.
Com vós outros nada se fará.
"Filhos meus, queridos filhos, lhes dissera eu, sinto que tenho aqui dentro para *com vós todos* um coração de pai" (*Colóquios Aldeões*, 23).

---

[12] MÁRIO BARRETO, *De Gramática e de Linguagem*, 205.

13 - Os outros pronomes pessoais com função objetiva

As formas pronominais átonas *me, te, se, nos, vos* podem funcionar como objeto direto ou indireto, de acordo com o complemento que o verbo pede:
Ele *me* viu (objeto direto. Cf. Ele viu *o rapaz*).
Ele *me* comunicou a questão (objeto indireto. Cf. Ele comunicou a questão *ao irmão*).

> **Observação:**
>
> ➥ É necessário fugir à ideia errada de que *me* é objeto indireto quando pode ser substituído por *a mim*. Ora, toda forma pronominal átona pode ser substituída pela forma pronominal tônica correspondente. Assim, todo *me* é igual a *a mim*, te a *a ti*, se a *a si*, nos a *a nós*, vos a *a vós*, etc.
>
> ➥ É o verbo, e somente ele, o elemento que nos indicará a função sintática do pronome átono ou tônico. Note-se que a língua literária usa com mais frequência a forma átona. Entre *Disse a mim* e *Disse-me*, a última é a mais comum, enquanto na falada se usam as duas construções, sendo que a primeira é mais usual quando o pronome é posposto ao verbo.

14 - Alterações fonéticas das formas pronominais O, A, OS, AS

Pospostos a verbos, os pronomes *o, a, os, as* apresentam as seguintes particularidades gráficas:

a) mantêm-se inalteráveis se o verbo termina por som oral:
   Vejo-o, estimo-a, quero-os, faço-as.

b) passam a *lo, la, los, las*, se o verbo termina por R, S, Z, consoantes que desaparecem:
   vê-lo (ver + o)[13], estimá-la (estimar + a), querê-los (querer + os), fazê-las (fazer + as), fi-lo (fiz + o), põe-lo (pões + o).

---

[13] **Vê-lo** também representa **vês + o**. A história da língua nos revela que o **l** aparece nestes casos porque a forma antiga do pronome era **lo, la, los, las**. A explicação do fenômeno, porém, foge à alçada deste livro.

> **Observação:**
>
> ➥ Esta particularidade se estende a *nos, vos* e *eis*: no-lo, vo-la, ei-los.

c) passam a *no, na, nos, nas*, se o verbo termina por som nasal:
veem-no, estimam-na, querem-nos, fizeram-nas, dão-no.[14]

15 – Combinações de pronomes átonos

Em muitas ocasiões o verbo transitivo tem os seus dois complementos sob forma pronominal átona.

Em tais casos o objeto indireto vem em primeiro lugar, seguido do direto:
Ele *no-lo* disse (nos + o).

Esta disposição das formas pronominais átonas exige as seguintes combinações:
me + o: mo; me + a: ma; me + os: mos; me + as: mas;
te + o: to; te + a: ta; te + os: tos; te + as: tas;
lhe + o: lho; lhe + a: lha; lhe + os: lhos; lhe + as: lhas;
lhes + o: lho[15] ; lhes + a: lha; lhes + os: lhos; lhes + as: lhas;
nos + o: no-lo; nos + a: no-la; nos + os: no-los; nos + as: no-las;
vos + o: vo-lo; vos + a: vo-la; vos + os: vo-los; vos + as: vo-las.

Exemplos de combinações de pronomes extraídos de bons escritores:
"Se dizeis isso pela que me destes, tirai-*ma*: que não vo-*la* pedi eu" (ALEXANDRE HERCULANO, *Lendas e Narrativas*, 267, v. I).

"Tomai-o (o testemunho); mas, antes que o leiais, reparai em todas as circunstâncias que *vo-lo* tornam solene" (CASTILHO, *Quadros Históricos*, 41).

"Mosca, esse refugiar, que mais parece um sonho.
Dize, quem foi que *to* ensinou?" (MACHADO DE ASSIS, *Poesias Completas*, 314, ed. Garnier).

"Mal absorvera a última colherada, a boa senhora, sem consulta prévia, atocha feijão num prato, e passa-*mo*" (MONTEIRO LOBATO, *Contos Leves*, 132).

---

[14] Se o verbo se conjugar com o pronome átono da mesma pessoa do sujeito – como, por exemplo, **vestir-se** – só na 1ª. pessoa do plural é que há uma alteração: desaparece o **s** final da forma verbal: **visto-me, vestes-te, veste-se, vestimo-nos, vestis-vos, vestem-se.**

[15] A rigor, trata-se apenas de **lhe**, no singular e plural. A forma **lhes** se fixou recentemente no idioma (séculos XVIII-XIX).

Entre os escritores portugueses estas combinações ocorrem com mais frequência que nos escritores brasileiros.

> **Observação 1.ª:**
>
> ➥ A nossa língua não tolera a combinação *se o, se a, se os, se as*.

Assim está errada a construção:
Não se o diz.

Corrige-se o erro de duas maneiras:

a) ou se omite o pronome objetivo direto:
"Ainda mais: não há gramática elementar que não mencione os verbos defectivos: porque *se não estudam*" (SILVA RAMOS, in *Trechos Seletos*, de SOUSA DA SILVEIRA, 144).

Erraria o autor se dissesse: *porque se os não estudam.*

b) ou se substitui o objeto direto *o* (*a, os, as*) pelo sujeito *ele* (*ela, eles, elas*):
"Um crime, só um crime, pode unir-nos... Fez-se uma pausa, e prosseguiu: – E porque não *se cometerá ele!*" (HERCULANO, *Eurico, o Presbítero*, 295).
"Inveja-se a riqueza, mas não o trabalho com que *ela* se granjeia" (M. DE MARICÁ).

> **Observação 2.ª:**
>
> ➥ Note-se que podemos dizer *pode-se compô-lo* ou *pode-se compor*, quando os dois verbos não formam locução verbal e, como independente, *compor* tem o seu objeto direto *lo*. JÚLIO MOREIRA (*Estudos da Língua Portuguesa*, II, 30-1) nos adianta que em Portugal se dá preferência à segunda construção, enquanto no Brasil é mais usual a primeira: "*Pode-se* de algum modo *ligá-lo* a Schopenhauer, mas nem essa comunhão o obriga, e ei-lo, em breve, um inovador idealista" (JOÃO RIBEIRO, *Fabordão*, 19).

> **Observação 3.ª:**
>
> ➡ Cumpre não confundir a combinação incorreta do pronome *se* com o pronome *o* (*a*) com a sequência da conjunção condicional *se* com o pronome *o* (*a*), como ocorre no seguinte exemplo:
> "e fala [o diretor aos alunos] com bons modos e com voz tão doce, que todos saem com os olhos chorosos e mais confusos que *se os* tivesse castigado" (JOÃO RIBEIRO, *Coração*, 45).

16 – Pleonasmo no emprego de pronomes objetivos

Quando se deseja insistir na ideia expressa pelo pronome objetivo, costuma-se usar a forma pronominal tônica seguida da átona correspondente ou vice-versa:
"O mesmo que ele *me* diria *a mim*, se Henrique estivesse como está o conde" (REBELO DA SILVA, *Contos e Lendas*, 185).
"Um avarento cuida que tem dinheiro, e o dinheiro tem-*no a ele* (HEITOR PINTO *apud* EPIFÂNIO, *Sintaxe Histórica Portuguesa*, § 70).

A repetição de um termo da oração por outro de sentido e função equivalente se denomina *pleonasmo*.

O pleonasmo pode ocorrer com o substantivo e a forma pronominal ou vice-versa:
"*Ao avarento* não *lhe* peço nada" (RODRIGUES LOGO, *O Pastor Peregrino*, 25-6). Pleonasmo do objeto indireto.
"*Ao ingrato*, eu *o* não sirvo, porque (= para que) me não magoe, ou quando o sirvo..." (Id., ibid.).
"Ainda hoje estão em pé, mas ninguém *as* habita, *essas choupanas* execradas..." (CAMILO, *A Morgada de Romariz*, 43).

Nestes dois últimos exemplos, temos o pleonasmo do objeto direto, onde o substantivo pode também aparecer precedido de preposição não necessária.

17 – Emprego da vírgula com objetos pleonásticos

Se, proferindo a oração, fizermos pausa depois do substantivo ou pronome que vem no início ou no fim da série pleonástica, podemos indicar esta pausa por vírgula.

Sem pausa:
Aos jovens devemos-*lhes* falar a verdade.

Com pausa:
Aos jovens, devemos-*lhes* falar a verdade.
"*A generosidade, o esforço e o amor*, ensinaste-*os* tu em toda a sua sublimidade..." (HERCULANO, *Eurico, o Presbítero*, 34).

18 - Verbos a cuja regência se há de atender na língua-padrão

1) *Abraçar*: pede objeto direto.
   Eu *o* abracei pelo seu aniversário.

2) *Adorar*: pede objeto direto.
   Ela *o* adorava.

3) *Agradar*: pede objeto direto, quando significa *acariciar, fazer carinhos*.
   O pai *a* agradava.

   No sentido de ser *agradável* exige objeto indireto.
   A resposta não *lhe* agradou.

4) *Ajudar*: pede objeto direto ou indireto.
   Nós sempre *os* ajudamos nas dificuldades.
   "Tendes vossos pais; ajudai-*lhes* a levar a sua cruz" (*Colóquios Aldeões*, 24).

5) *Aspirar*: pede objeto direto, quando significa *sorver, chupar, atrair o ar aos pulmões*.
   Aspiramos *o perfume das flores*.

   No sentido de *ambicionar, desejar*, pede objeto indireto. Em tal caso não admite o seu objeto indireto representado por pronome átono:
   Jamais aspirou *a ela* (e não: *lhe aspirou*).
   Todos aspiram *a vós* (e não: *vos aspiram*).

6) *Assistir*: pede objeto indireto iniciado pela preposição *a*, quando significa *estar presente a, presenciar*:
   Ontem assistimos *ao jogo*.

   Neste sentido não admite seu objeto indireto representado por pronome átono:
   Não pude assistir *a ele* (e não: *lhe pude assistir*).

   No sentido de *ajudar, prestar socorro* ou *assistência, servir, acompanhar* pede *indiferentemente* objeto direto ou indireto:

O médico assistiu *o doente* (objeto direto).
O médico assistiu *ao doente* (objeto indireto).

Desta maneira, o objeto pode ser substituído por pronome átono, como *o, a, os, as,* (se direto) e *lhe, lhes* (se indireto):
O médico *o* assistiu.
O médico *lhe* assistiu.

> **Observação:**
>
> ➥ Este último emprego ocorre com mais frequência.
>
> No sentido de *morar, residir* – emprego que é clássico e popular – constrói-se com a preposição *em*:
> "Entre os que *assistiam em Madri...*" (REBELO DA SILVA, História de Portugal, IV, 197).
>
> No sentido de *ser da competência ou atribuição de alguém* (assistir o direito), pede objeto indireto de pessoa:
> Não *lhe* assiste o direito de reclamar.

> **Nota:**
>
> ➥ A pouco e pouco os escritores modernos vão agasalhando o emprego, já vitorioso na língua coloquial, do verbo *assistir* como transitivo direto no sentido de *presenciar*:
> "Estamos agora *assistindo alguma coisa* de semelhante à ressurreição de um grupo humano" (A. ARINOS, Obra completa, 656).

7) *Atender*: pede objeto direto ou indireto:
"... eram as duas pessoas, que o Duque de Bragança costumava consultar na capital sobre todos os assuntos graves, e *cujo voto* atendia e respeitava" (REBELO DA SILVA, ibid., 129).
"Assevera D. Francisco Manuel de Melo que na criação destes corpos consultivos D. João IV atendera mais *os desejos* dos que aspiravam aos lugares do que *as próprias* opiniões" (Id., ibid., 190).
"... e ambos capitães, sem atenderem *às promessas* de Castela, partiram de Cádis" (Id., ibid., 199).

Se o complemento é expresso por pronome átono, a tradição da língua dá preferência às formas *o, a, os, as* em vez de *lhe, lhes*:
"Não querem que el-rei *o* atenda" (HERCULANO, *O Monge de Cister*, II, 268).

8) *Atingir* não se constrói com a preposição *a* em linguagens do tipo:
A quantia *atingiu cinco mil cruzeiros* (e não: *a cinco mil cruzeiros*).
O progresso *atingiu um ponto surpreendente*.

9) *Chamar*: no sentido de *solicitar a presença de alguém*, pede objeto direto:
Eu chamei *José*. Eu *o* chamei.

No sentido de *dar nome, apelidar* pede objeto direto ou indireto e predicativo do objeto, com ou sem preposição:
Nós *lhe* chamávamos *Caçula*.
Chamam *a isso heroísmo*.
Chamavam-*lhe tolo*.
Chamavam-*lhe de tolo*.
Nós *o* chamamos *tolo*.
Nós *o* chamamos *de tolo*.

Observação:

▶ Atente-se na lição de EPIFÂNIO DIAS quanto à função sintática de *lhe* com o verbo *chamar*: "Em lugar de *o, a, os, as* pode empregar-se *lhe, lhes* como complemento direto (o grifo é nosso) do verbo *chamar* (dar um nome), v.g. *Chama-lhe severo*" (*Gramática Portuguesa Elementar*, § 187, d). Esta é também a opinião de RIBEIRO DE VASCONCELOS (*Gramática Portuguesa*, 214) e MARTINZ DE AGUIAR, em carta particular.

No sentido de *invocar* pedindo auxílio ou proteção, rege objeto direto com a preposição *por* como posvérbio:
Chamava *por todos os santos*.

10) *Chegar*: pede a preposição *a* junto à expressão locativa:
Cheguei *ao Colégio* com pequeno atraso.

O emprego da preposição *em*, neste caso, corre vitorioso na língua coloquial e já foi consagrado entre escritores modernos. O uso padrão continua fiel à preposição *a*.

> **Observação:**
>
> ➥ Em *cheguei na hora exata*, a preposição *em* está usada corretamente porque indica *tempo*, e não *lugar*.

11) *Conhecer*: pede objeto direto.
    Todos conheceram logo *o José*.
    Ele *a* conheceu no baile.

12) *Convidar*: pede objeto direto.
    Não *os* convidaram ao passeio.

13) *Custar*: no sentido de *ser difícil, ser custoso*, tem por sujeito aquilo que é difícil:
    Custam-me *estas respostas*.

Se o verbo vem seguido de um infinitivo, este pode ou não vir precedido da preposição *a*:
    Custou-me *resolver* estes problemas.
    Custou-me *a resolver* estes problemas.

Por uma valorização da pessoa a quem o fato é difícil, a linguagem coloquial dá essa pessoa como sujeito da oração, e constrói dessa maneira:
    Custei resolver (ou *a resolver*) estes problemas.

14) *Esperar*: pede objeto direto puro ou precedido da preposição *por*, como posvérbio (marcando interesse):
    Todos esperavam *Antônio*.
    Todos esperavam *por Antônio*.

15) *Esquecer*: pede objeto direto da coisa esquecida:
    Eu esqueci *os livros na* escola.
    Não *os esquecemos*.

A coisa esquecida pode aparecer como sujeito e a pessoa passa a objeto indireto:
    Esqueceram-*nos* os livros.
    Esqueceu-*te* o meu aniversário.

Esquecer-se, pronominal, pede objeto indireto encabeçado pela preposição *de*:
    Esqueci-me *dos livros*.

16) *Implicar*: no sentido de *produzir como consequência, acarretar*, pede objeto direto:
Tal atitude não implica *desprezo*.
São esses os benefícios *que* a recuperação implica.

> **Observação:**
>
> ➡ Deve-se evitar o emprego da preposição *em* neste sentido: *Isso implicava em desprezo*.

17) *Ir*: pede a preposição *a* ou *para* junto à expressão de lugar:
Fui *à* cidade.
Foram *para* a França.

Nem sempre é indiferente o emprego de *a* ou *para* depois do verbo *ir* e outros que denotam movimento. A preposição *a* ora denota a simples direção, ora envolve a ideia de retorno. A preposição *para* lança a atenção do nosso ouvinte para o ponto terminal do movimento ou não condiciona a ideia de volta ao local de partida. Nesta última acepção pode trazer *para* a ideia de transferência demorada ou definitiva para o lugar.
Evite-se a construção popular: *Fui na cidade*.

> **Observação:**
>
> ➡ Atente-se na construção *ir-lhe em alguma coisa* com o sentido de "estar interessado", "importar": "Álvaro, por Deus! não zombes comigo. Tu mal sabes quanto *nisto vai* a honra e a vida talvez" (ARNALDO GAMA, *Um Motim Há Cem Anos*, 3.ª ed., 52 *apud* M. BARRETO, *Fatos*, 2.ª ed., 191).

18) *Morar*: pede a preposição *em* junto à expressão de lugar:
Atualmente mora *no Méier*.

É ainda esta preposição que se emprega com *residir*, *situar* e derivados. Assim, deve-se dizer:
Joaquim é residente *na Rua do Ouvidor*.
Prédio sito *na Rua Direita*.

19) *Obedecer*: pede objeto indireto.
Os alunos obedeceram *ao professor*.
Nós *lhe* obedecemos.

20) *Obstar*: pede objeto indireto.
"É certo que outros entendiam serem úteis os castigos materiais para *obstar ao progresso* das heresias..." (A. HERCULANO, *História da Inquisição*, I, 6).
"Se tenho por muito tempo *obstado a que Fr. Vasco viesse afligir-vos com os seus queixumes...*" (Id., ibid., 271).[16]
Com objeto indireto oracional pode calar-se a preposição (cf. p. 140), como neste exemplo de Machado de Assis lembrado por Antenor Nascentes:
"Pois a lembrança de tamanho obséquio não teve força para *obstar que* ele viesse a público enxovalhar o cunhado?"

21) *Pagar*: pede objeto direto do que se paga e indireto de pessoa a quem se paga.
Pagaram *as compras* (obj. dir.) *ao comerciante* (obj. ind.).
Pagamos-*lhe a consulta*.

22) *Perdoar*: pede objeto direto de coisa perdoada e indireto de pessoa a quem se perdoa. No português atual, vem sendo empregado objeto direto de pessoa.
Eu *lhe* perdoei *os erros*.
Não *lhe* perdoamos.
Não o perdoo.

23) *Presidir*: pede objeto direto ou indireto com a preposição *a*:
Tu presidiste *a reunião* (objeto direto).
Tu presidiste *à reunião* (objeto indireto).

Pode-se dizer ainda:
Tu presidiste *na reunião*.

O objeto indireto pode ser substituído por forma pronominal tônica ou átona:
Ninguém *lhe* presidiu.
Ninguém presidiu *a ela*.

24) *Preferir*: pede a preposição *a* junto ao seu objeto indireto:
Prefiro o cinema *ao* teatro.
Prefiro estudar *a* ficar sem fazer nada.

Erra-se empregando depois deste verbo a locução *do que*:
Prefiro estudar *do que* ficar sem fazer nada.

---

[16] Exemplos extraídos de M. BARRETO, *Novos Estudos*, 2.ª ed., 392.

Os gramáticos pedem ainda que não se construa este verbo com os advérbios *mais* e *antes*: *prefiro mais, antes prefiro*. (Cf. p. 161).

25) *Proceder*: no sentido de *iniciar, executar alguma coisa*, pede objeto indireto com a preposição *a*:
O juiz vai proceder *ao julgamento*.

26) *Querer*: no sentido de *desejar* pede objeto direto:
Eu quero *esse* livro.
Nós *o* queremos.

Significando *querer bem, gostar*, pede objeto indireto de pessoa:
Despede-se o amigo que muito *lhe* quer.

27) *Responder*: pede, na língua-padrão, objeto indireto de pessoa ou coisa a que se responde, e direto do que se responde:
"O marido respondia *a tudo* com as necessidades políticas" (M. DE ASSIS, *Memórias Póstumas de Brás Cubas*, 210).
"Não respondera Cristina senão *termos* agradecidos *à escolha*, posto que incondescendentes" (CAMILO, *O Bem e o Mal*, 99.ª ed., M. Casassanta).

O objeto indireto pode ser representado por pronome átono:
"Vou responder-*lhe*" (CAMILO, ibid., 161; dois exemplos na mesma página).

Admite ser construído na voz passiva:
"... um violento panfleto contra o Brasil que *foi* vitoriosamente *respondido* por De Angelis" (EDUARDO PRADO *apud* A. NASCENTES, *O Problema da Regência*, 181).

Registram-se, entretanto, exemplos esparsos de objeto direto de pessoa ou coisa a que se responde, o que os gramáticos pedem se não imite:
"Não sabia respondê-*los*" (EUCLIDES DA CUNHA, *Os Sertões*, 506 *apud* NASCENTES, *op. laud.*).

28) *Satisfazer*: pede objeto direto ou indireto:
Satisfaço *o seu pedido*.
Satisfaço *ao seu pedido*.
Eu *o* satisfaço.
Eu *lhe* satisfaço.

29) *Servir*: no sentido de *estar ao serviço de alguém* ou de *pôr sobre a mesa uma refeição*, pede objeto direto:
    Este criado há muito que *o* serve.
    Ela acaba de servir *o* almoço.

No sentido de *prestar serviço*, pede objeto indireto com a preposição *a*, se constrói com objeto direto de coisa oferecida e indireto de pessoa:
    Sempre servia *aos* amigos.
    Ele agora serve *ao* Exército.

No sentido de *oferecer alguma coisa a alguém*:
    Ela *nos* (obj. ind.) serviu *gostosos bolinhos* (obj. direto).

No sentido de *ser de utilidade*, pede objeto indireto iniciado por *a* ou *para* ou representado por pronome (átono ou tônico):
    Isto não *lhe* serve; só serve *para ela*.

30) *Socorrer*: no sentido de *prestar socorro* pede objeto direto de pessoa:
    Todos correram para *socorrê-lo*.

Pronominalmente, com o sentido de *valer-se*, pede objeto indireto iniciado pelas preposições *a* ou *de*:
    Socorreu-se *ao empréstimo*.
    Socorremo-nos *dos amigos* nas dificuldades.

31) *Suceder*: no sentido de *substituir, ser o sucessor de*, pede objeto indireto da pessoa substituída:
    D. Pedro I sucedeu *a D. João VI*.
    Nós *lhe* sucedemos na presidência do Clube.

Também ocorre, com menos frequência, acompanhado de objeto direto de pessoa:
    O filho sucedeu *o pai*.
    O filho *o* sucedeu.

Já no sentido de *acontecer algo a alguém* ou *com alguém*, teremos sujeito como a coisa acontecida e objeto indireto de pessoa precedida de *a* ou *com*:
    Sucedeu *horror a mim* (ou *comigo*).
    Sucederam *horrores a mim* (ou *comigo*).
    Sucederam-*lhe* horrores.

32) *Ver*: pede objeto direto:
    Nós *o* vimos na cidade (e não: *lhe vimos!*).

33) *Visar*: no sentido de *mirar* ou de *dar o visto em alguma coisa*, pede objeto direto:
Visavam *o chefe da rebelião*.
O inspetor visou *o diploma*.

No sentido de *pretender*, *aspirar*, *propor-se*, pede de preferência objeto indireto iniciado pela preposição *a*:
Estas lições visam *ao estudo de linguagem*.
Estas lições visam *a estudar a linguagem*.

Modernamente já se constrói o verbo, neste sentido, sem preposição, quase sempre junto de infinitivo, sem o respaldo da norma exemplar:
Estas lições visam *estudar a linguagem*.

34) *Visitar*: pede objeto direto:
Visitamos *a exposição de arte*.
Ele *o* visitou no hospital.

19 – Elipse do complemento

No meio da conversação, o conhecimento perfeito do assunto pode dispensar termos, ainda os que servem de complemento:
"Já sabeis quem é.
– Eu não! – disse D. Rosália. E voltando-se para o marido: – E tu?
– Conheço de vista – respondeu Norberto – é um militar, creio eu..."
(CAMILO, *Carlota Ângela*, 16).

Neste trecho, *conheço* está por *conheço-o*. [17]

20 – Objeto direto interno

Assim se chama o complemento que, acompanhado de uma expressão qualificativa, serve para repetir a ideia expressa pelo verbo (este geralmente é empregado como verbo intransitivo):
Viver uma vida de sacrifícios.

A repetição da ideia expressa pelo verbo se faz através de um complemento da mesma família de palavras ou da mesma esfera de significação:
"*Lidei cruas guerras*" (GONÇALVES DIAS, *I-Juca-Pirama*).
Dormir o sono da eternidade.
Chorar lágrimas de crocodilo.

---

[17] Cf. MÁRIO BARRETO, *Últimos Estudos*, 152-4.

21 – Complementos de termos de regências diferentes

O rigor gramatical pede que se dê o complemento requerido por cada termo, quando ocorrem duas ou mais regências diferentes:
Despede-se o amigo que muito *lhe* quer e *o* estima.

Querer e *estimar* pedem, respectivamente, objeto indireto e direto de pessoa. De modo que a gramática recomenda se evite a construção:
Do amigo que *lhe* quer e estima,

deixando o objeto indireto *lhe* como complemento comum a um verbo transitivo indireto e outro direto.

O gênio de nossa língua, porém, tolera tais simplificações, principalmente quando vêm dar ao pensamento uma agradável brevidade e concisão que a construção gramaticalmente lógica nem sempre conhece:
"Tenho-o visto *entrar* e *sair do* Colégio de S. Paulo" (ALEXANDRE HERCULANO, *O Monge de Cister* I, 154). (*Entrar em* e *sair de*.)

"... que se deduz daí *a favor* ou *contra o* pensamento da lei; *a favor* ou *contra o* direito de propriedade literária?" (Id., *Opúsculos*, II, 60). (*A favor de* e *contra o*.)

"... te hospedarei na minha cabana, na qual podes *entrar* sem temor, *dormir* sem perigo e *sair* sem saudade" (RODRIGUES LOBO, *O Pastor Peregrino*, 26). (*Entrar em, dormir* e *sair de*.)[18]

Note-se que essas simplificações ocorrem ainda com outros elementos gramaticais: Ele era *super e arquimilionário*.

21.a – A preposição com as palavras exceptivas

Pode-se usar a preposição ou evitá-la em construções do tipo:
Ela gosta de todos os sabores de sorvete, *exceto chocolate* (ou *de chocolate*).
Preciso desses livros, *salvo aquele* (ou *daquele*).

---

[18] Cf. MÁRIO BARRETO, *Novos Estudos*, 2.ª ed., cap. XIV; SOUSA DA SILVEIRA, *Máximas do Marquês de Maricá*, n.º 13, p. 58-61.

22 – Complementos comuns a mais de um verbo

Se ocorre uma série de verbos com a mesma regência, o complemento expresso junto ao primeiro pode calar-se ou repetir-se junto a cada verbo. A repetição traduz ênfase:

"... diante de Deus, que *o ouve* e *o condena*, ousa gabar-se de grande..." (ALEXANDRE HERCULANO, *Opúsculos*, I, 144).

"... os capitães experimentados na Arábia *os dirigem* e *movem* como lhes apraz..." (Id., *Eurico, o Presbítero*, 84).

"O céu *azulejou-se* e *estrelou-se* para galardoar a virtude do mordomo..." (CAMILO, *A Queda dum Anjo*, 114).

23 – Expressões que alternam sua preposição

Se a expressão determinante admite o emprego de mais de uma preposição, pode-se, com elegância, variar a partícula, como se vê na seguinte passagem de CAMILO:

"– Que raio de escuro! – dizia, *esbarrando nos* espinheiros perfumantes. Em noites assim, o universo seria o mesmo vácuo precedente ao Fiat genesíaco, se os viandantes não *esbarrassem com* as árvores e não escorregassem nos silvedos das ribanceiras" (in *Antologia Nacional*, 222).

Usando *esbarrar com*, o ilustre escritor não só alterou a regência admitida do verbo *esbarrar*, mas ainda evitou o acúmulo, desagradável ao ouvido, da preposição *em*: não esbarrassem nas árvores e não escorregassem nos silvedos.

Assim, pode-se preceder o *agente da passiva* (ver p. 101) com a preposição *de* (em lugar de *por, pelo*, etc.) se vier acompanhado de predicativo encabeçado pela preposição *por*:

"Se a [filosofia] que no seu tempo se costumava é havida *de modernos*, e com razão, *por nebulosa, vã, enredadora* e sofística (CASTILHO in *Antologia Nacional*, 184).

LIÇÃO VII

Conceito de Adjunto. Adjuntos adnominais e adverbiais. Interrogação direta e indireta. Advérbios de base nominal e pronominal. Princípios de concordância nominal. Concordância do verbo com o sujeito seguido de adjunto adverbial de companhia.

1 – Que é adjunto

Tomemos o seguinte pensamento do MARQUÊS DE MARICÁ:
"O maior tesouro da vida é a esperança e confiança em Deus."

O sujeito da oração é *o maior tesouro da vida*. Vimos que o *núcleo* do sujeito é constituído por um *nome* (substantivo, pronome ou equivalente) a respeito do qual enunciamos alguma coisa.

Em nosso exemplo, o núcleo do sujeito é o substantivo *tesouro*. Porém observamos que ele sozinho não integra o sujeito da oração; acompanha-o uma série de termos que o apresentam ao leitor tal qual desejou o MARQUÊS DE MARICÁ. Não se trata de *qualquer tesouro*, mas *do maior tesouro da vida*.

As expressões que giram em torno do núcleo do sujeito (ou de qualquer outro termo por um substantivo) para caracterizá-lo convenientemente recebem o nome de *adjuntos adnominais*.[1]

Assim, teremos:
Sujeito: *o maior tesouro da vida*.
Núcleo do sujeito: *tesouro*.
Adjuntos adnominais do núcleo do sujeito: *o, maior, da vida*.

---

[1] **Adnominal** é recomendado pela *Nomenclatura Gramatical Brasileira*, naturalmente levada pelo paralelismo com **adverbial**; mas há acúmulo do prefixo **ad** em **adjunto adnominal**. Em **adverbial** também há o acúmulo apontado, porém se trata de uma expressão não só consagrada, mas ainda nela a emenda nos poderia levar a outra conceituação, porque **adjunto verbal** diferiria consideravelmente de **adjunto adverbial**.

O adjunto adnominal aparece com qualquer termo da oração, podendo acompanhar os substantivos que constituem adjuntos adnominais de outras expressões. Assim, no exemplo apontado, o adjunto adnominal *da vida* tem o seu núcleo representado pelo substantivo *vida* acompanhado do adjunto adnominal *a* (artigo definido).

2 - Exercem função de adjunto adnominal

a) o adjetivo (ou locução adjetiva):
Homem *bom*. Homem *de juízo*. Homem *sem jeito*.

b) os pronomes adjuntos:
Meu livro. *Este* caderno. *Nenhum* lápis.
O fazendeiro *cujo* terreno comprei desapareceu.
Que livro leste? *Cada* semana.

c) o artigo (definido ou indefinido):
O céu. *Um* caso.

d) o numeral:
Três casas. *Primeiro* lugar.

e) expressões que, além de qualidade (cf. *a*), denotam *posse* ou *especificação*:
Livro *de Pedro*. Roda *de carro*.

> **Observação 1.ª:**
>
> ➥ Às vezes o adjunto adnominal expresso por adjetivo se liga ao substantivo por meio da preposição *de*, principalmente com expressões de sentimento como *pobre, triste, feliz, infeliz*, etc.:
> O *pobre do rapaz* ficou perplexo.
> O *bom do padre* ajudou os humildes.

> **Observação 2.ª:**
>
> ➥ Nas palavras que exprimem quantidade pode-se usar ou não a preposição; neste último caso, ressalta-se o sentido partitivo: *nada novo, nada de novo; alguma coisa extraordinária, alguma coisa de extraordinário; algo doloroso, algo de doloroso*. Para a concordância veja-se a página 95.

Observação 3.ª:

▶ A preposição *em* pode ser empregada, em boa linguagem, com sentido qualitativo, designando o estado ou a comparação: *ouro em pó, prata em barra, general em chefe*, etc. Construções como o último exemplo têm sido injustamente tachadas como errôneas só pela correspondência ou até influxo do francês. Empregam-nas mestres como EPIFÂNIO DIAS (na *Gramática Francesa*, § 173, traduz *général en chef* por *general em chefe*; cf. ainda *Sintaxe Histórica*, § 188, 3 chamando-a "expressão afrancesada"), GONÇALVES VIANA (*Seleta de Autores Franceses*, 104) MÁRIO BARRETO (*Últimos Estudos*, 30) e MARTINZ DE AGUIAR (*Notas de Português de Filinto e Odorico*, 458 e ss.), com grande número de abonações. Conforme lembrei na resenha do último livro citado, na revista *Letras* (Paraná, 1958), o notável latinista sueco E. LÖFSTEDT relaciona a construção francesa *agir en maître* a giros do latim popular e tardio com a preposição *in* seguida de ablativo (cf. V. Väänänen, *Il est venu comme ambassadeur, il agit en soldat*, 18 e nota. Helsinki, 1951).

Observação 4.ª:

▶ Por influxo do francês também se usam em nossa língua as expressões *barco à vela, navio a vapor* ao lado das mais vernáculas *barco de vela, navio de vapor*. M. BARRETO nos adianta que "tanto se nos vai habituando o ouvido à construção com *a* (máquina *a* vapor, barco *a* vapor, motor *a* vapor, lancha *à* gasolina, um escaler *à* gasolina, um barco *à* gasolina, uma nau *à* vela, um barco *à* vela, botes *à* vela, etc.), tão vista e tão comum é a prep. *a* em tais exemplos que enfim nos acostumaremos a ela. Já a empregaram GARRETT, CAMILO e REBELO DA SILVA" (*Através*, 195, n.º 1; cf. ainda *Fatos*, 2.ª ed., 137).

Observação 5.ª:

▶ Quando a preposição *de* inicia uma locução para denotar qualidade física ou moral formada de nome acompanhado de adjetivo, pode dar-se a anteposição deste último adjetivo que se acostará ao primeiro substantivo, com o qual concordará em gênero e número. Assim, podemos dizer:

> a) sem anteposição do adjetivo: *homem de ombros altos*;
> b) com anteposição do adjeito: *homem alto de ombros.*
> "Entre os galãs da estofa de Eleutério mulher de encher olho queria-se vermelhaça, *alta de peitos, ancha de quadris, roliça e grossa de pulsos*" (CAMILO, *Amor de Salvação*, 61 *apud* M. BARRETO, *Fatos*, 2.ª ed., 137).

> Observação 6.ª:
>
> ➥ Pode o adjunto adnominal ser introduzido por duas preposições, em expressões como: "Numa postura *entre de* resignação e de bem-aventurança" (HERCULANO, *Lendas e Narrativas*, I, 65).

2.a - A vírgula no adjunto adnominal

Em geral não se separa por vírgula o núcleo de seu adjunto adnominal. Entretanto há casos em que a vírgula aparece não tanto para indicar uma pausa, mas para ajudar o perfeito entendimento do contexto. Isto ocorre principalmente nos casos em que o núcleo é constituído por designação de obra literária seguida do nome do autor:

"São eles: *La mare d'Auteuil*, de PAULO DE KOCK, para uso dos conhecedores do francês... e a *Ilha Maldita*, de BERNARDO GUIMARÃES, para deleite dos paladares nacionalistas" (M. LOBATO, *Cidades Mortas*, 10).

3 - Adjunto adnominal comum a mais de um núcleo

Geralmente não se repete o adjunto adnominal comum a mais de um núcleo, conforme podemos ver no seguinte pensamento do já citado MARQUÊS DE MARICÁ:

"O sono da morte exclui os sonhos e pesadelos *da vida*" = *os sonhos da vida e os pesadelos da vida*.

O objeto direto tem dois núcleos (é portanto *composto*): *sonhos* e *pesadelos*, que se acham acompanhados dos adjuntos adnominais: *os* e *da vida*.

4 - Inversão nos adjuntos adnominais

Elegantemente, dois ou mais adjuntos adnominais podem não vir seguidos, deixando o substantivo de permeio:

"Assopra-lhe *galerno* o vento e *brando*.
Com *suave* e *seguro* movimento" (CAMÕES, *Os Lusíadas*, II, 67).

Note-se que no primeiro verso houve a inversão, que não se vê no segundo.

> **Observação:**
>
> ➡ A inversão ocorre com qualquer termo de natureza qualificativa.

Assim pode dar-se com o predicativo:
"Tão *temerosa* vinha e *carregada*
Que pôs nos corações um grande medo" (CAMÕES, *Os Lusíadas*, V, 38).

Estas inversões são mais comuns em poesia que em prosa.

4.a – Antecipação do adjunto adnominal

Muitas vezes se tem de subentender, como núcleo de um adjunto adnominal, um termo que só vem aparecer depois:
"Correra Cimódoce aos brados do pai, e mistura as *suas* com as lágrimas do ancião" (CAMILO, II, *Os Mártires*, 94 *apud* M. BARRETO, *Fatos*, 2.ª ed., 121).

5 – Adjuntos adnominais e objetos indiretos de posse ou dativos livres de posse

Em lugar de uma expressão possessiva (adjunto adnominal) podemos usar uma forma pronominal átona como objeto indireto de posse ou dativo livre de posse:
Levou o *meu* chapéu = Levou-*me* o chapéu.
Escreveu o *seu* nome = Escreveu-*lhe* o nome.[2]

> **Observação:**
>
> ➡ Muitos autores analisam o pronome átono como adjunto adnominal.

---

[2] Cf. CAETANO, *Rascunhos*, 197 e ss.

Para caracterizar o sentido possessivo do pronome átono, é permitido repeti-lo mais adiante por um pronome ou expressão possessiva:

"Seria agravar as meninas de dezoito anos... estar eu aqui a definir a entranhada zanga que lhe fez no espírito *dela* o despropósito de Calisto" (CAMILO, *A Queda dum Anjo*, 104).

Podemos também usar, quando a clareza da expressão o exige, uma série pleonástica do tipo *seu... dele*:

"Se Adelaide o amava como e quanto Calisto já não podia duvidar, *sua honra dele* era..." (Id., ibid., 109).

Se o grande escritor português dissesse apenas *sua*, a *honra* poderia ser tanto de Adelaide quanto de Calisto. O pleonasmo veio tirar qualquer dificuldade de entendimento.

6 - Adjuntos adverbiais

Se em torno de um núcleo nominal aparece um adjunto adnominal, em torno do núcleo verbal gira o *adjunto adverbial*:

Não chegaremos *amanhã*.

O adjunto adverbial é expresso por advérbio ou locução adverbial que pode referir-se não só ao verbo, mas ainda ao adjetivo e a outro advérbio:

José está *muito* doente.
Eles chegaram *mais* tarde.

O adjunto adverbial – como o próprio advérbio – exprime circunstâncias. Lembraremos aqui as principais:

1) *assunto*: O professor dissertava *sobre Geografia*.

2) *causa*: Tremia *de medo*.

3) *companhia*: Dançava *com Maria*.

4) *concessão*: Saíram *apesar da chuva*.

5) *condição*: Só sairão *com a minha licença*. Não sairão *sem a minha licença*.

6) *dúvida*: *Talvez* aprenda a lição.

7) *fim*: Preparou-se *para o passeio*.

8) *instrumento*: Abriu a porta *com a chave*.

9) *intensidade*: Escreve *muito* bem.

10) *lugar*: Moro *no Méier*. Vou *à cidade*. Saiu *de casa*. Foi *lá*. Veio *dali*.

11) *modo*: Fala *bem*. Saiu *às pressas*.

12) *tempo*: *Amanhã* viajarão. *Jamais* mentiu. *Nunca* vi algo assim. *Já* não quero sair. Não quero *mais* sair.³

13) *afirmação*: *Sim*, eles virão. [prooração]

14) *negação*: *Não* responderam às perguntas feitas. Sei *lá* (= não sei).

15) *conformidade*: Fez a casa *conforme a planta*.

16) *referência*: "O que nos sobra *em glória* de ousados e venturosos navegantes, mingua-nos *em fama* de enérgicos e providentes colonizadores"(LATINO COELHO, *Elogio Histórico de José Bonifácio de Andrada e Silva*, Lisboa, 1877).

17) *limitação* (com os adjetivos pátrios seguidos da prep. *de* junto aos substantivos *nascimento, origem, nação*): "Mas Cristóvão Colon, mestre Tomé, era genovês *de nação*, e voltou do poente..." (ALBERTO PIMENTEL, *O Descobrimento do Brasil*, 74 apud M. BARRETO, *Através*, 3.ª ed., 105).

7 - Advérbios interrogativos

Assim se chamam os advérbios que, nas perguntas diretas e indiretas, denotam *a causa, o lugar, o modo, o tempo e o fim*:
    Por que chegaram agora?

---

[3] Nas orações negativas usamos no Brasil o advérbio de tempo **mais** para dois sentidos: a) "nunca mais", "outra vez": **Não saiu mais**; b) cessação ou interrupção: **Não chove mais** (= parou de chover). Em Portugal emprega-se, na segunda acepção, o advérbio **já**, e não **mais**: **Já não chove**. JÚLIO MOREIRA (*Estudos da Língua Portuguesa*, I, 155-6) e MÁRIO BARRETO (*De Gramática*, 2.ª ed., 131) viam no nosso emprego de **mais**, no segundo sentido, imitação do francês, e por isso vitanda. SOUSA DA SILVEIRA mostrou, entretanto, que o nosso modo de dizer é romântico e está certo, atestado pelos nossos melhores escritores. Leia-se o que sobre o assunto escreveu GLADSTONE CHAVES DE MELO na sua ed. de *Iracema*, 78-83 (*in fine*).

Onde está construindo casa?
Como fizeram o trabalho?[4]
Quando irão os rapazes?
Para que estudas?

> **Observação:**
>
> ➡ Chama-se *interrogação* ou *pergunta direta* aquela que, na linguagem escrita, é indicada por ponto de interrogação e, na linguagem falada, por uma entoação ascendente interrogativa. Todos os exemplos dados acima são de interrogações diretas.

A *interrogação indireta* não exige resposta imediata, não termina por ponto de interrogação e é proferida em tom comum:
Quero saber *por que chegaram agora*.
Perguntei *onde está construindo a casa*.
Desconheço *como fizeram o trabalho*.
Dize-me *quando irão os rapazes*.

NÓTULA ORTOGRÁFICA:

O *Vocabulário Oficial* preceitua que se escreva em duas palavras o advérbio interrogativo *por que*, nas interrogações diretas ou indiretas, desde que não termine a oração ou esteja sozinho. Se isto acontecer, grafar-se-á *por quê* (com acento circunflexo), por passar a ser pronunciado fortemente:
Por que saíste? Saíste *por quê*?

A resposta será iniciada por conjunção causal, grafada *porque* (numa só palavra).
A rigor, o preceito não tem fundamento científico nem tradição entre os melhores escritores. Melhor seria, portanto, escrever em todos os casos *porque* (o mais aconselhável) ou *por que*.

8 – Advérbios de base nominal e pronominal

Advérbios há de base nominal e pronominal que muitas vezes desempenham na oração papéis sintáticos ou particularidades próprias de nomes e pronomes. Já vimos anteriormente que são considerados *complementos nominais* os que aparecem relacionados a advérbios de base nominal como:
Referentemente *aos assuntos*.

---

[4] Adquire ainda valor exclamativo: **Como chove!** Veja **como** chove!

Hoje, que se prende da etimologia (*hodie*) ao substantivo *dia*, aparece nitidamente como sujeito em:
   Hoje é segunda-feira (cf. *Este dia é segunda-feira*).

Aqui, de base pronominal, com o valor de *este lugar*, funciona como sujeito em:
   Aqui é ótimo para a saúde.

Os advérbios demonstrativos *aqui, cá, aí, ali, lá* determinam a posição das três pessoas gramaticais e com elas podem concorrer na oração: [5]

1.ª pessoa: *eu, nós* .... *aqui, cá*
2.ª pessoa: *tu, você, vós, vocês* .... *lá, aí*
3.ª pessoa: *ele, eles, etc.* .... *lá, ali*

   Eu cá desejo que você passe.
   Você lá sabe como vai proceder.
   Tu lá tens preparo para o serviço.

Do valor negativo de muitas dessas expressões com *lá* deriva o emprego desse advérbio junto a pronome de primeira pessoa como para indicar o afastamento da possibilidade de se realizar a ideia expressa no predicado:
   Eu sei lá como me vou arranjar.

9 - Pontos de contato entre o advérbio e o adjetivo

Em
   O presente nos custou *caro*
   O relógio foi comprado *barato*
   Ele fala *rápido*

os termos *caro, barato, rápido* denotam o modo como se concebem as ações expressas pelo verbo. Nestes dizeres, nem sempre é possível afirmar quando estamos diante de um advérbio ou de um adjetivo. A distinção se dá quando o sujeito está no feminino ou no plural, onde a flexão nos leva a melhor interpretar o termo como adjetivo e, em análise sintática, como predicativo:[6]

---

[5] Cf. o exaustivo estudo de Heinz Kröll *Die Ortsadverbien*, resenhado por mim nas *Romanische Forschungen*, 1972 e *Littera*, 1972.

[6] Cf. MEYER-LÜBKE, *Grammaire*, III, 397; MÁRIO BARRETO. *Novos Estudos*, 2.ª ed., cap. XVI; H. MEIER, *Ensaios*, 60, n.º 6 (até certo ponto em oposição ao que acabo de expor).

"Vamos a falar *sérios*" (CAMILO, *Vulcões de Lama*, apud MÁRIO BARRETO, *Novos Estudos*, 2.ª ed., 265).
"Os monumentos custam *caros*" (REBELO DA SILVA, *apud* MÁRIO BARRETO, ibid.).

A mesma particularidade de flexão se nota com a palavra *meio*:
Os soldados chegaram *meio* mortos.
Os soldados chegaram *meios* mortos.

Em construção do tipo "com quanto mais razão, muito mais honra", as palavras *quanto* e *muito* podem sofrer flexão: "com *quanta* mais razão, *muita* mais honra":
"Os hóspedes surgiram do atordoamento, bradando com *tanta mais* veemência *quanto* estavam certos de que o seu caso não era aquele" (CAMILO, *Vingança*, 233 apud M. BARRETO, *Através*, 20).
"*Quanto* mais graças lhes faz, *quantas* mais luzes lhes concede, *tanta* mais fidelidade e reconhecimento exige deles" (J. I. ROQUETE, *História Sagrada*, II, 96 apud M. BARRETO, ibid.).

10 – Princípios de concordância nominal

Chamamos *concordância nominal* a que se faz entre o adjunto adnominal e o núcleo (substantivo ou pronome) a que pertence:
"*Uma boa* cabeça não justifica *um mau* coração" (MARQUÊS DE MARICÁ, *Máximas*, 1143).
Ela *mesma* foi procurá-lo.

O adjunto adnominal concorda em *gênero* (masculino e feminino) e em *número* (singular e plural) com o núcleo a que se refere.

> **Observação:**
>
> ➥ O adjetivo que serve de predicativo ou expressão qualitativa ao sujeito *nós*, empregado em vez de *eu*, pode ir para o singular ou plural:
> "e chegou (Calisto Elói) a Lisboa ao décimo dia de jornada, trabalhada de perigos, superiores à descrição de que somos *capaz*" (CAMILO, *A Queda dum Anjo*, 27).
>
> "Entre o desejo de alimentar a curiosidade do leitor e o receio de falar à exação histórica, hesitávamos *perplexos* (HERCULANO, *Monge*, II, 354 apud EPIFÂNIO, *Sintaxe Histórica*, § 14, c.).

Se o sujeito for *vós*, em referência a uma só pessoa, o adjunto adnominal aparece no singular:
"Sois *injusto* comigo" (HERCULANO, *Monge*, II, 34 *apud* EPIFÂNIO, ibid.). "Vós *mesmo* haveis de alisar essa fronte sempre enrugada e sombria" (HERCULANO, ibid., *apud* EPIFÂNIO, ibid.).

Se houver mais de um núcleo, observar-se-ão os seguintes casos de concordância:

a) se os núcleos forem do mesmo gênero, o adjunto adnominal irá para o plural e para o gênero comum, ou concordará em gênero e número com o núcleo mais próximo:
A virtude e a vaidade *humanas*.
A virtude e a vaidade *humana* (concordância atrativa).

b) se os núcleos forem de gêneros diferentes, o adjunto adnominal irá para o plural masculino ou concordará em gênero e número com o núcleo mais próximo:
A virtude e o egoísmo *humanos*.
A vaidade e o egoísmo *humano* (concordância atrativa).
O egoísmo e a vaidade *humanos*.
O egoísmo e a vaidade *humana* (concordância atrativa).

Observações:

▶ 1 – Por uma questão de bom som (*eufonia*), é aconselhável que, numa série de núcleos de diferentes gêneros, o masculino venha em último lugar.
▶ 2 – Se o adjunto vem antes dos núcleos, a concordância se faz normalmente com o primeiro: *Boa instrução e inteligência*.
▶ 3 – Precedendo um substantivo, título ou prenome, dá-se o plural: *Os irmãos* Pedro e Paulo. *Os apóstolos* Barnabé e Paulo.[7]

---

[7] Cf. E. CARLOS PEREIRA, *Gramática Expositiva*, § 427, 3.ª. Com rigor exagerado, condena aí este ilustre gramático as passagens: "entre **cujos índice e polegar**" (HERCULANO), e "**destas devoradoras e insaciáveis fome e sede de leitura**" (CASTILHO). ODORICO, sempre correto, diz: "**e os nossos Basílio e Durão**", evitando assim o impreciso de "o nosso Basílio e Durão" e o pesado de "o nosso Basílio e o nosso Durão". Cf.: "**Os mesmos** Pitt e Napoleão, apesar de precoces, não foram tudo aos vinte e um anos" (MACHADO DE ASSIS, *Papéis Avulsos*, 88)", ensina-nos o professor SOUSA DA SILVEIRA (*Trechos Seletos*, 251, n.º 17).

Se, por outro lado, houver um só núcleo a que se refiram dois ou mais adjuntos adnominais no singular, ou o núcleo irá ao plural, ou ficará no singular (e a repetição do artigo será facultativa):
As *histórias brasileira* e *portuguesa*.
ou
A *história brasileira* e a *portuguesa*.
ou
A *história brasileira* e *portuguesa*.

"Li um anúncio, convidando mestra de *línguas inglesa e francesa* para o colégio" (CAMILO, *A Queda dum Anjo*, 128).

Poder-se-ia também dizer: *mestra da língua inglesa e (da) francesa*.

Observação:

▶ Quando o núcleo é singular seguido de dois ou mais adjuntos, pode ocorrer o verbo no plural, como se se tratasse realmente de sujeito composto:
"ainda quando a *autoridade paterna e materna* fossem delegadas..." (GARRETT, *Da Educação*, 2.ª ed., 25).

"... a falta de gados e de bons métodos de afolhamento explicam a maior parte dos embaraços da grande cultura em Portugal" (HERCULANO *apud Fragmentos*, 98).

II – A concordância com UM E OUTRO, NEM UM NEM OUTRO, UM OU OUTRO

Depois da expressão *um e outro*, põe-se no singular o substantivo a que faz referência e no plural ou singular o verbo da oração, quando esta expressão aparece como sujeito:
Uma e outra coisa merece a nossa atenção.
Uma e outra coisa merecem a nossa atenção.

Se se tratar de verbo de ligação posto no plural, também se usará no plural o nome que funcionar como predicativo:
Um e outro é inteligente.
Um e outro são inteligentes.

Com *nem um nem outro* continua de rigor o singular para o substantivo e o verbo se porá no singular:

Nem uma coisa nem outra coisa é necessária.
Nem um nem outro conseguiu o primeiro lugar.

Com *um ou outro,* o substantivo fica no singular e invariavelmente aparece no singular o verbo, do qual a expressão serve de sujeito:
"*Um ou outro* soldado *revidava...*" (EUCLIDES DA CUNHA, *Os Sertões*, 428)

Note-se ainda que, referindo-se a expressão *um e outro* a pessoas de sexos diferentes, é mais comum a permanência do masculino:
"Ali o teve el-rei escondido algum tempo, e lá começaram os seus amores com a rainha, que tão fatais foram para *um e outro*" (HERCULANO, *Fragmentos*, 35).

De número diferente:
"Até a poesia, que assenta nos sons vocais e no ritmo, essenciais na língua falada é entre nós uma atividade principalmente escrita. Só a leitura recria o valor oral de *uns e de outro*" (MATTOSO, *Estrutura*, 10).

12 – A concordância com MESMO, PRÓPRIO, SÓ

Em referência a nome ou pronome, *mesmo, próprio* e *só* são variáveis:
Ela *mesma* foi tratar do assunto.
Os *próprios* homens não sabiam o que acontecia.
Eles estão *sós*.

Entre os bons escritores aparece *só* como adjetivo variável onde hoje se dá preferência a *só* como advérbio, portanto invariável: [8]
"E aconselhando-se ao couto que conhecem
Sós as cabeças na água lhe aparecem" (CAMÕES, *Os Lusíadas*, II, 27).
"Com *sós* 27 anos de idade... já a palidez da morte se via lutar no seu rosto com as rosas da mocidade" (CASTILHO).

Na expressão *a sós* é fixa a forma.

13 – A concordância do adjetivo LESO

O adjetivo *leso*, em composição com substantivo, com este concorda:
"Como se a substância não fosse já um crime de *leso-gosto* e *lesa-seriedade*, ainda por cima as pernas caíam sobre as botas..." (CAMILO, *A Queda dum Anjo*, 83).

---

[8] Cf. CORREIA DA SILVA, *Ensaios sobre os Latinismos*, 69-75, donde extraio os exemplos.

Muita gente, pensando tratar-se de uma forma do verbo *lesar*, emprega erradamente as expressões *crime de leso-majestade* (por *crime de lesa-majestade*) e *crime de lesa-patriotismo* (por *crime de leso-patriotismo*).

14 – A concordância de ANEXO, INCLUSO e APENSO

Anexo, incluso e *apenso*, adjetivos, também concordam com o termo a que se referem. Assim sendo, diz-se:
    Segue *anexa* a cópia da carta anterior (e não *anexo*).
    Remetemos-lhe *anexos* os processos solicitados.
    Segue *inclusa* a cópia.
    Remetemos-lhe *inclusos* os pareceres.
    Segue *apensa* a cópia.

Aparecem invariáveis nas locuções *em anexo, em apenso*.

14.a – DADO e VISTO

Dado e *visto* usados adjetivamente concordam em gênero e número com o substantivo determinado:
    Dado (*Visto*) o caso, desistiram da questão.
    Dada esta circunstância, não viajaremos.
    Vistos esses pareceres, o processo foi arquivado.

14.b – TAL e QUAL

Empregados nas correlações, *tal* e *qual* concordam com o termo a que se referem:
    Ele não era *tal quais* seus primos.
    Os filhos são *tais qual* o pai.
    Os boatos são *tais quais* as notícias.
    Tal qual, tal qual como, equivalentes ao comparativo *como*, usam-se invariáveis:
    Elas procedem *tal qual* os modelos estrangeiros.

14.c – PSEUDO e TODO

Usados em termos compostos ficam invariáveis:
    Sua *pseudo-organização* não me iludia.
    A diretoria *todo-poderosa* vetou a proposta dos associados.

15 - A expressão A OLHOS VISTOS

É tradicional na língua o emprego da expressão *a olhos vistos* (claramente, visivelmente):

"... mas *a olhos vistos* cresceram nele todas as virtudes" (Fr. LUÍS DE SOUSA, *Vida do Arcebispo*, II, 39).

"... padecia calada e definitiva *a olhos vistos*" (MACHADO DE ASSIS, *Papéis Avulsos*, 13 apud *Tradições Clássicas*, 370).

Modernamente, em geral graças ao prestígio de CASTILHO e CAMILO, também se tem usado fazer a concordância de *visto* com a coisa que se vê:

"As minhas *forças* medravam *a olhos vistas* de dia para dia" (CASTILHO apud CARNEIRO RIBEIRO, *Serões Gramaticais*, 554).

"*O barão* desmedrara *a olhos visto*" (CAMILO, *O que Fazem Mulheres*, 179, apud JOÃO CURIOSO, *Camilo*, 32, onde se colhem numerosos exemplos outros).

16 - A expressão HAJA VISTA

Tem-se construído de modo vário com esta expressão:

a) considerando *haja vista* equivalente a *veja* e, portanto, invariável. Parece ser esse o emprego mais difundido:
   "*Haja vista* os exemplos disso em Castilho" (RUI BARBOSA, *Réplica*, 572).

b) considerando o termo seguinte a *haja vista* como objeto indireto, regido das preposições *a* ou *de*. Ainda neste caso fica invariável a expressão:
   "*Haja vista às tangas*" (CAMILO, *O Vinho do Porto*, 61).
   "*Haja vista dos elos* que eles representam na cadeia da criação" (CAMILO apud CARNEIRO RIBEIRO, *Serões Gramaticais*, 376).

c) considerando o termo seguinte à expressão como sujeito, com o qual necessariamente tem de concordar o verbo *haver*:
   "*Hajam vista* os seguintes exemplos" (CÂNDIDO DE FIGUEIREDO, *Combates sem Sangue*, apud *Tradições Clássicas*, 740).

Evite-se *haja visto*, expressão errônea modelada pelas causais *visto*, *visto que*, *visto como*.

17 - É PRECISO MUITA PACIÊNCIA

As expressões do tipo *é preciso, é necessário, é bom*, podem ter invariáveis o adjetivo predicativo (*preciso, necessário, bom*) e o verbo, que se referem a um sujeito de qualquer gênero e número, quando se deseja designar este sujeito de modo vago ou geral:
É preciso muita paciência.

A flexão do adjetivo e do verbo, nestas construções, também é possível quando não ocorre a referência de modo vago ou geral:
"O fato de ter sido *precisa* a explicação..." (A. PENA JUNIOR, *A Arte de Furtar*, I, 424).
"Eram *precisos* outros três homens" (A. MACHADO apud R. BARBADINHO NETO, *Em Busca da Verdade da Língua*, 33).

17.a - UM POUCO DE/UMA POUCA DE + SUBSTANTIVO

Do cruzamento sintático de construções do tipo *um pouco de água* com *pouca água*, resulta uma terceira *uma pouca de água* em que o advérbio sofre a influência do gênero do substantivo:
"Zombo de mim própria; desprezo-me, abomino-me, sou *uma pouca de lama* amassada em lágrimas" (CAMILO, *Memórias de Guilherme do Amaral*, 158 apud M. BARRETO, *Novíssimos Estudos*, 2.ª ed., 232).

17.b - A VIDA NADA TEM DE TRÁGICA

Depois de pronome como *que, nada, algo, pouco,* seguido de locução formada de preposição + adjetivo, costuma este último adjetivo ficar invariável:
A vida nada tem de *trágico*.
As invenções pouco apresentam de *engenhoso*.

Pode, entretanto, o adjetivo concordar por atração com o sujeito:
"Que tinha Ricardina de sedutora" (CAMILO, *A Neta do Arcediago*, 7 apud M. BARRETO, *Fatos*, 2.ª ed., 146).

18 - Concordância do verbo com o sujeito seguido de adjunto adverbial de companhia

Em construções do tipo:
O professor com os alunos foi à excursão.

o verbo pode ficar no singular (como no exemplo) ou no plural, uma vez que a ação por ele expressa foi executada tanto pelo professor como pelos alunos.

A preposição *com* assume o sentido conjuntivo de *e*, e o verbo vai ao plural como se o sujeito fosse composto.[9]

O emprego do verbo no singular ou no plural é livre, mas não *indiferente*. Com o singular atiramos a nossa atenção apenas para o *professor* (sujeito real), pondo a segundo plano a companhia dos alunos. Neste caso, costuma-se ressaltar o valor secundário do adjunto adverbial de companhia, pondo-o entre vírgulas:

"El-rei, com a corte e toda a nobreza, *estava* fora da cidade, por causa da peste em que então Lisboa ardia" (HERCULANO, *Fragmentos*, 84).

Com o plural, ressaltamos igualmente o sujeito e o adjunto adverbial de companhia, pondo este nas condições do segundo núcleo do sujeito composto (deixando-o ou não entre vírgulas):

"Estas explicações não evitaram que o desembargador, com os seus velhos amigos, *prognosticassem* o derrancamento do morgado da Agra..." (CAMILO, *A Queda dum Anjo*, 108).

Esta possibilidade de concordância com verbo no plural não se dá apenas com a preposição *com*, mas ainda com outras expressões que, de sentido aditivo ou não, denotam que a ação do verbo se estendeu ou se poderia estender aos seres por elas representados:

"Nesta conjuntura, um deputado dileto da rainha, por nome Antônio José da Silva Peixoto, *coadjuvado pelo foliculário José Acúrsio das Neves, levantaram-se e prorromperam* em "vivas" à rainha nossa senhora, e 'morras' aos cabonários agitando os lenços" (CAMILO, *Livro de Consolação*, 241 apud MÁRIO BARRETO, *Novos Estudos*, 2.ª ed., 206).

Neste trecho o mesmo CAMILO prefere o singular:

"A natureza de Sintra, *incluindo os rouxinóis daquelas ramarias, poderia espantar-se*: eu, não" (*A Queda dum Anjo*, 136).

19 - Advérbio de oração

Pode o advérbio referir-se não apenas a um termo – como vimos até aqui – mas ao conteúdo de uma oração inteira:

Felizmente ele chegou.

O advérbio *felizmente* não se refere particularmente nem a *ele* nem a *chegou*, mas à declaração total. Chama-se então *advérbio de oração*.

---

[9] Entre muitos autores nacionais e estrangeiros esta construção é tida como de **sujeito composto**.

20 - Omissão de preposição em adjuntos adverbiais

Muitas vezes o adjunto adverbial não é introduzido pela preposição que assinalaria a locução adverbial. Isto normalmente acontece com as seguintes circunstâncias:

a) tempo:
    Domingo (por *no domingo*) irei à reunião.
    Outro dia não consegui encontrá-lo.
    Dia treze começarão as provas.

b) modo:
    Pedro, *chapéu na cabeça*, entrou irreverente no escritório (por *de chapéu na cabeça*).
    O pobre coitado, *mãos no bolso*, dizia ao guarda que tinha sido roubado.

c) preço:
    O livro lhe custou *vinte reais*.

d) peso, medida:
    O volume pesava *doze quilos*.
    Custava o tecido dez reais *o metro*.

21 - Acúmulo de preposições no adjunto adverbial

Não raro duas preposições se combinam para dar maior efeito expressivo à ideia indicada no adjunto adverbial:
    "A lua espreitava estas duas pessoas *por entre* as nuvens, que a pouco e pouco se foram descondensando" (CAMILO, *A Queda dum Anjo*, 114).[10]

Combinam-se com mais frequência as preposições *de*, *para* e *por* com *entre*, *sobre* e *sob*:
    "Os deputados oposicionistas conjuravam-no a não levantar mão *de sobre* os projetos depredadores..." (CAMILO, ibid., 60).
    "Ministrou o xarope a Teodora, que foi bebendo com muitos vágados da cabeça, desfalecida *para sobre* a espádua do Lopo, que se ajeitara para ampará-la" (Id., ibid., 161).
    "Passemos a esponja *por sobre* Penélopes e Lucrécias" (Id., ibid., 165).

---

[10] Não sei por que EPIFÂNIO acha a locução **a pouco e pouco** melhor do que **pouco a pouco**; por certo não se estriba na tradição do idioma, uma vez que antigos e modernos bons escritores as empregam indistintamente. O mesmo EPIFÂNIO usa de **pouco a pouco**, conforme se pode ver no § 126, a. Obs. 4 da sua *Gramática Francesa*. Alguns autores, seguindo mal a lição de EPIFÂNIO, chegam a condenar **pouco a pouco**.

Ocorre ainda com frequência *até a* nas indicações do ponto terminal do movimento, principalmente quando pode haver confusão com *até* denotador de inclusão. Com *até a* vemos ressaltada a ideia de limite, nos seguintes exemplos:
"e prometem ser-lhe amparo *até a o fim*" (CAMILO, ibid., 77).
"e tamanho incêndio que me tomou o peito, que o amei *até à morte...*" (Id., ibid., 119).

Depois de preposições acidentais de sentido exceptivo ou inclusivo (*exceto, salvo, tirante, inclusive*, etc.), pode aparecer a preposição do verbo da oração:
"gosto de todos aqui *exceto ela* (ou *dela*)", cf. M. BARRETO, *Novíssimos*, 2.ª ed., 326-7.

21.a – Preposição redundante nos adjuntos adverbiais

É lícito, em muitos casos, antepor a um advérbio ou locução do mesmo valor uma preposição que serve de exprimir a mesma circunstância adverbial. Assim, encontram-se modos de dizer como *em antes* em lugar do simples *antes*, *afora* ou *em fora* em vez de *fora*:
"Cala-te já, minha filha,
Ninguém te oiça mais falar;
Que *em antes* que o sol se ponha
Vai o conde a degolar" (GARRETT, *Romanceiro*, II, 83 *apud* M. BARRETO, *Fatos*, 2.ª ed., 101).
Pela vida *fora* (ou *afora*, ou *em fora*).

Em lugar de *donde* para exprimir origem ou ponto de partida aparece ainda *de donde*, que se vai restringindo ao falar popular:
"*De donde* vieste, ó alma gentil" (GARRETT).[11]

Outras vezes a presença da preposição se explica pelo fato de se considerar como um todo a locução adverbial:
"A janela larga, que se abrisse *desde pela manhã* para deixar entrar o ar novo com muita luz e sol" (*Colóquios Aldeões*, 288 *apud* M. BARRETO, *De Gramática*, 2.ª ed., 112).
"Arrastou-o *para ao pé do catre* com força sobre-humana" (HERCULANO, *Monge*, II, 195).

---

[11] Na língua antiga, **onde** valia por **donde**; com o nascimento dessa última forma, **onde** passou a exprimir a ideia de repouso, desbancando o arcaico **hu**. Fenômeno idêntico ocorreu com o francês antigo **ont**. Houve época em que **onde** e **donde** se usaram como sinônimos. Até há pouco a língua literária usava indistintamente **onde** e **aonde**. Parece que sob o influxo do prestígio do dicionarista MORAIS (1813), se começou a pôr diferença entre os dois: **onde** para repouso (**onde moras**) e **aonde** para movimento (**aonde vais**). Cf. p. 143.

22 – Adjuntos adverbiais expressos por pronomes átonos

Já vimos que uma forma pronominal de objeto indireto pode funcionar ao lado do adjunto adnominal com ideia de posse. O adjunto adverbial pode vir representado por pronome átono objetivo indireto:
Pôs-se *diante dele*.
Pôs-se-*lhe* diante.
"Aqui venho e virei, pobre querida,
Trazer-te o coração do companheiro.
Pulsa-*lhe* (= nele, no coração) aquele afeto verdadeiro" (MACHADO DE ASSIS).[12]
A sorte fugiu-*me* (*fugiu de mim*) enquanto *me* andava perto a doença (andava *perto de mim*).

Com os verbos *tocar, pegar, bater, mexer, causar* (impressão) e sinônimos, substituímos frequentemente a preposição *em* seguida de pronome pessoal tônico por um pronome átono objetivo indireto:

Bateram *nele* .... Bateram-*lhe*.
Tocaram *em ti* .... Tocaram-*te*.
Pegou *no livro* .... Pegou-*lhe*.
Sua resposta causou sensação *em nós* .... Sua resposta causou-*nos* sensação.

23 – Verbos que se constroem com objeto direto ou adjunto adverbial

Certos verbos se podem apresentar construídos com objeto direto ou podem ter este complemento transformado em adjunto adverbial, sem que o sentido se altere essencialmente:
Estão neste caso, entre outros, os verbos *avaliar, averiguar, dizer, indagar, informar, contar* e sinônimos:

Dizer *a* história (objeto direto).
Dizer *da* história (adjunto adverbial de assunto).

"Avaliei *dos presos* pelo pisar das suas esposas, e manas e meninos" (CAMILO, *Memórias do Cárcere*, I, 9 apud M. BARRETO, *Últimos Estudos*, 314).
"Anda cá, Maria, *conta-me do teu jardim, das tuas flores*" (A. GARRETT, *Frei Luís de Sousa*, apud M. BARRETO, ibid.).

---

[12] Cf. CAETANO, *Rascunhos*, 197 e ss.

24 – Repetição de advérbios em -*mente*

Não havendo necessidade de ênfase, usa-se o sufixo só no último advérbio:
"O motorneiro e o condutor perderam, *rápida* e *violentamente*, o exercício de suas funções" (R. BRAGA, *O Conde e o Passarinho*, 78).

Havendo ênfase, a repetição se impõe:
Defendeu-se *corajosamente* e *galhardamente*.

LIÇÃO VIII

SUJEITO. **S**UJEITO COMO AGENTE DA AÇÃO VERBAL. **S**UJEITO COMO PACIENTE DA AÇÃO VERBAL: PASSIVIDADE. **O** AGENTE DA PASSIVA. **P**REPOSIÇÕES QUE INICIAM O AGENTE DA PASSIVA. **S**UJEITO COMO AGENTE E PACIENTE. **V**OZES VERBAIS: ATIVA, PASSIVA E MEDIAL. **S**Ó OS VERBOS TRANSITIVOS DIRETOS ADMITEM VOZ PASSIVA: ERROS FREQUENTES. **C**ONVERSÃO DA VOZ ATIVA EM VOZ PASSIVA E VICE-VERSA. **O** PRONOME REFLEXIVO **SI**.

1 - Sujeito como agente da ação verbal

O predicado pode encerrar uma ação que o sujeito pratica:
     Pedro estuda.
     Maria visitou duas colegas.

Dizemos então que o sujeito é o *agente* da ação verbal.

2 - Sujeito como paciente da ação verbal: passividade

Nem sempre, porém, o sujeito pratica a ação; ele pode também recebê-la:
     Duas colegas foram visitadas por Maria.
     Os heróis recebem a merecida honraria.

Dizemos então que houve *passividade*, isto é, o sujeito se nos apresenta como *paciente* da ação verbal.

Portanto, *não devemos confundir sujeito com agente.*

3 - O agente da passiva

Assim se chama o termo da oração que denota quem praticou a ação sobre o sujeito paciente.

Vejamos o exemplo dado:
Duas colegas foram visitadas por Maria.

A expressão *por Maria* indica o *agente* da ação; daí chamar-se *agente da passiva*.

Note-se que na passividade nem sempre se expressa o agente da ação verbal:
O aluno foi aprovado.

O agente da passiva é iniciado pelas preposições *por* (*per*) e *de* (sendo esta última de mais raridade):[1]

Isto foi sabido *por todos*.
Isto foi sabido *pelo pessoal*.
Isto foi sabido *de todos*.

4 - Sujeito como agente e paciente

Há casos em que o sujeito é agente e paciente ao mesmo tempo:
Ele se vestiu às pressas.

Aqui o sujeito *ele* pratica a ação de *vestir-se* a si mesmo; é, portanto, agente e paciente.

5 - Vozes verbais: ativa, passiva e medial

Chamamos *vozes verbais* às formas em que se apresenta um verbo para indicar o sujeito como agente ou paciente verbal.

Em português temos três vozes verbais: ativa, passiva e medial.[2]

---

[1] Alguns autores apresentam mais preposições, mas evidentemente elas exercem outros encargos. Em "**As árvores balouçavam-se com o vento**", **com o vento** é adjunto de causa. Por outro lado, em: "**ser a vós aceito**", poder-se-á ver em **a vós**, melhor do que um agente da passiva, um complemento nominal de **aceito**.

[2] A NGB prefere considerar **ativa**, **passiva** e **reflexiva**, criando alguns problemas de ordem morfológica e sintática.

A voz ativa é a forma usual simples do verbo pela qual *normalmente* se indica que o sujeito é o agente da ação expressa pelo verbo:
Maria *visitou* duas colegas.

Dissemos *normalmente*, porque um verbo na voz ativa pode ter *sentido passivo*, isto é, exprimir *passividade*:
Os heróis *recebem* a merecida honraria.

A voz passiva é a forma especial em que se apresenta o verbo para indicar que o sujeito é o paciente da ação verbal:
Duas colegas *foram visitadas* por Maria.
Alugam-se casas.

Pelos exemplos dados, vê-se que em português o verbo pode apresentar duas formas para exprimir a passividade:

a) *voz passiva analítica*: em que se junta um verbo auxiliar temporal (*ser, estar, ficar*) ao particípio do verbo principal:
Fomos procurados pelos amigos.
O artigo *estava assinado* pelo chefe.
O colega *ficou prejudicado* pelo irmão.

Na voz passiva analítica o verbo pode aparecer em qualquer pessoa e geralmente vem acompanhado do agente da passiva.

b) *voz passiva pronominal*: em que se junta a um verbo na forma ativa o pronome átono *se*:
Alugam-se casas.
Viu-se o erro da última parcela.

O sujeito do verbo na voz passiva pronominal é geralmente um nome de coisa, um ser inanimado, incapaz de praticar a ação expressa pelo verbo. Normalmente aparece posposto ao verbo, mas pode antepor-se-lhe:
"*Este acontecimento* deu-se à porta da minha casa, há cinco horas" (CAMILO, O Bem e o Mal, ed. Casassanta, 154).

Na voz passiva pronominal, o verbo só pode estar na 3.ª pessoa (singular ou plural) e, na língua moderna, não vem expresso o agente da passiva.
O pronome átono *se* que se junta ao verbo para formar a voz passiva pronominal denomina-se *partícula apassivadora*.

> **Observação 1.ª:**
>
> ▶ A maioria dos gramáticos estende o sentido passivo aos pronomes átonos da 1.ª e 2.ª pessoas em expressão do tipo: *Chamo-me Antônio, Chamas-te Aurora, Batizei-me*, etc. Pensamos que "o que se tem aqui é uma voz medial dinâmica, onde o sujeito é linguisticamente visto como o ponto de partida da ação que o tem como centro" (MATTOSO CÂMARA Jr., *Dicionário de Filologia e Gramática*, 6.ª ed., p. 77). Cf. ainda SANDFELD, *Syntaxe du Français*, I, 133 n.º 1.

> **Observação 2.ª:**
>
> ▶ No português de outros tempos se punha claro o agente da voz passiva pronominal:
> "Por ele o mar remoto navegamos
> Que só *dos feios focas se navega*" (CAMÕES, *Os Lusíadas*, I, 52).

A voz medial consiste no emprego da forma ativa do verbo conjugado com pronome átono da mesma pessoa do sujeito. A voz medial assume diversas significações, entre as quais são mais importantes:

a) *reflexiva*: em que o sujeito pratica a ação verbal sobre si mesmo:
   Ele se vestiu.
   Nós nos penteamos.

b) *recíproca*: em que, havendo mais de um sujeito, um pratica a ação verbal sobre o outro:
   Os colegas se abraçaram.
   Os noivos se amam.
   Nós nos cumprimentamos.

> **Observação 1.ª:**
>
> ▶ Na voz medial de sentido reflexivo ou recíproco, os pronomes átonos podem funcionar como objeto direto ou indireto (este mais raramente), conforme o verbo com que se acham combinados:

> Ele se vestiu (*objeto direto reflexivo*).
>
> Os colegas se abraçaram (*objeto direto recíproco*).
>
> Elas se gostam (*objeto indireto recíproco*).
>
> Ele se reservou o melhor lugar (*objeto indireto reflexivo*).
>
> "Onde rosto e narizes *se* (= a si) cortava" (CAMÕES, *Os Lusíadas*, III, 41; *se* é objeto indireto e não partícula apassivadora).

Observação 2.ª:

▶ Em português, ao contrário do espanhol e francês, por exemplo, o pronome átono da forma verbal medial é normalmente objeto direto; assim dizemos *dou-me* (obj. direto) *ao trabalho de fazê-lo* (obj. indireto), enquanto aquelas línguas constroem *me* (obj. ind.) *doy el trabajo de hacerlo* (obj. direto) e *je me* (obj. ind.) *donne la peine de le faire* (obj. direto). É por isso que se há de traduzir o espanhol *ella se peina las trenzas* ou o francês *elle se peint les cheveux* por *ela penteia os cabelos*, e não *ela se penteia os cabelos*. Cf. MÁRIO BARRETO, *Novíssimos Estudos*, 94 e ss.

c) *dinâmica*: em que se indica um movimento executado pelo sujeito ou um ato em que "aparece vivamente afetado" (SAID ALI):
   Sentamo-nos comodamente na poltrona.
   Atirou-se com vontade ao trabalho.
   Foram-se embora.
   Partimo-nos bem cedo.
   Orgulho-me do meu país.
   Arrependeram-se do que disseram.
   Atrevestes-vos a penetrar nos segredos da vida.
   Todos *se queixaram* sem razão.
   Lembraste-te um pouco tarde dos teus amigos.

Observação:

▶ Em todos estes casos já não se sente a função do pronome átono que constitui peça essencial do verbo; por isso não recebe em análise sintática denominação especial. No caso dos verbos de movimento,

> costumam alguns gramáticos chamar ao pronome átono *partícula de realce* ou, mais impropriamente, *partícula de espontaneidade*. A Nomenclatura Gramatical Brasileira não cogitou neste caso.

6 – Mais de um sentido em certas construções

Se dissermos:
> *Pedro e Paulo se estimam*,

podemos dar à construção uma interpretação de voz medial recíproca (um estima o outro) ou reflexiva (cada um estima a si mesmo).

Desejando-se esclarecer melhor o pensamento, junta-se ao verbo de sentido recíproco uma expressão do tipo *um ao outro, reciprocamente*:
> Pedro e Paulo se estimam *um ao outro*.

Se o verbo tem sentido reflexivo, emprega-se *a si mesmos* (*a mim mesmo, a ela mesma, a nós mesmos*, etc.):
> Pedro e Paulo se estimam *a si mesmos*.

7 – Só os verbos transitivos diretos admitem voz passiva

Rigorosamente só pode admitir voz passiva o verbo transitivo direto:
> Maria visitou duas colegas (voz ativa).
> Duas colegas foram visitadas por Maria (voz passiva).

Observando os exemplos acima, notamos que o objeto direto da ativa (*duas colegas*) passou a sujeito da passiva, e o sujeito (*Maria*) passou a agente da passiva (*por Maria*).

Nem todo verbo transitivo direto pode, entretanto, ser construído na voz passiva; é questão de uso a que nem sempre se aplicam normas rígidas. Diz-se tão somente:
> Eu quis o livro.
> Creio isso.
> Eles puderam tudo.

Repugna ao gênio da língua empregar:
> O livro foi querido por mim.
> Isso é crido por mim.
> Tudo foi podido por eles.

Os verbos transitivos apenas indiretos não se constroem na passiva, porque, segundo vimos, só o objeto direto da ativa pode transformar-se em sujeito da passiva.
Assim está condenada pela gramática a seguinte oração:
Os trabalhos *foram obstados* pela chuva.

Não obstante, estas construções passivas tendem a ser usadas com mais frequência e algumas delas já se toleram nos meios cultos:

Os operários *foram pagos*.
As cartas *serão respondidas*.
O professor *deve ser obedecido*.
A missa *foi assistida* por todos.

A sentença *foi apelada*.
As faltas *seriam perdoadas*.
Todas essas coisas *poderão ser aludidas* por ele.

Observação:

➥ Na realidade, os verbos acima apontados e outros passaram a ser empregados na linguagem coloquial como transitivos diretos (fato que a gramática também condena), e assim possibilitaram a ocorrência das construções passivas. É curioso observar que em outras línguas os verbos deste mesmo tipo procedem de igual maneira. Vejam-se, por exemplo, em francês, *obéir*, *désobéir*, *pardonner*.

8 – Transformação da voz ativa em passiva e vice-versa

Tomemos o seguinte exemplo:
Ontem o professor repreendeu os alunos.

Na transformação da voz ativa para a passiva *só nos interessam três termos da oração: o sujeito, o verbo e o objeto direto*.
O sujeito, porque ele será o agente da passiva; o verbo, porque terá de sofrer o acidente que caracteriza a forma passiva dos verbos; o objeto direto, que será o sujeito da passiva:

VOZ ATIVA		VOZ PASSIVA
Sujeito: *o professor*	→	Agente da passiva: *pelo professor*
Verbo: *repreendeu*	→	Verbo: *foram repreendidos*
Objeto direto: *os alunos*	→	Sujeito: *os alunos*

Os outros termos da oração continuam sem alteração.
Voz ativa: *Ontem o professor repreendeu os alunos.*
Voz passiva: *Ontem os alunos foram repreendidos pelo professor.*

Se, na ativa, o sujeito for constituído por pronome reto, na passiva passará a pronome oblíquo tônico equivalente, precedido das preposições *por* ou *de*.

Por outro lado, se, na ativa, o objeto direto for constituído por pronome oblíquo (átono ou tônico), na passiva passará a pronome reto equivalente:

Eu o vi.	→	Ele foi visto por mim.
VOZ ATIVA		VOZ PASSIVA
Sujeito: *eu*	→	Agente da passiva: *por mim*
Verbo: *vi*	→	Verbo: *foi visto*
Objeto direto: *o*	→	Sujeito: *ele*

Se, na voz ativa, o verbo aparecer na terceira pessoa do plural, para indicar sujeito indeterminado, a passiva não se acompanha do seu agente:

Roubaram-me.	→	Eu fui roubado.
VOZ ATIVA		VOZ PASSIVA
Sujeito: *X*	→	Agente da passiva: *X*
Verbo: *roubaram*	→	Verbo: *fui roubado*
Objeto direto: *me*	→	Sujeito: *eu*

Em todos os exemplos apontados, notamos com facilidade que o verbo da ativa *conserva seu tempo e modo*, na passagem para a passiva. Naturalmente, não coincidindo o sujeito da ativa com o sujeito da passiva, é claro que quase sempre não se dá a conservação da pessoa gramatical.

Se, na voz ativa, o verbo é um tempo composto, na passagem para a passiva basta acrescentar-lhe o particípio *sido*, variando-se em gênero e número o último particípio. Se se tratar da passagem da passiva para a ativa, nas condições apontadas, basta retirar o particípio *sido* e tornar invariável em gênero e número o último particípio:

Nós temos ouvido bons programas.	→	Bons programas têm sido ouvidos por nós.
VOZ ATIVA		VOZ PASSIVA
Sujeito: *nós*	→	Agente da passiva: *por nós*
Verbo: *temos ouvido*	→	Verbo: *têm sido ouvidos*
Objeto direto: *bons programas*	→	Sujeito: *bons programas*

Desde a antiguidade a madeira tem sido aproveitada pelo homem.	→	Desde a antiguidade o homem tem aproveitado a madeira.
VOZ PASSIVA		VOZ ATIVA
Sujeito: *a madeira*	→	Objeto direto: *a madeira*
Verbo: *tem sido aproveitada*	→	Verbo: *tem aproveitado*
Agente da passiva: *pelo homem*	→	Sujeito: *o homem*

Finalmente, se a voz passiva é indicada pelo pronome apassivador, *se*, para passar à voz ativa basta suprimir este pronome, e pôr o verbo no plural, se já não estiver:

Alugam-se casas. → Alugam casas.
VOZ PASSIVA   VOZ ATIVA
Sujeito: *casas* → Objeto direto: *casas*
Verbo: *alugam-se* → Verbo: *alugam*
Agente da passiva: X → Sujeito: X

Observação:

▶ Lembre-se de que o verbo na 3.ª pessoa do plural serve de indicar sujeito indeterminado. Ora, na passiva pronominal não vem expresso o agente, razão por que não se pode determinar o sujeito da ativa.

Outro exemplo com verbo no singular:

Vende-se este apartamento. → Vendem este apartamento.
VOZ PASSIVA   VOZ ATIVA
Sujeito: *este apartamento* → Objeto direto: *este apartamento*
Verbo: *vende-se* → Verbo: *vendem*
Agente da passiva: X → Sujeito: X

Observação:

▶ Em *alugam-se casas*, o verbo, na língua-padrão, obrigatoriamente aparece no plural para concordar com o sujeito (*casas*).
    Já em *precisa-se de empregados*, não há voz passiva; *de empregados* é objeto indireto, e não obriga a que o verbo vá ao plural. O *se*, neste caso, se diz índice de indeterminação do sujeito.

8.a - Evolução da conjugação reflexiva

Num resumo lúcido, o Prof. MARTINZ DE AGUIAR nos traça a evolução da conjugação reflexiva à indeterminação do sujeito. Ensina-nos o mestre que cinco são os casos que se põem à nossa consideração:

"1.º caso – *Pronome reflexivo*. A função inicial e própria do pronome *se* é, como em latim, a de reflexivo, isto é: faz refletir sobre o sujeito a ação que ele mesmo praticou. Ex.: *O homem cortou-se*. Indica, pois, ao mesmo tempo, atividade e passividade. O homem cortou, mas foi cortado, pois a si próprio é que cortou. Se penetrarmos bem na inteligência das diversas frases reflexivas, veremos que a passividade chama mais a nossa atenção, impressiona mais a nossa sensibilidade do que a atividade. Quando temos notícia de que *alguém se suicidou*, o primeiro quadro que se nos apresenta ao espírito é o do indivíduo pálido, inerte, sem vida. Daí, poder o pronome *se* vir a funcionar como:

2.º caso – *Pronome apassivador*. É o segundo estágio de evolução. Sendo reflexivo, o pronome indica, como vimos, atividade e passividade, e esta nos impressiona mais do que aquela, pelo que pode chegar a ser índice da passividade. Ex.: *Vendem-se casas. Fritam-se ovos.*

3.º caso – *Pronome indeterminador do agente*. Como no segundo caso o agente nunca foi expresso na linguagem comum, tendo-se tornado obsoleto o seu emprego até na linguagem literária, o pronome *se* acabou por assumir a função de indeterminador do agente. Ex.: *Estuda-se. Dança-se.*

4.º caso – *Pronome indeterminador do sujeito de verbos intransitivos*. Como, no terceiro caso, não se dá objeto direto aos verbos, apesar de transitivos, e como o agente oculto, se presente, seria o sujeito, o pronome *se* pode vir a indeterminar o sujeito de verbos intransitivos. Ex.: *Dorme-se. Acorda-se.*

Observação:

▶ O 3.º e 4.º casos são idênticos na prática; mas, no terreno científico, é imprescindível separá-los, pois servem para demonstrar, à luz da linguística psicológica, o contacto sucessivo de funções do pronome. Os mesmos casos matam de vez a questão chinesa de saber se o pronome *se* pode ou não ser sujeito. Não o é nunca, não pelas razões dadas nas gramáticas, mas porque assim o demonstra o estudo da sua evolução.

5.º caso – *Pronome indeterminador do sujeito de qualquer verbo*. Como no caso anterior o pronome *se* indetermina o sujeito dos verbos intransitivos, pode, por extensão, indeterminar o sujeito de qualquer verbo, transitivo, intransitivo ou atributivo [isto é, de ligação]. Ex.: *Está-se bem aqui. Quando se é bom. Vende-se casas. Frita-se ovos. 'A Bernardes admira-se e ama-se.'*[3]

---

[3] *Notas e Estudos de Português*, 181-3. Modifiquei na transcrição alguns pontos da grafia de que o Autor se serve. Sobre a construção **vende-se casas** cf. p. 50.

9 - Diferença entre voz passiva e predicativo

É preciso distinguir, cuidadosamente, entre:

a) *A casa foi destruída.*

b) *A casa está destruída.*

O aluno tende a classificar igualmente o vocábulo *destruída* dos dois exemplos, considerando-o predicativo.
No 1.º exemplo, entretanto, não temos predicativo. Anunciamos com *foi destruída* uma ação que o sujeito *casa* sofreu; logo, estamos diante de um predicado verbal. *Foi destruída* é voz passiva, e *destruída* é particípio.
No 2.º exemplo, exprimimos um estado do sujeito *casa*, e não mais uma ação. O predicado aqui é nominal, e *destruída*, como adjetivo, exerce a função de predicativo.[4]

10 - O pronome reflexivo SI

Normalmente usa-se o pronome *si* em referência ao sujeito da oração, ou, em outras palavras, em sentido reflexivo:
Ele é um egoísta; só pensa em si.
Guardou o melhor para si.
Na viagem, levava a máquina consigo.

Em Portugal (com a aprovação de seus melhores gramáticos) e, esporadicamente, no Brasil, *si* e *consigo* são empregados, mais na conversação familiar do que no falar culto, em referência à pessoa com quem falamos e a quem damos o

---

[4] Há casos de difícil distinção. Para GILI GAYA existe perfeita identidade: "Uma oração passiva, com ou sem expressão do agente da passiva, é simplesmente uma oração atributiva. Entre **esta mulher é formosa** e **esta mulher é admirada** não existe nenhuma diferença gramatical; num e noutro caso temos um sujeito a que se atribui uma qualidade por meio de um predicado nominal composto de verbo de ligação e atributo adjetivo; que este adjetivo proceda ou não de um verbo não altera em nada o caráter atributivo da oração; sua origem será na essência uma reflexão gramatical, inexistente para a espontaneidade do falante. Quando queremos expressar o ablativo agente e dizemos **esta mulher é admirada por todos**, acrescentamos ao predicado um complemento, como o faríamos se disséssemos **esta mulher é formosa para todos**, ou **é formosa por suas virtudes**, ou **é admirada entre seus conhecidos**; o valor funcional do elemento sintático acrescentado será o mesmo, quaisquer que sejam os matizes de significação que cada complemento expresse. As orações continuarão sendo atributivas" (*Curso Superior de Sintaxis Española*, 3.ª ed., p. 109).

tratamento de 3.ª pessoa. Assim, tais formas pronominais se usam sem significação reflexiva:
Tenho dó de si (em lugar de *de você, do senhor*).
Ela espera casar-se consigo (por *com você, com o senhor*).
"Pois então! cuida que *eu me esqueci de si?*" (CAMILO *apud* MÁRIO BARRETO, *De Gramática e de Linguagem*, 256).

Entre nós, os professores insistem no emprego correto e tradicional do *si* em sentido reflexivo, aconselhando se evitem as construções naturalmente devidas à imitação do falar lusitano, em que o pronome combinado com o verbo não denota reflexividade:
"*Levou consigo* meu irmão Ênio" (E. VERÍSSIMO, *Solo de Clarineta*, 121).

LIÇÃO IX
Aposto. Tipos de aposto. Pontuação no aposto. Casos de concordância.

I – Que é aposto

Tomemos o seguinte exemplo:
Paulo ganhou dois presentes.

Gramaticalmente esta oração está completa: possui sujeito (*Paulo*) e o verbo transitivo direto (*ganhou*) é acompanhado de seu complemento (*dois presentes*).
Mas a pessoa com quem falamos pode desejar conhecer quais foram realmente os *dois presentes*: para tanto, acrescentaremos à expressão um adendo explicativo:
Paulo ganhou dois presentes: *um relógio e uma bicicleta.*

A nova expressão encerra dois substantivos que vêm explicar melhor a ideia expressa pelo substantivo *presentes*.
Outro exemplo:
Ela – a aluna – saiu por último.

Aqui temos o pronome *ela* melhor explicitado pelo substantivo *aluna*. A este tipo de explicação chamamos *aposto*, que pode ser assim definido: uma expressão de natureza substantiva ou pronominal que se refere a outra expressão de natureza substantiva ou pronominal para melhor explicá-la, ou para servir-lhe de equivalente, resumo ou identificação.

Observação:

➥ Muitas vezes o sujeito aparece repetido sob forma de aposto, quando nele queremos que recaia a atenção de quem nos ouve ou lê. Nestes casos empregamos os demonstrativos *esse* (mais frequente), *isso*, *este*, *isto*, *aquele* (raro e hoje antiquado), e fazemos pausa (indicada ou não por vírgula) entre o sujeito e o aposto:

> "Ora; *o meu espírito esse* fica sempre na boêmia, a desvairar no seu livro" (CAMILO, *Boêmia do Espírito*, 6).
>
> "*O Sr. Rodrigues, esse* então ganhou tal birra ao epicurista que até faz troça a quem lhe escreve o nome" (Id., ibid., 333).
>
> "mas *a mordedura* que o remorso lhe fez no coração, *essa* ainda foi muito mais funda" (MENDES LEAL, *apud Seleta Nacional*, I, 32).
>
> "Alegre parece a guerra de fora, mas *quem* a experimenta, *este* conhece bem os trabalhos de uma e os bens da outra" (JOÃO DE BARROS, *Panegíricos*, 24.ª ed. RODRIGUES LAPA).[1]
>
> "*o* que era contra a honra de Deus, e em dano das almas, *isto* só o afligia e lhe tirava o gosto da vida" (SOUSA, *Vida do Arcebispo apud* EPIFÂNIO, *Sintaxe Histórica Portuguesa*, § 447, b)."

2 - Tipos de aposto

São várias as acepções em que o aposto pode aparecer:
   a) *aposto explicativo ou identificativo*:
> Pedro II, *imperador do Brasil*, desejava ser professor (aposto do sujeito).
> Muito devemos a Gutenberg, *o inventor da imprensa* (aposto do objeto indireto).
> O livro foi escrito por Machado de Assis, *uma das maiores glórias da literatura brasileira* (aposto do agente da passiva).

   b) *aposto enumerativo*: quando enumera as partes constitutivas de uma expressão anterior:
> Tudo – *alegrias, tristezas e preocupações* – ficava logo estampado no seu rosto.
> Duas notas foram as mais altas, *as notas 8 e 9* (aposto do sujeito *duas notas*).

Apresento-lhes dois bons amigos: *Antônio e João* (aposto do objeto direto).
Às vezes esse tipo de aposto precede o fundamental:
> *A matemática, a história, a língua portuguesa,* nada tinha segredo para ele.

---

[1] MÁRIO BARRETO, *Últimos Estudos*, 310, explica este exemplo – a meu ver sem razão – dizendo que o relativo se acha separado do demonstrativo antecedente, aproximando-o de uma construção que julgo diferente da que se ocupa esta nota: "Mas **aquele** se chamará bom prelado **que** tiver letras, reputação e virtudes" (Fr. HEITOR PINTO). Aqui realmente se trata da separação lembrada pelo ilustre mestre.

Vê-se que o fundamental *tudo, duas notas, nada* funciona como sujeito e, por isso, se estabelece a concordância entre ele e o verbo.

O aposto explicativo e o enumerativo podem vir precedidos das expressões *a saber, por exemplo, isto é, verbi gratia* (abreviado *v. g.* = por exemplo), *convém a saber* (ou *a saber*):
Compraram dois livros, *convém a saber: o de Geografia e o de História*.

c) *aposto distributivo*:
Gonçalves Dias e José de Alencar são grandes escritores brasileiros, *um na poesia e outro* (ou *o outro*) *na prosa* (*um* e *outro* são apostos distributivos de *Gonçalves Dias* e *José de Alencar*).

Se no aposto distributivo usamos os pronomes demonstrativos *este* e *aquele*, o primeiro se refere ao nome ou pronome mais próximo e *aquele* ao mais distante:
Gonçalves Dias e José de Alencar são grandes escritores brasileiros, *este na prosa e aquele na poesia*.

Menos comum é a série *este... ele* em lugar de *este... aquele*:
"*Delinquir* não está nas condições fonéticas de *atribuir*, como ensina SÁ NOGUEIRA. Neste, o *u* é vogal; *nele*, consoante" (M. DE AGUIAR, *Filinto e Odorico*, 362).

3 - Aposto em referência a uma oração inteira

O aposto se refere não apenas a um termo da oração, mas ainda ao conjunto de ideias de uma oração inteira.
Depois da prova, José estava radiante, *sinal de seu sucesso*.

Como aposto de uma oração inteira costumam aparecer o pronome demonstrativo *o* ou um substantivo como *coisa, razão, motivo, fato* (acompanhados sempre de uma expressão modificadora):
Os convidados não foram à festa, *o que deixou o patrão zangado*.
A revolução trouxe muitas mortes, *coisa lastimável*.

4 - Aposto circunstancial

O aposto não só designa uma qualidade de um ser, mas ainda "tempo, hipótese, concessão, causa, comparação, ou debaixo de que respeito é considerada a pessoa ou cousa", na época da ação expressa pelo verbo.[2]

---

[2] EPIFÂNIO, *Sintaxe Histórica Portuguesa*, § 45, b.

Neste caso pode vir ligado imediatamente ao nome a que pertence ou por meio de uma expressão adverbial usada preposicionalmente:
"*Rainha* esquece o que sofreu *vassala*" (BOCAGE) (isto é: *como rainha* esquece o que sofreu *quando era vassala*).
Quando presidente, nunca fugiu aos debates.
Como candidato prometeu, mas *como chefe* não cumpriu as promessas.

No sentido temporal, em lugar do advérbio *quando*, pode aparecer a preposição *em*:
Em criança fazia o que *em pai* escondia aos filhos.
"*Em pequeno*, apareceu em casa..." (FELICIANO RAMOS, *Trindade Coelho*, 2).

Em
"Ainda quando princesa do Brasil eram notórias as devoções a que entregava o seu espírito" (LATINO COELHO, *História Política e Militar de Portugal*, I, 263),

o aposto circunstancial *ainda quando princesa do Brasil* só precisa do verbo para se constituir em oração adverbial: *ainda quando era princesa do Brasil*. Por isso, muitos professores preferem completar o predicado e ver aí oração. Assim, em: "Católica exaltada, a rainha respeitava no clero o oráculo absoluto das intenções de Deus..." (LATINO COELHO, ibid., 262), tais mestres não consideram *católica exaltada* como aposto, mas oração adverbial a que se omitiram o conectivo e o verbo de ligação: *porque era* (ou *por ser*) *católica exaltada*.[3]
Às vezes alternam-se as construções com e sem preposição:
"Quem *em criança* sabe respeitar a bandeira, *homem* saberá defendê-la." (JOÃO RIBEIRO, *Coração*, 48).

5 – Aposto especificativo

Um nome próprio pode juntar-se a um nome comum que indica a espécie a que pertence:
Rio *Amazonas*.
Montes *Pirineus*.
O poeta *Castro Alves*.
O Rei *D. Manuel*.
O irmão *Joaquim*.
Tecidos *Aurora*.
Loja *Paulista*.

---

[3] MÁRIO BARRETO é dos que preferem subentender um verbo e ver aí oração. Cf. *De Gramática*, 2.ª ed., 199-201.

Este tipo de aposto se chama *especificativo* e, na nossa língua, corre paralelo às expressões especificativas onde os termos se acham subordinados pela preposição *de*:
Praça *da República*.
Serra *da Mantiqueira*.
A cidade *de Lisboa*.

Não há determinações rígidas para o emprego de uma ou outra construção, e, como bem acentua EPIFÂNIO DIAS, "da arbitrariedade do uso é que depende o empregar-se em uns casos *de* definitivo, em outros a aposição. Diz-se por exemplo: *o nome de Augusto*, mas: *a palavra Augusto*; *a cidade de Lisboa*, mas: *o rio Tejo*" (*Gramática Portuguesa Elementar*, § 154, Obs. 1.ª).

Alguns autores consideram que há aposição nos dois casos, e a preposição *de* é mera *palavra de realce* ou *expletiva*. Outros preferem classificar a expressão iniciada por *de* como adjunto adnominal. Ambas as análises são perfeitamente aceitáveis.

6 – Pontuação no aposto

Normalmente o aposto se separa do termo a que se refere por uma pausa que, na escrita, é representada por mais de um sinal de pontuação.
O sinal mais comum é a vírgula:
Iracema, *a virgem dos lábios de mel*, tinha os cabelos negros e longos.
O filósofo invocou a única verdade, *a morte*.

Observação:

➡ Note-se que o aposto só vem entre vírgulas quando a oração continua depois dele, como ocorreu no primeiro exemplo.

Os dois-pontos aparecem principalmente no aposto enumerativo:
"A vida não tem mais que duas portas: *uma de entrar*, pelo nascimento; *outra de sair*, pela morte" (RUI BARBOSA).

Podem ainda separar o aposto o travessão e os parênteses:
O último romance de Alexandre Herculano – *O Bobo* – ficou incompleto.
Dois de seus irmãos (*José* e *Manuel*) foram nossos alunos.

O aposto especificativo não se separa por pausa da expressão a que se refere, e por isso não vem assinalado por vírgula:
O Imperador *Pedro II*.

7 – Casos de concordância

Tratando-se de aposto enumerativo do tipo: *tudo, alegrias, tristezas, saudades...*, o verbo concorda naturalmente com o sujeito:
 Tudo, *alegrias, tristezas, saudades, o afastava* da luta.

> **Observação:**
>
> ➥ Se o verbo da oração for *ser*, fica naturalmente a possibilidade já estudada de poder haver a concordância com o predicativo plural:
> Lamentações, choro e rogos, *tudo eram fingimentos*.
>
> "Era como se todo o passado, o sofá que rolava, a casa da titi em Santa Isabel, as tipoias em que ela deixava o seu cheiro de verbena – *fossem* coisas lidas por ambos num livro e por ambos esquecidas." (E. DE QUEIROZ, *Os Maias*, ed. Livros do Brasil, 604)

LIÇÃO X

Expressões exclamativas: as exclamações, as interjeições e o vocativo.

1 - As exclamações

Vimos, no início deste livro, que o homem pode traduzir seus pensamentos e sentimentos com acentuado predomínio emocional. Pertence à linguagem das emoções não apenas a oração que se pode bipartir em sujeito e predicado, mas ainda aquela que representa um fragmento de oração, incapaz de permitir a separação destes dois termos e, por isso mesmo, inanalisável:
Que beleza!
Impossível!
Socorro!
Que lindo dia!

As orações exclamativas bimembres, isto é, aquelas que se podem bipartir em sujeito e predicado, geralmente começam por *que, quão, quanto, como* (todas com sentido intensivo):
Que elegante está você!
Quanto é bela a vida!

Assim também as orações sem sujeito:
Como chove!

2 - As interjeições

Outro elemento da linguagem emocional é a *interjeição*, que traduz os estados d'alma por si mesma.
Ocorrem as interjeições ora sozinhas, ora numa oração exclamativa:
"Oh! que saudades que eu tenho
Da aurora da minha vida,

Da minha infância querida
Que os anos não trazem mais!" (CASIMIRO DE ABREU)

Distinguimos três tipos de interjeições:[1]

a) certos sons vocálicos:
    oh! ah! ué! hem! hum!

Tais interjeições são proferidas com tom de voz especial, ascendente ou descendente, conforme o sentido que se queira traduzir. Assim, *oh!* denotará dor, alegria, surpresa, impaciência. *Hum!* exprimirá paciência ou suspeita. *Hem!* traduzirá simples pergunta ou uma pergunta impaciente. "Quando estão combinadas com uma frase maior exclamativa, podem-se separar da frase por meio de uma vírgula, ou por meio do ponto de exclamação, *ao qual se deve seguir, entretanto, letra minúscula*:
"Oh! que doce harmonia traz-me a brisa!" (CASTRO ALVES)

b) verdadeiros vocábulos já correntes na língua:
    arre! olá! fiau! upa! xô! alô! oxalá! bis! viva! bravo! puxa![2]

c) uma *locução interjetiva*, constituída de duas ou mais palavras existentes na língua:
    aqui del-rei! ora, bolas!

3 - O vocativo

É a expressão de natureza exclamativa através da qual chamamos ou pomos em evidência a pessoa a que nos dirigimos:
José, vem cá!
Tu, *meu irmão*, precisas escutar!

O vocativo pode vir precedido de interjeição, principalmente *ó*:
"*Deus, ó Deus*, onde estás que não respondes?" (CASTRO ALVES)
Olá, meninos!

---

[1] MATTOSO CÂMARA Jr., *Curso de Língua Pátria – Gramática*, I, 65.

[2] O *Vocabulário Oficial* preceitua **puxa** (com **x**), mas a interjeição nada tem com o verbo **puxar**. A melhor grafia seria com **ch**.

Para insistir na pessoa com quem falamos, usamos do vocativo *senhor* (*senhora*), depois de uma afirmação ou negação. Não há pausa entre o advérbio e o vocativo (embora assinalemos este último por vírgula), se o vocativo vier desacompanhado de adjunto:
– Entregaste a carta?
– *Sim, senhora.*

Mas com pausa:
– Entregaste a carta?
– *Sim, minha senhora.*

O vocativo pode aplicar-se às coisas inanimadas como se lhes emprestássemos vida:
"*Ó mar*, o teu rugido é um eco incerto
Da criadora voz, de que surgiste.
Seja, disse; e tu foste, e contra as rochas
As vagas compeliste" (GONÇALVES DIAS).

> **Observação:**
>
> ➤ A esta personificação chamamos *prosopopeia*.

4 - Um caso de concordância: VIVAM OS CAMPEÕES!

A tradição da língua pede que o verbo vá ao plural em construções do tipo:
Vivam os campeões!

Entretanto a língua moderna revela acentuada tendência para deixar o verbo no singular, embora a gramática persista em ver aí erro de concordância:
Viva os campeões!

Para tal procedimento concorreram, sem dúvida, três ordens de fatores:

a) o emprego quase interjetivo da oração, em que o verbo é normalmente seguido de nome no singular, transformou o verbo no singular num *clichê*, isto é, de emprego fixo;

b) a influência de construções como *salve os campeões*, onde *salve* é interjeição e, portanto invariável;

c) a só anteposição do verbo ao sujeito é responsável por numerosas infrações na concordância recomendada pela gramática.

Assim, apesar de correr vitoriosa na linguagem coloquial, esta concordância no singular deve ser cuidadosamente evitada na língua exemplar.

LIÇÃO XI

Período composto. Orações independentes e dependentes. Classificação das orações quanto à ligação entre si. Tipos de orações independentes: coordenadas e intercaladas. Tipos de orações dependentes: subordinadas. Subordinação concorrente: oração equipolente. Subordinação decorrente: mais de uma oração principal.

1 - Período composto

O período pode encerrar uma só declaração:
> Ontem fomos ao cinema.

ou mais de uma:
> Ontem fomos ao cinema, mas hoje apresentamos todos os deveres escolares.

Quando o período encerra uma só oração dizemos que é *simples*; quando encerra duas ou mais orações, dizemos que é *composto*.

As orações se caracterizam pelo seu *sentido* ou pela *sua forma*. Pelo seu *sentido*, porque é oração aquela que tiver *sentido completo*; pela *forma*, porque toda oração se biparte normalmente em sujeito e predicado. Assim:
> *Começaram as aulas*

constitui oração porque tem sentido completo. E em:
> Desejo que as aulas comecem

há duas orações: *Desejo* e *que as aulas comecem*, porque, se *Desejo* não tem sentido completo, apresenta sujeito e predicado.

2 - Orações independentes e dependentes

As orações de *sentido completo* se chamam *independentes*:
Saímos cedo e voltamos na hora marcada.
Temos aqui duas orações de sentido completo: *saímos cedo* e *voltamos na hora marcada*.

As orações apenas pela *forma* se chamam *dependentes*:
Espero que sejas feliz.
O aluno que estuda aprende.
Sairemos quando ele chegar.

Nos três exemplos dados temos períodos com duas orações:
    1   2
Espero | que sejas feliz.
   1   2   1
O aluno | que estuda | aprende.
    1   2
Sairemos | quando ele chegar.

A 2.ª oração de todos os exemplos depende *gramaticalmente* da 1.ª, porque exerce uma função sintática desta. *Que sejas feliz* é o objeto direto do verbo transitivo direto *esperar*: espero o quê? – *que sejas feliz*.

A oração *que estuda* serve de adjunto adnominal do substantivo *aluno*: *aluno que estuda = aluno estudioso*.

A oração *quando ele chegar* representa o *adjunto adverbial* da ação de *sair*: *sairemos quando ele chegar = sairemos à sua chegada*.

Podemos assim definir, em termos de sintaxe, as orações *independentes* e *dependentes*:

Independente é a oração que não exerce função sintática de outra a que se liga.

Dependente é a oração que exerce função sintática de outra a que se liga e vale por um termo sintático que tem como núcleo um substantivo, adjetivo ou advérbio.

A oração que exige uma dependente se denomina *principal*.

Nos exemplos dados, *espero, o aluno aprende* e *sairemos* são orações principais.[1]

---

[1] É preciso insistir nesse conceito sintático de oração **independente, dependente** e **principal**. Nunca é demais lembrar que a procura da **oração principal** nem sempre coincide com a determinação da **ideia** ou **sentido principal** do contexto. São aspectos de naturezas diferentes que cumpre distinguir. **Oração principal** não é a que encerra o **sentido principal**, mas a que tem um dos seus membros sob forma oracional; daí a possibilidade de haver, no período, mais de uma oração principal. Diz bem SANDFELD (*Sintaxe du Français Contemporain*, II, 1936. IX): "Une proposition subordonée est un membre de phrase qui a la forme d'une proposition."

3 – As orações quanto à ligação: conectivas e justapostas

As orações se classificam ainda quanto à sua ligação, e podem ser *conectivas* ou *justapostas*.[2]

São *conectivas* as que se prendem à anterior por palavras especiais de ligação de que dispõe a nossa língua. Estas palavras especiais – denominadas *conectivos* – são as *conjunções* e o *pronome relativo*:

"As flores e as mulheres enfeitam *e* guarnecem a terra" (MARQUÊS DE MARICÁ).
"A ignorância tudo exagera, *porque* não conhece o justo meio" (id.).
"O futuro se nos oculta *para que* nós o imaginemos" (id.).
"A experiência *que* não dói pouco aproveita" (id.).

As conjunções coordenativas e subordinativas se podem apresentar, na expressão de nossas ideias, *simples* e *enfáticas* ou *correlatas*. São conjunções coordenativas simples:

Pedro estudou Matemática *e* se aplicou ao Desenho.
Estudas *ou* brincas.

Poderíamos expressar enfaticamente as mesmas ideias utilizando as formas correlatas:

Pedro *não só* estudou Matemática *mas também* se aplicou ao Desenho.
Ou estudas *ou* brincas.
Quer faça bom tempo, *quer chova* não sairei de casa.

Entram nas orações subordinadas adverbiais as expressões correlatas fixas que denotam *comparação* e *consequência*, do tipo de *tão... como, mais... que, menos... que, tanto... que, tão... que*.

Ele é *tão* inteligente *quanto* o pai.
Ele é *mais* inteligente *que* o pai.
Ele é *tão* inteligente *que* surpreendeu o professor.

Pertencem ainda ao grupo de expressões enfáticas os advérbios que, nas orações principais, coordenadas ou subordinadas, mostram a relação em que essas orações se acham com o que se disse anteriormente:

"Como os sábios não adulam os povos, *também* estes os não promovem" (MARQUÊS DE MARICÁ).
"Quando os homens se desigualam, *então* se harmonizam" (id.).

Sobre **oração principal** e **sentido principal** pode o leitor consultar ainda as justas ponderações de BRUNOT, em *La Pensée et la Langue*, 29.

[2] Cf. SÍLVIO ELIA, Justaposição (in *Jornal de Filologia*, n.º 8, 107-12).

"Estudemos, *portanto*, e não nos deixemos dominar pela preguiça" (RIBEIRO DE VASCONCELOS, *Gramática Portuguesa*, 251).

"... pois era de razão que posto Deus se achasse de conselho pronto em toda a parte, *todavia* mais ele fulgurava nos exemplos que escolhia neste mundo" (JOÃO RIBEIRO, *Floresta de Exemplos*).

Tais advérbios se referem a todo um pensamento anterior e se classificam entre os *advérbios de oração* estudados na lição VII, item 19.

São *justapostas* as que se apõem a outra oração sem auxílio de conectivo:
"O mundo intelectual deleita a poucos, o material agrada a todos" (Id.).
"É bem feiozinho, *benza-o Deus*, o tal teu amigo" (ALUÍSIO AZEVEDO).
"*Há quanto tempo* não aspirava o pobre órfão essa flor ideal do amor, essa flor sonora, o beijo!" (id.).

Pelos exemplos dados podemos facilmente observar que *tanto as orações independentes, como as dependentes, podem ser conectivas ou justapostas.*

NOTA SOBRE NOMENCLATURA GRAMATICAL:

As expressões correlativas aditivas, comparativas e consecutivas (*não só... mas também, tão... quanto, não só... senão que, não só... como também, tão... que*, etc.)[3] levaram o Prof. JOSÉ OITICICA a colocar, ao lado das orações *coordenadas* e *subordinadas*, mais dois tipos diferentes: as *correlatas* e as *justapostas*. No presente trabalho sinto não adotar a lição do mestre por julgar que *coordenação* e *subordinação*, como tipos de oração (melhor diríamos aqui orações *independentes* e *dependentes*), não estão no mesmo plano da *correlação* e *justaposição*. Os dois primeiros conceitos dizem respeito ao *valor sintático de independência ou dependência* em que se acham as orações dentro do contexto; *correlação* e *justaposição* se referem ao *modo de se ligarem entre si essas mesmas orações*. Poderíamos dizer que, quanto ao *valor sintático*, as orações podem ser *independentes* e *dependentes* quanto à ligação, exercem o papel de conectivo as conjunções coordenativas, as conjunções subordinativas, os pronomes relativos, as conjunções e expressões correlativas, ao lado das orações que não se ligam por palavras especiais, isto é, as justapostas. Só quanto à ligação, teríamos: orações *coordenadas*, *subordinadas*, *correlatas* e *justapostas*. Ora, como os termos *coordenadas* e *subordinadas* atendem, por tradição, ao valor sintático, a proposta do Prof. JOSÉ OITICICA nos levaria a confusões. Por tudo isto, julguei melhor seguir a lição adotada no presente compêndio. Quanto à *justaposição*, isto é, ligação de orações sem conectivo, ela

---

[3] Têm-se repudiado, sem razão, as correlativas **não só... como**, **não só... como também**, que os bons escritores modernos empregam: "... **não só** rompera o degredo, **como** ousara introduzir-se a ocultas em Lisboa" (REBELO DA SILVA, **Hist. de Portugal**, I, 465); "O duque **não só** escrevera a Filipe II, **como também** enviara ao duque de Medina um recado seu" (*Id., ibid.*, II, 80). Para estes e outros exemplos ver M. BARRETO, *Através*, 3.ª ed., 155-6.

pode abranger a tradicional *coordenação assindética* (*vim, vi, venci*) e as subordinadas do tipo de *Espero SEJAS FELIZ.*

O Professor pode ver a discussão do assunto em JOSÉ OITICICA, *Uma Gramática*, 44-8, e *Teoria da Correlação*; SÍLVIO ELIA, *Orientações da Linguística Moderna*, apêndice. GLADSTONE CHAVES DE MELO, *Iniciação à Filologia e à Linguística Portuguesa*, 5.ª ed., melhorada e atualizada, 245 e ss., e *Novo Manual de Análise*, 3.ª ed., 113 e ss., aceita a correlação.

4 - Tipos de orações independentes

As orações independentes podem ser, quanto à natureza sintática: *coordenadas* ou *intercaladas*.

a) São *coordenadas* as orações de uma série sintaticamente equivalente ligadas por conjunção coordenativa ou por mera justaposição:
"As circunstâncias fazem *ou descobrem os grandes homens*" (MARQUÊS DE MARICÁ).
"Os moços apaixonam-se pelo bonito e lindo, *os homens experientes e maduros pelo belo*" (id.).

> **Observação:**
>
> ▶ Pelo 2.º exemplo vemos que a conjunção, ligando *expressões do mesmo valor*, pode juntar não só *orações*, mas também *palavras e expressões equivalentes*. Assim dois *substantivos*, dois *adjetivos*, dois *pronomes*, dois *advérbios*, etc. podem ser ligados por conjunção coordenativa:
> Pedro *e* Paulo.
>
> Bonito *e* lindo.
>
> Eu *ou* ela.
>
> Amanhã *ou* depois.

Estas considerações nos levam a dois pontos importantes:

1) as conjunções não só ligam orações, pois as coordenadas ligam ainda expressões do mesmo valor;

2) o *e* (ou qualquer conjunção coordenativa) entre duas expressões (Pedro *e* Paulo, no dia de ontem *e* no dia de hoje) é *conjunção*, e não *preposição*.

A coordenada justaposta recebe também o nome de *coordenada assindética*:
Vim, vi, venci.

Numa série de coordenadas, a primeira se diz apenas *coordenada*. A *Nomenclatura Gramatical Brasileira* não lhe fixa nome especial.

b) Orações *intercaladas* são aquelas que, não pertencendo propriamente à sequência lógica das orações do período, aí aparecem como elemento adicional que o falante julga ser esclarecedor.

Há vários tipos de oração intercalada[4]; as mais frequentes denotam:

1) *citação*: onde se acrescenta a pessoa que proferiu a oração anterior:
   Dê-me água, *me pediu o rapaz*.[5]
   Quem é ele? – *interrompeu a jovem*.

2) *advertência*: esclarece um ponto que o falante julga necessário:
   Em 1945 – *isto aconteceu no dia de meu aniversário* – conheci um dos meus melhores amigos.

3) *opinião*: em que o falante aproveita a ocasião para opinar:
   D. Benta (*malvada é que era*) dizia que a sua doença impedia a brincadeira da garotada.

---

[4] Segundo o Prof. JOSÉ OITICICA. A que chamamos de **desejo** ele denominava de **exclamação**.

[5] Professores há que preferem, havendo na intercalada um verbo transitivo direto, considerar este tipo de oração como principal. Assim, analisam:
Oração principal: me pediu o rapaz.
Oração subordinada, substantiva objetiva direta, justaposta: dê-me água.
Se a intercalada não encerra verbo transitivo direto, acham-no por elipse (Cf. KURY, *Pequena Gramática*, 103):
[**Perguntando**] **Quem é ele?** – interrompeu a jovem. Insisto em adotar a lição exposta acima, porque vejo duas intenções diferentes em: **O rapaz me pediu: dê-me água** (donde a 2.ª oração é subordinada à 1.ª) e **Dê-me água, me pediu o rapaz** (onde a 2.ª oração é mero acréscimo adventício, mera explicação que o falante houve por bem dar), embora se note entre ambas as expressões certo paralelismo de sentido. Elemento adicional, a intercalada de citação, a meu ver, pode perfeitamente figurar ao lado das outras intercaladas aqui referidas. Deste modo, melhor harmonizamos a análise linguística com a intenção de quem fala. Custa-me ver dependência sintática em intercaladas como: "Não se altere, sr.ª abadessa – **apaziguou o vigário-geral**" (CAMILO, *Filha do Regicida*, 65); "Você que tem, sr. Bernardo?! – **tornou o cuteleiro**" (Id., ibid., 77); "Querem ver que vocês – **volveu o locandeiro** – vão ver pernear na forca o tal pifão que quis matar el-rei" (Id., ibid., 74); "Diga este cadáver, sr.ª abadessa – **emendou o médico**" (ibid., 74).

"Comíamos, *é verdade*, mas era um comer virgulado de palavrinhas doces" (M. DE ASSIS, *Memórias Póstumas de Brás Cubas*, 198).

4) *desejo*: em que o falante aproveita a ocasião para exprimir um desejo, bom ou mau:
   José – *Deus o conserve assim!* – conquistou o primeiro lugar da classe.
   "É bem feiozinho, *benza-o Deus*, o tal teu amigo! (ALUÍSIO AZEVEDO).
   O teu primo – *raios que o partam!* – pôs-me de cabelos brancos.

5) *escusa*:
   "Pouco depois retirou-se; eu fui vê-la descer as escadas, e não sei por que fenômenos de ventriloquismo cerebral (*perdoem-me os filólogos essa frase bárbara*) murmurei comigo..." (MACHADO DE ASSIS, *Memórias Póstumas de Brás Cubas*, 325).

6) *exortação*:
   "Cobiça de cátedras e borlas que, *diga-se de passagem*, Jesus Cristo repreendeu severamente aos fariseus" (CAMILO, *Boêmia do Espírito*, 300).
   Os livros, *pode-se bem dizer*, são o alimento do espírito.

7) *permissão*:
   "Meu espírito (*permitam-me aqui uma comparação de criança*), meu espírito era naquela ocasião uma espécie de peteca" (MACHADO DE ASSIS, ibid., 282).

8) *ressalva*:
   "Daqui a um crime distava apenas um breve espaço, e ela transpôs, *ao que parece*" (ALEXANDRE HERCULANO, *Fragmentos*, 123).
   Ele, *que eu saiba*, nunca veio aqui.[6]

Por todos os exemplos apontados vemos que *as orações intercaladas são sempre justapostas*.

As intercaladas se separam por vírgula, travessão ou parêntese. Note-se que, se tivermos de separar por vírgula a intercalada que figura entre travessão ou parêntese, *o sinal de pontuação é posto depois do travessão ou parêntese*.

---

[6] Com seus alunos deve apenas o professor insistir na conceituação de oração intercalada, desprezando minúcias de classificação. Nem sempre se traçam linhas rigorosas de demarcação entre o sentido de muitas dessas intercaladas.

5 - Conjunções coordenativas

As conjunções coordenativas se dividem em:

a) *aditivas*: estabelecem a ligação de pensamentos, sem outra ideia subsidiária: *e* e *nem*.
   Estudou *e* passou.
   Não estudou *nem* passou.
   Nem estudou *nem* passou.

Em lugar de *sem... e sem* diz-se também *sem... nem...*
"Este era funestamente o sistema colonial adotado pelas nações, que copiavam *sem* o entender *nem* fecundar, como os romanos, o governo discricionário das províncias avassaladas" (LATINO COELHO apud Antologia Nacional, 215).

Note-se o emprego do *e* intensivo junto a uma conjunção ou palavra aditiva (*e nem, e mais*), construção que já foi apontada, sem razão, como incorreta:
   "Saiu às nove horas *e mais* a senhora" (CAMILO, *O Condenado*, 17 apud M. BARRETO, *Últimos Estudos*, 393).

Segundo o Prof. JOSÉ OITICICA,[7] porém, só estará certo o encontro *e nem* quando *nem* fizer parte de expressões (claras ou não) como *nem sequer, nem por isso, nem assim, nem ao menos, nem sempre, nem todos* ou se ocorrer a série aditiva negativa *nem... nem*:
   "Nunca vira uma boneca e *nem sequer* sabia o nome desse brinquedo" (MONTEIRO LOBATO, *Negrinha*, 9).
   "mas o primo Nicolau está a dormir até tarde, *e nem* à missa vai" (CAMILO, *O Esqueleto*, 73 apud P. A. PINTO, op. laud.). E nem = e nem ao menos.
   "Duas bastam para oferecer quatro variedades como fazem os irlandeses que comem pão e batatas, pão sem batatas, batatas sem pão, *e nem* pão *nem* batatas" (JOÃO RIBEIRO, *Floresta de Exemplos*, 138).

b) *adversativas*: ligam expressões estabelecendo uma oposição, contraste, compensação, ressalva:
   Eles foram, *mas* eu fiquei.
   Chegaram, *porém* não me viram.
   Estudou, *entretanto* não conseguiu boas notas.
   Trabalhou, *mas* juntou dinheiro.

---

[7] Cursos do INEP, súmula n.º 8, págs. 1 e 2. O Prof. PEDRO A. PINTO, entretanto, não faz estas restrições para o emprego de **e nem**, no seu livro *Notas de Advocacia Gramatical*, 73-80. Normalmente prevalece a lição deste último mestre, sendo **e nem** utilizado em caso de ênfase.

A língua coloquial emprega *mas* no início do período, sem nenhuma ideia de oposição, para chamar a atenção do ouvinte:
Mas, meu amigo, o que você tem com isso?

Porém indica a oposição com mais ênfase do que *mas*, e pode ser colocado no início (principalmente na ênfase), no meio ou no fim da oração:
Esperei-o, *porém* ele não veio.
Esperei-o, ele, *porém*, não veio.
Esperei-o, ele não veio, *porém*.

Senão, depois de uma negação, vale por uma conjunção adversativa em linguagem do tipo:
"E agora as entregais desta maneira, não a pastores *senão a lobos*" (ANTÔNIO VIEIRA *apud* ANTENOR NASCENTES, *Dificuldades de Análise Sintática*, 7).

Precedido de *não*, também equivale a *só*:
Ele não quer *senão* o livro = ele *só* quer o livro.

c) *alternativas*: marcam uma separação ou exclusão do termo ou termos anteriores:
Ficava em casa *ou* saía.

Pode aparecer repetido:
Ou ficava em casa *ou* saía para as compras.

Às vezes pode denotar a consequência se a ação anterior não se cumprir:
Irás à festa *ou* ficarei zangada contigo.

Já... já e *ora... ora* marcam uma alternativa em relação ao tempo:
Já estudava Matemática, *já* se preocupava com Português.

d) *conclusivas*: denotam uma conclusão: *logo, pois* (no meio ou no fim da oração), *portanto, por isso, por conseguinte*:
Recebeu a carta, *logo* atenderá ao nosso pedido.

Observação:

➡ Distinga-se a conjunção conclusiva *logo* do advérbio de tempo *logo*:
Recebeu a carta, *logo* atenderá *logo*.

> **Observação:**
>
> ▶ Como conclusivas podemos usar *por isso* ou *por isto*, sendo a primeira mais frequente.

e) *explicativas*: denotam que a 2.ª oração explica a razão de ser da primeira: *que* (= porque), *porque, pois* (no início de oração), *porquanto*:
Venha cedo, *porque* desejo conversar com você.
Que Deus o ajude, *pois* a empresa que você pretende realizar é difícil.

As explicativas *porque* e *que* aparecem normalmente depois de orações imperativas e optativas.

> **Observação:**
>
> ▶ É preciso não confundir as conjunções explicativas com as partículas e locuções explicativas do tipo de *a saber, isto é, por exemplo*, que se não enquadram nas classes de palavras estabelecidas pela gramática tradicional e vão constituir um grupo à parte a que JOSÉ OITICICA chamou *denotativas*.[8]

6 - Tipos de orações dependentes

As orações dependentes exercem funções sintáticas de sua principal e equivalem a um *substantivo, adjetivo* ou *advérbio*:

a) Vi *que ele tinha chegado* = vi *a chegada dele* (objeto direto).

---

[8] Melhor seria que abolíssemos a distinção entre as **coordenadas explicativas** e as **subordinadas causais**, uma vez que normalmente não se traçam linhas rigorosas de demarcação entre os dois campos de ideias. São frágeis os critérios de pausa, dentro do texto escrito, e fora do alcance do falante comum a comparação com o inglês **for** / **because**, com o francês **car** / **parce que**, com o alemão **denn** / **weil**. E os alicerces desta comparação estremecem quando se vê, nos escritores, **car** ao lado de **parce que** sem que se note qualquer vestígio de distinção, como no exemplo de FLAUBERT: "Les femmes l'aiment, **car** il les courtise: les hommes lui sont devoués, **car** il les sert; on le craint **parce qu**'il se venge; on lui fait place **parce qu**'il bouscule; on va au-devant de lui **parce qu**'il attire" (cf. BIDOIS, *Syntaxe du Français Moderne*, II, § 1.463).

b) O menino *que estuda* aprende = o menino *estudioso* aprende (adjunto adnominal).

c) Saímos *porque estava chovendo* = saímos *por causa da chuva* (adjunto adverbial de causa).

Assim, as orações *subordinadas* serão *substantivas, adjetivas* e *adverbiais*.

7 - Funções sintáticas da oração subordinada substantiva

Vimos que a *oração subordinada* exerce uma função sintática da *principal*. Ora, se a oração for substantiva, exercerá todas as funções sintáticas que, na oração, pode desempenhar um substantivo. Assim, a oração substantiva aparecerá como:

a) *sujeito* (diz-se *subjetiva*):
   É bom *que estudes* (que é bom?).
   Quem corre cansa (quem cansa?).[9]

b) *objeto direto* (diz-se *objetiva direta*):
   Desejam *que sejam felizes* (desejam o quê?).
   Desconheço *como se chama* (desconheço o quê?).

c) *objeto indireto* (diz-se *objetiva indireta*):
   Ela precisava *de que a ajudássemos* (ela precisava de quê?).
   Ele necessita *de que o ajude* (ele necessita de quê?).

d) *aposto* (diz-se *apositiva*):
   Digo-lhe apenas isto: *você perdeu minha confiança*.
   Uma coisa lhe desejo, *seja feliz* (aposto dos objetos *isto* e *uma coisa*).

e) *complemento nominal* (diz-se *completiva nominal*):
   Todos tínhamos necessidade *de que nos auxiliasse*.

f) *predicativo* (diz-se *predicativa*):
   A verdade é *que tinham saído*.

---

[9] Sendo a oração *quem corre* sujeito de *cansa*, não pode ser separada por vírgula, em obediência à regra geral de pontuação (cf. p. 31-32). Assim, erra-se no emprego da vírgula em: *Quem lê, sabe.*

8 - Subordinadas substantivas conectivas e justapostas

Pelos exemplos dados, concluiremos que as subordinadas substantivas podem ser *conectivas* – ligadas por conjunção – e *justapostas*.
A conjunção que liga a substantiva à oração principal se diz *integrante*. A nossa língua possui duas conjunções integrantes: *que* (nas declarações de certeza) e *se* (nas declarações de incerteza):
  Sei *que* virá hoje.
  Não sei *se* virá hoje.

Conforme vimos, pode a conjunção integrante vir ou não precedida de preposição necessária. O quadro seguinte resumirá as orações substantivas, levando-se em conta a preposição necessária:

Subordinadas substantivas
  a) sem preposição necessária serão
    1) *subjetiva*
    2) *objetiva direta*
    3) *predicativa*
    4) *apositiva*
  b) com preposição necessária serão
    1) *objetiva indireta* (complemento de verbo)
    2) *completiva nominal* (complemento de substantivo ou adjetivo)

> **Observação:**
>
> ▶ Continuamos a insistir no termo *necessária* (*preposição necessária*), porque ela pode aparecer, esporadicamente, em lugares que não a exigem, como omitir-se onde seria esperada. Assim, pode-se prescindir da preposição que iniciaria uma oração indireta ou completiva nominal:
> "Em Coimbra recebeu o infante esta triste nova por uma carta da rainha sua filha, em que *o avisava que* em conselho se decidira que o fossem cercar..." (ALEXANDRE HERCULANO, *Fragmentos*, 94),
>
> *em que o avisava que* está por *em que o avisava de que*.
>
> Estava desejoso *que ele viesse agora*
>
> ou
>
> Estava desejoso *de que ele viesse agora*.

> Também se pode preceder de preposição uma oração subjetiva ou objetiva direta. Assim, por influência da construção *fazer com alguém* (= conseguir deste alguém) *que viesse* passamos a empregar *fazer com que* ao lado de *fazer que* em orações objetivas diretas do tipo:
>
> "... fizeram (os cortesãos) *com que el-rei se retirasse para Sintra...*" (ALEXANDRE HERCULANO, Fragmentos, 93),
>
> onde *fazer* significa "diligenciar e conseguir que uma coisa aconteça".
>
> "Desaire real seria *de a deixar sem prêmio*" (A. GARRETT).
>
> Registrem-se ainda as construções *dizer de sim, dizer de não*, em lugar de *dizer que sim, dizer que não*: "Eu me abalanço a lhes dizer e redizer *de não*" (RUI BARBOSA *apud* M. BARRETO, De Gramática, 2.ª ed., 225).

9 - Características da oração subjetiva e predicativa

A oração substantiva subjetiva apresenta as seguintes características, além de estar depois da principal:[10]

Estar o verbo da oração principal na 3.ª pessoa do singular e num destes três casos:

a) verbo na voz passiva:
   1) *pronominal*: verbo com pronome *se*:
      Sabe-se *que tudo vai bem*.
   2) *analítica*: ser, estar, ficar seguidos de *particípio*:
      Ficou provado *que estava inocente*.

b) verbos *ser, estar, ficar* seguidos de *substantivo* ou *adjetivo*:
   É verdade *que sairemos cedo*.
   Foi bom *que fugissem*.
   Está claro *que consentirei*.
   Ficou certo *que me telefonariam*.

c) verbo do tipo de *parece, consta, ocorre, corre, urge, importa, convém, dói, punge, acontece*:
   Parece *que vai chover*.

---

[10] Devo esta observação sobre a ordem da oração subjetiva a Raimundo Barbadinho Neto.

Urge *que estudem.*
Cumpre *que façamos com cuidado todos os exercícios.*
Acontece *que todos já foram punidos.*

A oração substantiva predicativa introduzida pela conjunção integrante complementa, na maioria das vezes, o verbo *ser*:
A verdade é *que não ficaremos aqui.*

> **Observação:**
>
> ➥ O Prof. SOUSA LIMA (*Gramática Portuguesa*, 2.ª ed, § 530) acha que só se pode considerar *predicativa* a oração que contiver o verbo *parecer* concordando "com outro sujeito que não seja a preposição: *Tu pareces ser estrangeiro*". Creio que neste exemplo a melhor análise é aquela que tem o verbo *parecer* como auxiliar modal (indicando aparência), constituindo com *ser* uma locução verbal. Por braquilogia, *pareces ser* passou a *pareces*, em virtude de assumir o verbo *parecer* valor de verbo de ligação, acompanhado de predicativo: *tu pareces* estrangeiro. Mas na seguinte passagem do MARQUÊS DE MARICÁ o verbo *parecer* se enquadra perfeitamente à lição do citado mestre: "Nunca nos esquecemos de nós, ainda quando *parecemos* que mais nos ocupamos dos outros" (*Máximas*).

10 - Omissão da conjunção integrante

Se o período encerra mais de um *que*, podemos, com elegância, omitir a conjunção integrante, principalmente nas orações subjetivas e objetivas:
"Devia, pois, ser melancólico além do exprimível o que aí se passou nessa grade: triste, e desgraçado direi, a julgá-lo pelas consequências *que* se vão descrever, com um certo pesar em *que esperamos* tomem os leitores o seu quinhão de pena..." (CAMILO, *Carlota Ângela*, 223).
Esperamos tomem está por *esperamos que tomem.*

Ainda que não haja acúmulo de *quês*, constitui elegância a omissão da conjunção integrante:
"Frequentes vezes me *disse esperava* lhe anulassem no supremo tribunal o processo" (CAMILO, *Memórias do Cárcere*, I, 51).

Evitou o grande escritor português o emprego de duas conjunções integrantes: "... me disse *que* esperava *que* lhe anulassem o processo."

"Posto que, dizia ele, muito desejasse ver levar o negócio a cabo, *aconselhava-o não tentasse* nada de leve..." (ALEXANDRE HERCULANO, *Histórias de Portugal*, I, 262 apud *Fragmentos*, 149).

Aconselhava-o não tentasse está por *aconselhava-o a que não tentasse*.

Também se dá a elipse da integrante *que* depois da conjunção comparativa *que* ou *do que*, como se observa no seguinte exemplo:
"Antes Deus quer
Que se perdoe um mau, que um bom padeça" (ANTÔNIO FERREIRA, *Castro*, ed. SOUSA DA SILVEIRA, *Textos Quinhentistas*, 198),
isto é: *antes Deus quer que se perdoe um mau que (quer que) um bom padeça*.

Pode-se ainda fugir ao *quer que* pondo-se o verbo no infinitivo: *que padecer um bom*.

Observação:

▶ Vimos em 8, Obs, que a preposição que precede a conjunção integrante pode ser omitida; cabe aqui lembrar que a possibilidade de omissão se estende à conjunção integrante, quando deverá combinar-se com a preposição:
"Quis defendê-la, mas Capitu não me deixou, continuou a chamar-lhe beata e carola, em voz tão alta que *tive medo fosse* ouvida dos pais" (M. DE ASSIS *apud* M. BARRETO, *Novíssimos*, 80).

Tive medo fosse = tive medo de que fosse.

10.a - Pleonasmos da conjunção integrante

Quando a oração substantiva não segue imediatamente o verbo de que serve de integração, pode ocorrer, mormente no falar coloquial, o pleonasmo da conjunção integrante, como o provam os seguintes exemplos:
"e disse *que*, se lhe não queríamos mais nada, *que* podíamos ir à nossa vida" (CAMILO, *Os Brilhantes do Brasileiro*, 45).
"O meu amor me disse ontem
Que eu *que* andava coradinha" (*Mil Trovas*, ed. A. DE CAMPOS e A. DE OLIVEIRA).[11]

---

[11] Para estes e outros exemplos ver M. BARRETO, *Novos Estudos*, 2.ª ed., 181-3.

II - Subordinada substantiva justaposta

A subordinada substantiva justaposta ocorre quando:

a) funciona como *aposto*:
   Papai deu-nos um belo presente – *levou-nos à fazenda do titio Vera.*[12]

b) encerra palavras de natureza pronominal ou adverbial intimamente relacionadas com os relativos, mas sem que venham referidos a antecedentes: *quem, quanto, por que, como, quando, onde, que, qual*:[13]

Não sabemos	quanto quem por que como quando onde que qual	comprou

---

[12] As orações apositivas admitem ainda uma expressão resultante do cruzamento da construção conectiva com a construção justaposta. Dizendo: **uma coisa vos confessarei, que os portugueses são homens de ruim língua**, misturam-se dois tipos:
a) **uma coisa vos confessarei: os portugueses são homens de ruim língua** (justaposição).
b) **Eu vos confessarei que os portugueses são homens de ruim língua** (conexão).
Nestas circunstâncias, a pontuação pode ser diferente da do trecho acima. A oração que contém o substantivo pode terminar por ponto, e o aposto, encabeçado por **que**, iniciar com letra maiúscula, dando impressão de oração à parte: "O noctívago sente na sua individualidade, nos seus calos e no seu nariz, **a doce impressão panteísta das árvores e dos calhaus. Que este globo está muito bem feito**" (CAMILO, *A Brasileira de Prazins*, 314, ed. 1882).
A oração **que este globo está muito bem feito** é, parece-me, aposto **de doce impressão**, e não subordinada causal como pensa o Prof. DALTRO SANTOS no comentário de n.º 280 da *Antologia Nacional*.
A oração subordinada pode vir anunciada na principal através de um pronome oblíquo:
"Eu **o** vi certamente – e não presumo
Que a vista me enganava – **levantar-se**
No ar um vaporzinho e sutil fumo
E do vento trazido rodear-se" (CAMÕES, *Os Lusíadas*, V, 19).

[13] OLMAR GUTERRES, *Orações Subordinadas sem Conectivo*, 25.

Nota:

➥ A oração substantiva funciona, nestes exemplos, como objeto direto do verbo saber.

➥ Desconheço QUE *admiráveis presentes ganhaste.*

➥ Ignorava QUAIS *os alunos que haviam perturbado as aulas.*

➥ QUEM *tudo quer tudo perde* (oração *subjetiva*).[14]

➥ Falava a QUEM *lhe pedia conselhos* (oração *objetiva indireta*).

➥ "O rei pagão os fortes navegantes / Não sabia EM QUE *modo festejar*" (*Os Lusíadas*, 6, 1) (oração *objetiva direta*).

➥ Fizeram QUANTO *lhes pedi* (oração *objetiva direta*).

➥ Reconheço QUÃO *enganados nos achávamos a seu respeito* (oração *objetiva direta*).

➥ Peço que anote QUAIS *foram os responsáveis* (oração *objetiva direta*).

➥ A polícia descobriu QUANDO *foi o roubo* (oração *objetiva direta*).

➥ Os jornais explicaram COMO *os ladrões conseguiram fugir* (oração *objetiva direta*).

➥ Os garotos não descobriram ONDE *os pais tinham posto os presentes* (oração *objetiva direta*).

➥ Os vizinhos não entenderam POR QUE *o fogo foi violento* (oração *objetiva direta*).

➥ Ele é QUEM *os avisa* (oração *predicativa*).

➥ *Não sabia por* QUEM *tinha sido enganado* (oração *objetiva direta*).

---

[14] Estas orações de **quem** apresentam certa liberdade de colocação em relação à sua principal, e aparecem frequentemente no início do período.

Observação 1.ª:

▶ Há quem prefira desdobrar estas palavras e dar outra análise à expressão, considerando adjetiva a oração subordinada. Assim, substituem *quem* por *a pessoa que, aquele que*; *quanto* por *o tanto que*; *quando* por *o momento em que*; *como* por *o modo pelo qual*; *onde* por *o lugar em que*; *por que* por *o motivo pelo qual*.
Analisam *Quem tudo quer tudo perde* desta maneira:

A pessoa | que tudo quer | tudo perde.

1.ª oração: – principal – *a pessoa tudo perde*.

2.ª oração: – subordinada adjetiva – *que tudo quer*.
A análise que adoto tem a vantagem de encarar uma realidade da língua, e não uma substituição que a ela realmente nem sempre equivale.[15]

Observação 2.ª:

▶ Sem razão, alguns autores condenam o emprego do artigo no início das orações subordinadas substantivas, em construções do tipo:

Não sei o quanto lhe devo. (EPIFÂNIO, *Sintaxe Histórica*, § 362 – registra o uso nos melhores clássicos e ainda na sua ed. de *Os Lusíadas*, VIII, 34).

---

[15] Ensina-nos o mestre SAID ALI: "Em proposições como **quem porfia mata a caça, quem espera sempre alcança**, servimo-nos de um pronome visivelmente destituído de antecedente. Mas como o vocábulo **quem** aí sugere a noção de "homem (ou mulher) que", "alguém que", sentimo-nos propensos a ladear a questão linguística, analisando não já o pronome tal qual em tais frases se apresenta, mas sim o seu equivalente semântico. Esse método condenável, de conciliação forçada, não satisfaz todavia ao espírito quando aplicado a **quem quer que**, expressão ampliativa do mesmo pronome **quem** nestas proposições: **quem quer que o disse; não faças mal a quem quer que te ofenda**. SWEET propõe para o pronome nas condições dos dois primeiros como dos dois últimos exemplos a denominação de relativo **condensado** "por desempenhar o próprio relativo também funções de antecedente". Qualificativo cômodo, sem dúvida, mas não ditado pelo critério histórico-comparativo. Estudos mais rigorosos (DELBRÜCK e BRUGMANN) permitem presumir que o pronome em questão deve a sua origem a uma causa dupla: ao interrogativo **quem** nas interrogativas indiretas e ao indefinido **quem**" (*Gramática Histórica*, I, 114-5).

12 – Subordinada adjetiva: seus tipos

A oração subordinada adjetiva funciona como adjunto adnominal de um termo chamado *antecedente* (substantivo ou pronome) posto na oração a que se prende:
   O menino *que estuda* aprende.
   A pessoa *a quem nos referimos* é nossa vizinha.
   A casa *onde moras* é espaçosa.
   Devemos reconhecer as qualidades *de quem as tem*.

As orações adjetivas podem ser *restritivas* ou *explicativas* conforme a sua missão no período:

a) as *restritivas* servem para delimitar ou definir mais claramente o seu antecedente, o qual, sem a oração adjetiva, pode ou não fazer sentido ou dizer coisa diferente do que temos em mente:
   "Os velhos *que seguem as modas* presumem recomeçar com elas" (MARQUÊS DE MARICÁ).
   "A ambição é um enredo *que nos enreda* por toda a vida" (id.).

Não se fala aqui senão de um tipo de *velhos* e de *enredo*; as orações adjetivas delimitam ou definem melhor o antecedente.

b) as *explicativas* encerram uma simples explicação ou pormenor do antecedente, uma informação adicional de um ser que se acha suficientemente definido, podendo ser omitidas sem prejuízo:
   Afonso, *que está aqui*, ficará conosco por algum tempo.
   Iracema, *que é um dos grandes livros de José de Alencar*, exalta a terra americana.[16]

A adjetiva restritiva ocorre frequentemente quando o antecedente se apresenta como pertencendo a uma classe, depois de um superlativo ou de palavra de sentido restritivo (na natureza adjetiva e pronominal) como *todo*, *algum*, *nenhum*, *o*, *aquele*, etc.:
   "A fortuna é cega somente para aqueles *que a não compreendem*" (MARQUÊS DE MARICÁ).
   "A mocidade é um sonho *que deleita*, a velhice uma vigília *que incomoda*" (id.).

---

[16] Não constitui verdade inteira aplicar-se às orações adjetivas restritivas e explicativas as antigas definições do adjetivo restritivo e explicativo, dizendo-se que adjetiva restritiva "indica qualidade acidental" e explicativa "indica qualidade essencial". Se a distinção é válida para **O menino que estuda aprende** ou **O homem, que é mortal, deve corrigir-se**, que diremos de **Afonso, que veio aqui, procurou por você?**

Quando a subordinada adjetiva explicativa é constituída de predicado nominal, pode transformar-se num aposto explicativo:
Iracema, *que é um dos grandes livros de José de Alencar*, exalta a terra americana.
Iracema, *um dos grandes livros de José de Alencar*, exalta a terra americana.

As orações adjetivas explicativas separam-se do antecedente por forte pausa e aparecem normalmente com vírgula.

A oração adjetiva não assume apenas sentido qualificativo, mas pode ainda exprimir uma relação de *fim, condição, causa, consequência, concessão* ou *adversativa*:
"O general mandou parlamentares *que pedissem tréguas*" (ANTENOR NASCENTES, *Dificuldades de Análise Sintática*, 26).
Tu, *que és bom*, deves ajudar-me nesta campanha (*que és bom = porque és bom*).
"Com palavras soberbas o arrogante
Despreza o fraco moço mal vestido
Que rodeando a funda o desengana
Quanto mais pode a Fé que a força humana" (CAMÕES, *Os Lusíadas*, III, 111. Cf. o comentário de EPIFÂNIO DIAS: "a oração adjetiva tem sentido adversativo").

Às vezes não se traçam limites rigorosos para mais de uma interpretação.

13 - Subordinada adjetiva justaposta

Assim como as substantivas, também ocorrem as adjetivas justapostas quando não há referência a antecedente algum. Na seguinte máxima do MARQUÊS DE MARICÁ a 1.ª oração adjetiva é justaposta e a 2.ª é iniciada por pronome relativo:
"Não vemos os defeitos *de quem amamos*, nem os primores *dos que aborrecemos*."
Nem sempre conhecemos os segredos de *quantos nos cercam*.

14 - Funções sintáticas do conectivo das orações adjetivas

As orações adjetivas conectivas iniciam-se por pronome relativo que, além de marcar a subordinação, *exerce uma função sintática da oração a que pertence*. Em:
"Há enganos *que* nos deleitam, como desenganos *que* nos afligem" (MARQUÊS DE MARICÁ),

os dois *quês* exercem funções sintáticas na oração subordinada que iniciam. O primeiro é sujeito de *deleitam* (que nos deleita? – *enganos* representados na oração subordinada pelo *que*); o segundo é sujeito de *afligem* (que nos aflige? – *desenganos*, representados na oração subordinada pelo *que*).

É importante assinalar que *a função sintática do pronome relativo nada tem que ver com a função do seu antecedente, mas é indicada pelo papel que desempenha na oração subordinada a que pertence.*

Desta maneira, no exemplo dado, *enganos* e *desenganos* são *objetos diretos* (a oração não tem sujeito porque o verbo *haver* = *existir* é impessoal!) e os *quês* são *sujeitos*.

a) *Que* – não precedido de preposição necessária – pode exercer as funções de *sujeito, objeto direto* ou *predicativo*:
O menino *que* estuda aprende (*sujeito*).
O livro *que* lemos é instrutivo (*objeto direto*).
Somos o *que* somos (*predicativo*).

b) *Que* – precedido de preposição necessária – pode exercer as funções de *objeto indireto, adjunto adverbial* ou *agente da passiva*:
Os filmes *de que* gostamos são muitos (*objeto indireto*).
A cidade *a que* te diriges tem bom clima (*adjunto adverbial de lugar*).
A caneta *com que* escrevo não está boa (*adjunto adverbial de meio*).
Este é o autor *por que* foi escrito o livro (*agente da passiva*).

Observação:

➡ Constitui variedade o emprego do pronome relativo precedido da preposição *de* como adjunto adnominal, em lugar de *cujo*. Assim se pode dizer "o escritor *de que* todos conhecemos o livro", "as pessoas *de quem* reconheceis os privilégios". Em boa linguagem diremos melhor "o escritor *cujo* livro todos conhecemos", "as pessoas *cujos* privilégios reconheceis".

c) *Quem* – sempre em referência a pessoas ou coisas personificadas – só se emprega precedido de preposição, e exerce as seguintes funções sintáticas:
Apresento-te o amigo *a quem* hospedei no verão passado (*objeto direto*).
Não conheci o professor *a quem* te referes (*objeto indireto*).
As companhias *com quem* andas são péssimas (*adjunto adverbial de companhia*).
O amigo *por quem* fomos enganados desapareceu (*agente da passiva*).

d) *Cujo(s), cuja(s)* – precedidos ou não de preposição – valem sempre *do qual, da qual, dos quais, das quais* (caso em que a preposição *de* tem sentido de

posse) e funcionam como *adjunto adnominal* do substantivo seguinte com o qual concordam em gênero e número:
   O homem *cuja* casa comprei embarcou ontem (= a casa do qual).
   Terminei o livro *sobre cuja* matéria tanto discutimos (= sobre a matéria do qual).

Observação:

▶ *Erros no emprego de CUJO*

Constitui erro empregar *cujo*:

a) como sinônimo de *o qual, os quais, as quais*:
   Aqui está o livro *cujo* livro compramos (= o qual);

b) precedido ou seguido de artigo:
   Este é o autor *à cuja* obra te referiste (Não há acento indicativo da crase). Compramos os livros de *cujos os* autores nos esquecemos.

15 - Emprego de relativos

Em lugar de *em que, de que, a que*, nas referências a lugar, empregam-se respectivamente, *onde, donde, aonde* (que funcionam como adjunto adverbial):
   O colégio *onde* estudas é excelente.
   A cidade *donde* vens tem fama de ter bom clima.
   A praia *aonde* te diriges parece perigosa.

Modernamente os gramáticos têm tentado evitar o uso indiscriminado de *onde* e *aonde*, reservado o primeiro para a ideia de repouso e o segundo para a de movimento:
   O lugar *onde* estudas...
   O lugar *aonde* vais...

Esta lição da gramática tende a ser cada vez mais respeitada na língua escrita contemporânea, embora não sejam poucos os exemplos em contrário, entre escritores brasileiros ou portugueses.

O qual – e flexões que concordam em gênero e número com o antecedente – substitui *que* e dá à expressão mais ênfase. Para maior vigor ou clareza pode-se até repetir o antecedente depois de *o qual*:

"O primeiro senhor de Ormuz de que temos notícia foi Male-Caez, *o qual*, habitando na ilha de Caez, dominava todas as ilhas daquele estreito" (HERCULANO, *Fragmentos*, 54).

Ao livro ninguém fez referência, *o qual livro* merece a maior consideração, no meu entender.

Às vezes o antecedente se acha apenas esboçado, como no seguinte exemplo, onde se percebe claramente o termo *cidade*.

"Logo, porém, que este prazo expirou, o rei de Leão fez uma estrada até Talavera, perto *da qual cidade* destroçou as tropas que intentaram opor-se-lhe" (HERCULANO, *História de Portugal*, I, 94, ed. 1853).

É mais comum a substituição *de que* por *o qual* depois de preposição, principalmente depois de preposição ou locução prepositiva de duas ou mais sílabas. Dizemos indiferentemente *de que*, ou *do qual*, *com que* ou *com o qual*, *a que* ou *ao qual*, *sem que* ou *sem o qual*, mas só ocorrem *apesar do qual*, *conforme o qual*, *segundo o qual*, *entre o qual*, *fora dos quais*, *perante os quais*, etc. A razão se deve ao movimento rítmico da frase e a uma necessidade expressiva que exigem um vocábulo tônico (como *o qual*), e não átono (como *que*).

15.a - Posição do relativo

Normalmente o *que* vem junto do seu antecedente; quando isto não se dá e o sentido da oração periga, desfaz-se a dúvida com o emprego de *o qual*, de *e este* ou se repete o antecedente, ou se põe vírgula para mostrar que o relativo não se refere ao antecedente mais próximo:

"Arrastaram o saco para o paiol e o *paiol* ficou a deitar fora" (COELHO NETO, *Apólogos*, 12).

"(...) mas ele tinha necessidade da sanção de alguns, *que* [isto é, a *sanção*, e não *alguns*] lhe confirmasse o aplauso dos outros." (M. DE ASSIS, *Memórias Póstumas de Brás Cubas*, ed. Garnier, 138).

Poderia também dizer o autor:
Arrastaram o saco para o paiol *que* ficou a deitar fora.
Arrastaram o saco para o paiol *o qual* ficou...
Arrastaram o saco para o paiol *e este* ficou...

Note-se como CAMILO evita o equívoco nesta passagem:
"Eu de mim, se não estivesse amortalhada no sobretudo do meu marido, *que* vou escovar (o sobretudo), era dele, como a borboleta é da chama..." (*Doze Casamentos Felizes*, 18 apud M. BARRETO, *De Gramática*, 303).

Não é impossível, entretanto, mormente nos autores mais antigos e naqueles que, embora contemporâneos, primam por escrever como os clássicos, vir o pronome relativo afastado do seu antecedente, como neste trecho de JOÃO RIBEIRO, depois do verbo da oração principal:

"No fundo de um triste vale dos Abruzos, terra angustiada e sáfara, um pobre eremita vivia *que deixara as abominações do século pela soledade do deserto*" (*Floresta de Exemplos*, 2.ª ed., 219).

Era comum nos clássicos:

"... àquele haveis de dar vosso voto para governar, *que* entre todos tiver mais saber" (Fr. HEITOR PINTO, *Imagem da Vida Cristã*, I, 178-9).

Por fim cumpre assinalar que ocorre ainda a inversão de um termo da oração adjetiva para antes do relativo, como no exemplo de VIEIRA:

"O padre Francisco Gonçalves, *provincial* que acabou de ser [em lugar de: *que acabou de ser provincial*] da província do Brasil..." (Pe. ANTÔNIO VIEIRA in *Antologia Nacional*, 289).

16 - Pronome relativo sem função na oração em que se encontra

Em expressões do tipo:
Ali está o homem que eu pensei que tivesse desaparecido.
Não faças a outrem o que não queres que te façam,

o pronome relativo *que* inicia as orações *que eu pensei*, *que não queres*, dando-lhes o caráter de adjetivas, mas não exerce nelas função sintática; pertence, isto sim, às orações substantivas *que tivesse desaparecido* ou *que te façam*, das quais é o sujeito (na 1.ª) e objeto direto (na 2.ª).

Esta construção é correta e corrente, e resiste a um enquadramento nos processos normais de análise sintática.[17] Cuidado especial há de merecer a concordância, pois em geral se é levado a flexionar incorretamente o verbo da oração de que:

"(...) distinção adiada *sine die* por motivos *que não vem* a pelo declarar" (C. DE LAET, *Nossos Clássicos*, 66).

Não se poderia usar: *por motivos que não vêm* (no plural) *a pelo declarar*.
Pode-se evitar a repetição dos *quês* substituindo-se o verbo da oração substantiva por um infinitivo:

---

17 O fato ocorre também em francês, alemão e línguas escandinavas, conforme observa NYROP, *Grammaire Historique*, VI, § 377 e REMARQUE: Les confidences que je ne doutais pas qu'elle eût recues de ma soeur. This man who I thought was my friend. "Ferner will ich deinem Vater sagen, was ich glaube, dass du wünschest" (LESSING).

Ali está o homem que eu pensei ter desaparecido.

"No português moderno, esta construção só tem lugar, em geral, quando a oração subordinada é substantiva; fora deste caso só se emprega, de ordinário, com o pronome *o qual*, e então coloca-se este pronome depois da expressão por ele determinada: *É problema, para resolver o qual são necessárias duas condições*: "O julgo da obediência, para lhes impor *o qual* muitas vezes faltava a força" (HERCULANO, *História de Portugal*, I, 244). Todavia, evita-se esta construção quanto possível, e diz-se por ex.: *É problema para cuja resolução são necessárias* duas condições" (EPIFÂNIO DIAS, *Sintaxe Histórica Portuguesa*, § 367).

17 - O QUE, A QUE, OS QUE, AS QUE

No exemplo:
"De ordinário os que reclamam mais liberdade são os que menos a merecem" (MARQUÊS DE MARICÁ),

as orações adjetivas *que reclamam mais liberdade* e *que menos a merecem* referem-se aos pronomes demonstrativos *os* e *os*, respectivamente sujeito e predicativo da primeira oração:
1.ª oração – principal: *de ordinário os* (= aqueles) *são os* (= aqueles)
2.ª oração – subordinada adjetiva restritiva: *que reclamam mais liberdade*
3.ª oração – subordinada adjetiva restritiva: *que menos a merecem*.
Em
José partiu, o que deixou a casa triste,

o pronome demonstrativo *o* é aposto de toda a oração e se acha modificado pela oração adjetiva:
1.ª oração – principal: *José partiu, o* (= fato, coisa).
2.ª oração – subordinada adjetiva restritiva: *que deixou a casa triste*.

Observação 1.ª:

➥ Foge do plano de interpretação sintática o entender-se *o que = e isto*, como querem alguns gramáticos. Veja-se E. CARLOS PEREIRA, *Gramática Expositiva*, § 510.

> **Observação 2.ª:**
>
> ➠ Em lugar de *o que* também pode ocorrer apenas *que*, construção que vai caindo em desuso: "... depois a 17 de agosto de 1710 acabou de expirar, *que* [= o que] foi, como bem podemos presumir, voar do cárcere carregado com as palmas de confessor e mártir para a pátria onde os frutos se colhem do que na terra se cultivou" (A. F. DE CASTILHO, *Livraria Clássica* – MANUEL BERNARDES, II, 278 *apud* M. BARRETO, *Através*, 3.ª ed., 139. Cf. ainda *De Gramática*, 2.ª ed., 234).

Com *o que, a que, os que, as que*, pode ocorrer uma preposição regendo o demonstrativo, o relativo ou ambos ao mesmo tempo:

a) Gostei *do* | *que* disseste.

b) Li *o* | *a que* vos referistes.

c) O professor dissertou *sobre o* | *de que* ontem conversávamos.

Com frequência, a preposição que deveria acompanhar o relativo emigra para o antecedente deste relativo:
Não sei *no que* pensas (por *o em que*).
"Agora já sabe a fidalga *no que* ele estraga dinheiro" (CAMILO, *A Queda dum Anjo*, 148).

Estas migrações de preposição para o antecedente do relativo tornam a construção mais harmoniosa e espontânea. Os seguintes exemplos de RUI BARBOSA, embora gramaticalmente corretos, trazem o selo do artificialismo:
"Assim me perdoem, também, *os a quem* tenho agravado, *os com quem* houver sido injusto, violento, intolerante..." (*Oração aos Moços*, 23).
"e daí, com estupenda mudança, começa a deixar ver *o a que* era destinada..." (Ibid., 36).
"Os meus serão *os a que* me julgo obrigado..." (Ibid., 61).

17.a – O DE que mais gosto É DE

É frequente ver-se a preposição que acompanha o relativo repetida junto ao termo ou oração que faz o papel de predicativo:
"*do que* [= de que] duvido é *de que* comecemos, se por el-rei houvermos de esperar" (A. HERCULANO, *Lendas e Narrativas*, I, 222).

"*No que* [= o em que] em grande parte discordo de Schlegel é *no* severo conceito que forma do estilo de Addison" (A. GARRETT, *Catão*, 35).[18]

18 - Emprego de À em À QUE, ÀS QUE

As linguagens *a que, as que,* sendo o *a* pronome demonstrativo, podem vir regidas da preposição *a,* caso em que se usam as formas acentuadas *à que, às que*:
   Não se referiu *à que* estava ao nosso lado (à que = àquela que).
   Os prêmios foram entregues *às que* discursaram (às que = àquelas que).

É claro que se o *a* antes de *que* for apenas preposição não levará acento grave indicativo da crase:
   A pessoa *a que* te referes não veio hoje.

19 - Relativo universal

Frequentes vezes a linguagem coloquial e a popular despem o relativo de qualquer função sintática, tomando-o por simples elemento conectivo operacional. A função que deveria ser exercida pelo relativo vem mais adiante expressa por substantivo ou pronome. A este relativo chamamos *universal*:
   O homem QUE eu falei COM ELE.

em vez de:
   O homem COM QUEM (*ou* COM QUE) *eu falei*.
   A amizade é coisa QUE nem sempre sabemos SEU SIGNIFICADO
   em vez de:
   A amizade é coisa CUJO SIGNIFICADO nem sempre sabemos.

Embora a língua-padrão recomende o correto emprego dos relativos, o relativo universal se torna, no falar despreocupado, um "elemento linguístico extremamente prático".[19]

20 - Concordância com os relativos QUE e QUEM

Na oração adjetiva que tem o *que* como sujeito, o verbo concorda com o antecedente, desde que este não funcione como predicativo de outra oração:
   Tu, *que foste* premiado, deves dar a melhor contribuição (o pronome *tu* é sujeito de *deves dar a melhor contribuição*).

---

[18] Para estes e outros exemplos ver M. BARRETO, *Através*, 3.ª ed., 239-40.

[19] NYROP, *Grammaire Historique de la Langue Française*, V, p. 330.

Faziam referências *a mim* que não *tinha* nenhuma culpa no caso (a *mim* é objeto indireto de *faziam referências*).
Passou pelas ruas que estavam em conserto (*pelas ruas* é adjunto adverbial de lugar de *passou*).
"*Ó tu, que tens* de humano o gesto e o peito" (CAMÕES) (*Ó tu* é vocativo).

Se o antecedente do *que* funciona como predicativo do verbo *ser*, o verbo da oração adjetiva pode concordar com o sujeito de *ser* ou ir para a 3.ª pessoa:
Tu és o aluno *que ganhaste o prêmio*
ou
Tu és o aluno *que ganhou o prêmio*.
"Sou eu o primeiro *que* não *sei* classificar este livro" (ALEXANDRE HERCULANO, *Eurico, o Presbítero*, 311).

Usamos concordância com o sujeito de *ser* nas expressões do tipo *eu sou que, fui eu que, és tu que, foste tu que*, etc.:
Não fui eu *que contei* as novidades.
Fomos nós *que lemos* o romance.

Ocorrendo o pronome *quem*, o verbo da oração adjetiva vai para a 3.ª pessoa do singular, qualquer que seja o antecedente do relativo:
Fui eu *quem fez* isso.
Fomos nós *quem fez* isso.

Pode, entretanto, haver a concordância com o antecedente de *quem*:
"És tu *quem dás* rumor à quieta noite,
És tu *quem dás* frescor à mansa brisa,
Quem dás fulgor ao raio, asas ao vento,
Quem na voz do trovão longe *rouquejas* (GONÇALVES DIAS *apud* SAID ALI, *Gramática Histórica*, II, 77).

21 - Observações finais

1.ª) É frequente aparecer, na linguagem de outrora e ainda ocorre no colóquio moderno, *que* ou *quem* seguido de pronome pessoal oblíquo (*que* ou *quem... lhe*) onde o rigor gramatical exigiria aqueles pronomes precedidos de preposição:
"Agora sim, disse então aquela cotovia astuta, agora sim, irmãs, levantemos o voo e mudemos a casa, que vem *quem lhe dói* a fazenda" (MANUEL BERNARDES, *Nova Floresta*, I, 70).

Quem lhe dói a fazenda = *a quem dói a fazenda.*

"A Natureza, negando-lhe a ordinária ração de outros gostos, sente-o, e amua-se como menino, *que lhe tiram a merenda*" (*Vários Tratados*, II, 354 *apud* MÁRIO BARRETO, *Novos Estudos*, 2.ª ed., 254).

Tais construções não se enquadram nos processos rigorosos da análise.

2.ª) Não é costume repetir sob forma pronominal a função sintática expressa pelo relativo, como ocorre nos seguintes exemplos:
"(nome) *que to* dissesse a brisa perfumada
Lasciva perpassando pelas flores" (CASIMIRO DE ABREU, *Obras*, ed. SOUSA DA SILVEIRA, p. 29).
"o homem que se destina, ou *que* o destinou seu nascimento, a uma vocação pública, não pode, sem vergonha, ignorar as belas-letras e os clássicos" (ALMEIDA GARRETT, *apud* SOUSA DA SILVEIRA, ibid.).
"Imite-se a pureza dos antigos,
Mas sem escravidão, com gosto livre,
Com polida dição, com frase nova,
Que a fez, ou adotou a nossa idade" (PEDRO CORREIA GARÇÃO *apud* SOUSA DA SILVEIRA, ibid., 36).

3.ª) Às vezes o relativo não se refere à *forma* do seu antecedente, mas à *ideia* que ele traduz:
"Bem vês as *lusitânicas* fadigas
Que eu já de muito longe favoreço" (CAMÕES, *Os Lusíadas*, IX, 38).

O relativo *que* se refere a *lusitanos*, ideia que, ensina-nos bem EPIFÂNIO DIAS, está contida no adjetivo *lusitânicas* (*Os Lusíadas*, II, 171).[20]
Outras vezes o relativo se refere ao pronome pessoal que se depreende do pronome possessivo usado:
"Isto que parece absurdo ou desgracioso é perfeitamente racional e belo – belo à *nossa* maneira, *que* não andamos a ouvir na rua os rapsodos recitando os seus versos, nem os oradores os seus discursos, nem os filósofos as suas filosofias" (MACHADO DE ASSIS *apud* SOUSA DA SILVEIRA – artigo na *Revista de Filologia e de História*, I, 28),

que diz: "Quando leio este trecho, sinto como antecedente do *que* sublinhado a ideia de *nós*, encerrada no adjetivo *nossa*. Esse *que* não se me afigura conjunção causal." Julgo perfeitamente cabível a interpretação do mestre e constitui prática de

---

[20] O fato se repete no latim: "Vejens bellum ortum est, **quibus** Sabini arma conjunxerant" (TITO LÍVIO, 2, 53 *apud* MADVIG-EPIFÂNIO, *Gramática Latina*, § 317, d) Obs. 1.ª). Cf. ainda M. BARRETO, *Através*, 3.ª ed., 25.

linguagem corrente no latim: "Vestra, qui cum summa integritate vixistis, hoc maxime interest" (CÍCERO pro Sall. 28 *apud* MADVIG, *Gramática Latina*, § 317, a).

22 - Tipos de oração subordinada adverbial

A oração subordinada adverbial funciona como adjunto adverbial da sua oração principal:
    Toca sempre a sineta, *quando terminam as aulas*
    (subordinada adverbial temporal).

As orações subordinadas adverbiais conectivas iniciam-se pelas conjunções subordinativas adverbiais que são:

1) *causais*: quando a subordinada exprime a causa, o motivo, a razão do pensamento expresso na oração principal – *que* (= porque), *porque, como* (= porque), *visto que, visto como, já que, uma vez que* (com o verbo no indicativo), *desde que* (com o verbo no indicativo), etc.:
    Saiu cedo *porque precisou ir à cidade*.
    Como está chovendo, transferiremos o passeio.
    Desde que assim quiseram, vão arrepender-se.

> **Observação:**
>
> ▶ 1 – Evite-se na língua-padrão o emprego de *de vez que* e *eis que* por não serem locuções legítimas.
>
> ▶ 2 – A língua moderna só usa *como* causal quando vier antes da principal.

2) *comparativas*: quando a subordinada exprime o ser com que se compara outro ser da oração principal. A comparação é *assimilativa*, quando "consiste em assimilar uma coisa, pessoa, qualidade ou fato a outra mais impressionante, ou mais conhecida".[21]

É introduzida a oração subordinada comparativa desta espécie por *como* ou *qual*, podendo ainda estarem em correlação com *assim* ou *tal* postos na oração principal:
    "Os importunos são *como as moscas* que, enxotadas, revertem logo" (MARQUÊS DE MARICÁ).

---

[21] MATTOSO CÂMARA Jr., *Gramática*, II, 48.

A comparação pode ainda ser *quantitativa*, quando "consiste em comparar, na sua quantidade ou intensidade, coisas, pessoas, qualidades ou fatos".[22]

Há três tipos de comparação quantitativa:

a) *igualdade*, introduzida por *como* ou *quanto* em correlação com *tanto* ou *tão* da oração principal, ou *o mesmo que*:
"Nada conserva e resguarda *tanto* a vida *como* a virtude" (MARQUÊS DE MARICÁ).
Isto é o *mesmo que* nadar em ouro.

b) *superioridade*, introduzida por *que* ou *do que* em correlação com *mais* da oração principal:
"Um homem pode saber *mais do que muitos*, porém nunca tanto como todos" (id.).

c) *inferioridade*, introduzida por *que* ou *do que* em correlação com *menos* da oração principal:
"O governo dos loucos dura pouco, o dos tolos ainda *menos que o dos velhacos*" (id.).

As orações subordinadas comparativas, geralmente, não repetem certos termos que, já existentes na sua principal, são facilmente subentendidos:
Os importunos são como as moscas *são*...
Nada conserva e resguarda tanto a vida como a virtude *conserva e resguarda*...
Um homem pode saber mais do que muitos *sabem*...
O governo dos loucos dura pouco, o dos tolos ainda *dura* menos que *dura* o dos velhacos... (note-se que o primeiro *dura* omitido não está em oração comparativa).
Ocorre a presença do verbo em:
"Não tens inimigo mais poderoso, mais astuto, mais emperrado e mais doméstico, *do que é teu* amor-próprio" (M. BERNARDES, *Luz e Calor*, 213).

Em lugar de *mais bom, mais grande, mais mau, mais pequeno, mais bem* e *mais mal* dizemos normalmente *melhor, maior, pior, menor* (*melhor* e *pior* se aplicam tanto para os adjetivos como para os advérbios):
"Os velhacos têm de ordinário mais talento, porém *menor* juízo do que os homens probos" (MARQUÊS DE MARICÁ).
"Não há escravidão *pior* que a dos vícios e paixões" (id.).
"Não há *maior* nem *pior* tirania que a dos maus hábitos inveterados" (id.).
"Dão-se os conselhos com *melhor* vontade do que geralmente se aceitam" (id.).

---
[22] MATTOSO CÂMARA Jr., *ibid.*

"Ninguém conhece *melhor* (advérbio) os seus interesses do que o homem virtuoso; promovendo a felicidade dos outros assegura também a própria" (id.).

Entretanto, se compararmos duas qualidades do mesmo ser, usaremos os comparativos analíticos (*mais bom, mais grande,* etc.), em vez dos sintéticos (*melhor, maior,* etc.):
Ele é *mais grande do que pequeno* e não *Ele é maior do que menor.*

Para evitar confusões de sentido, usam-se as conjunções comparativas *como, que, do que* junto ao sujeito, e, seguidas de preposição, *como a, que a, do que a* junto de objeto direto (o *a* é preposição):
Estimo-o *como* um pai (= como pai estima).
Estimo-o *como a* um pai (= como se estima a um pai).

Se o contexto não admitir esta dupla interpretação, pode-se dispensar o auxílio da preposição:
"Meu pai encarregou-se do governo doméstico e nós habituamo-nos a tê-la em conta de segunda mãe; também ela nos amava *como filhos*" (ALEXANDRE HERCULANO *apud* MÁRIO BARRETO, *Fatos da Língua Portuguesa,* 2.ª ed., 172).

Para realçarmos a semelhança, a aparência, em vez de simples *como* podemos usar *como que* quando se lhe segue o verbo:
"A luz do dia, ao desaparecer, *como que* se dobrava para afagar e beijar o desgraçado, que talvez não a tornaria a ver" (ALEXANDRE HERCULANO, *O Bobo,* 255). Entenda-se: a luz do dia *parecia dobrar* para afagar...
"Entretanto, ainda no espírito me passa *como que* a visão profética do futuro concílio..." (Id., *Cartas,* I, 19).

Nota – *Como que,* neste último caso, não inicia a oração subordinada comparativa.

Quando depois do termo de comparação vem um substantivo, denota-se ainda a aparência, a semelhança, por meio da expressão *um como,* caso em que *um* concorda em número e gênero com o substantivo seguinte:
Refrescou-o *um como orvalho* do céu.
Aproximou-se dele *uma como visão* fantástica.

Nota – Também aqui não se tem oração comparativa.
Através de *como se* indicamos que o termo de comparação é hipotético:
"O velho fidalgo estremeceu *como se* acordasse sobressaltado" (REBELO DA SILVA, *Contos e Lendas,* 174). Entenda-se: ele não acordou sobressaltado, mas, se acordasse, estremeceria daquele jeito.

> **Observação:**
>
> ▶ A maioria dos gramáticos de língua portuguesa prefere desdobrar o *como se* em duas orações, sendo a primeira *comparativa* e a segunda *condicional*: O velho fidalgo estremeceu como estremeceria se acordasse sobressaltado.

Em vez de *como, do mesmo modo que, tanto como*, empregamos com frequência *que nem*:
    É forte *que nem* um touro.

O verbo *preferir* nos sugere uma ideia implícita de comparação, à semelhança de *querer mais, querer antes*, mas exige complemento regido da preposição *a*:
    Prefiro a praia *ao campo*.
    Preferia estudar *a não fazer nada*.

A aproximação de *preferir* a *querer mais* e *querer antes* (embora não sejam perfeitamente sinônimos) tem gerado duas construções tidas como errôneas pelos nossos gramáticos:

a) a adjunção dos advérbios *mais* ou *antes* ao verbo *preferir*:
    Antes prefiro... ou Prefiro *mais*...

b) iniciar o complemento do verbo *preferir* pelas conjunções comparativas *que* ou *do que*:
    Prefiro a praia *do que o campo*.
    Preferia estudar *do que não fazer nada*.
    Preferiam *mais* mentir *do que dizer verdade*.

ALUÍSIO AZEVEDO poderia ter dado outro torneio à construção para evitar o erro no seguinte trecho de *O Coruja*:
    "E que, no caso de erro, *é preferível* sempre nos enganarmos contra, *do que* a favor de quem quer que seja..." (cap. VI).

Note-se que a simples substituição de *do que* por *a* não seria ideal pela proximidade dos dois *aa*.

> **Observação:**
>
> ▶ Distinga-se a construção errada de *preferir* da sequência *antes preferir* do seguinte exemplo do MARQUÊS DE MARICÁ:
> "Ninguém quer passar por tolo, *antes prefere* parecer velhaco" (*Máximas*).

3) *concessivas*: quando a subordinada exprime que um obstáculo – real ou suposto – não impedirá ou modificará, de modo algum, a declaração da oração principal – *ainda que, embora, posto que, se bem que, conquanto,* etc.:
Embora chova, sairei.
Isto é, a chuva não será obstáculo tal, que me impedirá de sair.
"*Ainda que* perdoemos aos maus, a ordem moral não lhes perdoa, e castiga a nossa indulgência" (MARQUÊS DE MARICÁ).

Ao lado destas concessivas comuns, empregamos ainda as concessivas *intensivas* quando é nosso intuito assinalar qualidade ou modalidade qualquer, "consideradas em grau intensivo e sem limites" (SAID ALI):
Por inteligente que seja, encontrará dificuldades em entender o problema.
Por mais que estude, ainda tem muito que aprender.

As concessivas intensivas caracterizam-se pelas expressões *por mais... que, por menos... que, por muito... que,* onde se pode dar ainda a eliminação do advérbio *mais, menos, muito.*
Em vez de *ainda que, ainda quando,* podemos empregar simplesmente *que* e *quando* em construções que, proferidas com tom de voz descendente e com o verbo no subjuntivo, exprimem a ideia concessiva:
Os obstáculos, *que fossem muitos,* não tiveram aos rapazes a certeza da vitória.
E, *quando as palavras não o digam,* aí estão os fatos para comprovar que só enunciei verdades.

Nestes casos, empregando *que,* damos preferência à inversão de termos, passando a iniciar a oração concessiva a expressão que funciona como predicativo, ou complemento do verbo:
Os rapazes, *pobres que sejam,* merecem a nossa consideração.
Aqueles livros, *difíceis que fossem,* sempre nos serviram para elucidação de muitas dúvidas.
Mil desculpas que me desse, eu continuaria achando que procedeu mal comigo.

Não raro a oração principal contém uma expressão (*contudo, todavia, ainda assim, não obstante* ou equivalente) que serve como resumo do pensamento anterior, avivando ao ouvinte a ideia concessiva da subordinada:
Ainda que todos saiam, todavia ficarei.
Embora não me queiram acompanhar, ainda assim não deixarei de ir à festa.

Tais expressões memorativas pertencem ao grupo dos *advérbios de oração* estudados na lição VII, item 19.

Pensamentos concessivos podem vir iniciados por conjunções alternativas (neste caso o verbo está no subjuntivo), quando denotam que a possibilidade de ações opostas ou diferentes não impede a declaração principal:
Quer estudes, quer não, aprenderás facilmente a lição.
Ou estudemos medicina, ou sejamos advogados, conquistaremos na sociedade um lugar de relevo.

4) *condicionais*: quando a oração subordinada exprime uma condição necessária para que se realize ou deixe de se realizar o que se declara na principal: *se, caso, sem que, uma vez que* (com o verbo no subjuntivo), *desde que* (verbo no subjuntivo), *dado que, contanto que, com a condição que*, etc.

A oração condicional exprime um fato que não se realizou ou, com toda a certeza, não se realizará:

a) falando-se do presente:
   Se eu fosse aplicado, obteria o prêmio.

b) falando-se do passado:
   Se eu fosse aplicado, obteria o prêmio.
   ou
   Se eu tivesse sido aplicado, teria obtido o prêmio.

No primeiro caso, usamos na oração condicional o pretérito imperfeito do subjuntivo (*fosse*), e, na principal, o futuro do pretérito (*teria*).

No segundo caso, ou repetimos o verbo nas formas apontadas para o caso anterior, ou usamos na condicional o pretérito mais-que-perfeito (*tivesse sido*) e, na principal, o futuro do pretérito composto (*teria obtido*).

Pode ainda a oração condicional exprimir um fato cuja realização esperamos como provável:
   Se eu estudar, obterei o prêmio.

Nestas circunstâncias, empregamos o futuro do subjuntivo na condicional, e, na principal, o futuro do presente (*obterei*).

> **Observação:**
>
> ➥ Cumpre notar que no caso a), estudado acima, em lugar de *Se eu fosse aplicado, obteria o prêmio*, a linguagem coloquial realça a ideia do presente usando no presente do indicativo os verbos das duas orações: *Se eu sou aplicado, obtenho o prêmio*.

As orações condicionais não só exprimem condição, mas ainda podem encerrar as ideias de *hipótese, eventualidade, concessão, tempo*, sem que muitas vezes se possam traçar demarcações entre esses vários campos do pensamento. Esta é a razão por que *sem que* admite mais de uma interpretação: o *que não* (= sem que) flutua entre a condição e o tempo frequentativo (repetido) em: *Não lê que não cometa vários enganos*; o *quer... quer* (*ou... ou*, etc.) é um misto de concessão e condição (Cf. por exemplo as ponderações, do Prof. JOSÉ OITICICA, no *Manual de Análise*, 64-6), e tantos outros casos que fogem à alçada de um compêndio escolar como este.[23]

5) *conformativas*: quando a subordinada exprime um fato apresentado em conformidade com a declaração da principal: *como, conforme, segundo, consoante*:
   Conseguiu fazer o trabalho *como lhe ensinaram*.
   Todos procederam *conforme a ocasião* ensejava.

6) *consecutivas*: quando a subordinada exprime o efeito ou consequência do fato expresso na principal.
   A oração consecutiva é introduzida pela conjunção *que* a que se prende, na principal, uma expressão de natureza intensiva como *tal, tanto, tão, tamanho*, termos que também se podem facilmente subentender:
   Alongou-se tanto no passeio, *que chegou tarde*.
   Executou a obra com tal perfeição, *que foi premiada*.
   É feio *que mete medo* (= é tão feio...).

A oração consecutiva não só exprime a consequência devida à ação ou ao estado indicado na principal, mas pode denotar que se deve a consequência ao modo pelo qual é praticada a ação da principal. Para este último caso servimo-nos, *na*

---

[23] Cf. E. BECHARA, *Pensamento Concessivo*, 9-18.

oração principal, das expressões *de tal maneira, de tal sorte, de tal forma, de tal modo*: convenceu-se *de tal maneira*, que surpreendeu a todos.[24]

Estando completo o sentido da primeira oração, empregamos as expressões (destituídas de *tal*) *de maneira que, de sorte que, de forma que, de modo que*, como locuções conjuntivas, sem pausa entre o substantivo e o *que*, para introduzir uma consecutiva atenuada como coordenada conclusiva:

Você estudou bem, *de modo que pôde tirar boa colocação*.
O livro estava rasgado, *de modo que muitas páginas tiveram sua leitura prejudicada*.

A independência sintática das duas orações, neste caso, pode vir indicada por uma pausa maior, isto é, por ponto e vírgula ou por ponto, valendo assim a expressão conjuntiva por um advérbio de oração para avivar ao ouvinte o pensamento anterior, com o sentido aproximado de *por conseguinte, consequentemente, daí*:

As alegrias da vida quase sempre são rápidas e fugidias, ainda que disto não tomemos conhecimento. *De modo que* elas devem ser aproveitadas inteligentemente.

Por tudo isto se vê que nem sempre podemos delimitar os campos da subordinada consecutiva e da coordenada conclusiva, acrescentando-se ainda que há vizinhanças destes sentidos com outros, como, por exemplo, a ideia de finalidade, o que estudaremos mais adiante.

Cumpre evitar um erro frequente com a expressão do pensamento consecutivo (e conclusivo): pôr no plural o substantivo nas locuções de *maneira que, de modo que*, etc., dizendo-se incorretamente:

Saiu rapidamente de *maneiras que* não pude vê-lo.
Estudou *de formas que* conseguiu aprender.

As locuções *de maneira que, de modo que*, etc., seguidas de verbo na forma finita, só modernamente aparecem substituídas por *de maneira a, de modo a*, etc., seguidas de infinitivo:

Estudou *de forma a conseguir* aprender (em lugar de: *de forma que conseguiu* aprender).

Aquilo que se apresenta na oração consecutiva como efeito ou resultado pode representar uma consequência intencional, de modo que se associa à oração consecutiva uma ideia subsidiária de finalidade. Neste caso o verbo se acha normalmente no subjuntivo:

---

[24] Pode ainda aqui faltar o **tal**:
*Falaste **de modo** que desistiram do pedido.*
Há acentuada pausa entre o substantivo e o **que**.

Chegou cedo ao serviço *de maneira que pudesse ser* elogiado pelo patrão.
Correu *de sorte que os inimigos não o pudessem alcançar*.

Daí resultam certos cruzamentos consecutivo-finais na construção da frase, cruzamentos que nem sempre são vistos com bons olhos pelos gramáticos (porque tais fatos não estão de acordo com a tradição do idioma e se repetem no francês), embora uns datem de longo tempo. Entre os tipos condenados, ponho a construção acima referida *de modo a, de maneira a + infinitivo*. Com tais fórmulas, realmente procuramos traduzir uma consecutiva intencional. Ao lado de: *Estudou de modo a poder passar* usa-se: *Estudou de modo (a) que passasse*.

Presa ao mesmo caso parece estar a construção que emprega depois de *demais, demasiado, muito* (= *assaz, bastante, demasiado*) uma oração final de *para que* ou *para + infinitivo*, para indicar a ideia de proporção ou desproporção:

"*É demasiado esperto para que caia em tal*, equivalente a: não é tão pouco esperto que caia em tal" (EPIFÂNIO DIAS, *Sintaxe Histórica Portuguesa*, § 395).

Observação:

▶ O ilustre sintaticista português aponta o fato como imitação do francês; creio, entretanto, que o problema exige revisão.

7) *finais*: quando a oração subordinada indica a intenção, o objetivo, a finalidade do pensamento expresso na principal: *para que, a fim de que, porque* (= *para que*),[25] *que* (= *para que*):
Saíram *para que pudessem ver o incêndio*.
Reclamou *a fim de que o nomeassem*.
Trabalhou *porque fosse promovido*.
Falta pouco *que isto suceda*.

Abreviadamente usa-se de *não + subjuntivo* com o valor de *para que não, de modo que não*, quando se quer expressar a cautela, cuidado, restrição:
"Senhor, que estás nos céus, e vês as almas,
Que cuidam, que propõem, que determinam,
Alumia minha alma, *não se cegue*
No perigo, em que está" (ANTÔNIO FERREIRA, *Castro*, vv., 770-773 *apud* SOUSA DA SILVEIRA, *Lições*, § 485-a).

---

[25] Hoje raro.

> **Observação:**
>
> ➡ Os antigos, e hoje mais raramente, se serviam de *por se* em que *por* é o vestígio de uma ideia final: "Deixai-o amaldiçoar (lhes disse), *por se* acaso se compadece Deus, por essa causa, da minha aflição..." (M. BERNARDES, *Nova Floresta*, III, 51 *apud* M. BARRETO, *Através*, 3.ª ed., 227).
>
> ➡ *Por se acaso compadece = para ver se acaso compadece.*

8) *proporcionais*: quando a subordinada exprime um fato que aumenta ou diminui na mesma proporção do que se declara na principal – *à medida que, à proporção que, ao passo que, tanto mais... quanto mais, tanto mais... quanto menos, tanto menos... quanto mais*, etc.:

   À *medida que* a idade chega a nossa experiência aumenta.
   Aprendia *à proporção que* lia o livro.
   Aumentava o seu vocabulário *ao passo que* consultava os mestres da língua.

> **Observação:**
>
> ➡ A locução *ao passo que* pode ser empregada sem ideia proporcional, para indicar que um fato não se deu ou não tem as características de outro já enunciado: "A surdez habitual, dada a multiplicação das obras e dos cuidados do indivíduo, tenderia a embotar os sentidos e a retardar os sexos, *ao passo que* o vestuário, negaceando a natureza, aguça e atrai as vontades, ativa-as, reprodu-las e conseguintemente faz andar a civilização" (M. DE ASSIS, *Memórias Póstumas de Brás Cubas*, 260).
>
> ➡ Ele foi ao cinema, *ao passo que* eu resolvi ir à praia.

9) *temporais*: quando a oração subordinada denota o tempo da realização do fato expresso na principal.

As principais conjunções e locuções conjuntivas temporais são:

a) para o tempo anterior: *antes que, primeiro que* (raro):
   Saiu *antes que* eu lhe desse o recado.

"Ninguém, senhores meus, que empreenda uma jornada extraordinária, *primeiro que* meta o pé na estrada, se esquecerá de entrar em conta com as suas forças..." (RUI BARBOSA).

b) para o tempo posterior (de modo vago): *depois que, quando*:
   Saiu *depois que* ele chegou.

c) para o tempo posterior imediato: *logo que, tanto que* (raro), *assim que, desde que, apenas, mal, eis que, (eis) senão quando, eis senão que*:
   Saiu *logo que* ele chegou.
   "Eis *senão quando* entra o patrão..." (A. ARINOS, *Pelo Sertão*, 183).

d) para o tempo frequentativo (repetido): *quando* (estando o verbo no presente), *todas as vezes que, (de) cada vez que; sempre que*:
   Todas as vezes que saio de casa, encontro-o na esquina.
   Quando o vejo, lembro-me do que me pediu.

> **Observação:**
>
> ▶ Evite-se o erro de se preceder da preposição *em* o *que*, dizendo-se *todas as vezes em que*. Cf. p. 172, Obs. 4.ª.

e) para o tempo concomitante: *enquanto, (no) entretanto que* (hoje raro):
   Dormia *enquanto* o professor dissertava.
   "... e se aposentou (S. Caetano) junto à Igreja de S. Jorge, e perto do Hospital maior, para *no entretanto* que regulava as dependências da renúncia se entreter no exercício da caridade" (CONTADOR DE ARGOTE, *Vida de S. Caetano*, 1722, 90).

> **Observação 1.ª:**
>
> ▶ *Entretanto* ou *no entretanto* são advérbios de tempo, com o sentido de *neste ínterim, neste intervalo de tempo, neste meio tempo*. Mais modernamente *entretanto* passou a valer por uma conjunção adversativa, e, por influência do advérbio, tem sido empregado precedido da combinação *no: no entretanto*. Muitos puristas não aprovam esta última construção.

Observação 2.ª:

⮕ A rigor, as conjunções proporcionais também indicam tempo concomitante: por isso, uns autores não distinguem *as temporais* das *proporcionais*, enquanto outros incluem as *proporcionais* nas *concomitantes*, fazendo destas classe à parte das *temporais*. A Nomenclatura Gramatical Brasileira não fala em *concomitante*.

f) para o tempo terminal: *até que*:
   Brincou *até que* fosse repreendido.

Assume valor de conjunção temporal o *que* posposto a expressões que designam desde que época um fato acontece: *agora que, hoje que, então que, a primeira vez que, a última vez que*, etc.:
   Agora, *que* consegui aprender a lição, passarei adiante.
   Esta foi a última vez *que* o vi.

Não se fazendo pausa entre o advérbio e a conjunção (*agora que, então que*, etc.), estabelece-se uma unidade de sentido semelhante ao que existe em *depois que*, etc., e se pode passar a considerar o todo como locução conjuntiva:
   Agora que tudo está certo vou embora.

1.ª oração – *subordinada adverbial temporal*: agora que tudo está certo
2.ª oração – *principal*: vou embora.

Sob o modelo de tais linguagens, desenvolveu-se o costume de se acrescentar a palavra *que* depois de expressões que denotam "desde que tempo uma coisa acontece", reduzida a simples palavra de realce temporal:
   Desde aquele dia *que* o procuro.

Analisando, dispensa-se *o que*.

Depois dos verbos *haver* e *fazer* com sentido temporal (há dias que, faz dias que) a conjunção *que* (parece ter sido, neste caso, primitivamente integrante)[26] adquiriu, por contato, a ideia de tempo, com o valor aproximado de *desde que*:

---

[26] Cf. LÖFSTEDT, *Philologischer Kommentar zur Peregrinatio Aetheriae*, 56 e ss.; NORBERG, *Syntaktische Forschungen auf dem Gebiete des Spätlateins und des frühen Mittellateins*, 239; SVENNUNG, *Untersuchungen zu Palladius und zur lateinischen Fach – und Volkssprache*, 505, n.º 4. MAXIMINO MACIEL, *Lições Elementares de Língua Portuguesa*, 120; MÁRIO BARRETO, *Estudos da Língua Portuguesa*, 93 e ss. MARTINZ DE AGUIAR (em carta par-

Há quatro dias *que* não o vejo.
Fazia quatro meses *que* estivera doente.

Nestes casos, a análise sintática se torna difícil pelo fato de a construção ter-se fixado apesar de alterado o sentimento linguístico. Há um visível descompasso entre a sua estrutura de superfície e a profunda. Considerar o *que* conjunção temporal e, portanto, temporal a respectiva oração, é classificar como principal justamente a oração que expressa a circunstância de tempo:

1.ª oração – *principal*: Há quatro dias.
2.ª oração – *subordinada adverbial temporal*: que não o vejo.[27]

Poder-se-á analisar como substantiva subjetiva a oração de *que*, como fazem os autores patrícios lembrados na nota anterior.

Cremos, também, ser bom caminho considerar que o *que* não serve de introduzir uma oração subordinada adverbial temporal, mas, *reduzido a simples palavra memorativa*, relembra, na oração principal, a partir de que fato se faz alusão ao tempo na subordinada anterior. Esta subordinada, não se ligando à principal por conectivo, será considerada justaposta:

1.ª oração – *subordinada adverbial temporal justaposta*: Há quatro dias.
2.ª oração – *principal*: (que) não o vejo.[28]

Tais orações temporais admitem mais de uma construção:
    Há muito tempo que não o vejo.
    Há muito tempo não o vejo.
    Não o vejo há muito.
    De há muito não o vejo.
    Desde há muito não o vejo.
    Até há pouco eu o vi por aqui.

---

ticular), CÂNDIDO JUCÁ (filho), *O Fator Psicológico na Evolução Sintática*, 91, KURY (*Pequena Gramática*) consideram a oração de **fazer** como **subjetiva**.

[27] Assim fazem os mestres SAID ALI e EPIFÂNIO DIAS.

[28] Outros autores supõem que as orações do tipo de "há quatro dias", "faz quatro dias", sofreram um processo de **gramaticalização**, passando a ser consideradas como simples adjuntos adverbiais de tempo. Distinguindo – a meu ver sem razão – a sintaxe de **fazer** e **haver** nestas expressões. MAXIMINO MACIEL nos ensina a respeito deste último verbo: "Procurar conferir ao verbo **haver** nestes casos a função proposicional é complicar a análise sem proveito na prática; e, além disso, nestas frases equivale praticamente à preposição **desde**" (*Lições Elementares*, 122, n.º 1). Cf. *Gramática Descritiva* do autor, p. 343 e 395.

Observação 1.ª:

▶ Empregam-se como substantivos *há muito*, *há pouco*, *há tantos anos*, etc., que, precedidas da preposição *de*, valem como adjetivos (adjuntos adnominais):

Um testamento *de há cem anos*.

Modas *de há trinta anos*.

Meninos *de há pouco*.[29]

Observação 2.ª:

▶ A preposição junto ao verbo *haver* em *de há muito não o vejo*, *desde há muito*, *até há pouco*, assinala melhor a ideia temporal. ADOLFO COELHO considera, sem razão, viciosa e linguagem *de há muito* que explica desta maneira: "Influência semelhante (fala da influência por analogia) se nota na expressão frequente, mas viciosa, *de há muito* por *há muito*. *Há muito* fixa-se como a indicação dum tempo passado; *há* não é apercebido como verbo, mas antes como preposição (*a*); daí o antepor-se-lhe a preposição *de* por analogia de expressões como *de então* (para cá, até hoje), *de ontem*, *de muito*" (*A Língua Portuguesa*, I, p. 82, 3.ª ed.).

Observação 3.ª:

▶ Em lugar de *quando foi a vez dele* diz-se também *quando foi da vez dele* ou, abreviadamente, *quando da vez dele*. Estas duas últimas construções são modernas e EPIFÂNIO DIAS as considera incorretas, devidas à má tradução do francês *lors de* (*Sintaxe Histórica*, § 182). JÚLIO MOREIRA (*Estudos da Língua Portuguesa*, II, 68) e com ele MÁRIO BARRETO (*Novíssimos Estudos*, p. 230 e ss. da 2.ª ed.) explicam o fenômeno por cruzamento sintático das duas expressões: *quando foi a vez dele* e *da vez dele*, de que resultou uma terceira mista: *quando foi da vez dele*. Ocorre ainda *a quando de* (*a quando da vez dele*), onde EPIFÂNIO DIAS vê ainda influência do *a* do francês *alors*, "com requinte de barbarismo" (*ibid.*). Preferimos a explicação de JÚLIO MOREIRA por não vermos na correspondente francesa a vitalidade suficiente para tal repercussão no português.

---

[29] EPIFÂNIO DIAS, *Sintaxe Histórica Portuguesa*, § 423 e MÁRIO BARRETO, *Novíssimos Estudos*, 158 e ss.

Observação 4.ª:

▶ Em muitos dizeres de sentido temporal, "há tendência, bem notória hoje em dia, para confundir *que* conjunção com *que* pronome relativo, e para afirmar este caráter pronominal em certos casos, hoje se prefere *em que* ao simples *que* da linguagem antiga" (SAID ALI, *Gramática Secundária*, 197 da 4.ª ed.). Dá-se com frequência esta alternância de *que* e *em que* quando o substantivo que se considera antecedente do pronome relativo vem precedido da preposição *em*. Prefere-se dizer *ao mesmo tempo que, a tempo que, ao tempo que, mas no tempo que* (ou *em que), no dia que* (ou *em que*), etc. Tem-se estendido sem razão nem tradição no idioma o emprego de *em que* em construções onde só deve figurar o *que*, como *todas as vezes em que*. Prefira-se *todas as vezes que* ou *em todas as vezes em que* (ou simplesmente *que*). Cf. p. 160.

Observação 5.ª:

▶ *O verbo haver (HÁ) e a preposição A em sentido temporal.*

Atente-se no emprego correto destas duas formas. *Há*, verbo, refere-se a tempo decorrido e *a*, preposição, a tempo no futuro:

Há três dias não o vejo.

Daqui *a* três dias o verei.

Este produto é famoso *há* mais de meio século.

Usa-se ainda a preposição *a* nas indicações da distância de lugar:

Estamos *a* cinco quilômetros do sítio.

Cuidado especial hão de merecer também as expressões *a cerca de* e *há cerca de*, onde a locução *cerca de* (= aproximadamente, perto de, mais ou menos) vem precedida da preposição *a* ou da forma verbal *há*:

Ele falou *a cerca de* mil ouvintes (= para cerca de mil ouvintes).

Há cerca de trinta dias foi feita esta proposta.

Temos ainda a locução *acerca de* que significa *sobre, a respeito de, em relação a*:

O professor dissertou *acerca dos* progressos científicos.

> Por outro lado, podem-se suprimir as palavras *atrás* ou *passado(s)* que aparecem no verbo *haver*, uma vez que este já indica tempo decorrido:
> Há três dias atrás   ou   Há três dias.
>
> *Há três dias passados* ou   *Há três dias.*

10) *modais* (não arroladas pela *Nomenclatura* oficial): quando a oração subordinada denota o modo da ação expressa na principal: *sem que*:
Saiu *sem que chamasse seus colegas.*

23 - Análise de SEM QUE

De modo geral, os compêndios têm comodamente enquadrado a locução *sem que* no grupo das conjunções condicionais. A verdade é que a locução assume variados sentidos, entre os quais lembrarei:

1) exprime *condição* (subordinada condicional):
   Sem que estude, não passará.

2) nega uma *consequência* (subordinada consecutiva):
   Estudou *sem que conseguisse aprovação.*

3) exprime uma *consequência* esperada (depois de negativa):
   Não brinca *sem que acabe chorando* (todas as vezes que brinca acaba chorando).

4) exprime uma *concessão* (subordinada concessiva):
   Ele é responsável, *sem que o saiba*, por todas essas coisas erradas.

5) nega uma *causa*, chegando quase a exprimir *concessão* (subordinada causal ou concessiva):
   Estudou *sem que seus pais lho pedissem* (nega-se a causa ou uma das causas do estudo: o pedido dos pais, vale quase por: *estudou ainda que seus pais não lho* pedissem).

6) denota simplesmente que tal ou qual circunstância não se deu, aproximando-se da ideia de modo (subordinada modal):
   Cavalgou *sem que dissesse uma palavra.*
   Entrou em casa *sem que tomasse nenhum alimento.*
   Retirou-se *sem que chamasse seus colegas.*

A *Nomenclatura Gramatical Brasileira*, entretanto, desprezou as tradicionais orações modais.
Em lugar de *sem que* pode-se usar também de *sem* + *infinitivo*:
Saiu sem ser percebido.
Estes foram os melhores teatrólogos da época, *sem falar em Machado de Assis e Franklin Távora*, mais ilustres no romance e no conto.

Em lugar de *sem que*, depois de uma principal de sentido negativo, usa-se também *que não*, para indicar que a consequência se dá a todo o transe, se repete sempre que ocorrer o fato expresso na principal (o verbo da subordinada está no subjuntivo):
Não brinca *sem que acabe chorando*.
Não brinca *que não acabe chorando*.
"Eu não posso abrir um livro de história *que não me ria*" (GARRETT, *Viagens na Minha Terra*, II, 255).

> **Observação:**
>
> ➡ Alguns autores dão à construção *não... que não* valor condicional. Cf. ALFREDO GOMES, *Gramática Portuguesa*, 19.ª ed., 420 e MÁRIO BARRETO, *Fatos da Língua Portuguesa*, 48-9.

23.a - QUE depois de advérbio ou conjunção

Muitas vezes emprega-se *que* depois de advérbio ou conjunção onde a rigor poderia ser dispensado. São comuns as linguagens *talvez que, apenas que, felizmente que, oxalá que, quase que, embora que*:
"Assim, sem mais preâmbulos,
e *apenas que* te vejo,
venço o nativo pejo,
meu belo sedutor" (A. F. DE CASTILHO, *Sonho de Uma Noite*, 96 apud M. BARRETO, *Novos Estudos*, 2.ª ed., 176).
"Mas eu creio que Capitu olhava para dentro de si *enquanto que* eu fitava deveras o chão..." (M. DE ASSIS, *Dom Casmurro*, 130 apud M. BARRETO, ibid., 177).

Sem forte razão os puristas têm condenado tais modos de dizer.

24 - Orações subordinadas adverbiais justapostas

Os seguintes tipos de oração subordinada adverbial não se ligam à sua principal por meio de conectivo, sendo, por isso, justapostas:

a) *agente da passiva*: Fomos enganados *por quem não esperávamos*.

b) *concessivas*: tendo o verbo no subjuntivo anteposto ao sujeito ou caracterizadas por expressões do tipo *digam o que quiserem, custe o que custar, dê onde der, seja o que for, aconteça o que acontecer, venha donde vier, seja como for*, etc.:
   Tivesse ele dito a verdade, ainda assim não lhe perdoaríamos.
   Sairemos, *aconteça o que acontecer*.

Não é o subjuntivo que de per si denota a concessão, mas sim o contexto e a entoação descendente:

c) *condicionais*: tendo o verbo no tempo passado (mais-que-perfeito do indicativo ou imperfeito do subjuntivo) anteposto ao sujeito:
   Tivesse eu dinheiro, conheceria o mundo.
   Não *fora* a escuridão, veria o perigo.
   "*Eu quisesse*, à força, hoje mesmo a Ritinha vinha comigo" (J. GUIMARÃES ROSA, *Sagarana*, 97).

Em tais casos, a oração principal pode começar pela conjunção *e*:
   Vencesse eu, *e* não me dariam o prêmio.
   Vissem-na, *e* ninguém a reconheceria.

d) *locativas*:[30] iniciadas pelo advérbio *onde* (*para onde, donde, aonde*), sem nenhuma referência a antecedente:
   "*Onde me espetam*, fico" (MACHADO DE ASSIS).
   Dirigiu-se *para onde estávamos*.

e) *temporais*:
   Há dias não o encontro.
   Chegaram àquela cidade *havia pouco*.
   Não lhe escrevia *fazia meses*.

f) *finais*:
   "Cala-te já, minha filha, *ninguém te oiça mais falar*" (GARRETT, *Romanceiro*, II, 83).
   "Mudemos, porém, de tecla, *não vá* alguém julgar-me candidato a revisor de gralhas" (C. DE FIGUEIREDO, *apud* M. BARRETO, *Últimos Estudos*, 321).

---

[30] Cf. OLMAR GUTERRES, *Orações Subordinadas sem Conectivo*, 22.

25 – Uso da vírgula na oração subordinada adverbial

Separa-se, normalmente, por vírgula a oração subordinada adverbial nos seguintes casos:

a) quando a subordinada vem enunciada antes de sua principal:
"*Depois que anoiteceu*, foi fechado o trânsito pelas ruas que o rodeiam" (RAUL POMPEIA).
Como todos se retirassem, acabou a festa.

b) quando a subordinada, enunciada depois de sua principal, tem certa extensão:
"Bastante tempo se passou depois deste incidente, *antes que de novo fosse alterada a monotonia do sossego da noite*" (RAUL POMPEIA).

Não há regras fixas para o cálculo da extensão das orações, de modo que se pode encontrar sem vírgula um trecho como este:
Todos se tinham posto em pé *quando el-rei se erguera*, e esperavam ansiosos o que diria o velho" (ALEXANDRE HERCULANO).

c) quando a oração adverbial se intercala na sua principal:
"El-rei, *quando o mancebo o cumprimentou pela última vez*, sorriu-se..." (ALEXANDRE HERCULANO).

26 – Composição do período

O período pode encerrar, ao mesmo tempo, orações independentes (coordenadas e intercaladas) e dependentes (subordinadas):

a) *coordenada e subordinada*:
"Todos se tinham posto em pé quando el-rei se erguera, e esperavam ansiosos o que diria o velho" (ALEXANDRE HERCULANO).

1.ª oração – *principal de 1.ª categoria*:
Todos se tinham posto em pé

2.ª oração – *subordinada adverbial temporal*:
quando el-rei se erguera,

3.ª oração – *coordenada à principal e principal de 2.ª categoria*:
e esperavam ansiosos o

4.ª oração – *subordinada adjetiva restritiva*:
que diria o velho.

> **Observação:**
>
> ▶ Não é novidade nossa o achar mais de uma oração principal num período. Se conceituarmos com rigor tal tipo de oração, seremos levados a esta necessidade. Com efeito, no exemplo dado temos duas orações que apresentam um dos seus termos sob forma oracional: a subordinada *quando el-rei se erguera* denota o tempo da primeira principal, e a subordinada *que diria o velho* funciona como adjunto adnominal do objeto direto da segunda principal que, por sua vez, se acha coordenada à primeira principal. As expressões *principal de 1.ª categoria*, *de 2.ª categoria*, etc., já se acham nas excelentes noções elementares de análise sintática que abrem, desde 1887, a tradicional *Antologia Nacional*, devidas a FAUSTO BARRETO.

b) *intercalada e subordinada*:
   "Lembrai-vos, cavaleiro – disse ele – de que falais com D. João I" (ALEXANDRE HERCULANO).

1.ª oração – *principal*:
   lembrai-vos, cavaleiro

2.ª oração – *intercalada justaposta de citação*:
   disse ele

3.ª oração – *subordinada substantiva objetiva indireta*:
   de que falais com D. João I.

c) *coordenada e intercalada*:
   "El-rei manda nos vivos e eu vou morrer! – atalhou o ancião em voz áspera, mas sumida" (REBELO DA SILVA).

1.ª oração – *coordenada*:
   El-rei manda nos vivos

2.ª oração – *coordenada aditiva*:
   e eu vou morrer!

3.ª oração – *intercalada justaposta de citação*:
   atalhou o ancião em voz áspera, mas sumida.

d) *coordenada, intercalada e subordinada*:
"Agora sim, disse então aquela cotovia astuta, agora sim, irmãs, levantemos o voo e mudemos a casa, que vem quem lhe dói a fazenda" (Pe. MANUEL BERNARDES).

1.ª oração – *coordenada*:
Agora sim, agora sim, irmãs, levantemos o voo

2.ª oração – *intercalada justaposta de citação*:
disse então aquela cotovia astuta

3.ª oração – *coordenada aditiva*:
e mudemos a casa

> **Observação:**
>
> ▶ Seria principal da 1.ª categoria, se considerássemos a seguinte *subordinada causal*.

4.ª oração – *coordenada explicativa e principal*:
que vem

> **Observação:**
>
> ▶ Seria principal de 2.ª categoria, se a considerássemos subordinada causal.

5.ª oração – *subordinada substantiva subjetiva justaposta*:
quem lhe dói a fazenda.

> **Nota:**
>
> ▶ Quanto a **quem... lhe** veja o que se disse na página 156, item 21, Obs. 1.ª.

> **Observação:**
>
> ➡ Quando o período encerra mais de um tipo de oração, dá-se-lhe comumente o nome de *misto*, denominação que a *Nomenclatura Gramatical Brasileira* não agasalha. Todos os exemplos acima analisados são de períodos mistos.

27 - Decorrência de subordinadas

Vimos que oração principal é aquela que tem um dos seus termos sob forma de outra oração. Ora, no período, mais de uma oração – qualquer que seja o seu valor sintático – pode acompanhar-se de oração subordinada:
Não sei se José disse que viria hoje.

A 1.ª principal pede a oração subordinada objetiva direta *se José disse*, que, por sua vez, pede a terceira *que viria hoje*. Assim sendo, a 2.ª oração se nos apresenta sob duplo aspecto sintático: subordinada em relação à 1.ª e principal em relação à 3.ª:
Não sei
se José disse
que viria hoje.

Havendo mais de uma oração principal, designá-las-emos, respectivamente, por *principal de 1.ª categoria, de 2.ª categoria, de 3.ª categoria*, etc.:

1.ª oração – *principal de 1.ª categoria*:
Não sei

2.ª oração – *subordinada substantiva objetiva direta* (em relação à anterior) e *principal de 2.ª categoria* (em relação à seguinte):
se José disse

3.ª oração – *subordinada substantiva objetiva direta*:
que viria hoje.

Neste ponto, precisamos assentar algumas noções importantes:

a) *no período pode haver mais de uma oração principal*;

b) *a oração ou orações principais podem ter o seu verbo no indicativo ou subjuntivo*:
   Espero que vá embora (indicativo).
   Espero que me *diga* se vai embora (indicativo e subjuntivo).

c) *a oração ou orações principais podem vir iniciadas por conectivos, coordenativos ou subordinativos*:
   "Rubião passa muitas horas fora de casa, mas não o trata mal, e consente que vá acima..." (MACHADO DE ASSIS).

A oração coordenada aditiva *e consente* é também principal da subordinada *que vá acima*, pois esta lhe serve de objeto direto.

28 – Concorrência de subordinadas: oração equipolente

Assim como uma oração pode depender de outra subordinada, assim também duas ou mais orações subordinadas podem servir à mesma principal:
   Espero que estudes e que sejas feliz.

Isto é:

Espero { que estudes (*objetiva direta*)
         e
         que sejas feliz (*objetiva direta*)

Como a concorrência de subordinadas só é possível se *as orações exerçam a mesma função*, elas estarão coordenadas entre si, porque *a coordenação se dá com expressões do mesmo valor*.

No exemplo dado, a 3.ª oração se nos apresenta sob duplo aspecto sintático: é *coordenada* em relação à 2.ª (porque são do mesmo valor) e *subordinada* em relação à principal (*espero*), comum às duas subordinadas. Em vez desta classificação um tanto longa (*coordenada à anterior e subordinada à principal*), dizemos apenas que a 3.ª oração é *equipolente* à 2.ª oração. Infelizmente, esta denominação cômoda não encontrou agasalho na *Nomenclatura Gramatical Brasileira*.

A equipolente pode ser:

a) *substantiva*:
   Espero que estudes *e que sejas feliz*.

b) *adjetiva*:
   O livro que li *e que lhe devolvi* é ótimo.

c) *adverbial*:
   Quando chegou *e quando me disse o ocorrido*, não acreditei.

Costuma-se, com elegância, omitir o conectivo subordinativo da oração equipolente (quando se trata de pronome relativo, este exerce a mesma função sintática do pronome relativo anterior):
   Espero que estudes *e sejas feliz*.
   O livro que li *e lhe devolvi* é ótimo.
   Quando chegou *e me disse o ocorrido*, não acreditei.

Se os pronomes relativos exercem funções diferentes, o normal é repetir cada pronome, sendo raros os exemplos como o seguinte: "Pois vão também essas que aí deixei, e mais a figura de Tristão, *a que* cuidei dar meia dúzia de linhas e levou a maior parte delas" (M. DE ASSIS, *Memorial de Aires*, 37 apud M. BARRETO, *Últimos Estudos*, 2.ª ed., 102. Cf. ainda EPIFÂNIO, *Sintaxe Histórica*, § 375 c).

Em construção do tipo "magistrado a cujo cargo estavam as obras públicas e *cuidava* do reparo dos templos da cidade de Roma", há vício de sintaxe, pois que antes de *cuidava* há de se subentender *que*, e não o anterior *a cujo*. (Cf. M. BARRETO, *Novos Estudos*, 2.ª ed., 387).

No português moderno cumpre evitar a prática de se lembrar na oração ou orações equipolentes uma conjunção adverbial simples (geralmente *quando* e *como*) por meio da conjunção *que*: [31]
   Quando chegou e *que* me disse o ocorrido, não acreditei.

Ou se repete a conjunção anterior, ou se omite: *quando* chegou e (*quando*) me disse:

Se se trata, porém, de locução conjuntiva, é possível, na boa linguagem, repetir-se simplesmente o *que*:
   Logo que chegou e me disse o ocorrido...
         ou
   Logo que chegou e *que* me disse o ocorrido...

Pode-se também omitir a conjunção coordenativa numa série de equipolentes:
   "Rubião passa muitas horas fora de casa, mas não o trata mal, e consente que vá acima, *que assista ao almoço e ao jantar, que o acompanhe à sala ou ao gabinete*" (MACHADO DE ASSIS).

1.ª oração – *coordenada*:
   Rubião passa muitas horas fora de casa

---

[31] Este emprego de **que** é comum no francês e, por isso, se tem a construção como galicismo.

2.ª oração – *coordenada adversativa*:
   mas não o trata mal
3.ª oração – *coordenada aditiva e principal*:
   e consente
4.ª oração – *subordinada substantiva objetiva direta*:
   que vá acima
5.ª oração – *equipolente à 4.ª, justaposta*:
   que assista ao almoço ou ao jantar
6.ª oração – *equipolente à 5.ª, justaposta*:
   que o acompanhe à sala ou ao gabinete.

29 - Concorrência de termo + oração

Às vezes a concorrência não se dá entre duas orações da mesma função sintática, mas entre um termo da oração e outra oração:
   "conheci a violência das suas paixões e que a do ciúme devia ser terrível naquele coração" (ALEXANDRE HERCULANO, *O Bobo*, 119).

O verbo *conhecer* tem dois objetos diretos: o substantivo *violência* e a oração substantiva *que a do ciúme devia ser terrível naquele coração*, que se acham coordenadas entre si.

No seguinte exemplo de MACHADO DE ASSIS (*Memórias Póstumas de Brás Cubas*, 242):
   "Virgília tragou raivosa esse malogro, e disse-mo com certa cautela, não pela coisa em si, senão porque entendia com o filho",

temos dois advérbios de causa: a expressão *pela coisa em si* e a oração subordinada adverbial *porque entendia com o filho*, que se acham coordenadas pela série *não... senão*.

LIÇÃO XII

Orações reduzidas. Reduzidas coordenadas e subordinadas. Subordinadas reduzidas: substantivas, adjetivas e adverbiais. Suas vantagens estilísticas. O emprego de preposições nas orações reduzidas. Orações reduzidas fixas. O emprego de pronomes oblíquos como sujeito de infinitivo: fatos sintáticos daí decorrentes. As construções *pedir para, para eu fazer*. A posição do sujeito nas orações reduzidas. A construção *é da gente rir*. Reduzidas decorrentes e concorrentes. A constituição da locução verbal: tipos de auxiliar. Emprego do infinitivo flexionado e sem flexão. Colocação de pronomes átonos.

1 – Que é oração reduzida

Em

Estuda agora, porque, quando o verão chegar, entraremos de férias,

as três orações se dizem *desenvolvidas*, porque seus verbos estão no imperativo (*estuda*), no subjuntivo (*chegar*)[1] e no indicativo (*entraremos*).

---

[1] O aluno deve distinguir cuidadosamente o infinitivo do futuro do subjuntivo: este aparece na oração não integrante. Assim as formas verbais do seguinte exemplo estão no futuro do subjuntivo, e não no infinitivo; a oração é adverbial condicional introduzida por **se**: "Se do céu, onde estais, **abaterdes** os olhos e os **puserdes** em Amarante..." (VIEIRA, *Sermões*, 7, VII, 294 *apud Antologia Nacional*, ed. antiga).

Podemos, entretanto, alterar a maneira de expressar a subordinada *quando o verão chegar* sem nos utilizarmos dos três modos verbais acima apontados:
quando o verão chegar = ao chegar o verão;
quando o verão chegar = chegando o verão;
quando o verão chegar = chegado o verão.

Dizemos então que as subordinadas *ao chegar o verão*, *chegando o verão* e *chegado o verão* são orações *reduzidas*, porque apresentam o seu verbo (principal ou auxiliar, este último nas locuções verbais), respectivamente, no *infinitivo, gerúndio* e *particípio* (reduzidas infinitivas, gerundiais e participiais).

NOTA SOBRE NOMENCLATURA GRAMATICAL:

Há duas corretas maneiras de se conceituar a oração reduzida, que divergem radicalmente. A primeira considera *reduzida* toda oração que tenha infinitivo, gerúndio e particípio, independentes de uma locução verbal ou de certas construções de infinitivo substantivo ou qualificativo como *recordar é viver, sala de jantar*. Esta é a opinião seguida pela maioria de nossos mestres. A segunda, levando em conta o problema histórico, considera dois empregos das formas nominais: um como *nome* e outro como *verbo*. Assim sendo, não há *adjetivas reduzidas de particípio* porque este assume aí valor nominal, nem *oração de gerúndio* com ideia de *modo, meio* e *instrumento*, porque também estas assumem valor nominal, representantes que são do ablativo de gerúndio que, como sabemos, foi o único caso desta forma a persistir no português.

ADOLFO COELHO é deste parecer quando nos ensina: "Os particípios passivos só constituem proposição quando não estão ligados a um substantivo (ou expressão equivalente) duma proposição que tem verbo próprio, e tem portanto sujeito próprio; no caso contrário são simples atributos [adj. adnominal], como nos seguintes exemplos: *As obras escritas por Camões são o maior tesouro dos portugueses. D. Afonso Henriques, ajudado por uma armada de cruzados, conquistou Lisboa.*" E mais adiante: "O... gerúndio referido a um substantivo (ou expressão equivalente) de proposição que tem verbo próprio deve ser considerado como complemento circunstancial [adj. adverbial], ex.: *O Nilo fertiliza os campos do Egito, inundando-os*" (= com inundá-los, adj. adv. de meio) (*Noções Elementares de Gramática Portuguesa*, 121).

Nos modelos de análise que EPIFÂNIO DIAS nos oferece e que transcrevo na seção *Modelos de análise* (cf. p. 238), pode o professor ver a orientação que dava o mestre no tocante às orações reduzidas. GLADSTONE CHAVES DE MELO (*Novo Manual*, 118 e ss.) é de opinião que "não devemos falar em orações reduzidas", fazendo entretanto certas concessões para o gerúndio que denota tempo posterior e efeito de uma causa. Há ainda os que seguem a opinião tradicional a que acima aludi, excetuado o caso do gerúndio modal de verbo intransitivo, quando preferem ver simples adjunto adverbial.

Dentro desta diversidade de doutrina, preferi adotar neste livro o critério tradicional que, além de um padrão de coerência, apresenta, sem dúvida, maior comodidade didática.

> Observação 1.ª:
>
> ▶ Havendo uma locução verbal é o auxiliar que indica o tipo de reduzida. Assim são exemplos de reduzidas de gerúndio: "estando amanhecendo", "tendo de partir", "tendo partido"; são exemplos de reduzidas de infinitivo: "ter de partir", "depois de ter partido"; é exemplo de reduzida de particípio: "acabado de fazer". Se, por outro lado, o auxiliar da locução estiver na forma finita, não haverá oração reduzida: *Quanta gente havia de chorar*.

> Observação 2.ª:
>
> ▶ A oração reduzida também não é encabeçada por conectivo; mas é preciso acentuar que nem toda oração desprovida de conectivo é reduzida uma vez que esse conectivo pode estar oculto: *Espero que sejas feliz* ou *Espero sejas feliz*. Em ambos os exemplos a subordinada *que sejas feliz* ou *sejas feliz* é desenvolvida. *O que caracteriza a reduzida é a forma infinita ou nominal do verbo (principal ou auxiliar): infinitivo, gerúndio e particípio.*

> Observação 3.ª:
>
> ▶ A *Nomenclatura Gramatical Brasileira* desprezou a denominação *infinito* para designar as *formas nominais* do verbo, desfazendo uma sinonímia antiga entre *infinito* = *infinitivo*, que, em muitos casos, levava os leitores de gramática a confusões.

1.a - Orações reduzidas coordenadas

Até aqui vimos exemplos de subordinadas reduzidas, mas existem ainda coordenadas que se podem apresentar com o seu verbo na forma nominal. Entre as coordenadas reduzidas lembremos:

a) de *gerúndio*, quando exprime um fato imediato e equivale a uma oração coordenada iniciada pela conjunção *e*:
Compreendeu bem a lição, *fazendo* depois corretamente os exercícios (= *e fez* depois...)

b) de *infinitivo*, quando exprime uma adição enfática, precedida da preposição *sobre* e da locução prepositiva *além de*:
"Além de que a fumarada do charuto, *sobre ser* purificante ou antipútrida, dava aos alvéolos solidez, e consistência aos dentes" (CAMILO, *A Queda dum Anjo*, 108) (*sobre ser* = além de ser; a fumarada de charuto dava solidez *e* era purificante).

2 - O desdobramento das orações reduzidas

As orações reduzidas são na maioria subordinadas e quase sempre se podem desdobrar em orações desenvolvidas.[2] O emprego de reduzidas por desenvolvidas e vice-versa, quando feito com arte e bom gosto, permite ao escritor variados modos de tornar o estilo conciso, não acumulado de quês e outros conectivos, enfim, elegante.[3]

Vejamos os seguintes exemplos:

a) Declarei *estar ocupado* = declarei *que estava ocupado*.

b) *Para estudarmos* precisamos de sossego = *para que estudemos*, precisamos de sossego.

c) *Chovendo* não sairei = *se chover*, não sairei.

d) *Acabada a festa*, retirou-se = *quando acabou a festa*, retirou-se.

---

[2] Com razão insiste ADOLFO COELHO, *Noções Elementares de Gramática Portuguesa*, 121, nota: "Não deve nunca confundir-se o que é simplesmente equivalente com que é idêntico na forma, conquanto haja vantagem em fazer ver aos alunos que o mesmo pensamento se exprime de diversos modos."

[3] Leia-se a respeito o cap. XI dos *Novos Estudos*, de MÁRIO BARRETO.

Estes desdobramentos são meros artifícios que nos ajudam a classificar as orações reduzidas, uma vez que poderemos proceder da seguinte maneira:

a) Declarei *estar ocupado* = declarei *que estava ocupado*. que estava ocupado: *subordinada substantiva objetiva direta*.

Logo:
estar ocupado: *subordinada substantiva objetiva direta reduzida de infinitivo* (ou *reduzida infinitiva*).

b) *Chovendo* não sairei = *se chover*, não sairei. se chover: *subordinada adverbial condicional*.

Logo:
chovendo: *subordinada adverbial condicional reduzida de gerúndio* (ou *reduzida gerundial*).

c) *Acabada a festa*, retirou-se = *quando acabou a festa*, retirou-se. quando acabou a festa: *subordinada adverbial temporal*.

Logo:
acabada a festa: *subordinada adverbial temporal reduzida de particípio* (ou *reduzida participial*).

3 - Orações substantivas reduzidas

Normalmente as orações substantivas reduzidas têm o verbo, principal ou auxiliar, no infinitivo:

a) *subjetiva*:
"Agora mesmo, custava-me *responder* alguma coisa, mas enfim contei-lhe o motivo da minha ausência" (MACHADO DE ASSIS, *Memórias Póstumas de Brás Cubas*, 208).

b) *objetiva direta*:
"... como se estivesse ainda no vigor da mocidade e contasse como certo *vir a gastar frutos desta planta*" (LATINO COELHO *apud Seleta Nacional*, 38).

c) *objetiva indireta*:
"Tudo, pois, aconselhava o rei de Portugal *a tentar uma expedição para aquele lado*" (ALEXANDRE HERCULANO, *Fragmentos*, 148).

d) *predicativa* (do sujeito ou do objeto):
"O primeiro ímpeto de Luísa foi *atirar-se-lhe aos braços*, mas não se atreveu" (MENDES LEAL apud *Seleta Nacional*, 31).
"... o averbara *de não possuir atributos de administrador*"

e) *apositiva*:
"Dois meios havia em seguir esta empresa: *ou atacar com a armada por mar, ou marchar o exército por terra e sitiar aquela cidade*" (ALEXANDRE HERCULANO, *Fragmentos*, 69).

f) *completiva nominal*:
"mas nem um momento duvidamos de que a sua convicção íntima seja a necessidade *de restituir o antigo lustre e preço à filosofia do Evangelho*" (ALEXANDRE HERCULANO, *Fragmentos*, 145).

Observação 1.ª:

▶ Não é raro vir precedido de preposição o infinitivo das orações reduzidas subjetivas e objetivas:

"Desaire real seria *de a deixar sem prêmio*" (ALMEIDA GARRETT, *Camões*, p. 122, da 5.ª ed.).

"mas não era assaz difícil *de reconhecer um cadáver coberto de feridas...*" (ALEXANDRE HERCULANO, *Fragmentos*, 72).

"Custou-lhe muito *a aceitar a casa*" (MACHADO DE ASSIS, *Memórias Póstumas de Brás Cubas*, 194).

"Mostrou-se pesarosa de não o encontrar, e prometeu *de voltar hoje às três horas*" (CAMILO, *A Queda dum Anjo*, 118).

"Senhor Luís de Melo, eu tenho por princípio *de me não intrometer...*" (ALMEIDA GARRETT, *Tio Simplício*, 173 apud MÁRIO BARRETO, *Novíssimos Estudos*, p. 212 da 2.ª ed.).

Observação 2.ª:

▶ Não raro também a oração substantiva reduzida do infinitivo vem precedida de artigo ou pronome demonstrativo (mormente se a oração funciona como sujeito ou objeto direto):

> "*o haver de marchar* em um país inimigo, ocupado por gente belicosa, era considerado muito grave..." (ALEXANDRE HERCULANO, *Fragmentos*, 69).
>
> "Daí *nasce o trabalharem* os mais notáveis escritores da Europa por vivificarem o espírito religioso" (id., ibid., 145).
>
> "Aumentando (o rei) as fortificações da ilha, tornou impossível aos portugueses *o reconquistá-la*" (Id., ibid., 62).

4 - Orações adjetivas reduzidas

As orações adjetivas reduzidas têm o verbo, principal ou auxiliar, no:

a) *infinitivo*:
"O orador ilhavo não era homem *de se dar assim por derrotado*" (ALMEIDA GARRETT, *Viagens na Minha Terra*, 14 apud EPIFÂNIO DIAS, *Sintaxe Histórica*, § 308).
Está marcada a festa *a realizar-se na próxima semana*.

Observação 1.ª:

▶ "Ligar qualificativamente a substantivos o infinitivo precedido de *a* (v.g.: *livros a consultar*) em vez de uma oração relativa (v.g.: *livros que se hão de consultar*), ou de um infinitivo precedido de *para* (v.g.: *roupa para consertar*), é imitação moderna da sintaxe francesa, imitação que só por descuido se encontra nos que melhor falam a língua pátria: *Qual é a relação a deduzir destas considerações e destes fatos?*" (ALEXANDRE HERCULANO, *Opúsculos*, IV, 177). (EPIFÂNIO DIAS, *Sintaxe Histórica*, § 304). Cf. MÁRIO BARRETO, *Novos Estudos*, 490, 515.

Observação 2.ª:

▶ Condenam também algumas autoridades o emprego do infinitivo precedido da preposição *a* depois de adjetivos como *único*, *último*, *derradeiro*, além dos numerais ordinais (*primeiro*, etc.). Para tais mestres o melhor é o emprego da preposição *em*, nesses casos, ou de uma oração iniciada por pronome relativo: *o primeiro em fazer* ou *o primeiro que*

> *fez*, e não *o primeiro a fazer*. EPIFÂNIO DIAS, excelente conhecedor do português e francês, aceita a expressão condenada (cf. *Sintaxe Portuguesa*, § 299), no que concordo com ele.

b) *gerúndio, indicando de um substantivo ou pronome*:

1) uma atividade passageira:
"Foi banhado em azeite e pez *fervendo*" (MANUEL BERNARDES apud SAID ALI, *op. laud.*).
"A costa (= costela) de que se havia de formar Eva a tirou Deus a Adão *dormindo*, e não acordado..." (ANTÔNIO VIEIRA apud *Seleta Nacional*, 326).
"... cujos brados selvagens de guerra começavam a soar ao longe como um trovão *ribombando no vale*" (ALEXANDRE HERCULANO, *O Bobo*, 218, ed. de 1878).
"Realmente, não sei como lhes diga que não me senti mal, ao pé da moça, *trajando* garridamente um vestido fino..." (M. DE ASSIS, *Memórias Póstumas de Brás Cubas*, 260).

Em todos estes exemplos o gerúndio figura com a ideia de tempo transitório muito acentuada, "servindo de atribuir um modo de ser, uma qualidade, uma atividade a um nome ou pronome, mas apenas dentro de certo período e em determinada situação". *Pez fervendo* é pez que naquele momento fervia ou *fervia dentro de certo espaço de tempo*. Vale o gerúndio, nestas circunstâncias, por uma expressão formada de preposição *a* + infinitivo: *pez a ferver*:
"Também algumas vezes foram dar com ela *a abraçar* a cadelinha" (MENDES LEAL apud *Seleta Nacional*, 32).

2) uma atividade permanente, qualidade essencial, inerente aos seres, própria das coisas (SAID ALI):
"O livro V, *compreendendo* as leis penais, aquele que, após os progressos efetuados na legislação e na humanidade, mas carecia de pronta reformação" (LATINO COELHO, *História Política e Militar de Portugal*, I, 288).
"Decreto de 14 de fevereiro de 1786, *proibindo* a entrada das meias de seda que não fossem pretas, e decreto de 2 de agosto de 1786, *suscitando* a observância e *ampliando* o cap. II..." (Id., ibid., 298).
"Algumas comédias havia com este nome *contendo* argumentos mais sólidos" (FRANCISCO JOSÉ FREIRE apud SAID ALI, *Gramática Secundária*, 249).

Estes e muitíssimos outros exemplos atestam que tal emprego do gerúndio[4] corre vitorioso na língua culta portuguesa, desde longos anos, dando-nos a impressão de se tratar de uma evolução normal, comum a mais de uma língua românica, e não de uma simples influência francesa. Entretanto, notáveis mestres condenam este uso como galicismo: EPIFÂNIO DIAS, JÚLIO MOREIRA, LEITE DE VASCONCELOS, MÁRIO BARRETO, entre outros. Defendem-no OTONIEL MOTA, SAID ALI, EDUARDO CARLOS PEREIRA, CLÁUDIO BRANDÃO, entre outros.

Para os que têm a expressão como francesa, deve-se substituir o gerúndio por uma oração adjetiva iniciada por pronome relativo, ou por uma preposição conveniente:

Livro *contendo* gravuras
  passaria a
Livro *que contém* gravuras
  ou
Livro *com* (ou *de*) gravuras.

Aceitar o gerúndio como construção vernácula não implica adotá-lo a todo momento, acumulando-o numa série de mau gosto. Em muitos casos, como bem pondera RODRIGUES LAPA, "não há dúvida que o uso do gerúndio é preferível à oração relativa, sobretudo quando não temos o recurso acertado, expressivo das preposições. Não abusemos dele, mas não hesitemos em empregá-lo, sempre que o reconheçamos superior a outros modos de escrever".[5]

c) *particípio*:

"Os anais ensanguentados da humanidade estão cheios de facínoras, *empuxados* (= que foram empuxados) ao crime pela ingratidão injuriosa de mulheres muito amadas, e perversíssimas" (CAMILO, *A Queda dum Anjo*, 120).

"Não ouvia os instantes *perdidos* (= que se perderam, que foram perdidos), mas os minutos *ganhados* (= que se ganharam, que foram ganhos)" (M. DE ASSIS, *Memórias Póstumas de Brás Cubas*, 155).

5 - Orações adverbiais reduzidas

Têm o verbo, principal ou auxiliar, no:

A) *infinitivo*: caso em que, normalmente, se emprega o verbo regido de preposição adequada. Para o desdobramento da reduzida em desenvolvida basta

---

[4] CLÁUDIO BRANDÃO, *O Particípio Presente*, 62; SAID ALI, *Gramática Histórica da Língua Portuguesa*, II, 151 e ss. Spitzer, "Attributives Gerundium".

[5] *Estilística*, 227.

substituir a preposição ou locução prepositiva por uma conjunção ou locução conjuntiva do mesmo valor e pôr o verbo na forma finita. É de toda conveniência conhecermos as principais preposições que correspondem a conjunções subordinativas adverbiais, porque isso melhor nos adestra na plástica da sintaxe portuguesa:

1) para as conjunções *causais* temos:

a) *com*:
"Porém, deixando o coração cativo,
Com fazer-te a meus rogos sempre humano,
Fugiste-me traidor..." (S. RITA DURÃO, *Caramuru*, c. VI).
Com fazer-te = porque te fizeste sempre humano.

b) *em*:
"Em verdade, bem louco dever ser este homem *em estar a plantar* agora esta nogueira, como se estivesse ainda no vigor da mocidade" (LATINO COELHO *apud Seleta Nacional*, 38).
"Senhor, disse o velho, tenho grande contentamento *em a estar plantando*, sem inquirir se serei eu ou outros depois de mim quem lhe colherá os frutos" (Id., ibid.).
em estar a plantar = porque está a plantar;
em a estar plantando = porque a está plantando.

c) *por*:
"... é tão desairoso falar um homem a sua língua mal, sob o pretexto de que ela é difícil, como tirar as botas num salão *por lhe doerem os calos*" (SILVA RAMOS, *apud Revista de Cultura*, n.º 22).

d) *visto*:
"Desejava vingar-se por arte, *visto não poder fazê-lo por força*, como lhe pedia o ânimo" (Fr. LUÍS DE SOUSA *apud Dicionário Contemporâneo*, s. v.).[6]

e) locuções prepositivas: *à força de, em virtude de, em vista de, por causa de, por motivo de*, etc.:
"*À força de se tornar trivial*, esta verdade eterna, que resume todo o espírito do cristianismo, deixou de o ser para muitos" (ALEXANDRE HERCULANO, *Fragmentos*, 159).

---

[6] Falando-se com rigor, funciona como sujeito de um particípio absoluto o infinitivo que se junta a **não obstante, visto, posto**, etc. Cf. EPIFÂNIO, *Sintaxe Histórica*, § 288 a) e E. BECHARA, *Estudos*, 35 e ss.

2) para as conjunções *concessivas*:

a) *com*:
"... ele só, *com trabalhar mais* que todos, sofria desassombradamente todas as incomodidades..." (Fr. LUÍS DE SOUSA, *Vida do Arcebispo*, 95, ed. de 1818, v. I).
com trabalhar = embora trabalhasse.

b) *sem*, negando a causa e a consequência, pode exprimir a *concessão*:
"Este era funestamente o sistema colonial adotado pelas nações que copiavam *sem o entender* nem fecundar, como os romanos, o governo discricionário das províncias avassaladoras" (LATINO COELHO *apud Antologia Nacional*, 215).

c) *malgrado*:
Estudou *malgrado ter perdido o caderno*.

d) *não obstante*:
Saíram *não obstante terem ouvido os conselhos do pai*.

e) locuções prepositivas: *apesar de, sem embargo de*:
"*Apesar, porém, da casa ser tida* como imagem dos perigos e privações da guerra, *e do duque haver adquirido* com ela grande disposição e robustez, observou-se depois que as armas o atraíam pouco" (REBELO DA SILVA, *História de Portugal*, IV, 96).

3) para as conjunções *condicionais* (e *hipotéticas*):

a) *a*:
"... houve quem visse, ou fingisse ver, um notável reflexo, que *a ser verdadeiro* devia nascer das muitas luzes que provavelmente estariam acesas" (ALEXANDRE HERCULANO, *Fragmentos*, 83).[7]

No seguinte trecho vale por uma comparativa hipotética do tipo de *como se* ou modal:
"... depois veio a mim, que estava sentado, deu-me pancadinhas na testa, com um só dedo, *a repetir*: – Isto, isto – e eu não tive remédio senão rir também, e tudo acabou em galhofa" (MACHADO DE ASSIS, *Memórias Póstumas de Brás Cubas*, 209).[8]

---

[7] Melhor fora pontuar: **que**, a ser verdadeiro, devia...

[8] Presos a um critério semântico, e não sintático, alguns professores ensinam que este **a** é conjunção condicional, lição que deve ser cuidadosamente evitada. Cf. a crítica de E. CAR-

b) *sem*:
Não sairá *sem apresentar os exercícios.*

4) para a conjunção *consecutiva de*:
É feio *de meter medo.*

5) para as conjunções *finais*:

a) *a*:
"Muitos personagens eminentes do Império e diversas famílias, ligadas por aproximação de afeto à família imperial, apresentaram-se *a falar ao imperador...*" (RAUL POMPEIA apud Antologia Nacional, 145).

> **Observação 1.ª:**
>
> ➥ O infinitivo das orações finais pode aparecer sem preposição:
>
> "Diz-se que ele era um dos doze que foram a Inglaterra *pelejar* (= para pelejar) em desagravo das damas inglesas, fato assaz duvidoso..." (ALEXANDRE HERCULANO, Fragmentos, 92).

Construções deste tipo, aproximando-se o infinitivo do verbo principal anterior (*foram pelejar*), permitiriam um início de locução verbal, onde o 1.º verbo passaria a ser sentido como auxiliar modal denotador de movimento para realizar um intento futuro. Este histórico importa para a explicação do emprego antigo da preposição *a*, suplantado depois pela preposição *em*, no adjunto adverbial de lugar. Em *O rio Amazonas vai desaguar ao Atlântico*, temos ainda vestígio da fase em que o sentimento linguístico levava em consideração o verbo de movimento: *vai ao Atlântico desaguar* (= para desaguar). Perdida esta noção de movimento, *vai desaguar* passou a ser interpretado como um todo, prevalecendo a regência que competia ao verbo *desaguar*: *vai desaguar no Atlântico*.

Ambas as construções são corretas, sendo que esta última, sem razão, já foi recriminada por certos gramáticos:

"*Veio embarcar-se* (D. João) *a Aldeia Galega*, aonde o guardavam muitos fidalgos e eclesiásticos" (REBELO DA SILVA, História de Portugal, IV, 171); "Do outro lado da povoação corre o pequeno rio... que *vem desaguar no Lucus*" (ALEXANDRE HERCULANO, Fragmentos, 70);

NEIRO RIBEIRO (Serões Gramaticais, p. 454 da 5.ª ed.), embora não seja convincente a solução que apresenta, socorrendo-se ao cômodo, mas enganador, recurso da elipse.

"... enquanto a frota *se ia colocar na boca do rio*, a que deu nome aquela povoação" (Id., ibid.).

> **Observação 2.ª:**
>
> ➥ Sobre a construção *questão a resolver*, cf. acima, item 4, a), Obs. 1.ª, p. 189.

b) *de*:
   "... porque tive fome e me destes *de comer*, tive sede, e me destes *de beber*" (ANTÔNIO VIEIRA, *Sermões*, VIII, 270).

> **Observação:**
>
> ➥ Estas expressões alternam com as de preposição *a*: "... se lhe não despedaçou membro por membro o corpo em tão miúdos retalhos, que os *desse a comer*, como ele dizia, às aves" (Id., ibid., 267). MÁRIO BARRETO, entretanto, parece entrever aqui uma imitação do francês: "A preposição *à* entre *donner* e infinitivo equivale a *de*: *donner à boire et à manger* (dar de comer e beber), *donner à dîner à quelqu'un* (dar de jantar), *elle lui donna à souper* (deu-lhe de cear). Nessas construções *dar de comer, dar de almoçar, dar de mamar, pedir de beber, pedir de almoçar, ganhar de comer*, o complemento formado por *de* e um infinitivo é, na sua origem, de caráter adjetivo. *Dê-me algo, alguma coisa, qualquer coisa de comer* é como se disséramos *algo comível* ou *comestível*. Omitido o substantivo, significa por si só as coisas sobre que se exerce a ação do infinitivo: *dê-me de comer* = dê-me coisa que comer" (*Novíssimos Estudos*, 2.ª ed., 129). Apesar do voto do ilustre mestre, julgo ser irreprovável a linguagem *dar a comer*. EPIFÂNIO DIAS (*Sintaxe Histórica Portuguesa*, § 293, a,1) não vê galicismo na construção: *dar a alguém algo a beber*.[9]

---

[9] Tenho minhas dúvidas em apontar como galicismos vários empregos da preposição **a** em sentido final, pois é modo que as línguas românicas herdaram do latim. Para as condenações ver MÁRIO BARRETO, *Novos Estudos*, 515 e EPIFÂNIO, *Sintaxe Histórica Portuguesa*, § 325, a) Obs. 1. Para fontes de estudos remeto o leitor a MEYER-LÜBKE, *Grammaire des Langues Romanes*, III, §§ 331 e 505 e DAG NORBERG, *Syntaktische Forschungen*, 211 e ss.

c) *para*:
"Tudo isto diz o quadro a quem tiver olhos *para ver*, coração *para sentir*, entendimento *para perceber*" (ALEXANDRE HERCULANO, *Fragmentos*, 165).

d) *por*, hoje mais rara, fixada em *por assim dizer* e semelhantes:
"Recomendava el-rei D. Manuel, por suas cartas, a Afonso de Albuquerque que trabalhasse *por haver às mãos* a cidade de Adém" (ALEXANDRE HERCULANO, ibid., 105).

Compare-se este exemplo com:
"Para com mais vontade trabalharem
De contentar a quem se afeiçoarem" (CAMÕES, *Os Lusíadas*, IX, 22).

e) *em*:
"e por isso posto que a Inglaterra não precisasse dela, para este fim, *trabalhou em possuí-la* para que os holandeses não se aproveitassem das vantagens que a sua situação oferecia" (ALEXANDRE HERCULANO, ibid., 102-3). "Dois meios havia *em seguir esta empresa*" (Id., ibid., 69).

f) locuções prepositivas: *a fim de, com o fim de*, etc.:
"Da sua parte, os alunos não devem dar de mão à gramática elementar *a fim de se* exercitarem nos verbos e adquirirem outras noções básicas e, como tais, indispensáveis..." (SILVA RAMOS, *apud Revista de Cultura*, n.º 1, 22).

6) para iniciar orações *locativas* reduzidas (correspondem a orações justapostas): *em*:
"Filha, *no muito possuir* não é ainda posta a felicidade, mas sim *no esperar e amar muito*" (CASTILHO *apud Seleta Nacional*, I, 37).[10]

7) para as ideias de *meio* e *instrumento*:

a) *com*:
"... até o (D. Afonso) induzirem a mandá-lo (D. Pedro) sair da corte, ao que D. Pedro atalhou *com retirar-se* antes que lho ordenassem" (ALEXANDRE HERCULANO, ibid., 91).

---

[10] Pode-se enquadrar este tipo no item 7, a), p. 203.

b) *de*:
"Eu não sou, minha Nise, pegureiro,
Que viva *de guardar alheio gado*" (GONZAGA, *Poesias*, ed. R. LAPA, I, 15).

8) para as conjunções *temporais*:

a) tempo anterior: *antes de*:
"E, se ambos morrermos *antes de estarem em idade* que se possam por si manter, terão por pai aquele que mora nos céus" (CASTILHO *apud Seleta Nacional*, 35).

b) tempo concomitante: *a* (neste caso o infinitivo vem precedido de artigo):
"Tais eram as minhas reflexões *ao afastar-me* do pobre..." (ALEXANDRE HERCULANO, *Fragmentos*, 190).

c) tempo posterior: *depois de, após*:
"A borboleta, *depois de esvoaçar* muito em torno de mim, pousou-me na testa" (MACHADO DE ASSIS, *Memórias Póstumas de Brás Cubas*, 99).[11]

d) tempo futuro próximo: *perto de, prestes a*:
"... e só abandona (o comandante) o posto quando voa em socorro da Parnaíba ou da Belmonte, *prestes a soçobrar*" (OURO PRETO *apud Antologia Nacional*, 84).

e) duração prazo: *até*:
"... o Sália... arrancava os penedos, aluía as raízes das árvores seculares, carreava as terras e rebramia com som medonho, *até chegar às planícies*..." (ALEXANDRE HERCULANO, *Eurico, o Presbítero*, 236, ed. de 1876).

---

[11] CARLOS DE LAET já condenou a CAMILO o emprego pronominal do verbo **esvoaçar-se**, e o notável escritor lusitano defendeu-se com exemplo de CASTILHO (cf. *Ecos Humorísticos do Minho*, n.º 2, p. 11). RUI BARBOSA comenta na **Réplica** (p. 159 da 1.ª ed.): "Teve-se por erro a Camilo haver pronominado o verbo **esvoaçar**. Não havia razão: várias vezes lhe dera Castilho Antônio essa categoria... e Vieira usara de **voar-se**." (Cf. ainda JOÃO CURIOSO. *Camilo e as Caturrices*, p. 16, n.º 3. Em *A Queda dum Anjo*, p. 56, ed. de P. A. PINTO, colho), **volitar-se**: "... a pomba que **se volita da arca**...".

> **Observação final:**
>
> ▶ É importante não confundirmos (e às vezes se não podem traçar limites rigorosos neste assunto), em certas expressões, o conjunto preposicional com um substantivo seguido de seu complemento nominal reduzido de infinitivo. Como bem ensina JOSÉ OITICICA, "em certas locuções como *por causa de, por motivo de, em virtude de, em vista de*, etc., a oração do infinitivo não deve ser tida por *complementar*. *Exemplo*: 'Em vista de lhe haverem furtado a chave, não pôde abrir o depósito.' Esta oração de infinitivo seria *complementar se* o substantivo *vista* conservasse seu valor semântico; porém, na locução, desapareceu tal valor, e vigora num todo meramente prepositivo".[12] E mais adiante continua o mestre: "Com locuções: *no intuito de, no propósito de, com intenção de*, etc., as orações são *complementares*, porque os substantivos mantêm seu valor (semântico) normal". Dessarte é completiva nominal a reduzida grifada do seguinte período:
> "Mandou então el-rei por seus arautos apregoar à roda do arraial de D. Pedro que, sob pena *de serem havidos em conta de traidores*, todos os que seguiam o Duque de Coimbra o abandonassem" (ALEXANDRE HERCULANO, *Fragmentos*, 96).

B) *gerúndio* e aí equivale a:

1) uma oração *causal*:
   "*Vendo este os seus maltratados*, mandou disparar algumas bombardas contra os espingardeiros" (ALEXANDRE HERCULANO, *Fragmentos*, 97).

   vendo = porque visse.

2) uma oração *consecutiva*:
   "Isto acendeu por tal modo os ânimos dos soldados, que sem mandado, nem ordem de peleja, deram no arraial do infante, *rompendo-o por muitas partes*" (Id., ibid.).

   rompendo-o: e como consequência o romperam.

---

[12] Curso dado no INEP, 1949. Súmula 14.ª, p. 2.

3) uma oração *concessiva*:
"E quem são estes? são aqueles que *sendo* hoje tanto mais do que eram, e *tendo* mais do que tinham, e *estando* tanto mais levantados do que estavam, ainda se queimam e se chamam mal despachados" (ANTÔNIO VIEIRA, *Sermões*, I, 303).

4) uma oração *condicional*:
"Desculpado por certo está Fernando
Pera quem tem de amor experiência;
Mas antes, *tendo livre a fantasia*,
Por muito mais culpado o julgaria" (CAMÕES, *Os Lusíadas*, III, 143).

tendo *livre a fantasia* = se tiver livre a fantasia (= imitação).

5) uma oração que denota *modo, meio, instrumento*:
"Um homem agigantado e de fera catadura saiu da choupana *murmurando* sons mal articulados" (ALEXANDRE HERCULANO, *Eurico, o Presbítero apud* EPIFÂNIO DIAS, *Sintaxe Histórica Portuguesa*, § 316, b, 1).
"E não os (destinos) podia realizar senão *ceifando cidades em lugar de farragiais, e enfeixando com a mão robusta povos*" (CASTILHO, *Fastos apud* EPIFÂNIO DIAS, ibid., 2).

6) uma oração *temporal*:
"El-rei, quando o mancebo o cumprimentou pela última vez, sorriu-se e disse *voltando-se*: Por que virá o conde quase de luto à festa?" (REBELO DA SILVA *apud Antologia Nacional*, 205).

voltando-se = enquanto se voltava.

No seguinte exemplo se acha reforçado por um advérbio de tempo:
"*Desviando depois* a mão que o suspendia baixou mais dois degraus" (Id., ibid., 209).

desviando = depois que desviou, no momento em que desviou.

> **Observação:**
>
> ▶ O gerúndio pode aparecer precedido da preposição *em* quando indica tempo, condição ou hipótese. Neste caso, o português moderno exige que o verbo da oração principal denote acontecimento futuro ou ação que costuma acontecer:

> "Ninguém, desde que entrou, *em lhe chegando* o turno, se conseguirá evadir à saída" (RUI BARBOSA *apud Antologia Nacional*, 126).
>
> Aqui o gerúndio indica tempo, e o verbo da principal exprime ação futura (*conseguirá*).
>
> "*Em* Vieira morava o gênio; em Bernardes o amor, que, *em sendo verdadeiro*, é também gênio" (CASTILHO *apud Antologia Nacional*, 186).
>
> Nesta passagem, o gerúndio exprime condição ou hipótese, e o verbo da oração *que é também gênio* (subordinante da condicional) denota um acontecimento que costuma ocorrer.

C) *particípio* e aí equivale a:

1) uma oração *causal*:
   "*Irado* o infante com as injúrias que lhe tinham dito, mandou enforcar uns e degolar outros..." (ALEXANDRE HERCULANO, *Fragmentos*, 96).

2) uma oração *condicional*:
   "Entramos em uma batalha, onde, *vencidos*, honraremos nosso Deus com o sangue" (FREIRE, 221 *apud* EPIFÂNIO DIAS, *Gramática Elementar*, § 241, 1).
   vencidos = se formos vencidos.

3) uma oração *temporal*:
   "E neste sentido, *mudados* os nomes, fez uma comunicação à sociedade cientista dos avicultores da imperial cidade da Mogúncia" (JOÃO RIBEIRO, *Floresta de Exemplos*, p. 42 da 2.ª ed.).

Observação I.ª:

▶ Nestes empregos do particípio, observam-se as regras de concordância já estudadas, entre o verbo e o seu sujeito.

Observação 2.ª:

▶ Alguns particípios passaram a ter emprego equivalente a preposições e advérbios: *exceto, salvo, mediante, não obstante, tirante*, etc., e, como tais, normalmente devem aparecer invariáveis. Entretanto, não se perdeu totalmente a consciência de seu antigo valor, e muitos escritores de nota procedem à concordância necessária:

"Os tribunais, *salvas* exceções honrosas, reproduziam, povoados de criaturas do valido, todos os defeitos do sistema" (REBELO DA SILVA, *História de Portugal*, IV, 67).

"A razão desta diferença é que a mulher (*salva* a hipótese do cap. CI e outras) entrega-se por amor..." (MACHADO DE ASSIS, *Memórias Póstumas de Brás Cubas*, 327).

"Pode a miséria ser tanta, que *não obstantes* todas as diligências apontadas ainda resvalemos" (MANUEL BERNARDES, *Luz e Calor*, 126).

"Pôs Deus a Adão no Paraíso com jurisdição e poder sobre todos os viventes, e com senhorio absoluto de todas as coisas criadas, *exceta* somente uma árvore" (ANTÔNIO VIEIRA, *Sermões*, III, 329).

Utilizar estas maneiras de dizer, devidas ao "amor excessivo da exatidão", é como bem pondera EPIFÂNIO, expressar-se na verdade com correção gramatical, mas de modo desusado (*Sintaxe Histórica Portuguesa*, § 220, a).

Observação 3.ª:

▶ Elegantemente podemos empregar, para a ideia de tempo, o particípio seguido de *que* e duma forma adequada do verbo *ser*:
"*Acabado que foi* o prazo destinado pelo tirano" (MANUEL BERNARDES *apud* SAID ALI, *Gramática Secundária*, 196).

Há discordância entre os autores quanto à natureza deste *que* posposto ao particípio. Para MAXIMINO MACIEL (*Gramática Descritiva*, 368), é conjunção, segundo este trecho: "Também *elegantemente* se conjuncionalizam as reduzidas de particípio passado, interpondo entre o particípio e o substantivo sujeito a

> conjunção *que* a uma forma do verbo *ser*, adaptável ao tempo, exemplo: "A ideia republicana e democrática se acabaria em toda a Europa, eclipsado *que* fosse o esplêndido luzeiro que até então lhe serviu de fanal" (LATINO COELHO, *República e Monarquia*).

Para EPIFÂNIO, o *que* é pronome relativo, e acho que com ele está a razão (cf. *Sintaxe Histórica Portuguesa*, § 91, c): "Na qualidade de nome predicativo ou aposto, pode (o pronome relativo) referir-se a adjetivos (ou particípios), servindo de realçar a qualidade ou estado: *acabada que esteja a obra.*" Cf. ainda a *Gramática Francesa*, § 282, 2, Obs. 1.ª.[13]

6 - Orações reduzidas fixas

A nossa língua possui certo número de orações reduzidas que normalmente não aparecem sob forma desenvolvida. Neste grupo se acham:

a) as que contêm certos verbos seguidos de orações subjetivas:
Coube-nos *ornamentar o salão* (e não: *que ornamentássemos*).
Valeu-nos *estarem perto alguns amigos* (e não: *que estivessem perto...*).
Impediu-nos a viagem *ter vindo ordem* de voltarmos (e não: *que veio*).[14]

b) as que contêm os verbos *agradecer, perdoar* e o impessoal *haver* na expressão *não há valer-lhe* (e equivalentes) seguidos de oração objetiva direta:
"Perdoou-lhes o *haverem-nos ofendido*" (EPIFÂNIO DIAS, *Gramática Portuguesa Elementar*, § 226, b).
"E lá se vão: não há mais *contê-los ou alcançá-los*" (EUCLIDES DA CUNHA, *Os Sertões*, 128).

c) as de sentido aditivo enfático do tipo (verbo no infinitivo):
"Além de que a fumarada do charuto, *sobre ser purificante e antipútrida*, dava aos alvéolos solidez, e consistência aos dentes" (CAMILO, *A Queda dum Anjo*, 108).

d) as que denotam pensamentos para cuja expressão não existem conjunções subordinativas, como as que indicam:

---

[13] F. BRUNOT dá o **que** também como pronome relativo em expressões francesas do tipo: **Arrivé que fut ledict conte** (cf. *La Pensée et la Langue*, 767).

[14] Exemplos de JOSÉ OITICICA, *Curso do INEP*.

1) *exclusão* (verbo no infinitivo):
   "*Em vez* (diziam) *dos nossos navios carregarem as mercadorias daqueles portos para o de Lisboa*... são embarcações estranhas as que hoje demandam as ilhas..." (REBELO DA SILVA, *História de Portugal*, IV, 533).
   Longe de desanimar com os obstáculos, reanima-se para vencê-los.

2) *exceção* (verbo no infinitivo):
   "A filha estava com quatorze anos; mas era muito fraquinha, e não fazia nada, *a não ser namorar os capadócios*..." (MACHADO DE ASSIS, *Memórias Póstumas de Brás Cubas*, 201).

3) *meio* ou *instrumento* (verbo no infinitivo ou gerúndio) e *modo* (verbo no gerúndio, embora aqui haja conjunção):
   "Salvou-o o senado, *segurando-lhe a pessoa* até poder sair a bordo de uma nau holandesa a 21 de maio" (REBELO DA SILVA, *História de Portugal*, IV, 244).
   Desmoralizou-o *com desmenti-lo* em público.
   "Procurou este logo estorvar-lhe (a missão) por todos os ombros, *prendendo-o* ou *matando-o*" (REBELO DA SILVA, ibid., 244).
   Enfrenta a vida *sorrindo*.[15]

7 - Quando o infinitivo não constitui oração reduzida

A presença do infinitivo não caracteriza oração reduzida nos seguintes principais casos, podendo, contudo, constituir, em alguns exemplos, oração (não reduzida):

a) quando, sem referência a nenhum sujeito, denota a ação de modo vago, à maneira de um substantivo:
   Recordar é viver.

b) quando faz parte de uma locução verbal:
   Tinham de chegar cedo ao trabalho.

c) quando, precedido de preposição e em referência a substantivo, o infinitivo tem sentido qualificativo, o que ocorre:

1) quando exprime a destinação:
   sala *de jantar*, ferro *de engomar*, tábua *de passar*, criado *de servir*.

---

[15] Às vezes procura-se desdobrar este tipo de orações em explícitas [= desenvolvidas] temporais iniciadas por **quando** ou **enquanto**. É mero expediente, pois a noção de tempo não é equivalente à de modo ou meio de fazer alguma coisa (SAID ALI, *Gramática Secundária*, 183).

2) quando equivale a um adjetivo terminado em *-vel*:
   É *de esperar* que todos se saiam bem (esperável).
   Pareciam menos *de louvar* (louvável).
   Foi caso muito *de recear* (receável).

d) quando, precedido de preposição e depois de certos adjetivos (*difícil, fácil, duro, bom*, etc.), o infinitivo tem sentido limitativo (com certo aspecto passivo ou ativo):
   Osso duro *de roer* (*de ser roído* ou *de alguém roer*).
   Poesia fácil *de decorar* (*de ser decorada* ou *de alguém decorar*).

e) quando, equivalente a imperativo, exprime o infinitivo ordem, recomendação:
   "Todos se chegavam para a ferir, sem que a D. Álvaro se ouvissem outras palavras senão estas: *Fartar*, rapazes!" (ALEXANDRE HERCULANO, *Fragmentos*, 98).

f) quando, nas exclamações, o infinitivo exprime estranheza pela realização de um acontecimento:
   "*Pôr-me* a mim lá fora?! – bradou Teodora" (CAMILO, *A Queda dum Anjo*, 175, ed. P. A. PINTO).
   "Tu, Hermengarda, *recordares-te?!*" (ALEXANDRE HERCULANO, *Eurico, o Presbítero*, p. 47, ed. de 1864).

g) quando entra em orações interrogativas (diretas ou indiretas) e adjetivas:
   Que fazer?[16]

---

[16] Baseados nesta construção, muitos romanistas explicam a construção **não sei que fazer** pelo emprego do infinitivo numa interrogação indireta por influência do infinitivo da interrogação direta **que fazer?** Estudos mais recentes nos ensinam que o infinitivo, nestes casos, se explica por contaminação sintática de uma oração de infinitivo (no latim **nihil habeo dicere**) com uma oração de relativo (no latim **nihil habeo quod dicam**). A discussão do problema se acha no artigo de DAG NORBERG, *Zum Infinitiv in lat. Frage – und Relativsätzen* (na revista alemã *Glotta*, 1939, XXVII, 3-4, p. 261-70) e no livro do mesmo autor *Syntaktische Forschungen*, 259 e ss., onde se encontra extensa bibliografia.
Esta singular inexatidão de expressão (para usar as palavras de MEYER-LÜBKE, *Grammaire*, III § 676), porque contraria o conceito de orações desenvolvidas e reduzidas, se explica, para EPIFÂNIO DIAS (*Gramática Portuguesa Elementar*, § 244 e *Sintaxe Histórica*, §§ 274, a. Obs. 2.ª e 307), por uma elipse de **poder, dever** ou **haver**, no presente ou pret. imperfeito: Não há um momento que (**possamos**) perder. Não sabia que (**havia de**) fazer.
Não me foi possível fixar a opinião definitiva de MÁRIO BARRETO, pois que, através de sua extensa obra, encontro as duas explicações. Nos *Últimos Estudos*, p. 277-279, em artigo de 1929, o mestre pensa como EPIFÂNIO DIAS e lhe cita a *Gramática Portuguesa Elementar*. Na 2.ª edição dos *Novíssimos Estudos*, p. 132, nota, anterior, portanto, ao artigo antes citado, contraria a EPIFÂNIO DIAS, visivelmente influenciado que estava pelo § 133,

Não sei *que fazer*.
Nada tinha *que dizer*.

h) quando se trata de um infinitivo de narração, isto é, aquele, que numa narração animada, considera a ação como já passada, e não no seu desenvolvimento.[17]
"Choviam tormentos nos mártires, e eles *a viver e zombar*" (FREI JOÃO DE CEITA, *Sermões*, cit. por EPIFÂNIO DIAS, *Sintaxe Histórica*, § 309, 3); "Os santos *a pregar* pobreza, e *segui-la* em tudo" (Fr. LUÍS DE SOUSA, *Vida do Arcebispo apud* EPIFÂNIO DIAS); "E os médicos

---

b) dos excelentes *Éléments de Linguistique Romane*, de E. BOURCIEZ, embora não lhe faça referência, e nos dá uma lição digna de ser repetida:
Quando se trata da interrogação indireta, feita por meio de um pronome ou de um advérbio interrogativo, o emprego do infinitivo na frase subordinada (com condição que o sujeito dela seja o mesmo que o da principal) é efeito de um cruzamento sintático. Uma frase como **nescio quid dicam**, aproximada no nosso espírito de **nescio dicere**, dá lugar a **nescio quid dicere** no latim falado. Contaminam-se duas construções: Não sabe que diga + não sabe dizer nada = não sabe que dizer. Idêntica contaminação ou fusão de duas frases sinônimas de estrutura normal acharemos em: Não sei como diga isso + não sei dizer isso = não sei como dizer. Buscou aquele lugar onde fizesse penitência + buscou aquele lugar para fazer penitência = buscou aquele lugar onde fazer penitência. Eis aqui três exemplos da construção com infinitivo, construção que, neste caso, o latim clássico não admitia, mas sim a do verbo finito em subjuntivo, a qual também admite o idioma português: "Dinheiro não aceitavam de esmola, porque não achavam **que comprar** com ele" (SOUSA, *Anais de El-Rei D. João Terceiro*, publicados por A. HERCULANO, Lisboa, 1844, p. 44); "Não sei **que fazer** ao teu coração" (CAMILO, *Memórias de Guilherme do Amaral*, 3.ª ed., p. 171); "Não sabia escrever, não tinha ninguém **a quem pedir** a esmola de uma carta" (Id., *Maria Moisés*, 1.ª parte, p. 49, ed. de 1876). Mas isto faz-se quando o agente da oração subordinante é o mesmo que o da proposição subordinada. Quando cada uma tem o seu nominativo, não tem cabimento usar o infinitivo: Indaga-me tu **que** poderá ela ter. Pergunta-lhe **que** tem. – Não sei **que** notou. Não é aceitável a explicação que do infinitivo dão alguns autores (e entre eles o ilustre filólogo Sr. EPIFÂNIO DIAS na sua excelente *Gramática Portuguesa Elementar*, § 244), supondo a elipse dos verbos **poder**, **dever** no presente ou pretérito imperfeito do conjuntivo. Figure-se este exemplo: **Não lhe ocorreu que poder replicar-me**. Não é possível subentender-se o mesmo verbo num modo pessoal. O mesmo se dirá destoutro exemplo, só com esta diferença que em vez da frase interrogativa se trata da relativa: "Não tinha o governador baixelas, nem diamantes, **de que poder valer-se**; assim recorreu a outros penhores, a que a fidelidade deu valia, a Natureza não" (JACINTO FREIRE, *Vida de D. João de Castro*, liv. III, número 29). Antes de pôr fim a esta nota, lembra-nos a seguinte passagem do livro divino de Frei LUÍS DE SOUSA, na qual se emprega em orações relativas o infinitivo como equivalente do subjuntivo latino: "Estava o arcebispo só, não tinha homem **de quem se valer**; lançou olhos pela casa, não viu coisa **que dar**, e viu-se obrigado a acudir" (*Vida de D. Fr. Bartolomeu dos Mártires*, liv. I, cap. 21).

[17] ALF LOMBARD, *L'Infinitif de Narration*, 9-10 e 98 e ss., donde extraio os exemplos.

a insistirem que saísse de Lisboa" (JÚLIO DINIS); "Ela *a* voltar costas, e o reitor *a pôr* o chapéu na cabeça (id.); "E ele *a rir-se*, ele a *regalar-se* (EÇA DE QUEIRÓS); "O senhor *a dizer*-lhe uma palavra, e eu *a provar*-lhe que..." (id.).

Nota:

▶ Não estão acordes os mestres quanto à origem do infinitivo de narração: a hipótese mais cômoda, mas nem por isso mais convincente, é a da elipse. Assim pensavam QUINTILIANO, para o latim, e BURGUY, LITTRÉ, KASTNER, PLATTNER, LUKER, entre outros, para o francês. É a opinião que expende M. BARRETO para o português: "Na frase: – **Eu falo, e eles a rir** (isto é, põem-se a rir, estão a rir-se, começam a rir) – temos o que se chama **infinito histórico**, que assim se diz o que na proposição tem valor de voz verbal de modo finito. A proposição que tem por predicado um infinito histórico deve considerar-se como **elíptica**, com predicado perifrástico, um elemento do qual está subentendido" (*Últimos Estudos*, 241). Contra esta maneira de explicar estão DIEZ, SCHULZE, DARMESTETER, STROHMEYER e BRÖNDAL. A segunda hipótese é a que o deriva do infinitivo de ordem ou infinitivo imperativo (opinião de WACKERNAGEL, para o latim, e MARCOU, SPITZER e LERCH para o francês). Para LOMBARD (Op. cit., 212) o infinitivo de narração é originariamente uma oração nominal. O problema se acha exaustivamente tratado nas páginas 186-243 do citado livro do romanista sueco.

Observação:

▶ Foge a uma análise rigorosa a série de expressões do tipo *temer, não teme,* com que, na linguagem afetiva, enunciamos réplicas e objeções. EPIFÂNIO (*Sintaxe Histórica Portuguesa,* § 309, 3, Obs.) e BELLO-CUERVO (*Gramática Castelhana,* § 926 e Notas, p. 63) supõem que se trata de uma construção elíptica, subentendendo-se, antes do infinitivo, a expressão *quanto a.* MEYER-LÜBKE crê que se trata de um *infinitivo de intensidade* e explica assim o nascimento do torneio de frase: "Nous devons prendre comme point de départ la question et la réponse prononcées sous l'empire de l'émotion. Ainsi, pour nous en tenir au premier exemple, on raconte quelque chose qui, de l'avis du conteur, pourrait provoquer de la crainte chez un des auditeurs ou chez tous. Un d'entre eux repousse cette pen-

> sée en demandant avec indignation: 'Craindre?! Je ne crains pas'. En consequence, à l'origine il devait y avoir une pause entre l'infinitif et le verbe-personnel. Plus tard, naturellement, la formule finit par devenir, comme expression de l'intensité d'une action, plus fixe et par conséquent plus générale" (*Grammaire*, III, § 135). Levando-se em conta que se devem algumas alterações de linguagem a esta atenção que o falante dá a um público, real ou imaginário, a hipótese do sábio romanista é assaz sugestiva, apesar de EPIFÂNIO achar "improvável que o infinitivo, sendo rigorosamente interrogativo, viesse a deixar de o ser" (ibid.).

8 - Quando o gerúndio e o particípio não constituem oração reduzida

a) quando fazem parte de uma locução verbal:
   Estão saindo todos os alunos.
   As lições *foram aprendidas* sem esforço.

b) quando aparecem como simples função qualificadora, à maneira dos adjetivos:
   Livro *encadernado*.

9 - Um tipo especial de substantivas reduzidas: DEIXEI-OS FUGIR

Atenção especial merecem as substantivas reduzidas de infinitivo depois dos verbos *deixar, mandar, fazer* e sinônimos (auxiliares causativos) e *ver, ouvir, olhar, sentir* e sinônimos (auxiliares sensitivos). Em
   Deixei que eles fugissem,

a oração subordinada *que eles fugissem* funciona como objeto direto de *deixei*, e tem por sujeito o pronome *eles*.
   Passando-a para a forma reduzida de infinitivo, teremos:
   Deixei-os fugir.

A 1.ª oração principal continua sendo *deixei*; *os fugir* (= que eles fugissem) é seu objeto direto. O pronome *os*, correspondente a *eles* da oração desenvolvida, é sujeito do infinitivo.[18]

---

[18] Não parece ser boa lição a que diz que nestas construções o pronome **os** é objeto direto do verbo **deixei** e sujeito de **fugir**. O pronome objetivo na função de sujeito é fenômeno que

Note-se que é este o único caso em que um pronome oblíquo funciona como sujeito.

Quando ocorrem estas construções devemos levar em conta os seguintes pontos:

a) o verbo na forma nominal constitui oração à parte:
   1.ª *oração*: deixei.
   2.ª *oração*: os fugir.

b) a oração do infinitivo é *sempre* substantiva e *quase sempre* objetiva direta:
   1.ª *oração: principal* – deixei.
   2.ª *oração: subordinada substantiva objetiva direta*: os fugir.

c) o sujeito do infinitivo aparece, quando pronome pessoal, constituído por forma oblíqua:
   os fugir (= que eles fugissem): *os* é sujeito de *fugir* como *eles* o é de *fugissem*.

Assim ocorre com os outros pronomes pessoais oblíquos: *me, te, se, nos, vos*:
"Felizmente, Sabina *fez-me* sentar ao pé da filha do Damasceno..." (MACHADO DE ASSIS, *Memórias Póstumas de Brás Cubas*, 250). *Fez-me sentar = fez que eu me sentasse*.
"Marcela *deixara-se estar* sentada, e estalar as unhas nos dentes, fria como um pedaço de mármore" (Id., ibid., 58) = Marcela *deixava que ela mesma estivesse sentada*.
"*Deixemo-nos estar*, que de mandar ele os criados e fazer-se a obra vai ainda muito tempo" (MANUEL BERNARDES *apud Antologia Nacional*, 296).

d) o infinitivo normalmente aparece não flexionado, ainda que o seu sujeito seja plural:
   Deixei-os *fugir* (e não: *os fugirem*).

Com os causativos (*deixar, mandar, fazer*) esta é a norma; com os sensitivos (*ver, ouvir, olhar, sentir* e sinônimos) encontramos o infinitivo ora flexionado, ora sem flexão:
"Este, apenas *os viu desaparecer*, dirigiu-se para Hermengarda" (ALEXANDRE HERCULANO, *Eurico, o Presbítero*, 246).

---

ascende ao latim e se prende às construções de acusativo com infinitivo. Trata-se de um exemplo de mudança de função sintática de um termo. Na origem **o** era objeto direto do primeiro verbo, e passou, com o tempo, a ser sentido como sujeito do infinitivo. Cf. BRUGMANN, *Abrégé*, § 807 e BASSOLS, *Sintaxis Latina*, I, 4-5.

"Em Alcoentre os ginetes e corredores do exército real vieram escaramuçar com os do infante, e ele próprio os *ouvia chamarem*-lhe traidor e hipócrita" (Id., *Fragmentos*, 96).

e) merece cuidado a divisão de orações, porque o pronome oblíquo sujeito pode vir na oração anterior, e deve ser transposto para junto do verbo a que pertence:
Eu os deixei fugir.
1.ª oração – eu deixei.
2.ª oração – os fugir.

10 - LHE por O como sujeito de infinitivo

Em
"El-rei comprometia-se a deixar-lhes levar quanto possuíam" (ALEXANDRE HERCULANO *apud Fragmentos*, 75)

o pronome *lhes* é sujeito de *levar*: *el-rei comprometia-se a deixar que eles levassem quanto possuíam.*

O pronome *lhe* pode entrar em lugar de *o* somente quando o infinitivo, depois dos verbos causativos e sensitivos, vem acompanhado de objeto direto, constituído por substantivo, pronome ou expressão equivalente.[19]

No exemplo dado, objeto direto de *levar* é a oração justaposta *quanto possuíam*. Nos seguintes, o primeiro objeto direto é um substantivo e o segundo um pronome pessoal átono:
"Sancho II... mandou-*lhes* erguer de novo *os marcos* onde eles os haviam posto." (ALEXANDRE HERCULANO, *apud Fragmentos*, 64).
"... posto que Afonso I se houvesse apoderado de vários lugares... a desgraça de Badajoz *lhos fizera perder...*" (Id., ibid., 76), isto é: *a desgraça fizera que ele* (= lhe) *os* (= vários lugares) *perdesse.*

Assim sendo, se o infinitivo vier acompanhado de objeto direto, o seu sujeito pode vir representado por *o* ou *lhe*:
Eu o deixei ouvir a canção
ou
Eu lhe deixei ouvir a canção.

---

[19] Os desvios desta norma são raros e não merecem ser imitados:
"A vista só da vaca... nem **lhes deixa pensar** em soutos e pastios" (CASTILHO, trad. de *As Geórgicas* de VIRGÍLIO, p. 181, ed. de O. MOTA).

"Este ruído *o fez erguer a cabeça* e lançar os olhos para o lado donde partira aquele som duvidoso" (ALEXANDRE HERCULANO, *O Bobo*, 133).

Se o objeto direto é constituído por pronome pessoal oblíquo átono, o normal é o emprego de *lhe* como sujeito do infinitivo; por isso é raro exemplo como o seguinte:

"... a tia Domingas *ouviu-o chamá-la* de novo mansamente" (ALEXANDRE HERCULANO, *Fragmentos*, 76), isto é: a tia Domingas ouviu que ele (= *o*) a (= *la*) chamava de novo.

Por fim, cumpre assinalar que normalmente se usa *o*, e não *lhe*, como sujeito de infinitivo pronominal:

"o Sália... rebramia com som medonho, até chegar às planícies, onde o solo não comprimia e *o deixava espraiar-se* pelos pauis e juncais..." (ALEXANDRE HERCULANO apud *Fragmentos*, 76-77).

Observação 1.ª:

➡ O infinitivo que se segue a *deixar, mandar* e *fazer* pode ser tomado em sentido passivo, e neste caso o agente da ação do infinitivo é regido das preposições *por* ou *de*:

"D. João de Castro, sem *deixar-se vencer do amor do filho*, nem *dos medos do tempo*, resolveu enviar o socorro" (FREIRE, 133 apud EPIFÂNIO DIAS, *Sintaxe Histórica Portuguesa*, 289, a), Obs. 2.ª).

Observação 2.ª:

➡ A seguinte passagem de ALEXANDRE HERCULANO:
"Subitamente a chuva fustigou as vidraças: o primeiro bofar do vento fez ramalhar as árvores meias calvas; e *senti-o que se abismava* debaixo das arcarias de pedra" (*Opúsculos*, I, 139, ed. 1878 apud *Fragmentos*, 172), apresenta-nos uma curiosa particularidade sintática em que depois de *ver, ouvir, sentir, encontrar* e sinônimos, se pode empregar uma oração adjetiva em vez de uma substantiva, considerando objeto direto daqueles verbos o que haveria de ser sujeito da oração substantiva. Em vez de *senti que ele se abismava* ou *senti-o abismar-se*, transformou-se

o pronome *ele* ou *o* em objeto direto do verbo *sentir*, seguido de oração adjetiva.[20]

A mesma particularidade se repete com *eis*, que rigorosamente se acompanha de objeto direto:

"... apenas os primeiros raios de sol faziam reluzir as armas, semelhantes no brilho trêmulo ao alvejar da geada, *ei-las que pareciam rolar-se pelas encostas...*" (ALEXANDRE HERCULANO, *Eurico, o Presbítero*, 5T, ed. 1876, *apud Fragmentos*, 172).

O normal seria: *eis que elas pareciam rolar-se* ou *ei-las parecer rolar-se*.

11 – A omissão do pronome átono em EU OS VI AFASTAR DAQUI em vez de AFASTAR-SE DAQUI

Não é rara a omissão do pronome átono que devia acompanhar um infinitivo pronominal, quando este mesmo infinitivo tem por sujeito um pronome átono:
"*Deixei-o embrenhar* e transpus o rio após ele" (ALEXANDRE HERCULANO *apud Fragmentos*, 77).
"O faqui deixou-o afastar" (Id., ibid.).

Os seguintes exemplos mostram-nos que a presença do pronome também é correta:
"*Sentiu-o* parar aqui um pouco e depois *encaminhar-se* ao longo do corredor" (Id., ibid., 76.)

---

[20] Cf. EPIFÂNIO DIAS, *Sintaxe Histórica*, § 366 e EPIFÂNIO-VON HAFE, *Gramática Francesa*, § 385, b). Outros autores, como ARLINDO LEITE (*Fragmentos Literários de Alexandre Herculano*, 172), explicam o fato por cruzamento das linguagens **senti que ele se abismava** e **sentiu abismar-se**. Mestre JOSÉ OITICICA via nestes casos uma antecipação do sujeito da oração substantiva, considerando o **que** conjunção integrante, e não pronome relativo: "Vereis a inexpugnável Dio forte/ Que dois cercos terá" (CAMÕES, *Os Lusíadas*, II, 50) = **vereis que a inexpugnável** Dio forte terá dois cercos. Cf. *Revista Filológica*, I, 19 e ss., principalmente 31-2, e *Manual de Análise*, 228-9. A explicação atende a muitos trechos, mas só forçadamente se aplica aos exemplos de HERCULANO acima aduzidos; para eles prefiro perfilhar a lição dada acima.

"E o eremita *viu-a*, ave pernalta e branca, *bombolear-se* em voo, ir chegando, *passar-se* para cima do leito, *aconselhar-se* ao pobre homem..." (JOÃO RIBEIRO, *Floresta de Exemplos*, 227).[21]

12 - A construção PEDIR PARA

Em

"Eu retive-a, *pedi-lhe* que ficasse, que esquecesse" (MACHADO DE ASSIS, *Memórias Póstumas de Brás Cubas*, 271),

o verbo *pedir* exige dois objetos: o indireto *lhe* e o direto oracional composto *que ficasse, que esquecesse.*

Normalmente, em tais casos, não se usa o objeto direto oracional sob forma reduzida. Evita-se dizer: *Pedi-lhe ficar, pedi-lhe esquecer.*

Em

"Dito isto, *peço licença para ir* um dia destes expor-lhe um trabalho..." (MACHADO DE ASSIS, ibid., 245),

o verbo *pedir* vem acompanhado apenas do objeto direto *licença*; a oração reduzida de infinitivo *para ir um dia destes expor-lhe um trabalho* é adverbial de fim.

Pode-se omitir o objeto direto e construir-se o verbo *pedir*, deste modo: *peço-lhe para ir um dia destes expor-lhe um trabalho.*

Como estão próximas as ideias de *pedir que algo aconteça* e *trabalhar para que algo aconteça*, passou-se a usar a preposição *para* no início da oração que seria objeto direto do verbo *pedir*, tendo-se em mira indicar a finalidade da coisa pedida:

Pediu para que Pedro *saísse*

ou

Pediu para Pedro *sair.*

Os gramáticos não aceitaram a operação mental e ainda hoje esta maneira condensada de dizer é repudiada, apesar da insistência com que penetra na linguagem das pessoas cultas. Para as autoridades de nossa língua, só está certo o emprego do verbo *pedir* quando se tem para objeto direto o substantivo *licença*

---

[21] Julgo injusta a condenação de MÁRIO BARRETO (*Através do Dicionário*, p. 51 da 3.ª ed.): "É um dos instintos mais naturais do nosso falar; mas, em muitos textos escritos, uma preocupação pedantesca das mais descabidas põe de novo o pronome: é um indício singular de deformação artificial." Nos *Últimos Estudos* se mostra menos rigoroso: "Os verbos reflexivos no infinitivo, depois dos verbos **fazer**, **deixar**, **ouvir**, **ver**, perdem em geral o seu pronome complemento" (p. 206).

(claro ou subentendido) e a oração de *para que* ou *para* + infinitivo é sentida como adverbial de fim, *com sujeito igual ao da oração principal.*[22] Assim, em:
O aluno pedia-lhe para sair
O aluno pedia licença para ele mesmo sair.

A condição dos dois empregos do verbo *pedir* traz incontestavelmente uma duplicidade de sentido, pois que em:
Ele pedia-lhe para sair

fico em dúvida sobre a pessoa que sairá. Para o gramático só pode ser a que fez o pedido, e, na realidade, todos, ou quase todos, os exemplos abonados dos bons escritores têm o mesmo sujeito para a oração de *pedir* e para a oração iniciada pela preposição *para*.

---

[22] Tem-se dito que EPIFÂNIO DIAS (*Sintaxe Histórica*, § 347, 6. Obs. 1.ª) admite a construção censurada pelos gramáticos (veja-se, entre outros, A. C. PIRES DE LIMA na sua resenha in *Revista Lusitana*, XXX, p. 205 n.º 4): mas a redação do ilustre sintaticista não nos autoriza a pensar assim. Tratando dos verbos que pedem oração objetiva direta, diz em observação o mestre: "Alguns dos verbos de que trata este § também têm outra sintaxe, v.g.: 1) **pedir** também se constrói intransitivamente seguido de **para que**, ou **para** (com infinitivo)." E acrescenta: "Também em latim a oração de **ut** que se junta ao verbo **peto** é originariamente uma oração final." Pondo de lado a argumentação do latim, creio não encontrarmos fundamento de que a construção censurada tenha o beneplácito de EPIFÂNIO. Aquele **intransitivamente** me leva a interpretar assim a lição (note-se que na nomenclatura gramatical do sintaticista português, **intransitivo** é o verbo que não pede complemento ou o que pede complemento indireto): EPIFÂNIO defendia o emprego do verbo **pedir** sem o objeto direto **licença**, modo de dizer que CÂNDIDO DE FIGUEIREDO e outros tinham por errôneo, conforme se vê da defesa de RUI BARBOSA, *Réplica*, 136 da 1.ª ed., nota 3 do n.º 95.

Sou de opinião que no caso do verbo **pedir** houve contágio da noção de objeto direto com a de adverbial de fim, que a expressão linguística traduz por formas condensadas, dando ocasião, muitas vezes, ao aparecimento da preposição como posvérbio (cf. o capítulo dos complementos verbais). Tais formas condensadas são frequentes: **atirar o livro** e **atirar com o livro** (condensação da noção de objeto direto com a de adverbial de instrumento), **olhar os campos** e **olhar para os campos** (do objeto direto e adjunto adverbial de direção, de lugar), **puxar a espada** e **puxar da espada** (do objeto direto e adjunto adverbial de lugar donde, origem), **pegar a pena** e **pegar na pena** (do objeto direto e do adjunto adverbial de lugar), etc., onde o pensamento não considera apenas o objeto, mas encarece uma circunstância concomitante na realização da ação expressa pelo verbo.

Entretanto, CARLOS GÓIS, pensando que o **para** rege a oração objetiva direta, explica o fato por cruzamento sintático: "Do cruzamento da primeira forma (com o objeto direto expresso: **um soldado pediu-lhe licença para sair**) com a 2.ª (com o objeto direto indeterminado: **um soldado pediu-lhe para sair**) resultou uma terceira – a do verbo **pedir** seguida da preposição **para**, regendo esta, não mais o adjunto adverbial de fim (note-se bem), mas o próprio objeto direto!" (*Sintaxe de Regência*, 124).

13 - A construção DIZER PARA

Semelhantemente ao que ocorre com o verbo *pedir*, a linguagem coloquial despreocupada constrói o verbo *dizer* (*falar* e sinônimos) seguido da preposição *para* junto ao que normalmente seria o seu objeto direto:
Disse para que ele fosse embora
ou
Disse para ele ir embora.

São expressões condenadas que os gramáticos recomendam se evitem no falar correto.

14 - A construção PARA EU FAZER

Em
O exercício é para eu fazer

a preposição *para* rege o verbo *fazer*, cujo sujeito é o pronome pessoal *eu*. Evite-se a construção errônea *o exercício é para mim fazer*, devida ao fato de se supor que a preposição se prende ao pronome, como: *este exercício é para mim*.

Diz-se corretamente *o exercício é para mim*, porque a preposição sempre rege pronome oblíquo tônico.

Distinga-se claramente este uso errôneo do correto, em que há antecipação do objeto indireto de opinião; o ritmo frasal marca a diferença:
Para mim (pausa) fazer isso é sempre agradável.

15 - A posição do sujeito nas orações reduzidas

No português moderno, o sujeito das orações reduzidas de gerúndio e particípio vem normalmente depois do verbo (nas locuções verbais pode aparecer depois do auxiliar):
"A guerra diplomática andava acesa em Roma, *lidando o enviado português* por contrariar com energia os meneios e dilações do Cardeal Torregiani" (LATINO COELHO, *História Política e Militar de Portugal*, I, 44).
"*Querendo Sólon, filósofo ateniense, consolar a um amigo seu...* o levou a uma torre eminente..." (MANUEL BERNARDES apud *Antologia Nacional*, 293).
Acabada a festa, foram ao cinema.

Estariam erradas as construções se colocássemos o sujeito antes do verbo: *o enviado português lidando*; *Sólon querendo consolar*, *a festa acabada*.

Nas reduzidas de gerúndio é preciso distinguir cuidadosamente essas linguagens imperfeitas daquelas que, por falta de pontuação adequada, nos fazem supor

que se trata de antecipações do sujeito. Nos seguintes exemplos só houve falta da vírgula para separar a principal da subordinada:
"*O cristianismo elevando* o culto da mulher inspirou a cavalaria e a poesia cavaleiresca, nobilitando pelo amor e pelo sacrifício o sexo que era também o de Maria Santíssima" (JOÃO RIBEIRO, *Floresta de Exemplos*, p. 51 da 2.ª ed.).
"Então *Gonçalo Mendes fazendo* recuar o capuz que cobria a cabeça do suposto mensageiro olhou para ele alguns instantes" (ALEXANDRE HERCULANO, *O Bobo*, 116).[23]

Entre as reduzidas de gerúndio, fazem exceção ao princípio exposto aquelas que, precedidas da preposição *em*, denotam circunstância de tempo, hipótese ou condição, quando o sujeito pode vir antes ou depois desta forma verbal:
"Ninguém, desde que entrou, *em lhe chegando o turno*, se conseguirá evadir à saída" (RUI BARBOSA, *Antologia Nacional*, 126).
"A semelhança entre as filhas de Felipe da Gama reduzia-se a isto: mas era tão grande, que *em as duas conversando* a fala confundia-se, e o ouvinte mais não era capaz de distinguir" (REBELO DA SILVA, *A Mocidade de D. João V*, 2, 122 *apud* EPIFÂNIO DIAS, *Sintaxe Histórica*, § 316, b, 2, Obs. 2.ª).

No tocante às reduzidas de particípio, podem ter o sujeito anteposto ou posposto ao verbo, quando constituído pelos pronomes *isto, isso, aquilo* e *o que*:
Isto posto, resolvemos voltar
ou
Posto isto, resolvemos voltar.

16 - A construção É DA GENTE RIR

A anteposição do sujeito ao verbo, nas orações reduzidas de infinitivo preposicionado, possibilita a combinação da preposição com o sujeito ou um pertence do sujeito:

---

[23] Por isso é injusta a crítica feita por A. FELICIANO DE CASTILHO – e a crítica foi acolhida pelo nosso ilustre gramático E. CARLOS PEREIRA (*Gramática Expositiva*, § 486 in *Galicismos Fraseológicos*) ao seguinte trecho do Padre BERNARDES (e note-se que está com a respectiva vírgula!): "Nos casos chamados nas escolas absolutos ou ablativos absolutos dos romanos, antepõe (BERNARDES) alguma vez o substantivo ao adjetivo, o que mais soa a francês que a português genuíno, e se deve evitar com grande escrúpulo: 'Frei Domingos, vindo de Tortosa para Valença, com outros companheiros, que tinham ido tomar ordens, se lhe ajuntou no caminho um moço mui confiado, etc.' Havia de dizer: 'Vindo frei Domingos, etc.' (Livraria Clássica, *Padre Manuel Bernardes*, II, 304-5). Pondo de lado a lição de gramática de um amador, ainda que ilustre, adianto que o pretenso erro não é de BERNARDES, mas do crítico, uma vez que se lê o seguinte na Nova Floresta: "**Vindo o servo de Deus** de Tortosa para Valença..." (III, 492).

"*Em vez de os ladrões levarem* os reis ao inferno, como fazem, os reis levarão os ladrões ao paraíso, como fez Cristo" (ANTÔNIO VIEIRA, *Sermões*, III, 352),[24]

pode passar facilmente à combinação: *Em vez dos ladrões*.
A preposição pode-se combinar com o núcleo do sujeito. Assim, diremos:
É tempo DE ELE sair
ou
É tempo DELE sair.

Alguns gramáticos não aceitam a combinação apontada sob o pretexto de que o sujeito não pode vir regido de preposição; *não se trata aqui, entretanto, de regência preposicional de sujeito, mas do contato de duas palavras que, por hábito e por eufonia, costumam ser incorporadas na pronúncia*. Se tais combinações parecem contrariar a lógica da gramática, cumpre observar que não repugnam a tradição do idioma através do testamento de seus melhores escritores, antigos e modernos. O que a lição dos fatos nos permite ensinar é que ambas as construções são corretas, segundo nos atestam as seguintes passagens que não se podem dar como errôneas ou descuidos de revisão:[25]

"... só voltou *depois do infante estar* proclamado regedor" (ALEXANDRE HERCULANO *apud Fragmentos*, 44); "Os que no serviço militar perdiam o cavalo tiravam o valor deste dos despojos *antes destes* (*d'estes*, no original) *se repartirem*" (Id., ibid.,); "*Apesar da sua ação ser...* superior à autoridade dos bispos..." (Id., ibid.); "... a unidade que resulta da síntese do ideal, *antes deste ser* revelado pela expressão material" (Id., ibid., 162); "sabia-o, senhor, *antes do caso suceder*" (Id., *Lendas e Narrativas*, I, 267)[26]; "... mesmo *depois dos descobrimentos portugueses haverem* transformado as condições do comércio geral do mundo" (REBELO DA SILVA, *História de Portugal*, IV, 16), "*Apesar*, porém, *da caça ser* tida como imagem dos perigos e privações da guerra..." (Id., ibid., 96); "Notou, igualmente, a vantagem dos *confederados repartirem* de antemão os postos entre si..." (Id., ibid., 139); "... e *a despeito do dia estar chuvoso*" (Id., ibid., 171-2); "Nos dias pequenos o sino de recolher soava muito antes *dos mercadores terem* acabado a ceia nas hospedarias..." (Id., ibid., 527); "*Depois do Garrett escrever* erradamente no

---

[24] Assim escreveu o notável padre, e não como cita a *Gramática Expositiva* de E. CARLOS PEREIRA, § 441, nota. Aliás, a sintaxe normal nos *Sermões* era sem fazer a combinação.

[25] Sem razão, LEITE DE VASCONCELOS (*Lições de Filologia*, 382) condena, como galicismo, a palavra **passagem**, no sentido aqui empregado, mandando substituí-la por **passo**. Os melhores escritores da língua usam **passagem** nesta acepção e o clássico *Dicionário de Morais* (1813) a registra sem nenhuma crítica.

[26] Assim escreveu ALEXANDRE HERCULANO, e não como aparece na edição moderna da *Antologia Nacional* de FAUSTO BARRETO e CARLOS DE LAET (p. 196): **antes de o caso suceder**.

seu *Camões...*" (CASTILHO, "Anotações à 6.ª edição do Dicionário de Morais", in *Arquivos Literários* de DELFIM GUIMARÃES, V apud P. A. PINTO, revista *Colaboração*, n.º 5, p. 20); "... se, por exemplo, me concederem um monopólio do plantar couves, *apesar das couves serem* uma das muitas espécies de legumes" (RUI BARBOSA apud P. A. PINTO, ibid.); "Pelo fato *do verbo* restituir, numa de suas acepções, e entregar, em certos casos, *terem*, como diz o Dr. Rui, o mesmo sentido..." (E. CARNEIRO RIBEIRO, *Redação*, 579 apud P. A. PINTO); "... no caso *do infinitivo trazer compl. direto*" (EPIFÂNIO, *Sintaxe Histórica*, p. 226).[27]

Termino esta pequena lista com um fato que não deixa dúvida de que os exemplos aduzidos não se explicam por descuidos. Na página 87 do v. IV da sua excelentemente escrita *História de Portugal*, contrariando a sintaxe que lhe vem natural e frequente, REBELO DA SILVA não faz a combinação:
"Nem o rei, nem o ministro apreciaram o perigo, senão *depois de ele declarado e irremediável.*"

Mas, para surpresa de muitos gramáticos, no final do volume, na página destinada a erratas declara textualmente:
Onde se lê: *depois de ele* leia-se *depois dele* (*d'elle* no original).[28]

Tem-se estendido o exagero da condenação aos casos em que a preposição precede um advérbio, quando, na realidade, o que decide a existência ou não existência da combinação é a menor ou a maior pausa no proferir as duas palavras, ou ainda a eufonia. No seguinte exemplo de ALEXANDRE HERCULANO, a pausa maior entre a preposição e o advérbio evita a combinação:
"A afirmativa *de ali* se ajuntarem e agasalharem 20.000 pessoas é naturalmente impossível" (*apud Fragmentos*, 44).

É forçoso reconhecer que a facilidade da combinação da preposição *de* não se estendeu, com a mesma frequência, a outras preposições, nas circunstâncias aqui estudadas. Dá prova disto o seguinte trecho do REBELO DA SILVA, tão afeito às construções combinadas:
"*No caso do reino se constituir* em república, que partido seguiria D. João, o do país, ou o dos castelhanos?" "Em qualquer acontecimento, redarguiu o

---

[27] Para mais exemplos veja-se o prestimoso livro do Padre PEDRO ADRIÃO, *Tradições Clássicas da Língua Portuguesa*, § 691, p. 259.

[28] Tal preceito gramatical se torna ainda mais difícil de se conciliar com a prática, quando se está diante de construções como: **O fato é devido AO** (por **a o**) **avião se ter atrasado** [ou, noutra ordem: **é devido a se ter o avião atrasado**]; **PRO menino** (por **para o menino**) **ver**. Sinto discordar da lição de REBELO GONÇALVES no seu *Tratado de Ortografia* (p. 286, Obs. 2.ª), cujos exemplos não vão em sua defesa. Cf. ainda DIEZ, *Grammaire*, III, 425 e MEYER-LÜBKE, *Grammaire*, III, § 744.

duque, hei de acostar-me ao que seguir o comum do reino." "Então, continuou o secretário, está dada a resposta. Mais vale arriscar tudo para reinar, do que arriscar tudo ainda, e ficar vassalo. A ocasião é chegada, e parece que Deus a trouxe. A maior dificuldade consistia *em os outros proporem* a empresa..." (*História de Portugal*, IV, 134).

Por fim, cabe-nos assinalar, neste assunto de combinações de preposição, que o português moderno desprezou certas construções – embora também contrárias à lógica da gramática – estimadas dos antigos e que ainda hoje puristas aplaudem. Interessa-nos agora aquela em que se combinava a preposição *por* (antigo *per*) com os pronomes *o, a, os, as,* em função de objeto direto:

Esforcei-me pelo convencer,

hoje desbancado por:

Esforcei-me por convencê-lo (ou *para convencê-lo,* ou *por o convencer,* este último raro entre brasileiros).

Apesar de exemplos de autores modernos (RUI BARBOSA entre eles) e do voto de MÁRIO BARRETO (*Novos Estudos*, 2.ª ed., cap. VII, p. 111-25), concordo com o parecer de mestre SAID ALI (*Revista Americana*, II, 4, p. 160):

"A contração de *por* e antigo *per* com as formas pronominais *o, a, os, as,* pertence ao número das formas arcaicas, de que se encontram ainda restos na linguagem popular de Portugal. É imprópria da linguagem culta de hoje, e se ocorre – o que é muitíssimo raro – em algum escritor moderno, deixa-nos logo a impressão de um estilo afetado. Não provam exemplos dessa espécie o uso geral, nem podem servir de norma para o falar correto."[29]

É elucidativo este passo de REBELO DA SILVA, onde ocorrem os dois casos aqui estudados:

"... em que o tribunal proferiu a sentença, mandando entregar as fazendas a Adão Bans e sócios sob fiança *de as restituírem no caso dos portugueses* dentro de seis meses *pagarem a quantia*..." (Ibid., 515).

17 - Reduzidas decorrentes e concorrentes

Como as desenvolvidas, as orações reduzidas podem ser:

a) *decorrentes*:

---

[29] Cf. ainda do mesmo autor *Dificuldades da Língua Portuguesa*, 30-1, e SOLIDÔNIO LEITE, *Clássicos Esquecidos*, 211 e ss.

"O Conde de Avranches saiu a eles com quase toda a gente do arraial, e *fazendo-os fugir* tomou alguns prisioneiros" (ALEXANDRE HERCULANO, *Fragmentos*, 96).

A oração de *fazendo* é reduzida gerundial de tempo e exige como objeto direto a oração também reduzida *os fugir* (reduzida de infinitivo) = que eles fugissem.

b) *concorrentes*:
"Irado o infante com as injúrias que lhe tinham dito, mandou *enforcar uns e degolar outros*, e o conde perseguiu o resto até Pontevel" (Id., ibid.).

As orações reduzidas de infinitivo *enforcar uns* e *degolar outros* servem de objeto direto do verbo *mandou*; por isso se acham coordenadas entre si.

Não raro aparece, entre as orações equipolentes, uma reduzida coordenada à outra desenvolvida ou vice-versa:[30]
"... o leva e convida *a ser santo e a que tenha com ele todo o trato da mais íntima familiaridade*" (MANUEL BERNARDES, *Luz e Calor*, 346).
"*Para provar-lhe* que não falto à menor condição estipulada, *e para que a minha consciência fique pura de escrúpulos*, vou dar-lhe a gratificação prometida" (CAMILO, *Justiça*, drama, ato II, cena IX).

A variedade de estrutura se dá até entre orações que não são equipolentes, para variar a expressão do pensamento:
"Na província do Alentejo o recrutamento fazia-se para exclusiva defesa dela, cabendo um terço de cada comarca, *se era grande*, ou a duas unidas, *sendo pequenas*" (REBELO DA SILVA, ibid., 27).

18 – A locução verbal: tipos de verbos auxiliares

Temos visto que nem sempre o núcleo do predicado é constituído por um só verbo. Muitas vezes ao verbo principal junta-se um ou mais de um verbo auxiliar para a representação deste núcleo:
"Sem fazer caso dos que o rodeavam, *tornou a abraçar-se* com o corpo do filho, banhando-o de lágrimas e cobrindo-o de beijos" (REBELO DA SILVA, *apud Antologia Nacional*, 211).
"O toiro ergueu-se e, cambaleando com a seção da morte, *veio apalpar* o sítio onde *queria expirar*" (Id., ibid.).
"Nenhum *ousa desviar* a vista de cima da praça" (Id., ibid.).
"Vá. É pai. Sabe o que *há de dizer-lhe*..." (Id., ibid.).
"*Tinham-se picado* alguns bois" (Id., ibid.).

---

[30] Cf. MARIO BARRETO, *Novos Estudos*, 2.ª ed., p. 168, nota, donde extraio os exemplos.

Conta a nossa língua com uma riquíssima série de verbos auxiliares, que podem ser:

a) auxiliares *temporais*: formadores dos chamados tempos compostos:

1) *ter, haver* (hoje raro), *ser* (hoje raríssimo) + particípio: *tenho feito; hei feito, sou chegado*:
   "Os cavaleiros *eram partidos* caminho de Zamora" (A. FELICIANO DE CASTILHO apud *Antologia Nacional*, 191).

2) *ser, estar, ficar* + particípio, para indicar a voz passiva: *sou estimado, está prejudicado, ficou rodeado*.

b) auxiliares *acurativos*: determinam melhor o momento da ação verbal, e indicam:

1) início da ação: *começar a escrever, pôr-se a escrever*, etc.;

2) iminência da ação: *estar para (por) escrever, querer* (em *quer chover*), etc.;

3) desenvolvimento gradual da ação, duração: *estar a escrever, estar escrevendo, andar escrevendo, vir escrevendo, ir escrevendo*, etc.;

4) repetição da ação: *tornar a escrever, costumar escrever* (repetição habitual), etc.;

5) término da ação: *acabar de escrever, cessar de escrever, deixar de escrever, parar de escrever*, etc.;

c) auxiliares *modais*: determinam melhor o modo como a ação se realiza ou deixa de se realizar, e indicam:

1) necessidade, obrigação, dever: *haver de escrever, ter de escrever, dever escrever, precisar (de) escrever*, etc.;

2) possibilidade ou capacidade: *poder escrever*;

3) vontade ou desejo: *querer escrever, desejar escrever, odiar escrever, abominar escrever*, etc.;

4) tentativa ou esforço: *buscar escrever, pretender escrever, tentar escrever, ousar escrever, atrever-se a escrever*, etc.;

5) consecução: *conseguir escrever, lograr escrever,* etc.;

6) aparência, dúvida: *parecer escrever,* etc.;

7) movimento para realizar um intento futuro, próximo ou remoto: *ir escrever*;

8) resultado: *vir a escrever, chegar a escrever:*
"Estas palavras *vêm a traduzir* a mesma ideia" (ADOLFO COELHO, *Noções Elementares de Gramática Portuguesa,* 55, 6).

Para a formação da locução verbal não basta que concorram dois ou mais verbos; a intenção da pessoa que fala é que determinará a existência ou inexistência da locução. Cumpre lembrar aqui o ensinamento do Prof. JOSÉ OITICICA: "Por exemplo, na frase: *queríamos colher rosas,* os verbos *queríamos colher* constituirão expressão verbal se pretendo dizer que queríamos colher *rosas* e não outra flor, sendo *rosas* o objeto da declaração. Se, porém, pretendo dizer que o que nós queríamos era *colher rosas* e não fazer outra coisa, o objeto da declaração é *colher rosas* e a declaração principal se contém incompletamente em *queríamos*" (*Manual de Análise,* 202-3).[31]

19 – A concordância na locução verbal

Esta possibilidade de se considerar ou não como locução verbal o agrupamento de dois ou mais verbos leva-nos a usar o singular ou plural em construções como:
    DEVE-SE promulgar as leis
        ou
    DEVEM-SE promulgar as leis.

Com o verbo *deve-se* no singular, não se considera o conjunto como locução verbal: *deve-se* é um verbo principal na voz passiva pronominal, e o seu sujeito é a oração reduzida de infinitivo *promulgar as leis.* As orações, tomadas absolutamente, valem por um nome do gênero masculino e do número singular; daí o singular *deve-se.*

No segundo caso, *devem-se promulgar* constitui uma locução verbal, formada do verbo auxiliar modal *dever* e do verbo principal *promulgar-se,* na voz passiva pronominal, e o seu sujeito é o plural *as leis,* o que obriga a concordância de *devem-se promulgar: as leis devem ser promulgadas.*

---

[31] Modernamente tem-se procurado **reelaborar** o conceito da auxiliaridade, sem ainda resultados unânimes. Entre nós, a melhor exposição está em LÚCIA LOBATO. *Os Verbos Auxiliares em Português. Critérios de Auxiliaridade.* (in: *Análises Linguísticas,* Petrópolis. Vozes, 1975, p. 27-91).

Como bem pondera JOÃO RIBEIRO,[32] quando "o sentido determinar exatamente o sujeito verdadeiro, a concordância não pode ser arbitrária. Exemplo: *Quer-se inverter as leis*, e nunca *querem-se inverter as leis*. Neste caso, é evidente que o único sujeito possível é *inverter* (as leis). Da mesma forma deve-se dizer: *Intenta-se demolir aqueles morros*, e não *intentam-se*".

Notem-se os seguintes exemplos das duas sintaxes: [33]

a) sem locução verbal (a oração reduzida é o sujeito):
"Não *se costuma punir* os erros dos sólidos sobre a efígie venerável dos monarcas" (REBELO DA SILVA, *A Mocidade de D. João V*, t. III, p. 293). "Quem destrinçou estes miúdos foi Frei Cláudio da Conceição a quem *se deve*, em desconto do muito que mentiu no 'Gabinete histórico', *aceitar* estes esclarecimentos da verdade histórica, ofendida pelas invencionices de Jacome Raton" (CAMILO, *Mosaico*, 99).

b) com locução verbal (o sujeito é nome ou pronome plural):
"Bem sei que me podem vir com duas objeções que geralmente *se costumam fazer*" (*Colóquios Aldeões*, p. 206).[34]
"No dia da coroação dos Pontífices *costumam-se* em Roma *abrir os cárceres*" (Pe. MANUEL BERNARDES, *Nova Floresta*, V, 93).

Dá-se ainda a mesma variedade de concordância com o verbo *parecer* seguido do infinitivo:
As estrelas PARECEM BRILHAR
ou
As estrelas PARECE BRILHAREM.

No 1.º caso, trata-se de uma locução verbal constituída do verbo auxiliar modal de aparência (*parecer*), acompanhado do verbo principal (*brilhar*); o sujeito plural *as estrelas* explica a concordância *parecem brilhar*. No 2.º caso, o sujeito de *parece* é a oração reduzida de infinitivo (*brilharem as estrelas* = *que as estrelas brilham*), fato que determina o singular *parece*.

---

[32] *Gramática Portuguesa*, 322.

[33] Cf. MÁRIO BARRETO, *Novos Estudos*, nota das p. 215 e 216, donde extraí os exemplos. Cf. ainda *Através*, 3.ª ed. 261 n.

[34] Tradicionalmente citam-se os *Colóquios Aldeões* como tradução de CASTILHO; estudo recente do Prof. PEDRO A. PINTO (*Locuções na Réplica*, v. 2) ensina-nos que o nome do ilustre escritor se associou à 2.ª ed. da obra por iniciativa de editor.

Observação 1.ª:

▶ Pode haver contaminação das duas sintaxes que leva ambos os verbos ao plural:
"A raiva sufocava e tolhia a fala ao Conde de Trava, cujos olhos banhados de fel *pareciam* não lhe *caberem nas órbitas*" (ALEXANDRE HERCULANO *apud* MÁRIO BARRETO, *Novos Estudos*, 210).

Observação 2.ª:

▶ Com *poder, dever, costumar*, entre outros, seguidos de infinitivo, é mais comum o plural: *Podem-se erguer as hipóteses. Devem-se evitar os erros. Costumam-se encontrar os pacotes.*

20 - Emprego do infinitivo flexionado e sem flexão na locução verbal

O conhecimento da locução verbal também nos interessa para o emprego do infinitivo, flexionado ou não, porque normalmente *não se flexiona o infinitivo que faz parte de uma locução verbal*:
   "porque certo, crê que não *quereis perder* (e não *perderdes*!) na vossa velhice o nome de bom e honrado português" (ALEXANDRE HERCULANO, *Antologia Nacional*, 109).
   "De hoje a quatro *meses podeis voltar* (e não *voltardes*!) aqui, senhor rei" (Id., ibid., 200).

Observação 1.ª:

▶ Se o verbo principal se acha afastado do seu auxiliar, é possível flexionar também aquele para avivar a pessoa do sujeito. Não há obrigatoriedade de flexão, que fica na dependência do propósito do escritor e do ritmo e eufonia da expressão:
   "*Possam* os devaneios daquele que passou desconhecido ao mundo não *serem* inteiramente inúteis para o progresso humano..." (ALEXANDRE HERCULANO *apud Fragmentos*, 173).

> "... dentro dos mesmos limites atuais *podem* as cristandades *nascerem* ou *anularem-se, crescerem* ou *diminuírem* em certos pontos desses vastos territórios" (Id., ibid.)
>
> **Observação 2.ª:**
>
> ➥ Pode-se ainda flexionar o infinitivo se o auxiliar vem subentendido:
> "... os barões e cavaleiros de Leão e Portugal *podiam encontrar-se* corpo a corpo, sem a desordem e confusão de uma batalha, e *experimentarem* qual das duas províncias da Espanha gerava braços mais robustos" (Id., ibid.).
> "*Queres ser* mau filho, mau amigo, *deixares* uma nódoa d'infâmia na tua linhagem..." (Id., ibid., 174).

21 - O emprego do infinitivo com os verbos causativos e sensitivos

Já vimos que os verbos causativos *deixar, mandar, fazer* (e sinônimos) e os sensitivos *ver, ouvir, sentir* (e sinônimos) não formam locução verbal com o infinitivo seguinte:[35]
Deixei-os sair.

1.ª oração: principal: *deixei*
2.ª oração: subordinada substantiva objetiva direta: *os sair.*

Entretanto, estes verbos quase sempre se comportam como fazendo parte de uma locução verbal, no tocante ao emprego da flexão do infinitivo. Com os causativos *deixar, mandar, fazer*, a norma é não se flexionar o infinitivo, qualquer que seja o seu sujeito:
"*Fazei-os parar*" (ALEXANDRE HERCULANO apud *Fragmentos*, 75).
"El-rei comprometia-se a *deixar-lhes levar* quanto possuíssem..." (Id., ibid.).
"Os processos... que *lhes mandavam julgar* terminavam-nos pela soltura dos réus" (Id., ibid.).

Com os sensitivos (*ver, ouvir, olhar, sentir* e sinônimos), pode-se também deixar o infinitivo sem flexão, embora aqui a norma não seja rígida:
"*Ouviu* assim *dar* três horas" (E. DE QUEIROZ, *Os Maias*, 661).

---

[35] Veja-se item 9, p. 207 a 209.

"Fernando Peres tentava escutar o que se dizia na outra extremidade da mesa, quando *sentiu puxarem-lhe* pela orla do brial" (*Id., ibid.*, 171).
"*Viste-los baterem* sobre a laje fria do pavimento com a fronte afogueada..." (*Id., ibid.*, 195).

É de praxe o infinitivo flexionado quando este alude a um sujeito indeterminado: "Afinal sentiu *tocarem*-lhe de leve no ombro e estremeceu; era uma religiosa" (JOÃO RIBEIRO, *Coração*, 134).

22 - O emprego do infinitivo fora da locução verbal

Fora da locução verbal, "*a escolha da forma infinitiva depende de cogitarmos somente da ação ou do intuito ou necessidade de pormos em evidência o agente do verbo.*"[36]
Geralmente ocorre o infinitivo flexionado:

a) "sempre que o infinitivo estiver acompanhado de um nominativo sujeito, nome ou pronome (quer igual ao de outro verbo, quer diferente);[37]

b) sempre que se tornar necessário destacar o agente, e referir a oração especialmente a um sujeito, seja para evitar confusão, seja para tornar mais claro o pensamento. O infinitivo concordará com o sujeito que temos em mente;

c) quando o autor intencionalmente põe em relevo a pessoa a que o verbo se refere."[38]

A leitura atenta dos seguintes exemplos será proveitosa a quem deseja adestrar-se nesta particularidade sintática:
"É permitido aos versistas *poetarem* em prosa" (CAMILO, *A Queda dum Anjo*, 60).

---

[36] SAID ALI, *Gramática Secundária da Língua Portuguesa*, 246.

[37] Se se tratar de *infinitivo + se*, pode-se dar ou não a flexão:
"(...) [equivalerá a] *tirar-se* as teias de aranha do tempo de João Torto" (AQUILINO RIBEIRO, *Arcas*, 170).
"As mangas e os melões são de *se lamber* os beiços" (CARDOSO DE OLIVEIRA, *Dois Metros e Cinco*, 226).
"(...) para se *avaliar* as excelências" (CAMILO, *O Bem e o Mal*, 279).

[38] SAID ALI, *Dificuldades da Língua Portuguesa*, 72. Recomendo aos interessados a leitura e meditação das profundas páginas deste livro do Prof. SAID ALI e, particularmente, do capítulo "O infinito pessoal".

"Fazem eles o favor de dar ao preso água em abundância; mas descontam nesta magnanimidade proibindo-os de *falarem* aos companheiros de infortúnio..." (Id., ibid., 99)

"Demais disso, a saraivada de bagos de rapé, que ele sacudia dos sorvedouros nasais, algumas vezes obrigava as damas a *formarem* sobre os olhos com os dedos um baldaquim sanitário..." (Id., ibid., 105).

"pareciam ajuntar-se para se *narcotizarem* e *entrarem* emparceirados nas silenciosas regiões da morte" (Id., ibid., 107).

"os seus anos não eram bastantes para *autorizarem* a distinguir-se no mero acidente dos trajos" (Id., ibid., 108).

23 - A colocação dos pronomes átonos (ME, TE, SE, NOS, VOS, O, A, OS, AS, LHE, LHES)

Em relação a um só verbo, ocorrem as seguintes normas, para a língua-padrão:

1.ª) Não se inicia período por pronome átono:
"Chama-*se*, com razão, à América o Novo Mundo, porque em si tem quanto pode adivinhar a fantasia, apetecer a ambição" (LATINO COELHO, *Antologia Nacional*, 214).
"Não! *vos* digo eu: não serei quem torne a erguer essa derrocada abóbada!" (ALEXANDRE HERCULANO, *Antologia Nacional*, 197).
"Se nisto que me ouviste, achas alguma coisa que te contente e queres vir comigo, pois é já tarde, *te* hospedarei na minha cabana..." (RODRIGUES LOBO, *Antologia Nacional*, 280).

Observação 1.ª:

▶ Presos à regra que dizia não se poder iniciar *oração* por pronome átono, muitos autores condenavam e condenam exemplos como o último, embora haja concessões para o caso das intercaladas de citação, como no trecho de HERCULANO. A observação dos bons autores nos manda seguir a lição que adoto.

OBSERVAÇÃO 2.ª:

▶ Na língua coloquial, falada e escrita, corre vitoriosa a colocação do pronome átono no início do período.

2.ª) Não se pospõe pronome átono a verbo flexionado em oração subordinada: "Contenta-se de crer que *o é*" (MACHADO DE ASSIS, *Antologia Nacional*, 97).
"Eu trazia de cor as palavras que alguém *me* confiou..." (*Id., ibid.*, 99)
"Quando em 1834 *se* extinguiu o antigo e célebre cenóbio de Santa Cruz de Coimbra, aconteceu aí um fato..." (ALEXANDRE HERCULANO, *Antologia Nacional*, 192).

Observação:

➥ Ainda nas orações equipolentes (coordenação entre subordinadas) se deve observar este preceito, embora não sejam raros os exemplos em contrário: "Apenas aparece a figura de um frade desconhecido e heroico, cujo nome a história não conserva *e que*, embora não soubesse uma palavra da língua indígena, *meteu-se pelos matos*..." (EDUARDO PRADO in *Trechos Seletos*, de S. SILVEIRA, 129).

➥ Aliás, ainda nas orações subordinadas, pode ocorrer a ênclise quando entre o conectivo e o verbo medeiam vocábulos que não exigem a próclise ou entre eles haja pausa: "Mas a primeira parte se trocou por intervenção do tio Cosme, *que*, ao ver a criança, *disse-lhe entre outros carinhos*..." (M. DE ASSIS, *Dom Casmurro*, 307 *apud* M. BARRETO, *Últimos Estudos*, 197); "Saiba vossa majestade *que*, há dois dias, se a ronda não acode, *matavam-no à esquina* da rua das Arcas, perto do recanto do painel" (REBELO DA SILVA, *A Mocidade de D. João V*, II, 34 *apud* M. BARRETO, ibid.).

3.ª) Não se pospõe pronome átono a verbo modificado diretamente por advérbio (isto é, sem que entre os dois possa haver pausa, indicada ou não por vírgula):
"*Assim o* referem pelo menos as crônicas da Ordem" (JOÃO FRANCISCO LISBOA, *Antologia Nacional*, 29).
"Arquiteto do mosteiro de Santa Maria, *já o não sou*" (ALEXANDRE HERCULANO, *Antologia Nacional*, 195).
"*Não lhe* lembra nunca a possibilidade de um pontapé ou de um tabefe" (MACHADO DE ASSIS, *Antologia Nacional*, 96).

A posposição do pronome ao verbo, nos seguintes exemplos, se explica pela possibilidade de pausa entre as duas classes de palavra:
"a figura vaga do finado amigo passa-lhe acaso ao longe, muito ao longe, aos pedaços, *depois* mistura-se à do amigo atual..." (MACHADO DE ASSIS, ibid., 97).
"Tornei a vê-lo aquele dia, e *ainda agora parece-me* vê-lo" (Id., ibid., 99).

4.ª) Não se pospõe pronome átono a verbo no futuro do presente e futuro do pretérito (condicional). Desde que não sejam contrariadas as normas anteriores, ou se coloca o pronome átono *antes* ou no *meio* destas formas verbais:
"*Cingir-me-ei*, estritamente, a falar-vos como falaria a mim próprio..." (RUI BARBOSA, *Oração aos Moços*, 61).
Falar-te-ia mais cedo, se eu tivesse sabido de seus planos.

Por atender às normas anteriores, só é possível a anteposição do pronome ao verbo nos seguintes exemplos:
Eu não *me* cingiria a isso.
Ele disse que *te* falaria mais cedo sobre estes assuntos.

Se houver locução verbal, onde o pronome estará em relação a mais de um verbo, temos de considerar dois casos gerais:

a) auxiliar + { *infinitivo*: quero escrever
                 ou
                 gerúndio: estou escrevendo }

Nestas circunstâncias, desde que não sejam contrariadas as quatro normas já expostas, o pronome átono pode vir:

1) antes de auxiliar:
   Eu *lhe* quero escrever.
   Eu *lhe* estou escrevendo.

2) depois do auxiliar, ligado a ele por hífen:
   Eu quero-*lhe* escrever.
   Eu estou-*lhe* escrevendo.
   "Estou-*vos* abrindo o livro da minha vida" (RUI BARBOSA, *Oração aos Moços*, 23).

3) depois do verbo principal, ligado a ele por hífen:
   Eu quero escrever-*lhe*.
   Eu estou escrevendo-*lhe* (colocação mais rara).
   "A conversa começou por monossílabos e frases truncadas, mas *foi* a pouco e pouco *fazendo-se* natural e correta" (MACHADO DE ASSIS *apud* MÁRIO BARRETO, *Novos Estudos*, p. 129).

Observação 1.ª:

➡ Pode dar-se a inversão do auxiliar que se pospõe ao infinitivo:
"Vossa mãe acha-se mal e *falar-vos quer*" (FILINTO ELÍSIO, *Obras*, XVII, 200).

Observação 2.ª:

➡ Ocorre, entre brasileiros com mais frequência, o pronome átono proclítico[39] ao verbo principal, sem hífen:
Começou a LHE dizer ou *a dizer-LHE*.

Eu quero *LHE escrever*.

Eu estou *LHE escrevendo*.

Muitos estudiosos condenam esta colocação; só a aceitam quando o infinitivo está precedido de preposição:
Começou a LHE dizer ou *a dizer-LHE*.
Hás de ME jurar ou *Hás-ME de jurar* ou *Hás de jurar-ME*.

Observação 3.ª:

➡ Com o infinitivo como verbo principal, podemos contrariar as normas gerais 2.ª e 3.ª estabelecidas para um só verbo:
Eu não quero *dizer-LHE* (com advérbio).

Espero que continues a *escrever-ME* (em oração subordinada desenvolvida).

b) *auxiliar + particípio*: *tenho dito*.

Nestas circunstâncias, desde que também não sejam contrariadas as normas gerais, o pronome átono pode vir:

---

[39] Chama-se **próclise** à **anteposição** do elemento átono ao tônico (**LHE quero**); **ênclise** é a **posposição** (**quero-LHE**) e **mesóclise** a **interposição** (**falar-TE-ia**).

1) antes do auxiliar:
    Eu *LHE* tenho dito.

2) depois de auxiliar, ligado a ele por hífen:
    Tenho-*LHE* dito.

Jamais se pode pospor o pronome átono ao verbo no particípio. Estaria errada, portanto, a seguinte colocação: Tenho dito-*lhe*.

Entre brasileiros com mais frequência, também ocorre a anteposição ao verbo principal, o que, como vimos em a), Obs. 1.ª, muitos estudiosos têm por erro:
    Eu tenho *lhe dito*.

> **Nota final:**
>
> ➥ Além dos casos assinalados nas normas gerais, ocorre ainda a próclise:
>
>   a) com o gerúndio precedido da preposição *em*:
>
>   "Ninguém, desde que entrou, *em lhe chegando* o turno, se conseguirá evadir à saída" (RUI BARBOSA, *Oração aos Moços*, 30).
>
>   b) nas orações exclamativas e optativas, com verbo no subjuntivo e sujeito anteposto ao verbo:
>
>   Deus *te* guie!
>
>   Bons ventos *o* levem!
>
>   c) nas orações interrogativas ou exclamativas diretas iniciadas por palavras interrogativas ou exclamativas, de natureza adverbial:
>
>   *Como se* faz isso?
>
>   *Por que me* dizem mentiras?
>
>   *Como te* enganam!

24 – Algumas inversões do pronome átono em escritores portugueses

Entre portugueses (nos brasileiros o fato geralmente ocorre por imitação literária) o pronome átono aparece em certas posições em relação a outro vocábulo da oração, o que no Brasil normalmente não praticamos:

a) antepostos ao pronome sujeito:
   "Mas um rochedo em que *me eu* sente ao pôr do sol na gandra erma e selvagem..." (GARRETT in *Trechos Seletos*, 4ª. ed., de S. SILVEIRA, 255).

b) anteposição à negativa *não*:
   "Se há provas de que fui eu, por que mas pedem? Se *as não* há, por que me prendem?" (CAMILO, *O Bem e o Mal*, 138).

> **Observação:**
>
> ➡ Sobre os pretensos cacófatos *a não* e *as não* veja-se o que diz M. BARRETO em *Através*, 3ª. ed., 288-90; *Últimos Estudos*, 31.

Fenômenos de sintaxe que mais interessam à análise sintática

I - Elipse

É a omissão de uma expressão facilmente subentendível na enunciação linguística.

Para a perfeita análise é necessário pôr ao claro os termos que, por demais conhecidos e presentes no subconsciente dos falantes, se calam, sem nenhum prejuízo da inteligência do contexto.

É mister, entretanto, não abusar do recurso cômodo da elipse, pois, "quando, para ajeitar um pensamento, uma oração a certo tipo teórico preestabelecido, buscamos um termo fora da linguagem corrente e totalmente desconhecido do uso, um termo que não está na consciência de quem fala, nem acode ao intelecto de quem ouve; quando se admite que para pensar e falar é mister pedir licença à tradicional análise lógica, então a elipse perde o genuíno sentido, torna-se coisa sem limites, o recurso do dogmatismo".[1]

Os modernos estudos linguísticos têm reduzido a importância e extensão do conceito de elipse. Vale a pena repetir a lição de Mattoso Câmara, DFG, 156:

"Nega-se assim que haja elipse: 1) na braquilogia, onde as omissões decorrem da própria formulação mental da frase; ex.: "*À bomba, que nos imos alagando!*" (*Os Lusíadas*, IV, 72); 2) no emprego substantivo de um nome ou pronome cuja função pode ser tanto substantiva como adjetiva; ex.: "*Aquele que nos campos Maratônios / o grão poder de Dário estrui e rende*" (*Os Lusíadas*, X, 21); 3) na ausência de pronome-sujeito junto a um verbo, pois em português a referência ao sujeito está na desinência verbal; ex.: "*Aqui toda a Africana costa acabo / neste meu nunca visto promontório*" (*Os Lusíadas*, V, 50); 4) numa construção sintática de duas ou mais partes na qual um só termo se reporta a todo o conjunto (ZEUGMA); ex.: "*o grão arquitector cos filhos dando / um, nome ao mar, e o outro, fama ao rio*" (*Os Lusíadas*, IV, 104). Há, ao contrário, elipse; 1) quando a omissão decorre da enunciação

---

[1] SAID ALI, *Dificuldades da Língua Portuguesa*, 81, onde o mestre critica a análise antiga, useira e vezeira no recurso à elipse.

em frase anterior (como na resposta a uma pergunta) ou da presença na situação; ex.: *É belo?* (Diante de um "quadro") – *É* (com a omissão de *belo*); 2) numa construção sintática em que um vocábulo omitido se deduz de outro vocábulo; ex.: "*E, enquanto eu estes canto e a vós não posso, / sublime Rei, pois não me atrevo a tanto*" (*Os Lusíadas*, I, 15), com a omissão de "cantar".

2 - Pleonasmo

É a repetição de uma expressão ou ideia já enunciada anteriormente:
"*Arquiteto do mosteiro de S. Maria* já *o* não sou" (A. HERCULANO).
Há três meses *atrás*.

Há os pleonasmos elegantes e os viciosos, que nada adiantam à expressividade do pensamento. Estes devem ser cuidadosamente evitados.

O grande juiz entre os pleonasmos elegantes e viciosos não é a *lógica* da gramática, mas a tradição refletida no uso dos bons escritores e das pessoas cultas. Se não dizemos *sair para fora* (exceto em certos momentos de ênfase intencional), não nos choca a sensibilidade *sair por fora*, em expressões cotidianas como *a água está saindo por fora da chaleira*. Se refugamos *voltar para trás*, é insubstituível o *atrás* de *palavra de rei não volta atrás*.

3 - Anacoluto

É a quebra da estruturação lógica da oração.

"Resulta esta anomalia em geral do fato de não poder a linguagem acompanhar o pensamento em que as ideias se sucedem rápidas e tumultuárias. É a precipitação de começar a dizer alguma coisa sem calcular que pelo rumo escolhido não se chega diretamente a concluir o pensamento. Em meio do caminho dá-se pelo descuido, faz-se pausa, e, não convindo tornar atrás, procura-se a saída em outra direção."[2]

"Quem quer que disser mal de D. Henrique, eu me matarei com ele" (JOÃO DE BARROS),

onde o rigor pediria: *Com quem disser mal de D. Henrique eu me matarei*.

Em análise sintática de estruturas superficiais evitam-se as construções anacolúticas, por serem rebeldes à sua sistematização. Aliás, como bem ensina mestre SAID ALI, "estas arrancadas de linguagem, irrefletidas ou mal ponderadas, que levam o homem a expressar-se contrariamente às normas da sintaxe, são evitadas hoje entre os literatos e entre as pessoas que se prezam a falar corretamente" (Id., ibid., 40).

---

[2] SAID ALI, *Meios de Expressões e Alterações Semânticas*, 38, donde extraio o exemplo.

4 - Antecipação (Prolepse)

É a colocação de uma expressão antes do lugar que a rigor lhe compete:
O homem parecia que estava zangado
por
Parecia que o homem estava zangado.
"(...) as aves parece que cantavam os seus louvores" (JOÃO RIBEIRO, *Floresta*, 2.ª ed., 223).

A maior ênfase que queremos dar a certa expressão muitas vezes nos obriga a antecipá-la da posição que sua função sintática lhe confere; no rosto da oração torna-se mais patente a nosso interlocutor. Estas antecipações muitas vezes geram o anacoluto.

Em análise sintática cuidado especial merecem as antecipações, que devem ser cuidadosamente desfeitas. Também aparentes desconcertos de concordância encontram sua razão na antecipação, como ocorre no seguinte exemplo:
"Os dias, parece que nunca se acabam" (JOÃO RIBEIRO, *Coração*, 220).

Outros exemplos de antecipação:[3]

a) *Má empresa me parece que trazeis* = *parece que me trazeis má empresa* (antecipação do objeto direto).

b) *Quem ama o feio bonito lhe parece* = *a quem ama o feio bonito lhe* (pleonasmo) *parece* (antecipação do objeto indireto).

c) *Bartolomeu, andava-lhe a cabeça à roda e fugia-lhe o lume dos olhos* = *a cabeça de Bartolomeu andava à roda e fugia o lume dos seus olhos* (antecipação do adjunto adnominal).

5 - Braquilogia

É o emprego de uma expressão mais curta equivalente a outra mais ampla ou de construção mais complexa.

A braquilogia está intimamente ligada à esfera da elipse e se explica pelo fato de o homem procurar sempre o meio mais fácil e simples de traduzir os seus pensamentos.

Para efeito de análise, podemos desfazer a braquilogia ou, quando possível, analisar a expressão tal como se nos apresenta.

---

[3] Exemplos extraídos de JOSÉ OITICICA, *Manual de Análise*, 228 e ss.

Assim, em
> *Estudou como se fosse passar*
> por
> *Estudou como (estudaria) se fosse passar*,

poderemos analisar a oração de *como*, ou ligá-la ao *se*, interpretando *como se* como introdutor de uma oração comparativa hipotética.

O mesmo procedimento pode ser estendido às seguintes orações adverbiais comparativas:
> Estudou *como quem* sabe o que faz.
> Estudou *como para fazer boas provas*.
> Está *como* quando o conheci.

6 - Haplologia sintática

É o desaparecimento de uma palavra em virtude de estar em contato com outra palavra (ou final de palavra) foneticamente igual ou semelhante.

Quando estudamos a sintaxe de *antes quer que*, vimos que normalmente omitimos a segunda conjunção integrante, para evitar o encontro *que que*:

> "Antes Deus quer
> Que se perdoe um mau, que um bom padeça" (ANTÔNIO FERREIRA, *Castro*, vv. 696-697).

Isto é: *antes Deus quer que se perdoe um mau que* (= do que) (quer) *que um bom padeça*.

7 - Contaminação sintática

"É a fusão irregular de duas construções que, em separado, são regulares."[4]

A fusão de *fazer com alguém que...* e *fazer que alguém* deu origem a uma terceira onde a oração objetiva direta pode vir precedida da preposição *com*: *fazer com que alguém saia*.

A combinação de preposições como:
> *Caminhar por entre as matas*,

resulta das linguagens:
> *Caminhar por matas* e *caminhar entre as matas*.

Já vimos que se devem à contaminação sintática concordâncias como:
> *As estrelas pareciam brilharem*.

---

[4] EPIFÂNIO, *Sintaxe Histórica Portuguesa*, § 482.

8 - Expressão expletiva ou de realce

É a que, sem função sintática, enfatiza um termo da oração ou o pensamento integral.
Entre os expletivos que mais de perto nos interessam agora, citaremos *é que*:
Nós *é que* somos brasileiros.

Despreza-se *é que* quando se procede à análise: *nós somos brasileiros*.
Com *é que* procuramos traduzir melhor a ideia de que o sujeito (*nós*) é a única pessoa a que se refere o predicado.
Usam-se ainda *é onde* e *é quando* quando a ênfase recai na circunstância de lugar ou de tempo:
"era principalmente nas fileiras árabes *onde* as puas agudas e cortadoras de sua temerosa borda ou maça d'armas faziam maiores estragos" (ALEXANDRE HERCULANO *apud* EPIFÂNIO, *Sintaxe Histórica Portuguesa*, § 428, b, Obs.).

É preciso não confundir o expletivo *é que* como o *é que* que denota:[5]

a) verbo *ser* + conjunção integrante: A verdade é que saíram.
   Verdade é que saíram.
   "O caso é, Geringonça, *que* meu pai está muito caduco" (ANTÔNIO JOSÉ, *Obras*, I, 222 *apud* J. OITICICA. A oração de *que* é predicativa).

b) verbo *ser* como verbo vicário + conjunção integrante:
   "Que quer dizer este nome? *É que* as almas..." (MANUEL BERNARDES *apud* JOSÉ OITICICA).

Aqui o verbo *ser* evita a repetição do verbo anterior: *quer dizer as almas...*

c) verbo *ser* vicário + conjunção causal:
   Por que saíram? É que precisavam ir à praça,

isto é:
   Saíram porque precisavam ir à praça.

d) *é que* = *é o que*:
   Este *é que fez a crítica* = este é o (= aquele) *que fez a crítica*.
   Ele *é que merece os elogios*.

---

[5] Cf. JOSÉ OITICICA, *Manual de Análise*, 235-7.

Levem-se em conta, como extensão desse *é que*, os seguintes empregos:

a) a frase apresentativa *é*:
   Eles querem *é* comer.
   Ele é *é* inteligente / o que ele é *é* inteligente.
   "O que estou é velho" (G. RAMOS, *S. Bernardo*, 216).

b) a interrogativa perifrásica *será que?*
   Será que eles querem comer? [6]

---

[6] Genouvrier-Peytard, *Linguística e Ensino*, 158.

Modelos de análise

Seleciono, para simples cotejo ou valiosa orientação, alguns modelos de análise que nos deixaram dois ilustres mestres da língua portuguesa. Para não ferir modéstias, cinjo-me àqueles que já não pertencem ao mundo dos vivos, e tomo a liberdade de, dentro das possibilidades, adaptar estes exemplos à nomenclatura deste livro que é quase toda a da *Nomenclatura Gramatical Brasileira*.

A) Augusto Epifânio da Silva Dias

I – *Os grandes rebanhos e manadas é que fazem as boas colheitas proporcionando as quantidades precisas de estrume para o adubo do solo.*

Este período gramatical tem uma só oração. *É que* deve ser considerado simplesmente como um sinal que serve de dar realce a *os grandes rebanhos e manadas*, sem fazer oração à parte.

   a) O sujeito *rebanhos e manadas*, sujeito composto de dois substantivos ligados pela conjunção aditiva *e* (cf. Lição V, item 3).
   Qualifica-o o adjetivo *grandes* empregado como adjunto adnominal (cf. Lição VII, item 2).

   b) O predicado é *fazem*, que está no plural e na terceira pessoa, por serem os sujeitos do plural e da terceira pessoa (cf. Lição V, item 5).
   Fazem como verbo transitivo direto tem objeto direto (cf. Lição VI, item 3). É *colheitas* complemento ao qual se ligam como adjunto adnominal *as* e *boas*.

Proporcionando[1] é um gerúndio que, referido ao sujeito da oração, determina o verbo *fazem*, exprimindo o meio (cf. Lição XII, item 5. B. 5).

---

[1] Para a análise das orações reduzidas em EPIFÂNIO DIAS ver a nota sobre nomenclatura na p. 184 deste livro.

Este particípio que pertence a um verbo transitivo tem por objeto direto *quantidades* qualificado pelos adjuntos *as* e *precisas*. Demais o substantivo *quantidades* traz um adjunto que designa o gênero da quantidade (cf. Lição VI, item 2), e *é de estrume*. Este último substantivo também traz um adjunto que designa a destinação (cf. Lição VI, item 3), e é *para o adubo*. Por sua vez o substantivo abstrato *adubo* é determinado pelo complemento *do solo*, que designa o objeto da ação significada pelo substantivo *adubo* (cf. Lição VI, item 2).

II – *A reputação é uma joia, que, perdida uma vez, raro se recupera.*

Há aqui duas orações: *a reputação é uma joia*, e *que, perdida uma vez, raro se recupera.*

1) A primeira oração é principal.
   a) O sujeito é *a reputação*.
   b) O predicado: *é uma joia*: constituído pelo verbo *é* e o predicativo *uma joia* (cf. Lição III, item 2).

2) A segunda oração, ligada à primeira pelo pronome relativo *que*, é uma oração adjetiva (cf. Lição XI, item 11) que serve de caracterizar o predicativo da oração principal.
   a) O sujeito é *que = a qual*.
   b) O predicado é *se recupera*. É o verbo transitivo *recuperar* na conjugação reflexa empregada como voz passiva (cf. Lição VIII, item 5) de modo que *se recupera* é reflexo na forma (figurando *se* de objeto direto), mas tem sentido passivo e equivale a *é recuperada*.

Raro é um adjetivo empregado adverbialmente (cf. Lição VII, item 9) que determina o predicado.
Perdida é um particípio ligado, como aposto, ao pronome relativo com o qual concorda. Serve de exprimir uma circunstância de tempo com respeito ao predicado (cf. Lição XII, item 5, C, 3), equivalendo *perdida* a *depois que se perdeu, depois de se perder*. Este particípio é determinado pela expressão adverbial *uma vez*.

III – *Depois de haverem transposto as montanhas, os invasores assenhorearam-se da cidade de Asido.*

Há aqui duas orações: *depois de haverem transposto as montanhas* e *os invasores assenhorearam-se da cidade de Asido.*

1) A primeira oração é subordinada adverbial temporal (cf. Lição XII, item 5, B, 8, c). A relação de tempo, em que está com a oração seguinte, é indicada pela locução prepositiva *depois de*:

a) O sujeito subentende-se, por elipse (cf. Lição II, item 3), da oração seguinte (*invasores*).
b) O predicado é *haverem transposto*. Pode estar na forma flexionada em virtude das normas estudadas no item 22 da lição Lição XII. É verbo transitivo, cujo objeto direto é *as montanhas*.

2) A segunda oração é principal:
   a) O sujeito é *os invasores*.
   b) O predicado é *assenhorearam-se*, verbo que só se usa na forma reflexa.

Assenhorearam-se pede um complemento que exprime o objeto de que alguém se torna senhor, complemento que se lhe liga pela preposição *de*. Aqui é *da cidade*. Juntando-se a *cidade* o substantivo *Asido* por meio da preposição *de*, tomada em *sentido definitivo* (cf. Lição IX, item 5), fica designado por um nome próprio o objeto que com a palavra *cidade* era apenas designado de um modo geral.

IV – *Proposta a questão, foi unanimamente resolvido que o prelado empregasse as censuras da Igreja contra quem pretendia esbulhá-la das suas regalias.*

Contém este período três orações. A primeira é *Proposta a questão, foi unanimamente resolvido*. A segunda não pode separar-se completamente da terceira, porque há uma palavra comum a ambas, e é *quem*, que tanto vale como *aquele que* (cf. Lição XI, item 13). Conseguintemente não há exatidão completa, quando se diz que a segunda oração é *que o prelado empregasse as censuras da Igreja contra*. A terceira é *quem pretendia esbulhá-la das suas regalias.*[2]

1) A primeira oração é principal.
   a) O sujeito é constituído pela oração seguinte, a qual, por consequência, é subordinada substantiva (cf. Lição XI, item 7).
   b) O predicado é o verbo passivo *foi resolvido*. *Unanimemente* é um advérbio de modo, que determina o predicado.

Em *proposta a questão* há um particípio absoluto (cf. Lição XII, item 5, C, 3) que determina o predicado, exprimindo tempo (equivale a *como a questão houvesse sido proposta*). *A questão* é o sujeito do particípio *proposta*. Os particípios absolutos não costumam ser considerados à parte.

---

[2] A dificuldade sentida pelo EPIFÂNIO é, a meu ver, motivada pela maneira errônea de se tomar o **quem = aquele que**, nestes casos, onde ele é empregado absolutamente, isto é, sem referência a antecedente. Levando-se em conta o caráter justaposto na ligação da subordinada para com a sua principal, teríamos as orações assim divididas: 1.ª: **que o prelado empregasse as censuras da Igreja**; 2.ª: **contra quem pretendia esbulhá-la das suas regalias** (oração substantiva objetiva indireta justaposta).

2) A segunda oração é, como foi dito, subordinada substantiva subjetiva, e, por estar ligada pela conjunção *que*, é, quanto à ligação das orações, conectiva.[3]
   a) O sujeito é *o prelado*.
   b) O predicado é *empregasse*.

Como verbo transitivo, tem objeto direto, que é *as censuras*. O substantivo *censuras* é determinado por um adjunto adnominal de posse, a saber: *da Igreja* (cf. Lição VII, item 2, e).

A preposição *contra*, que entra na oração como se em lugar de *quem* estivesse de fato *aquele que*, forma com o pronome demonstrativo, virtualmente contido em *quem*, um complemento do predicado que designa o objeto a que haviam de ser dirigidas as censuras, isto é, inicia o objeto indireto.

3) A terceira oração é subordinada adjetiva relativa.
   a) O sujeito é *quem*.
   b) O predicado é *pretendia*, determinado pelo simples infinitivo *esbulhar* que faz as vezes do objeto direto.[4]

O verbo *esbulhar* pede dois complementos: um direto, outro indireto, que designa o objeto de que se é esbulhado, regido da preposição *de*. O primeiro é o pronome pessoal *a* (com a forma *la*, pela regra do item 8 da Lição VI), que representa *Igreja*. O segundo é *das regalias*, determinado pelo adjunto adnominal representado pelo pronome possessivo *suas*.
(Modelos extraídos da *Gramática Portuguesa Elementar*, 8.ª ed., 1889, p. 148-51).

Desta *Gramática* disse mui judiciosamente MÁRIO BARRETO: "elementar sim, mas perfeitamente científica" (*Novos Estudos*, 215-6). Para se verificar o importante papel que exerceu esta *Gramática* na renovação dos estudos de português, em Portugal, remeto o leitor aos prefácios das gramáticas de ANTÔNIO GARCIA RIBEIRO DE VASCONCELOS e ADOLFO COELHO, além do v. IV dos *Opúsculos*, de LEITE DE VASCONCELOS.

---

[3] No original de EPIFÂNIO estava uma explicação inexpressiva do ponto de vista sintático: "por estar ligada pela conjunção **que**, é, quanto à forma de subordinação, conjuncional." Ora, prender a conjunção a "forma de subordinação" é desprezar as conjunções coordenativas que também fariam "conjuncionais" as orações por elas ligadas. A oposição **conectiva-justaposta** que adoto neste livro evita esta orientação defeituosa, e põe em evidência o emprego absoluto de certas palavras relativas, facilitando a divisão de orações do tipo lembrado na nota anterior. Acresce ainda a vantagem de não se classificar a oração pelo conectivo, que chega ao absurdo de considerar advérbios como conjunção integrante (**não sei quando virá**, etc.), só porque parte do pressuposto falso de que toda oração substantiva é iniciada por conjunção integrante.

[4] Considero um todo, uma locução verbal, sintaticamente indecomponível (E.B.).

B) José Oiticica

I – *As senhoras casadas eram bonitas; a mesma solteira não devia ter sido feia aos vinte e cinco anos; mas Sofia primava entre todas elas* (MACHADO DE ASSIS, Quincas Borba, p. 140).

Período composto por coordenação:
Análise do primeiro membro da coordenação: *as senhoras casadas eram bonitas*.

Sujeito: { Função exercida por um substantivo modificado por dois
as *senhoras* adjuntos adnominais.
casadas

Predicado: { Função exercida por um adjetivo ligado ao sujeito por
eram *bonitas* um verbo de estado permanente.

Adjuntos adnominais: { Função exercida por:
a) as a) artigo
b) casadas b) adjetivo

Análise do segundo membro da coordenação (assindético): *a mesma solteira não devia ter sido feia aos vinte e cinco anos*.

Sujeito: { Função exercida por uma palavra substantiva modificada
a mesma por um adjunto adnominal.
solteira

Predicado: { Função exercida por um adjetivo, ligado ao sujeito
não devia ter por uma locução verbal de estado, com sentido
sido *feia* aos dubitativo, e modificada por adjunto adverbial.
vinte e cinco anos

Adjunto adnominal: { Função exercida por *artigo* reforçado pela
a mesma palavra de realce *mesma*.

Adjunto adverbial: { Função exercida por uma locução adverbial de
aos vinte e cinco anos. tempo.

Análise do terceiro membro da coordenação (sindético): *mas Sofia primava entre todas elas*.

Sujeito: { Função exercida por um substantivo próprio.
Sofia

Predicado: { Função exercida por um verbo de predicação completa
primava entre { *primava entre* modificado por um adjunto adverbial.
todas elas

Adjunto adverbial: } Função exercida por uma locução adverbial de
entre todas elas } lugar (virtual).

II – *Não é só isso, interrompeu o cavaleiro, é necessário que ainda hoje vás ao soveral que se estende junto ao vau do Avicela* (ALEXANDRE HERCULANO, *O Bobo*, 1866, p. 136).

Período composto por coordenação, subordinação e justaposição.[5]
Análise da oração justaposta intercalada: *interrompeu o cavaleiro*.

Sujeito: { Função exercida por um *substantivo* modificado por um
o *cavaleiro* { adjunto adnominal.

Predicado: { Função exercida por um *verbo* de predicação completa.
interrompeu {

Adjunto adnominal: o { Função exercida por um artigo definido.

Análise do primeiro membro da coordenação: *não é só isso*.

Sujeito: { oculto por elipse (cf. p. 232 para o conceito moderno de
o que tens { elipse).
de fazer

Predicativo: { Função exercida por um *pronome demonstrativo* ligado
não é só isso { ao sujeito por um verbo de ligação na forma negativa e precedido de uma partícula de exclusão.[6]

---

[5] O Prof. JOSÉ OITICICA põe a **justaposição** como processo de estruturação sintática, enquanto eu a tenho como forma de ligação de orações, não impedindo que coordenadas e subordinadas (quanto ao valor sintático) sejam justapostas (quanto à ligação). Veja-se o que eu disse na Lição XI.

[6] JOSÉ OITICICA considera este **só partícula de exclusão**, e não **advérbio**.

Análise do segundo membro da coordenação: *é necessário que ainda hoje vás ao soveral que se estende junto ao vau do Avicela.*

Sujeito:
que ainda hoje vás, etc. } Função exercida por uma oração substantiva.

Predicado:
é necessário } Função exercida por um adjetivo ligado ao sujeito por um verbo de ligação.

Análise da oração substantiva subjetiva: *que ainda hoje vás*, etc.

Sujeito:
tu } Função exercida por um *pronome pessoal* oculto por elipse.

Predicado:
ainda hoje, *vás* ao soveral que, etc. } Função exercida por um *verbo* de predicação completa modificado por dois adjuntos adverbiais.

Adjuntos adverbiais:
a) ainda hoje
b) ao soveral que, etc. } Função exercida por
a) advérbio de tempo reforçado por uma palavra de realce (*ainda*);
b) uma locução adverbial de lugar em que entra um *substantivo* (*soveral*) modificado por oração adjetiva.

Análise da oração adjetiva: *que se estende junto ao vau do Avicela.*

Sujeito:
que } Função exercida por um *pronome relativo*.

Predicado:
se estende junto ao vau do Avicela } Função exercida por um verbo pronominal de predicação completa, modificado por um adjunto adverbial.

Adjunto adverbial:
junto ao vau do Avicela } Função exercida por uma locução adverbial de lugar.

III – *Estou certo de que não deves ao tesouro real uma única mealha e de que nas arcas do haver não existe senão o que tu dizes; mas, de certo, não queres que um rei de Portugal caminhe por seu reino como romeiro mendigo* (ALEXANDRE HERCULANO, *Lendas e Narrativas*, 1, p. 145).

Período composto por *coordenação* e *subordinação*.
Análise do primeiro membro da coordenação: *Estou certo de que* até *o que tu dizes*.
Análise da oração geral do primeiro membro da coordenação:

Sujeito: } Função exercida por um *pronome pessoal* oculto por
eu   elipse.

Predicado: Função exercida por um *adjetivo* ligado ao sujeito por
estou *certo* de { um verbo de ligação e seguido de dois *complementos*
que, etc.   *nominais*.

Complementos nominais:
a) de que não deves ao tesouro   Função exercida por duas orações
real uma única mealha;   { *substantivas*.
b) de que nas arcas do haver
não existe senão o que tu dizes.

Análise da primeira oração substantiva: *de que não deves ao tesouro real uma única mealha*.

Sujeito: } Função exercida por um *pronome pessoal*
tu   oculto por elipse.

Predicado: Função exercida por um verbo de predi-
não *deves* ao tesouro real { cação dupla, seguida de dois *objetos*.
uma única mealha

                              Função exercida por:
Objetos: a) substantivo modificado por um adjunto
a) uma única *mealha* (direto) {   adnominal;
b) ao *tesouro* real (indireto) b) substantivo modificado por dois adjuntos
                                   adnominais.

Adjuntos adnominais: Função exercida por:
a) *uma* única;   a) artigo indefinido reforçado pela palavra de realce
b) *o*;   {   *única*;
c) *real*.   b) artigo definido;
                         c) adjetivo.

Análise da segunda oração substantiva *de que nas arcas do haver não existe senão o*:

Sujeito:
nada senão *o que tu dizes* } Função exercida por um pronome indefinido subentendido, seguido de uma expressão exceptiva (*senão o*) onde há um pronome demonstrativo modificado por uma *oração adjetiva*.

Predicado:
existe nas arcas do haver } Função exercida por um verbo de predicação completa modificado por um adjunto adverbial.

Adjunto adverbial:
nas arcas do haver } Função exercida por uma locução adverbial de lugar.

Análise da oração adjetiva: *que tu dizes*.

Sujeito:
tu } Função exercida por um *pronome pessoal* oculto por elipse.

Predicado:
que *dizes* } Função exercida por um *verbo* de predicação incompleta seguida de objeto direto.

Objeto direto:
que } Função exercida por um *pronome relativo*.

Análise do segundo membro da coordenação: *mas, de certo, não queres* até *romeiro mendigo* (composto por *subordinação*).

Análise da segunda oração coordenada geral (principal):

Sujeito:
tu } Subentendido, por elipse.

Predicado:
não *queres* que um rei, etc. } Função exercida por um verbo de predicação incompleta seguido de um objeto direto.

Objeto direto:
que um rei de Portugal caminhe, etc. } Função exercida por uma oração substantiva

Análise da oração substantiva: *que um rei de Portugal caminhe por seu reino como um romeiro mendigo.*

Sujeito: } Função exercida por um substantivo modificado por
um rei de Portugal } dois adjuntos adnominais.[7]

Adjuntos adnominais: } Função exercida por:
a) um } a) artigo indefinido;
b) de Portugal } b) locução adjetiva.

Predicado: } Função exercida por um verbo de predicação completa
caminhe por seu } modificado por dois adjuntos adverbiais.
reino, etc.

Adjuntos adverbiais: } Função exercida por:
a) por seu reino; } a) locução adverbial de lugar;
b) como romeiro mendigo. } b) oração adverbial de comparação.

Análise da oração subordinada adverbial comparativa: *como romeiro mendigo* [caminharia].

Sujeito: } Função exercida por um substantivo modificado por
romeiro mendigo } adjunto adnominal

Predicado: } Função exercida por um verbo de predicação completa,
caminharia } oculto por elipse.

Adjunto adnominal: } Função exercida por um adjetivo.
mendigo

IV – *Quantos presenciaram tantas maravilhas e quantos as ouviram referir ficaram tomados de espanto, e uns e outros clamavam: "Quem julgais que virá a ser este menino?"* (REBELO DA SILVA, *Fastos da Igreja*, I, p. 153).

Período composto por coordenação e subordinação.
Primeiro membro da coordenação: *Quantos presenciaram... tomados de espanto* (composto por subordinação).

---

[7] JOSÉ OITICICA analisou **rei de Portugal** como locução substantiva, fazendo de **um** o único adjunto adnominal.

Análise da oração geral do primeiro membro da coordenação:

Sujeito:
quantos presenciaram... e *quantos* ouviram, etc. | Função exercida por uma palavra sintética (*quantos* = aqueles que)[8] equivalente a um pronome demonstrativo modificado por dois adjuntos adnominais.

Predicado:
ficaram *tomados de espanto* | Função exercida por uma locução adjetiva (*tomados de espanto* = *espantados*) ligada ao sujeito por um verbo de ligação.

Adjuntos adnominais:
a) que presenciaram tantas maravilhas;
b) que as ouviram referir. | Função exercida por duas orações adjetivas.

Análise da primeira oração adjetiva: *que presenciaram tantas maravilhas.*

Sujeito:
que | Função exercida por um pronome relativo latente na palavra sintética *quantos...*

Predicado:
presenciaram tantas maravilhas | Função exercida por um verbo de predicação incompleta seguido de objeto direto.

Objeto direto:
tantas *maravilhas* | Função exercida por um substantivo modificado por um adjunto adnominal.

Adjunto adnominal:
tantas | Função exercida por um pronome indefinido.

Análise da segunda oração adjetiva *que as ouviram referir:*

Sujeito:
que | Já analisado.

Predicado:
as ouviram referir | Função exercida por um verbo de predicação incompleta seguido de objeto direto.

Objeto direto:
as referir | Função exercida por uma oração substantiva reduzida de infinitivo.

---

[8] O Prof. JOSÉ OITICICA é dos que desdobram o **quanto** em **aquele que**, etc. Nesse desdobramento acha duas orações adjetivas. Veja-se a discussão do problema na Lição XI. Pelo método adotado neste livro, teríamos nas duas orações de **quantos** subordinadas substantivas justapostas, sujeitos de **ficaram tomados de espanto**.

Análise da oração substantiva reduzida de infinitivo: *as referir*.

Sujeito: *as* } Função exercida por um pronome pessoal oblíquo (acusativo sujeito de infinitivo).

Predicado: *referir* } Função exercida por um verbo de sentido passivo (= *serem referidas*).

Segundo membro da coordenação: *e uns e outros clamavam: Quem julgais*, etc. (composto por *aposição e subordinação*).[9]

Análise da oração geral do segundo membro da coordenação:

Sujeito: *uns e outros* } Função exercida por uma *locução pronominal indefinida* de sentido distributivo.

Predicado: *clamavam*, etc. } Função exercida por um verbo de predicação incompleta seguido de objeto direto elíptico.

Objeto direto: *estas palavras* } Oculto por elipse e seguido de um período apositivo (composto por subordinação).

Análise da oração geral do período apositivo:

Sujeito: *vós* } Função exercida por um pronome pessoal oculto por elipse.

Predicado: *julgais que este menino*, etc. } Função exercida por um verbo de predicação incompleta seguido de objeto direto.

Objeto direto: *que este menino virá a ser quem?* } Função exercida por uma *oração substantiva objetiva direta*.

---

[9] Não concordo com a lição do mestre, porque **aposição** é função sintática e, assim, está no conceito da subordinação.

Análise da oração substantiva: *que este menino virá a ser quem*.

Sujeito: } Função exercida por um *substantivo* modificado por um adjunto adnominal.
este *menino*

Predicado: } Função exercida por um pronome indefinido interrogativo, ligado ao sujeito por locução verbal (*virá a ser*).
virá a ser quem
(= qual pessoa?)

Adjunto adnominal: } Função exercida por um pronome demonstrativo.
este

*

* *

Modelos extraídos do *Manual de Análise* do Prof. JOSÉ OITICICA, incontestavelmente um dos melhores conhecedores da língua portuguesa, notável mestre e dos que mais inteligente e metodicamente estudaram a análise sintática, entre nacionais e estrangeiros.

Exercícios elementares
Com especial atenção para o período simples

Lição I (respostas na página 330)

I – Assinalar a palavra ou grupos de palavras que constituem oração (§ 1):
1 – Os juízes de paz.
2 – Podem retirar-se.
3 – Momentos antes das 7 horas da noite.
4 – Quase sem combinação nem plano assentado.
5 – Foi geral o brado de indignação.
6 – O pessoal do novo gabinete.
7 – À custa de todos os meus bens e sacrifícios de minha pessoa.
8 – Muitos trataram logo de sair.
9 – Uma voz se ouviu.
10 – Perto da meia-noite.
11 – Quase cortadas as palavras com soluços.
12 – Eu me retiro para a Europa.
13 – Soou hora e meia no relógio.
14 – O intendente da polícia e vários criados da casa.
15 – Aqui tem a minha abdicação.
16 – Despedimo-nos.

II – Construir orações com os seguintes grupos de palavras (§ 1):
1 – Ao sétimo dia.
2 – De olhos baixos, o cajado ao ombro.
3 – No viçoso jardim em flor.
4 – Profundamente com infinita e inenarrável melancolia.
5 – A casa do meu vizinho.
6 – No campo, à luz bendita do sol.
7 – A caminho pela poeira fina da estrada.
8 – O céu, muito azul.
9 – Dali para baixo.
10 – A sombra negra do seu corpo na claridade nítida da estrada.

III – **Dizer a que tipo pertencem as seguintes orações (§§ 2 e 8):**
1 – Dom donzel, onde é que está el-rei?
2 – Agora nenhum rei está aqui.
3 – Beijo-vos as mãos, senhor rei.
4 – Lembrai-vos disso, cavaleiro.
5 – Que me restituam os meus oficiais e obreiros portugueses!
6 – Vencestes, senhor rei, vencestes!
7 – O arquiteto do mosteiro de Santa Maria vale bem o seu fundador!
8 – El-rei parecia grandemente comovido.
9 – A abóbada da casa capitular não ficará por terra.
10 – Não serei quem torne a erguer essa derrocada abóbada!
11 – "Tupá! quem troca pelo pátrio ninho
As aventuras dos vérgeis do sul?!" (CASIMIRO DE ABREU)
12 – Por que estarão eles errados?!

IV – **Distinguir as seguintes orações por meio de ponto final e letra maiúscula, corrigindo-se os erros de português e ortografia que ocorrerem (§ 2):**
"nasci a 25 de outubro de 1886 não. Tenho certeza. rigorosa da hora. Parece-me. Todavia ter ouvido dizer à minha mãe. Que foi a três ou quatro da Manhã eu sempre. Fui, aliás, excelente Madrugador" (HUMBERTO DE CAMPOS, Memórias, 49).

V – **Ler com entoação correta (§ 2):**
a) :
"Conhecia o cônego Januário da Cunha Barbosa, fundador do Instituto Histórico, um indivíduo cujos pés eram excessivamente grandes. Ao referir-se às plantas desse sujeito, dizia sempre "peses", em vez de pés.
Estranhando o caso, um amigo perguntou-lhe a razão.
– É – respondeu o cônego – porque assim se torna mais expressivo. E num gesto:
– A palavra fica maior..."
(HUMBERTO DE CAMPOS, *O Brasil Anedótico*, 66).

b) para ser lido por três alunos:
"O poliglota
Achava-se Emílio de Menezes em uma roda da Pascoal, quando chegou um amigo e apresentou-lhe um rapaz que vinha em sua companhia:
– Apresento-te Fulano; é nosso patrício e tem corrido o mundo inteiro. Fala corretamente o inglês, o francês, o italiano, o espanhol, o alemão...
O rapaz sorria, modesto, ante os elogios e a palestra voltou ao que era. Ao fim de uma hora, durante a qual apenas proferiu alguns monossílabos, o viajante despediu-se e se foi embora.
– Que tal esse camarada? – perguntou a Emílio um dos da roda.
– Inteligentíssimo e, sobretudo, muito criterioso – opinou o rei dos boêmios.
– Mas ele não disse palavra.

– Pois, por isso mesmo – tornou Emílio. E rindo:
– Você não acha que é ter talento saber ficar calado em seis línguas diferentes?" (*Id.*, *ibid.*, 137).

Lição II (respostas nas páginas 331 a 333)

I – Separar o sujeito e o predicado das seguintes orações (§§ 1 e 2):
  1 – A tarde ia morrendo.
  2 – O sol declinava no horizonte.
  3 – Um concerto de notas graves saudava o pôr do sol.
  4 – Todas se descobriram.
  5 – Os aventureiros ajoelharam-se a alguns passos de distância.
  6 – Aires Gomes estendeu o mosquete.
  7 – Os animais retardados procuravam a pousada.
  8 – Os espinheiros silvestres desatavam as flores, alvas e delicadas.
  9 – A luz frouxa e suave do ocaso deslizava pela verde alcatifa.
  10 – Dois mil infantes inimigos espreitavam as estradas.
  11 – O livro é o melhor amigo.
  12 – O inimigo desce com grande velocidade.
  13 – Um estremecimento elétrico corre pelas veias dos valentes oficiais.
  14 – Os sinos de bordo soaram nove horas da manhã.
  15 – A escolha da posição fora verdadeiramente inspirada.
  16 – Os restos da destemida guarnição atroam os ares com os gritos de vitória.
  17 – Tupi era o nome de uma tribo.
  18 – Deus conservara ali o coração do escravo.
  19 – A paixão da verdade semelha, por vezes, as cachoeiras da serra.
  20 – Aqueles borbotões d'água eram, pouco atrás, um regato.

II – Construir orações que tenham por sujeito as seguintes expressões (§§ 1 e 2):
  1 – A felicidade
  2 – Os dois moços
  3 – Todos
  4 – Os cabelos
  5 – O braço do viajante
  6 – Seu coração
  7 – Os olhos do velho
  8 – Nós
  9 – A pequena cruz de esmalte
  10 – Os gritos dos selvagens

III – Construir orações que tenham por predicado as seguintes expressões (§§ 1 e 2):
    1 – .... abaixaram as armas.
    2 – .... tornou-se triste.
    3 – .... voltou o rosto com desdém.
    4 – .... havia feito coisas incríveis.
    5 – .... recusava tomar o alimento.
    6 – .... murmurava sua prece.
    7 – .... não chegaram ao lusco-fusco.
    8 – .... desobedece à tua voz.
    9 – .... apontou para o fundo do precipício.
  10 – .... debruçou-se no parapeito da janela.

IV – Apontar o sujeito e o predicado nas seguintes orações (§ 3):
    1 – Obedece aos teus superiores.
    2 – Estas flores são vossas: recebei-as.
    3 – Descobrimos os objetos perdidos.
    4 – Sou obrigado a confessar o engano.
    5 – Como estais agora?
    6 – Não lhe entendi palavra.
    7 – Podes limpar as mãos à parede.
    8 – E por que não serás conservador?
    9 – Ide com Nosso Senhor.
  10 – Não vos esqueçais de mim.

V – Explicar o emprego da vírgula nos seguintes exemplos (§ 4):
    1 – "Aqueles são a parte da natureza. Estes, a do trabalho" (RUI BARBOSA).
    2 – Ele se queixava do coração; ela, de insônia.
    3 – Havia eu lido esse formoso conto; meu pai, o jornal.
    4 – Ela passara naquele instante; tu, logo depois.
    5 – O policial examinou os móveis, um por um; os curiosos, o local do acidente.

VI – Apontar o sujeito das seguintes orações, atentando-se para a ordem inversa (§ 5):
    1 – Bem-vindo seja o estrangeiro aos campos dos tabajaras.
    2 – De repente os sons melancólicos de um clarim prolongaram-se pelo ar.
    3 – Ao redor dele ficaram os irmãos.
    4 – Por fim escondeu-se o sol.
    5 – Alvorecera brilhante o dia 11 de junho de 1865.

6 – Mais longe, no extremo da ponte, sobre as desigualdades do terreno, colocara o coronel formidáveis baterias de foguete.
7 – Travava-se, corpo a corpo, medonho combate.
8 – Adiantavam-se gradualmente para o mar os cordões de sentinelas.
9 – Daí soara repentinamente um grito de alarma.
10 – Dentro de alguns meses será inaugurada a nova capital.
11 – Falhava-lhe o sonhado emprego?

VII – **Explicar o emprego da vírgula nos seguintes exemplos (§ 6):**
1 – "Calisto Elói, naquele tempo, orçava por quarenta e quatro anos" (CAMILO).
2 – "Deram, nos meus progressos intelectuais, larga parte ao uso ou abuso do café e ao estímulo habitual dos pés mergulhados nágua fria" (RUI BARBOSA).
3 – "Ao que devo, sim, o mais dos frutos do meu trabalho..." (*Id.*).
4 – "Mas eu, nisto aqui, faço ainda o que devo" (*Id.*).
5 – "Menino ainda, assim que entrei para o colégio, alvidrei eu mesmo a conveniência desse costume..." (*Id.*).
6 – "Tenho, ainda hoje, convicção de que nessa observância persistente está o segredo feliz..." (*Id.*).
7 – "No Brasil, durante o Império, os liberais tinham por artigo do seu programa cercear os privilégios, já espantosos, da Fazenda Nacional" (*Id.*).
8 – "Mas, de súbito, agora, um movimento desvairado parece estar-nos levando, empuxados de uma corrente submarina, a um recuo inexplicável" (*Id.*).

Lição III (respostas nas páginas 333 a 336)

I – **Separar o sujeito e o predicado das seguintes orações apontando se este último é verbal ou nominal (§§ 1, 2 e 4):**
1 – Justiça atrasada não é justiça.
2 – Preservai vossas almas juvenis desses baixos e abomináveis sofismas.
3 – Não tergiverseis com as vossas responsabilidades.
4 – As alegrias dos rapazes são de curta duração.
5 – Curtos ficaram os dias.
6 – Sobre a noite o cérebro pende ao sono.
7 – O crime não ficará sem castigo.
8 – Estamos aqui numa catedral da ciência.
9 – O sertanejo esteve algum tempo hesitante.
10 – Isto é uma geração de molengas.
11 – A mulher de Lote virou uma estátua de sal.
12 – Rumor suspeito quebra a doce harmonia da sesta.

13 – O problema nos parece fácil.
14 – Ao lado do aposento, sobre uma espécie de altar, estava um crucifixo.
15 – O trovador sumiu-se no meio da multidão.
16 – A imagem da pátria continuava viva em sua lembrança.
17 – Não tarda o mês de maio.
18 – O mestre de armas conservou-se calado.
19 – Todo o ambiente ficou em silêncio.
20 – O vizinho ficou ralado de ciúmes.

II – Separar o sujeito e o predicado das seguintes orações, apontando se este é verbal (V), nominal (N) ou verbonominal (VN) (§§ 1, 2, 3 e 4):
1 – Frequentes são também os desvios da estrada.
2 – Nesses campos, o capim transforma-se em vicejante tapete de relva.
3 – Fica tudo debaixo de espessa camada de cinzas.
4 – O fogo vai aos poucos morrendo.
5 – Moléstia repentina e perigosa deteve o marquês naquele sítio até o dia 19.
6 – O ladrão parecia nervoso.
7 – Os soldados esperavam firmes no seu posto.
8 – De todas essas impressões nenhuma morrerá em mim.
9 – O rio corria murmuroso e descuidado.
10 – Tornei a visitar doze anos depois a capelinha de São Mateus.
11 – Setembro entrou radioso.
12 – Correram taciturnos os últimos meses de inverno e de saudade.
13 – Tudo se reduziu a cinza.
14 – Interessai-vos por todas as belas coisas.
15 – As nossas terras vão ser tomadas.
16 – Os olhos do ancião ficaram enxutos.
17 – Nenhum dos cavaleiros se atreveu a sair contra ele.
18 – O cavalo baqueou ferido.
19 – El-rei D. José com as mãos no rosto parecia petrificado.
20 – Desceu o cavaleiro os degraus do anfiteatro, seguro e resoluto.

III – Analisar, de acordo com os modelos abaixo, as orações que se seguem (§§ 2, 3 e 4):
Modelos:

a) *João está tristonho.*
Sujeito: *João.*
Predicado nominal: *está tristonho.*
Predicativo: *tristonho.*

b) *João chegou atrasado.*
Sujeito: *João.*
Predicado verbonominal: *chegou atrasado.*
Predicativo: *atrasado.*

1 – O leão se mostrou o rei das matas.
2 – As irmãs choraram abraçadas.
3 – A eternidade apresenta-se-me tenebrosa.
4 – Corria branda a noite.
5 – Fui sentar-me triste e só no meu jardim.
6 – Os circunstantes quedaram silenciosos.
7 – Busco anelante o palácio encantado da Ventura.
8 – A humanidade é sempre a mesma enferma.
9 – Por que choras silencioso?
10 – Alta noite deito triste e fatigado.
11 – O meu sono desliza perfumado.
12 – Alguém ficava com saudade.
13 – Uma noite, à hora da ceia, os ódios da nora arreganharam mais vivos contra a velha as suas dentuças peçonhentas.
14 – A mãe, toda contente, presenteara o filho com a casa.
15 – Foi-se tornando mais rigorosa a guarda das imediações do palácio.
16 – A marquesa, no centro do cadafalso, chorou muito ansiada.
17 – O rio defronte descia preguiçoso.
18 – O débil sussurro parecia o último eco dos rumores do dia.
19 – A princesa permaneceu firme nos seus propósitos.
20 – Ele sentara-se na relva, arquejante.

IV – Transformar os predicativos numa só palavra de igual significação (§ 2):
Modelo: Os alunos estavam *sem atenção* às aulas = Os alunos estavam *desatentos* às aulas.

1 – Os órfãos não ficaram ao desamparo.
2 – Todos estavam em embaraço.
3 – Os passageiros saíram sem lesão.
4 – Os erros pareciam sem remédio.
5 – Os candidatos permaneceram em dúvida.
6 – As alegrias dos perversos são de curta duração.
7 – Os soldados continuavam sem arma.
8 – Os filhos ficaram sem ânimo.
9 – Os metais são de grande utilidade.
10 – O crime ficou sem castigo.
11 – As brincadeiras pareciam sem graça.
12 – Os moradores do prédio se mantiveram em alvoroço.
13 – A doente ficou sem sentidos.
14 – A moda estava fora de tempo.

15 – O ambiente continuava em silêncio.
16 – Estes alunos eram do nosso tempo.
17 – Os erros eram sem número.
18 – Os inimigos ficaram sem ação.
19 – Com a notícia ela ficou sem fala.
20 – Estas observações são de muita importância.

V – Transformar o predicado verbal em nominal formado pelo verbo *ser* e um nome cognato, nos seguintes exemplos:
Modelo: As flores *alegram a vida* = As flores *são a alegria da vida*.

1 – O ministro punia assim a barbaridade do circo.
2 – Eu devo tudo aos meus pais.
3 – A inveja cobiça os bens.
4 – As flores enfeitam a terra.
5 – Os maus livros perdem a mocidade.
6 – Colombo descobriu a América.
7 – O povo elege os seus representantes.
8 – Os importunos roubam-nos o tempo.
9 – A lisonja corrompe os bons.
10 – Não tem limites a audácia.

VI – Preencher o espaço em branco com um verbo de ligação adequado ao sujeito e predicativo dados (§ 4):
1 – O rei .... surdo a rogos e ameaças.
2 – A criança .... maravilhada com os brinquedos.
3 – O operário .... incapaz.
4 – O mestre de armas .... cabisbaixo.
5 – O dia .... chuvoso.
6 – As quatro colegas .... reunidas.
7 – O vizinho .... fera com o jogo de bola.
8 – O miserável .... denegrido.
9 – Os amigos .... brigados.
10 – Nosso primo .... padre.
11 – O ladrão .... a sabido.
12 – Os presentes .... na dúvida.
13 – As falhas .... sem conto.
14 – As ideias .... boas.
15 – As mentiras não .... sem punição.

Lição IV (respostas nas páginas 337 a 338)

I – Reconhecer, quando houver, as orações de sujeito indeterminado (§ 1):
    1 – É bem feiozinho o tal teu amigo!
    2 – Depois de sua mãe, ninguém mais o beijara.
    3 – És um mau companheiro!
    4 – Trouxeram este presente para você.
    5 – O outro meneou a cabeça afirmativamente.
    6 – Trabalha-se pouco nesta casa.
    7 – Saímos de casa muito cedo.
    8 – Já não se precisa destes cadernos.
    9 – Aí tendes as suas palavras.
    10 – Também se morre de ilusão.
    11 – Fecharam a porta.
    12 – Nada lhe direi sobre o assunto.
    13 – Devagar se vai ao longe.
    14 – Espalham a notícia pela cidade.
    15 – Escrevo-lhe na atrapalhação do desembarque.
    16 – Quem trouxe estes livros?

II – Reconhecer as orações sem sujeito nos seguintes exemplos (§§ 2 e 3):
    1 – Estava o arcebispo só.
    2 – Padecia neste tempo o reino de Portugal calamitoso aperto de fome.
    3 – Não havia alimento suficiente.
    4 – Chove torrencialmente.
    5 – As terras delgadas se desfaziam em cinza.
    6 – Comiam só carnes e frutas.
    7 – Assistiu-se a fatos desagradáveis.
    8 – De França não vinha nada.
    9 – Era uma vez um senhor de várias terras.
    10 – Aconteciam casos lastimosos.
    11 – Houve muitas desilusões.
    12 – Estavam os campos muito secos.
    13 – Era à hora da sobremesa.
    14 – Fazia um frio insuportável.
    15 – Muitas vezes me espanto da novidade.
    16 – Existem numerosas reclamações.
    17 – Anoitecia depressa.
    18 – Não souberam os amigos deste trato.
    19 – Reprovou alguns autores esta história.
    20 – Haverá muita lenha nesses montes?

III – Empregar os verbos indicados entre parênteses, atentando-se para a concordância (§§ 4 e 5):
1 – .... várias notas erradas (*Haver* no pretérito perfeito do indicativo).
2 – Não .... restrições para este caso (*Existir* no presente do indicativo).
3 – .... quinze minutos que todos saíram (*Fazer* no presente do indicativo).
4 – .... haver duas pessoas na sala de espera (*Dever* no futuro do presente).
5 – .... uma vez dois jovens muito inteligentes (*Ser* no pretérito imperfeito do indicativo).
6 – Os primos .... amanhã quinze anos (*Fazer* no futuro do presente).
7 – Nada teria sido realizado se não .... suficientes recursos financeiros (*Haver* no imperfeito do subjuntivo).
8 – No mês passado .... muitos dias de chuva (*Haver* no pretérito perfeito do indicativo).

IV – Corrigir, quando necessário, os seguintes trechos, atentando-se para o emprego exemplar dos verbos *ter* e *haver* (§ 6):
1 – Hoje tem aula.
2 – Amanhã teremos agradáveis surpresas.
3 – Tem de haver arrependimentos.
4 – Tiveram início as aulas.
5 – Todos têm o mesmo direito perante a lei.
6 – Teve ontem uma festinha lá em casa.
7 – Ele tinha razão quando reclamou dos colegas.
8 – Nesta redação tem dois erros graves.
9 – Houve falta de três elementos importantes.
10 – Não terá distribuição de prêmios se o diretor chegar atrasado.

V – Distinguir o sujeito, o predicado e o predicativo das seguintes orações:
Modelo: Choveu torrencialmente.
Sujeito: não há.
Predicado verbal: choveu torrencialmente.
1 – Nosso pequeno exército colocou-se em frente do inimigo.
2 – Não transcrevemos aqui esses mapas.
3 – Talvez o façamos mais tarde.
4 – A terra era uma das mais vastas da região.
5 – O declinar do sol estava deslumbrante.
6 – O cenobita correu a mão pela fronte calma.
7 – Já não tenho parentes na terra.
8 – El-rei parecia grandemente comovido.

9 – Há tantas coisas misteriosas nesta vida.
10 – Era à hora da sobremesa.
11 – Ela acordara assustada.
12 – Que lhe importavam os homens do século?
13 – A avezinha pulava contente na gaiola.
14 – Para que vos hei de dar o meu nome?
15 – O colega tornou-se pedante.
16 – Tem feito muito calor.
17 – O homem cruel soprou para o ar as cinzas.
18 – Precisa-se de novos assinantes.
19 – Certa vez eu cheguei ao Massena com febre.

VI – Empregar, em vez das formas verbais em itálico, o verbo *haver* (= *existir*), no mesmo tempo e modo (§ 4):
Modelo: Não *faltaram* mantimentos = Não houve (ou houvera) mantimentos.
Achavam-se muitas pessoas nos passeios = Havia muitas pessoas nos passeios.

1 – *Sucederam* coisas importantes.
2 – *Estavam* muitas iguarias na mesa.
3 – Já *tinham acontecido* casos semelhantes.
4 – *Sobrevieram* novas desgraças.
5 – *Achavam-se* muitas pessoas nos passeios.
6 – *Far-se-ão* grandes festejos.
7 – *Levantaram-se* grandes tormentas.
8 – *Ter-se-ão dado* algumas circunstâncias especiais.
9 – *Ventilaram-se* questões graves.
10 – Nesse caso *cometer-se-ão* muitas faltas.
11 – *Deram-se* salvas em terra e no mar.
12 – *Ver-se-ão* este ano boas novidades.
13 – *Seguiram-se* depois novos trabalhos.
14 – *Têm-se feito* experiências notáveis.
15 – *Viam-se* homens que ganhavam a vida cantando versos.
16 – *Existiram* antigamente cidades florescentes ao oriente do Jordão.
17 – Ele duvida que se *apresentem* muitos concorrentes.
18 – Ele não desejava que se *dessem* incidentes desagradáveis.
19 – Ele espera que não *faltem* víveres toda a viagem.
20 – Ele não espera que se *tenham* feito tantas promessas.
21 – Ele não admitia que se *tivessem levantado* tantas questões.
22 – Acontece *aparecerem* homens malfazejos.
23 – Parecia não *existirem* pontos controversos nessa questão.
24 – Sucedeu *darem-se* cenas desagradáveis.
(*Apud* CLAUDINO DIAS, *Exercícios de Composição*, 39).

Lição V (respostas nas páginas 338 a 340)

I – Depois de separar, nas seguintes orações, o sujeito e o predicado, distinguir o núcleo do sujeito (§§ 1 e 2):
Modelo: São excelentes as manhãs de primavera.
Sujeito: as manhãs de primavera.
Núcleo do sujeito: manhãs.
Predicado nominal: são excelentes.
Predicativo: excelentes.

1 – O vulto de minha mãe apareceu a pequena distância.
2 – Em um ramo de ateira, dois passarinhos brincavam.
3 – Aqueles pobres filhos de pescadores acabaram aterrorizados.
4 – A água, em Miritiba, era colhida em fontes naturais.
5 – Os filhos mais novos foram entregues aos padrinhos.
6 – Os três outros irmãos vivos tiveram vida própria.
7 – Feliciano Gomes de Farias Veras estivera, antes, no Maranhão, no comércio.
8 – O seu tormento de toda a vida foi o conflito entre os parentes.
9 – Ele reclamava contra tudo.
10 – Acabara de chegar o professor de primeiras letras.
11 – O antigo viajante dos altos sertões brasileiros viu uma tribo de indígenas.
12 – A nossa mudança de Miritiba se deu muito cedo.
13 – Ele reconhecia intimamente a inferioridade da sua condição.
14 – Nada, no primo, atraía a simpatia alheia.
15 – A noção dessa inferioridade lhe era dolorosa.

II – Distinguir o sujeito simples do composto nas orações que se seguem (§ 3):
1 – Os homens não se conhecem.
2 – "A pobreza e a preguiça andam sempre em companhia" (MARQUÊS DE MARICÁ).
3 – "O amor e temor de Deus têm por princípio o reconhecimento da sua infinita bondade e justiça" (MARQUÊS DE MARICÁ).
4 – O louvor dos tolos e néscios aflige os sábios.
5 – O riso e choro são frequentes vezes contagiosos.
6 – "A razão e não menos a consciência é onerosa a muita gente" (MARQUÊS DE MARICÁ).
7 – "Ignorância e preguiça a ninguém enriquecem" (*Id.*).
8 – O amor-próprio do tolo é sempre o mais escandaloso.
9 – "Os vícios e paixões de uns homens são os elementos da ventura de outros" (*Id.*).
10 – Metade das guarnições e os melhores práticos acham-se em terra.
11 – Não só o desprezo senão a falsidade nos incomodam.
12 – O céu, a terra e o mar apregoaram a grandeza divina.

13 – Assim o pai como o filho se converteram à fé.
14 – Estávamos eu e você numa situação difícil.
15 – Não somente os velhos, mas também os moços devem pensar na vida.
16 – Nem as vitórias nem as derrotas nos podem afastar de nossas obrigações.
17 – Um telegrama ou um telefonema inesperado muito nos pode inquietar.
18 – Você nem ele têm razão.
19 – Os jovens de maus instintos nunca se dão por tranquilos.
20 – José mais o irmão aderiram ao nosso passeio.
21 – O erro e a fraqueza dela consistiu no medo.
22 – O pai de Luís e de Lauro veio procurar os filhos.
23 – Enchia-o de espanto a coragem e a tenacidade do jovem jornaleiro.
24 – Não eu, mas seus parentes reclamaram esses direitos.
25 – Tanto Machado de Assis como José de Alencar escreveram belos livros.

III – Explicar a concordância do verbo com o sujeito ou predicativo nos seguintes exemplos (§§ 5 e 6):

1 – Eu e o meu irmão não encontramos o seu endereço novo.
2 – Nós e vós negamos esse direito aos adversários.
3 – Assim ela e vós perdereis a razão.
4 – "A contradição ou o ceticismo neste assunto não chega a ser erro" (ALEXANDRE HERCULANO).
5 – "Até aí nem o nome nem a imagem de Leonor me tinha passado pelo espírito" (ALEXANDRE HERCULANO).
6 – "A vozeira e o estrépito que fazia aquela multidão assustou el-rei" (*Id.*).
7 – "O vício e a degeneração corriam soltamente, rota a última barreira" (*Id.*).
8 – "De feito, nos antigos monumentos encontra-se mais de um vestígio de tais lutas" (*Id.*).
9 – "E eram quatro de agosto, quando se encontraram" (*Id.*).
10 – "Um e outro lugar eram os mais altos" (Padre ANTÔNIO VIEIRA).
11 – "Fui eu o primeiro que falei" (ALEXANDRE HERCULANO).
12 – São dez horas.
13 – "Neste momento o relógio deu dez pancadas" (*Id.*).
14 – "Deram as oito" (*Id.*).
15 – "O poder ou os poderes do homem eram sobre todos os peixes" (Padre ANTÔNIO VIEIRA).

16 – "Tudo isso sois vós, ou é vós tudo isso, senhora minha?" (A. FELICIANO DE CASTILHO).
17 – Tu e tua filha me pagam.
18 – Uma parte dos vencedores riram-se.
19 – Quem os cose sou eu.
20 – "No semblante de todos brilha o ardor e o entusiasmo" (REBELO DA SILVA).

IV – Usar, no espaço em branco, a forma verbal indicada entre parênteses, atentando-se para o caso de concordância estudado no § 6, 1):

1 – .... -se estes apartamentos (*alugar* no presente do indicativo).
2 – .... -se muitas bicicletas este mês (*vender* no pretérito perfeito do indicativo).
3 – .... -se de muitos doadores de sangue (*precisar* no pretérito imperfeito do indicativo).
4 – Nunca se .... tamanhas crueldades (*ver* no futuro do presente do indicativo).
5 – Todos os dias se .... as fechaduras do edifício (*consertar* no pretérito imperfeito do indicativo).
6 – Esperávamos que se .... aquelas vagas (*dar* no pretérito imperfeito do subjuntivo).
7 – Àquela hora sempre se .... a cenas desagradáveis (*assistir* no pretérito imperfeito do indicativo).
8 – Na língua falada, ... -se cotidianamente frequentes erros de concordância (*cometer* no presente do indicativo).
9 – Nunca se .... de críticas alheias (*gostar* no presente do indicativo).
10 – .... -se sempre pelas piores figuras (*esperar* no pretérito perfeito do indicativo).
11 – Pelos inocentes se .... grandes sacrifícios (*fazer* no futuro do pretérito do indicativo).
12 – No meio da praça, gesticulando .... -se numerosos revoltosos (*ver* no pretérito imperfeito do indicativo).
13 – Já sobre ele se .... gritos de combatentes (*ouvir* no pretérito perfeito do indicativo).
14 – O clamor e o choro se .... no terreiro, onde povo inerme estava apinhado (*levantar* no pretérito imperfeito do indicativo).
15 – No confuso rumor que se formava .... -se risos, sons de vozes que altercavam (*destacar* no pretérito perfeito do indicativo).

Lição VI (respostas nas páginas 341 a 346)

I – Acrescentar às seguintes orações um complemento adequado (§ 1):
 1 – O poeta fechou ....
 2 – O imperador fora visitar ....
 3 – Convidamos ....
 4 – Os alunos necessitavam ....
 5 – A mãe tinha interesse ....
 6 – Todos procuravam ....
 7 – O marinheiro viu ....
 8 – A união faz ....
 9 – O livro pertencia ....
 10 – Nossa prima tinha desconfiança ....
 11 – Os soldados livram-se ....
 12 – É digno de louvor o amor ....
 13 – Absteve-se ....
 14 – O jovem demonstrava inclinação ....
 15 – Não havia ....
 16 – As crianças não ouviram ....
 17 – Os vizinhos preparam .... com cuidado.
 18 – Os conhecimentos são úteis ....
 19 – Os hóspedes não se adaptavam ....
 20 – Estas palavras são compatíveis ....
 21 – Ninguém pode prescindir ....
 22 – Referentemente ...., somos do mesmo parecer.
 23 – Durante o jogo não deviam variar ....
 24 – A preocupação .... nos deixa aborrecidos.
 25 – Não o deixava a certeza ....
 26 – O professor celebrava ....
 27 – Aquelas maneiras eram impróprias ....
 28 – Por motivo de economia privava-se ....
 29 – Hoje não cumprimentamos ....
 30 – Aquelas palavras não foram acessíveis ....
 31 – Demonstrava grande amor ....

II – Distinguir, nos exemplos do exercício anterior, os complementos nominais (CN) dos verbais (CV) e nestes os diretos (D) dos indiretos (I) (§§ 2 e 3):

III – Distinguir, nos seguintes exemplos, os os verbos transitivos (VT) dos intransitivos (VI) (§ 3):
 1 – Voltou o padre para casa.
 2 – O outro caso sucedeu ao padre Scherer.
 3 – Andam os patos sem sapatos.

4 – Eles buscaram a interpretação da legenda.
5 – O amigo lhe propôs um problema.
6 – Mostram-lhe o papel.
7 – Os tribunos castigavam severamente os soldados mentirosos.
8 – Começaram logo os assobios e risadas do auditório.
9 – Ele escreveu em outro papel três palavras de sua língua materna.
10 – Já vem a noite.
11 – Tu alegras os justos.
12 – As andorinhas voavam para o campo.
13 – Onde está el-rei?
14 – Desobedeceram às ordens.
15 – No desenho dela pusera eu todo o cabedal do meu fraco engenho.
16 – Não morrerei de fome.
17 – Houve uma longa pausa.
18 – Finalmente aquele homem rompeu o silêncio.
19 – Só D. Pedro I compreende Afonso Domingues.
20 – Vem de todos os vales e montanhas da pátria o soído desse queixume dos mortos.
21 – Perdoai esta suposta afronta ao Mestre de Avis.
22 – Uma tourada real chamara a corte a Salvaterra.
23 – O prazer ria na boca de todos.
24 – Por que virá o conde quase de luto à festa?
25 – Já assistiram todos a um jogo?
26 – Nada diminuía as probabilidades do perigo.
27 – Lembrai-vos sempre de mim.
28 – El-rei manda nos vivos.
29 – De repente o velho soltou um grito sufocado.
30 – Nos olhos amortecidos faiscou o sombrio clarão de uma cólera.
31 – Este doloroso lance ocorreu com a velocidade do raio.
32 – Chegaram à fazenda às oito horas da noite.
33 – Lembrou-se de todos os acontecimentos.
34 – Importe-se com a sua vida.
35 – Também os batedores vão adiante do imperador.
36 – Estas considerações sugeriram um ardil a Nuno Gonçalves.
37 – Guardai-vos do pródigo.
38 – Ufano-me do meu país.
39 – Do seu cimo, ao longe, aparece o mar.
40 – Tudo estava dependendo de suas ordens.

IV – Nos seguintes exemplos, os verbos são empregados como de ligação, como transitivos (diretos ou indiretos) ou como intransitivos. Assinalar aqueles em que se trata de verbo de ligação:
1 – José não estava em casa.
2 – A viúva está sem recursos financeiros.

3 – O Brasil fica na América do Sul.
4 – Não me fica nenhuma dúvida.
5 – Ficávamos tristes com suas palavras.
6 – O tempo virou.
7 – O aluno virou a cadeira.
8 – A reunião virou balbúrdia.
9 – Os companheiros viraram o rosto aos parentes.
10 – Todos fizeram careta.
11 – Ela fez inveja a todas.
12 – O copo fez-se em cacos.
13 – Fez-se de tolo.
14 – O homem põe e Deus dispõe.
15 – Não disponho de tempo.
16 – A bibliotecária dispôs os livros na estante.
17 – Todas as suas declarações nos dispunham para a inocência do réu.

V – Distinguir, nos seguintes exemplos, os predicativos do sujeito (PS) e os predicativos do objeto (PO) (§ 7):
1 – O pobrezinho arquejava cansado.
2 – Mostrava-se Antônio Vieira assíduo e fervoroso nos estudos.
3 – Quem me servirá de advogado diante deste juiz?
4 – A cidade parecia uma mansão de doidos.
5 – Encontrei José abatido pelo golpe traiçoeiro.
6 – Chamaram traidor ao nosso amigo.
7 – Todos queriam o ladrão vivo.
8 – Tão risonhos planos desfizeram-se em pó!
9 – Ela trazia o irmão ansioso.
10 – Elegemos o professor diretor do grêmio.
11 – Tenho Machado de Assis como o melhor escritor brasileiro.
12 – Você entrou apressado.
13 – Meu primo casou-se já homem feito.
14 – O pai teve as filhas abraçadas por muito tempo.
15 – Em 1645 foi Vieira ordenado presbítero.
16 – A escolta levava o homem preso.
17 – Também eu tenho servido de agulha a muita linha ordinária!
18 – Tornei satisfeito a casa.
19 – Eu, sereno, ia contando as novidades.
20 – A hora do meio-dia fizera o lugar solitário.
21 – Com estas notícias os amigos se mostraram mais alvoroçados.
22 – Elegiam como rainha a mais formosa das candidatas.
23 – Todos chamavam o amigo de ingrato.
24 – Os alunos tinham o problema como fácil.
25 – Os eleitos passaram o vereador a deputado.
26 – O bandeira dormia exausto, e áspero o vento em derredor zunia.

27 – O médico encontrou a criança doente.
28 – Ele era tido por homem de bem.
29 – Julgávamos tolas as suas respostas.
30 – A nuvem surgia temerosa e carregada.
31 – Encontraram o cenobita deitado no seu catre humilde.
32 – Os vossos conselheiros julgaram-me incapaz disso.
33 – O plano saiu-lhe errado.
34 – O ano começara mau e comprometedor.

VI – Classificar o pronome oblíquo como objeto direto (OD) ou indireto (OI), nos seguintes trechos (§§ 9, 11 e 12). No caso de haver mais de um, vale o pronome em itálico:

1 – Quem *as* armou que as desarme!
2 – O sr. juiz manda dizer-*lhe* que, se não for, a virá prender.
3 – Dá-lhe um abraço.
4 – Considero-o o primeiro homem do Brasil.
5 – Eis os sapatos que me prometeu.
6 – Dá-me a impressão de uma selva virgem.
7 – Posso chamar-lhe bruto.
8 – Não se conhecem?
9 – Nunca lhe pediram contas.
10 – Tirou do bolso uma nota e entregou-a a Anselmo.
11 – Ah! meu amigo, desculpe-me.
12 – Estendeu-lhe a mão.
13 – Falta-me o tempo para continuar.
14 – Contava-me ele que mais tarde tinha saído.
15 – Não me troco por ele.
16 – Não a procures, não!
17 – Viram-nos quando saíamos da festa.
18 – Ah! isto me servirá.
19 – Chamou-me, meu pai?
20 – Eu te esperava há uma hora.
21 – Guardei-a na gavetinha do móvel.
22 – Desejávamos falar-te.
23 – Hei de sustentar-te.
24 – A bola serve-me de divertimento.
25 – Isto não nos convém.
26 – Mas procure-*o* bem até que o ache para arrancar-lhe a carta.
27 – Era um pretexto para lhe não dizer que não.
28 – Era um pretexto para não fazeres o favor que te pedia.
29 – Hei de mandar dizer-lhe que *me* fale em português.
30 – Já te não mostrei o livro?
31 – Perdoaram-vos desta vez.
32 – Eles nos ajudaram nos exercícios.

33 – Teus pais te veneram.
34 – Lá fora me pagarás.
35 – Vossa Senhoria não pode prender-me à toa.
36 – Rapaz, acompanhe-me.
37 – A chave fica em cima da mesa; leve-a, quando eu sair.
38 – Há muito que nos conhecemos, confessou o casal de jovens.
39 – Nada, não me acontece outra.
40 – Todos nos saudaram à entrada.

VII – Substituir os pronomes oblíquos do exercício anterior por substantivos adequados, precedendo-os ou não de preposição, conforme o caso (§§ 9, 11 e 12):
Modelo: Dá-lhe um abraço = Dá um abraço *no amigo*.
Quem as armou = Quem armou *as encrencas*.

VIII – Acrescentar, aos seguintes verbos, objeto direto (OD) ou indireto (OI), conforme o caso, classificando o complemento (§ 3):
Modelo: A polícia prendeu *o ladrão*: *objeto direto*.

1 – A polícia prendeu ....
2 – Este livro pertence ....
3 – O preguiçoso odeia ....
4 – O povo elege ....
5 – Vendemos ....
6 – A primavera sucede ....
7 – Os soldados ofereceram resistência ....
8 – O caçador perseguia ....
9 – As histórias entretêm ....
10 – A união faz ....
11 – O professor instrui ....
12 – A boa alimentação ajuda ....
13 – O menino abraçou-se ....
14 – Os candidatos aspiravam ....
15 – O médico atendeu ....
16 – As notícias interessarão ....
17 – Os filhos devem obedecer ....
18 – Os bombeiros socorreram ....
19 – O sacerdote pregava ....
20 – O ingrato esquece ....
21 – O irmão esqueceu-se ....
22 – As nuvens anunciam ....
23 – A virtude opõe-se ....
24 – A mocidade deve habituar-se ....
25 – Os transeuntes davam esmolas ....
26 – A expedição atingira ....

27 – As alunas respondiam ....
28 – Os candidatos não satisfizeram ....
29 – As ordens do diretor visavam ....
30 – Os culpados recorreram ....

IX – Explicar as formas gráficas dos pronomes oblíquos que ocorrem nos seguintes exemplos (§ 13):
1 – Vou escrevê-lo, espera.
2 – Feri-lo era muito difícil.
3 – Fi-lo mais de uma vez.
4 – Pusemo-lo em cima da mesa.
5 – Pu-lo detrás do armário.
6 – Cortaram-no, mas não acreditei.
7 – Di-lo a todos.
8 – Trá-lo diante de mim.
9 – Vê-la é impossível.
10 – Encomendamo-la ao padre.
11 – Oferecemos-lhe esta lembrança.

X – Conjugar, no presente do indicativo, com o pronome oblíquo posposto, os seguintes verbos: *pô-lo, vê-la, desavir-se, escrever-lhe* (§ 13):
Modelo: vejo-a
vê-la
vê-a, etc.

XI – Explicar, nos seguintes exemplos, as combinações de pronome (§ 14):
Modelo: Tirai-ma – Ma = me + a.

1 – Tirai-ma.
2 – Cortou-lho rapidamente a morte.
3 – Eu to juro.
4 – Ela vo-la deu por prêmio.
5 – Atirou-se aos pés da mãe e beijou-lhos.
6 – Agradeceu-mo, sorrindo.
7 – Sacou da algibeira os meus títulos e sacudiu-mos na cara.
8 – Ele no-lo disse.
9 – Foram precisas repetidas instâncias para no-los confiar.
10 – Entrego-vo-la de coração.

XII – Colocar, no princípio, o objeto direto das seguintes orações, repetindo-o depois do verbo por um pronome pessoal adequado (§ 15):
Modelo: O astrônomo observa os astros = Os astros, observa-os o astrônomo.

1 – O astrônomo observa os astros.

2 – O soldado defende a pátria.
3 – O preguiçoso receia o trabalho.
4 – As flores perfumam o ar.
5 – As nuvens encobrem o sol.
6 – O exercício fortifica o corpo.
7 – Os advogados advogam causas.
8 – O chapeleiro faz chapéus.
9 – Os negociantes vendem as mercadorias.
10 – O escritor compõe livros.
11 – Os calceteiros calçam as ruas.
12 – O profeta prediz o futuro.
13 – Os eleitores elegem os deputados.
14 – Os contribuintes pagam as cotas.
15 – O legislador faz as leis.
16 – Os gatos perseguem os ratos.
17 – A formiga faz provisões.
18 – Os carneiros dão a lã.
19 – A união faz a força.
20 – Nós conhecemos os nossos defeitos.
21 – Portugal produz bons vinhos.
22 – Os viajantes percorrem as terras e os mares.
23 – O ouro seduz os homens.
24 – A costureira faz camisas e vestidos.
25 – A polícia mantém a ordem pública.
26 – Os maus conselhos corrompem o coração.
27 – A florista faz flores artificiais.
28 – Nós cumprimos as nossas obrigações.
29 – Os pássaros destroem os insetos.
30 – As árvores dão sombra.
31 – O comércio enriquece as nações.
32 – O aluno pretende fazer corretamente os seus exercícios.
33 – O ladrão quis enganar a polícia.
34 – Os alunos viram o desastre.
35 – O tempo promete chuvas.
(*Apud* CLAUDIO DIAS, *Exercícios de Composição*, 37-8).

XIII – **Empregar, no espaço em branco, o pronome *o* ou *lhe*, conforme a regência verbal (§ 17):**
1 – Despede-se o amigo que muito .... preza e .... estima.
2 – |Não .... convidei para a festa, porque não .... queria por lá.
3 – Conheci- .... no último baile do clube.
4 – Perdoo- .... pelo que você fez.
5 – Abraço- .... pelo seu aniversário.

6 – O empregado não .... atendia porque era muito exigente.
7 – Do amigo que muito .... quer, F.
8 – Eu .... ajudei a ser alguém na vida.
9 – Nós .... obedecíamos com prazer.
10 – Sempre .... socorria nos momentos difíceis.
11 – Vejo- .... todos os dias à janela.
12 – As palavras não .... agradaram.
13 – O médico .... assistiu em toda a crise.
14 – Eu .... chamei feio.
15 – Esperava- .... todos os dias à saída da escola.
16 – O Sr. .... satisfez, embora ele não tivesse razão.
17 – Aquele empregado nunca .... servia quando o restaurante estava cheio.
18 – Nosso primo .... sucedeu na tarefa.
19 – Havia muito que não .... visitávamos.
20 – Ninguém .... cumprimentou pela vitória.
21 – A televisão não .... aborrecia.

XIV – **Destacar o objeto indireto nos seguintes exemplos (§ 3a):**
1 – Aqueles discursos lhe eram dirigidos.
2 – Não me venha com essas histórias.
3 – O traço todo da vida é para muitos um desenho da criança.
4 – Que Deus nos dê um resto de alento.
5 – Aqueles cavam para si mesmos.
6 – O herói não deixou retratos à posteridade.
7 – Ao pobre, não lhe devo; ao rico, não lhe peço.
8 – Tudo vos dava uma impressão agradável.
9 – Prendam-me esse infeliz.
10 – Fizeram guerra ao inimigo.
11 – Não me saia daqui sem minha autorização.
12 – Alunos, estudem-me a lição com cuidado, pois amanhã haverá arguição.
13 – Parecia-lhes falsa a sua declaração.
14 – O médico apertava a mão a todos os doentes.
15 – À criança era difícil ir a pé à escola.
16 – A senhora abriu-nos a porta.
17 – Comunicou a desconfiança aos colegas.
18 – Os móveis te pareceram novos.
19 – Para mim ninguém está com a razão.
20 – Confiaste-me todos os teus segredos.
21 – Por estas razões, para mim, quanto menos heróis tanto melhor.
22 – A cozinheira começava a cortar as asas ao pássaro.

Lição VII (respostas nas páginas 346 a 352)

I – Acrescentar, no espaço em branco, adjuntos adnominais apropriados ao sentido dos seguintes exemplos (§§ 1 e 2):
1 – Reprovam .... autores .... história.
2 – Foram seis ou sete meses de palpitação ....
3 – .... ramos roçavam os .... ombros com familiaridade e carinho.
4 – É Santo Antônio .... glória e .... brasão do reino de Portugal.
5 – Vaso .... não quebra.
6 – Em tão .... anos de vida logrou .... séculos de virtude.
7 – Não há horizonte .... à ambição ....
8 – Um .... poeta .... prestou um .... e .... serviço a todos nós escrevendo uma .... História do Brasil.
9 – As ideias .... e .... dilataram o horizonte da pátria.
10 – Essa areia .... e um tanto .... tem cor ....

II – Sublinhar os adjuntos adnominais nos seguintes trechos (§§ 1 e 2):
1 – O amor da pátria não pode ser explicado por mais bela e delicada imagem.
2 – Coração sem amor é um campo árido.
3 – A luz frouxa e suave do ocaso, deslizando pela verde alcalifa, enrolava-se como ondas de ouro e de púrpura sobre a folhagem das árvores.
4 – Donde vieste a estas matas, que nunca viram outro guerreiro como tu?
5 – De primeiro ímpeto a mão lesta caiu sobre a cruz da espada.
6 – Rumor suspeito quebra a doce harmonia da sesta.
7 – Quebras comigo a flecha da paz?
8 – O urutau no fundo da mata solta as suas notas graves e sonoras.
9 – Bastante tempo se passou depois deste incidente, antes que de novo fosse alterada a monotonia do sossego da noite.
10 – O profundo silêncio do lugar pareceu fazer-se maior, nesta ocasião.
11 – Os heróis são exceções monstruosas de nossa natureza.
12 – Os alunos desta turma são bons.
13 – O único amigo meu ali está.
14 – A sua compleição robusta ostenta-se nesta ocasião em toda a plenitude.
15 – Dois anos de agonia, dois anos de silêncio e dor passou o poeta.
16 – O poeta entoava o seu canto de cisne.
17 – Em todo o torrão, de cada fenda, brotavam flores silvestres.
18 – E tomando um caderno de papel, o lápis atrás da orelha, sentou-se a uma das mesas redondas.
19 – De repente, reboa, longe, o apito de uma fábrica de tecidos.

20 – Trepando em uma escada, eu conto, nesse momento, em uma prateleira alta, algumas filas de latas de azeite de oliveira.
21 – Ficava eu, com a minha mãe, na sala de jantar, à claridade do lampião de querosene.

III – Empregar, em vez do pronome possessivo, um pronome pessoal posposto como objeto indireto (§ 5):
Modelo: Eu conheci seu pai = Eu conheci-lhe o pai.

1 – Nós observamos seu defeito.
2 – O convidado apertou nossas mãos.
3 – Os policiais protegem vossas residências.
4 – O cenário florido da primavera encanta os nossos olhos.
5 – Não tivemos oportunidade de observar os seus inventos.
6 – O professor corrigiu as minhas redações.
7 – O trabalho excessivo roubou a sua mocidade.
8 – A música deleita os nossos ouvidos.
9 – Pintava constantemente a casa para garantir a sua conservação.
10 – O médico tomou o teu pulso.
11 – Era difícil esquecer o seu nome.
12 – Escutou atentamente vossas palavras.
13 – Ele tentou corrigir os teus erros.
14 – Os velhos conheciam todas as nossas fraquezas.
15 – Queríamos ver o seu rosto.
16 – Deus escutou as minhas preces.
17 – As lágrimas rebentaram dos seus olhos.
18 – Os hinos patrióticos aceleram os nossos corações.
19 – Podam-se as árvores para aumentar seu crescimento.
20 – Tremiam as suas pernas de cansaço e de fome.

IV – Acrescentar cinco diferentes adjuntos adverbiais adequados aos seguintes verbos (§ 6):
Modelo:

>José estuda   pouco.
>   de tarde.
>   com o professor
>   às pressas.
>   apesar da doença.

1 – José estuda.
2 – Os alunos visitaram a escola.
3 – O barítono cantou.
4 – Exponho as minhas ideias.

5 – Os soldados passaram.
6 – Os aviões voam.
7 – Os turistas chegaram.
8 – Os jovens conhecem a vida.
9 – Faz frio.
10 – Devemos obedecer à lei.
11 – Os ladrões fugiram.
12 – A educação aproveita ao jovem.
13 – Escrevemos duas cartas.
14 – Os exercícios apuram nossos conhecimentos.
15 – Haverá aprovações.
16 – Entristeci-me.
17 – O Brasil progride.
18 – A voz tremeu.
19 – Conheci amigos.
20 – Transmitiram-nos ensinamentos.
21 – Ides entrar.
22 – Os tempos cristãos simbolizam a cristalização da fé.
23 – A noite desce.
24 – As crianças subiam as escadas.
25 – O professor ralhava.

V – Responder às seguintes perguntas com uma oração em que apareça um adjunto adverbial correspondente ao advérbio interrogativo usado (§ 7):
Modelo: Por que saiu depressa? – Saí depressa por causa da chuva.

1 – Por que saiu depressa?
2 – Quando foi descoberto o Brasil?
3 – Aonde te diriges com teu irmão?
4 – Por que desististe do emprego?
5 – Como conseguiste chegar?
6 – Onde estão morando seus pais?

VI – Destacar os adjuntos adverbiais que ocorrem nos seguintes trechos, classificando-os quanto à circunstância (§§ 6, 7 e 19):
1 – E então nada aqui vem perturbar a quietude do espetáculo.
2 – Nessa noite entrei afoito no salão.
3 – Durante o Império nunca houve questão alguma de raça.
4 – Foi aí na tipografia que eu comecei a corrigir-me.
5 – Sim, senhor! — Monologava eu, em silêncio.
6 – Não obstante esse isolamento, os faroleiros não deixaram uma só noite, e nos dias trevosos, de cumprir com o seu dever.
7 – Ao fim da terceira semana, começaram a faltar as provisões.

8 – Nenhuma embarcação, por mais temerária, poderia afrontar as ondas enfurecidas.
9 – Alta noite, sob o vento cortante e gelado, lá iam os faroleiros para o serviço.
10 – Eu cresço, mas ele cresce mais rapidamente do que eu.
11 – Quando eu completo doze anos, o cajueiro me sustenta nos seus primeiros galhos.
12 – A trinta ou quarenta metros da casa, estaco.
13 – Pouco a pouco, a noite vem descendo.
14 – Da esquina da rua, olho ainda, por cima da cerca, a sua folha mais alta.
15 – Ele não me conhece mais.
16 – Os cavalos correm veloz, larga e fogosamente.
17 – Olhava-o agora com os olhos cheios d'água.
18 – O ladrão conseguiu penetrar em casa com uma chave falsa.
19 – Todos muito estudavam para médico.
20 – Foram talvez os mais fortes motivos da minha resolução.
21 – Os meus olhos abriram-se logo depois à magia da casa do Largo do Palácio.
22 – Com o coração aos pulos, Anselmo desceu as escadas.
23 – À tarde, minha mãe submetia-me à prova de leitura, e, à noite, à de caligrafia.
24 – O modo de pegar na pena parecia mais importante do que a ortografia.
25 – No dia seguinte mudávamos para a nova casa.
26 – Ela que sempre cantara baixinho levantava, agora, a voz acima das vozes do mar, e do vento.
27 – Chegamos aí ao anoitecer, a cavalo.
28 – Horas depois chegavam os cargueiros com a bagagem.
29 – Muitas famílias de Parnaíba tinham ido veranear ali naquele ano, de modo que nos foi impossível conseguir uma casa menos desconfortável.
30 – A escola ficava na mesma rua, mas distante.
31 – Não me parece que se preocupasse muito com os alunos.
32 – A Civilização, com a sua tesoura de ferro, começava a cortar as asas do pássaro.
33 – Certo dia minha mãe me recomendou que não fosse à lagoa.
34 – Puxei a linha, aos poucos, desconfiado, e com cautela.
35 – Meu pai não estava em casa nessa tarde.

VII – Transformar os adjuntos adverbiais em expressões equivalentes pelo sentido, formadas, primeiro, por adjetivo e, depois, por advérbios (§ 9):
Modelo: A noite chega com lentidão. A noite chega lenta. A noite chega lentamente.

1 – A noite chega com lentidão.
2 – Os rapazes estudam com prazer.[1]
3 – A plateia o ouvia com interesse.

---

[1] Não se escreve com **i**: **Prazeroso, prazerosamente** é que são as formas corretas.

4 – O tolo fala sem consciência.
5 – Todos recusaram com espanto.
6 – O pulso batia em desordem.
7 – As lágrimas corriam em abundância.
8 – Poucos fugiram com medo.
9 – Elas fizeram o embrulho com rapidez.
10 – Acompanhavam os fiéis com fervor a oração dominical.
11 – O cientista buscava com avidez a solução do problema.
12 – As sobrinhas liam sem embaraço.
13 – O amigo fechou o negócio sem reflexão.
14 – Ela dava esmolas com piedade.
15 – Os ladrões penetraram em silêncio na casa.
16 – Os cavalheiros conversavam com discrição.

VIII – Flexionar convenientemente o substantivo ou adjetivo postos entre parênteses, nos seguintes casos, apresentando as possíveis concordâncias (§ 10):
1 – Um e outro .... (*aluno*).
2 – .... cinco e seis (*capítulo*).
3 – Terceira e quarta .... (*série*).
4 – Nem um nem outro .... (*livro*).
5 – .... portuguesa e alemã (*língua*).
6 – Por um e outro .... (*lado*).
7 – Afeição e carinho .... (*feminino*).
8 – Teto e parede .... (*alto*).
9 – A pronúncia e ortografia .... (*português*).
10 – .... inspiração e vontade (*divino*).
11 – Ideias e assuntos .... (*discreto*).
12 – .... ideias e assuntos (*discreto*).
13 – Ideia e assunto .... (*discreto*).
14 – .... ideia e assunto (*discreto*).
15 – Vocábulos e frases .... (*correto*).
16 – Os vícios e erro .... (*humano*).
17 – O erro e os vícios .... (*humano*).
18 – Os julgamentos e a crítica .... (*público*).
19 – .... a cidade, a casa, o campo (*deserto*).
20 – A cidade, a casa, o campo .... (*deserto*).

IX – Empregar convenientemente o que estiver dentro do parêntese, atentando-se para a concordância nominal (§ 12):
1 – Elas .... desejaram examinar a questão (*mesmo*).
2 – Estes acidentes se podem dar com eles .... (*próprio*).
3 – Só ela .... faria tão bem estes doces (*mesmo*).
4 – Elas .... procuram a irmã (*próprio*).
5 – Eles .... responderam às perguntas (*só*).

6 – Elas ficaram .... depois do baile (*só*).
7 – Se vós .... tendes receio, ide .... afugentar vossos inimigos (*mesmo*, *só*).
8 – Com nós .... essas coisas se têm repetido (*mesmo*).
9 – Tudo depende delas .... (*mesmo*).
10 – São elas .... as responsáveis pela antipatia geral (*próprio*).

X – Usar convenientemente o adjetivo posto entre parêntese, atentando-se para a concordância (§§ 12, 13, 14, 15):
1 – Todos os documentos seguem .... por via aérea (*anexo*).
2 – O Brasil progride a olhos .... (*visto*).
3 – Este fato representa um crime de .... -patriotismo (*leso*).
4 – As certidões .... devem ser seladas (*anexo*).
5 – O doente melhorava a olhos .... (*visto*).
6 – Cometeu-se um crime de .... -sentimento (*leso*).
7 – Suas dores aumentavam a olhos .... (*visto*).
8 – Estas folhas que vão .... ao processo têm grande importância (*anexo*).
9 – Vai .... à carta a quantia de mil reais (*anexo*).
10 – O discurso político representou um crime de ....-pátria e ....-amor patriótico (*leso*).
11 – A temperatura baixava a olhos .... (*visto*).
12 – Seguem .... as faturas (*anexo*).
13 – A vida é assim .... (*mesmo*).

XI – Empregar a expressão *haja vista* nos seguintes trechos, utilizando as diversas modalidades que possibilita (§ 16):
Modelo: Haja vista os comentários.
          Haja vista aos (dos) comentários.
          Hajam vista os comentários.

1 – .... os comentários.
2 – .... as razões.
3 – .... o motivo.
4 – .... a razão.
5 – .... as ideias.
6 – .... os resultados.

7 – .... o incidente.
8 – .... a nota.

XII – Usar, quando necessário, nos adjuntos adnominais e adverbiais uma preposição conveniente (§ 22):
1 – "Deploraram que ministros católicos vendessem Cristo segunda vez aos judeus" (REBELO DA SILVA).
2 – "Mão direita aberta sobre os olhos, apenas devassava as vacas do curral de Dona Páscoa..." (HUMBERTO DE CAMPOS).
3 – "Sim, senhor! — Monologava eu, em silêncio, contemplando os pequenos pedaços de chumbo, os olhos fixos neles" (*Id.*).
4 – "Tinha comido farinha e bebido água, a manhã toda" (*Id.*).
5 – "Quem saiu, em 1904, armas em punho, às ruas da cidade?" (RUI BARBOSA *apud* MÁRIO BARRETO).
6 – "As duas mães estavam já debruçadas da janela aberta, as mãos dadas, o coração afogado, os olhos nas trevas, o pensamento para o céu" (MENDES LEAL *apud* MÁRIO BARRETO).
7 – "D. Rosa da Silveira tinha vinte e um anos. Era alta, morena, olhos grandes e pretos, testa espaçosa, nariz aquilino, boca larga, beiços quase austríacos..." (TEIXEIRA DE VASCONCELOS *apud* MÁRIO BARRETO).

XIII – Substituir por pronomes átonos objetivos indiretos pospostos os adjuntos adverbiais sublinhados (§ 22):
1 – Tu não poderás fugir *de mim*.
2 – José pôs-se diante *dele*.
3 – Apareças diante *de nós*.
4 – Sentaram-se em frente *dela*.
5 – Os inimigos caíram em cima *de nós*.
6 – Os pais deram um beijo *na filha*.
7 – Os guardas atiraram *no ladrão*.
8 – O jovem pegava *no pão* com cerimônia.
9 – O automóvel rapidamente avizinhava-se *da cidade*.
10 – O malvado aplicou um pontapé *na criança*.
11 – O pai bateu *no filho* por causa da brincadeira.
12 – Tudo girou em volta *de nós*.
13 – Ninguém tornou a pôr a vista em cima *dela*.

Lição VIII (respostas nas páginas 352 a 357)

I – Indicar se o sujeito das seguintes orações agente (ag) ou paciente (pac) da ação verbal (§§ 1 e 2):
1 – Nas torres, os atalaias vigiavam atentamente o acampamento.

2 – Os homens de arma levavam preso Nuno Gonçalves.
3 – Um arauto saiu ao meio da gente de vanguarda inimiga.
4 – O arauto voltou ao grosso de soldados.
5 – A Virgem projeta meu pai.
6 – Eu o espero.
7 – O vento soprava nesse dia com violência.
8 – El-rei o desonerou do cargo.
9 – A guarda lhe fora encomendada por seu pai.
10 – Um pássaro erradio corta o espaço.
11 – A notícia foi sabida de todos.
12 – O prédio fora destruído pelo incêndio.
13 – Os convidados não traziam máscaras.
14 – Os palanques estavam atulhados de famílias.
15 – Hoje a aluna não foi à escola.
16 – Os responsáveis foram condenados pelo juiz.
17 – O livro será lido por todos os alunos.
18 – Quem trouxe estes livros?
19 – As suas ordens não foram obedecidas por ninguém.
20 – Foram feitos novos consertos.

II – Indicar se os verbos dos trechos seguintes estão na voz *ativa*, *passiva* ou *medial* (§ 5):

1 – Todos viram o acidente.
2 – Ele zangou-se com a resposta.
3 – As terras são cultivadas pelo agricultor.
4 – Vendem-se estes carros.
5 – O guarda prendeu os ladrões.
6 – Serão transmitidas todas as ordens.
7 – Eles se conhecem há muito tempo.
8 – Nós nos arrependemos das coisas malfeitas.
9 – Ouvimos belas canções.
10 – Precisa-se de novos empregados.
11 – São traduzidos muitos livros estrangeiros.
12 – Os tolos sofreram grande decepção.
13 – Vós vos vestis com apurado gosto.
14 – Construiu-se a casa em poucos meses.
15 – Adquiriste bons amigos na escola.
16 – Todos o perguntaram.
17 – Teriam sido esquecidos esses objetos.
18 – Ouviram-se os gritos de socorro.
19 – Foram-se embora.
20 – Despediram-nos.
21 – Consertam-se bicicletas.
22 – Nós nos vemos com certa frequência.

23 – Chamavam-me inteligente.
24 – Chamas-te Glória.
25 – Assim se vai muito longe.
26 – Suas mentiras ficaram conhecidas de todos.
27 – Lembra-te de minhas palavras.
28 – As lições eram expostas com clareza.
29 – Fizeram-se as necessárias correções.
30 – Eles se reservaram a melhor poltrona.

III – Passar para a voz passiva os verbos das seguintes orações, ressaltando o agente da passiva (§ 8). Conservem-se os mesmos tempos e modos verbais:
1 – Vendi os dois livros.
2 – Os colegas copiaram os deveres a lápis.
3 – As mestras estimavam suas alunas.
4 – Quem fará o ditado?
5 – Sem minhas considerações o professor reprovaria os alunos.
6 – Que vocês aprendam essas poesias.
7 – O cálculo enganara até o mais sabido dos candidatos.
8 – O gato não via os ratos da casa.
9 – Depois da festa recitamos belas poesias.
10 – O comandante reuniria a tropa no pátio.
11 – O pequeno Davi matou o gigante Golias.
12 – Os preguiçosos fecharão os livros.
13 – Tu vendeste teu carro.
14 – A criança arrancara a flor.
15 – Todos beberão café com leite?

IV – Passar para a voz passiva os verbos das seguintes orações, conservando-se os mesmos tempos e modos (§ 8):
1 – Não o repreendêramos.
2 – Ninguém te procurava.
3 – Ele ameaçava-te.
4 – Vós os acompanhastes na vida.
5 – Todos te louvariam a ação.
6 – Censuramo-lo pelas más ações.
7 – Roubaram-te no caminho do trabalho.
8 – Viram-me à saída do colégio.
9 – Intimaram-nos.
10 – Prendiam-no.
11 – Cercam-vos.
12 – Respeitavam-na.

V – O mesmo exercício:
1 – Nós temos lido muitas páginas.

2 – Eles terão realizado muitas palestras.
3 – Os bichos tinham comido os móveis.
4 – Os homens têm cometido alguns enganos.
5 – A guerra tinha destruído seus lares.
6 – As crianças haverão aprendido uma boa lição.
7 – O remédio terá curado os doentes?
8 – Deus teria ouvido as preces das mães.
9 – Os primeiros navegantes teriam aproveitado frágeis embarcações.
10 – Vós tendes visto muitas novidades pelo mundo.

VI – Passar para a voz ativa os verbos das seguintes orações, atentando-se para o fato de não vir expresso o agente da passiva (§ 8):
1 – Ela fora vista na praia.
2 – Ele seria vigiado com cuidado.
3 – Ela era perseguida no trem.
4 – Ele foi chamado a juízo.
5 – Eles teriam sido prejudicados.
6 – Elas são compreendidas.
7 – Ele seria condenado.
8 – Elas têm sido beneficiadas.
9 – Ele terá sido arruinado.
10 – Ele é castigado diariamente.
11 – Ela era interrogada todos os dias.
12 – Ele será absolvido.

VII – Passar para a voz ativa os verbos das seguintes orações (§ 8):
1 – Alugam-se apartamentos.
2 – Vende-se esta bicicleta.
3 – Dá-se aterro.
4 – Formularam-se poucas questões.
5 – Ter-se-ão dado vários enganos.
6 – Ter-se-iam emendado as notas.
7 – Consertavam-se chaves.
8 – Fez-se a descoberta.
9 – Ouviu-se muito barulho.
10 – Cometer-se-ia um leve engano.
11 – Davam-se livros aos pobres.
12 – Ter-se-á feito uma só concessão.

VIII – Passar a voz passiva analítica dos seguintes verbos para a passiva pronominal, atentando-se para o problema da concordância do verbo com o sujeito; conservem-se os mesmos tempos e modos (§§ 5 e 8):
Modelo: Foram promulgadas novas leis = Promulgaram-se novas leis.

1 – Foram promulgadas novas leis.
2 – São omitidos muitos fatos.
3 – Serão discutidos muitos projetos.
4 – Têm sido fundadas muitas escolas.
5 – Seriam tomadas as providências necessárias.
6 – Eram expostas com clareza algumas questões.
7 – Tinham sido pronunciados brilhantes discursos.
8 – Nessa ocasião eram distribuídos os prêmios.
9 – Serão transmitidas as convenientes ordens.
10 – Terão sido cometidas muitas faltas.
11 – Serão abolidos vários impostos.
12 – Foram satisfeitas todas as dívidas.
13 – Será conseguido o fim.
14 – Foram obtidos muitos favores.
15 – Têm sido inscritos novos sócios.
16 – São publicados vários livros úteis.
17 – Tinha sido divulgado o segredo.
18 – Serão remetidos os devidos documentos.
19 – Teriam sido proferidas muitas blasfêmias.
20 – Seriam suprimidos vários cargos.
21 – Terá sido descoberta a conspiração.
22 – Serão restaurados vários edifícios.
23 – Foram cobrados os impostos.
24 – Serão esgotados todos os recursos.
25 – Teriam sido percorridas grandes distâncias.
(*Apud* CLAUDINO DIAS, 35).

IX – Distinguir as orações de verbo na voz passiva (VP) das orações de predicado nominal (PN) (§ 9):
1 – O livro está rasgado.
2 – A casa foi alugada pelo novo proprietário.
3 – A cozinheira era estimada de todos.
4 – Talvez o soldado estivesse ferido.
5 – O conferencista ficou desiludido.
6 – A ave foi atacada pelo gato.
7 – A casa estava cercada pela água.
8 – O jardim ficou florido.
9 – A caneta estaria quebrada.
10 – O almoço está atrasado.

Lição IX (respostas na página 357)

I – Destacar o aposto que ocorre nos seguintes exemplos (§§ 1, 2, 3 e 5):
   1 – "Agora nenhum rei está aqui, mas sim o Mestre de Avis, vosso antigo capitão" (ALEXANDRE HERCULANO).
   2 – O marquês perderá o filho, luz da sua alma e ufania de suas cãs.
   3 – Iracema, a virgem dos lábios de mel, tinha os cabelos muito negros.
   4 – Já lhe demos dois presentes, um anel e um relógio.
   5 – Cinema, rádio, televisão, nada o divertia.
   6 – "A podenga, negra, essa corria pelo aposento viva e inquieta" (ALEXANDRE HERCULANO).
   7 – Nós, os representantes da turma, o escolhemos como paraninfo.
   8 – Chegaram os dois convidados, um de automóvel, outro de bonde.
   9 – Tirou duas notas, a saber: oito e nove.
   10 – Tudo desapareceu, a febre, a inapetência e a palidez do rosto.
   11 – Nero, imperador romano, foi um homem cruel.
   12 – O jovem leu o romance em poucas horas, prova segura de sua curiosidade.
   13 – Realmente, sois todos surdos os moradores desta casa.
   14 – "A podenga negra, essa sumiu-se" (ALEXANDRE HERCULANO).
   15 – "Cá estamos num dos mais lindos e deliciosos sítios da terra: o vale de Santarém" (ALMEIDA GARRETT).
   16 – A palavra saudade é das mais bonitas de nossa língua.
   17 – Deixamos na escola o livro de Português e o de Matemática, este na sala e aquele na secretaria.
   18 – "Assim o golpe como o sacrifício, tudo ficou no ar" (A. FELICIANO DE CASTILHO).
   19 – O rio Tejo tem sido celebrado pelos poetas.
   20 – O valente guerreiro perdoava sempre, indício de seu grande coração.

II – Pontuar convenientemente o aposto dos seguintes exemplos (§ 6):
   1 – Nós representantes desta classe pedimos a vossa atenção.
   2 – Disse-me duas palavras amargas ruim e traidor.
   3 – Camões o grande poeta português cantou as glórias lusitanas.
   4 – O médico atendeu bem aos clientes salvação daquelas pobres criaturas.
   5 – Deram-nos dois convites a saber um para o baile de máscaras e o outro para o desfile na avenida.
   6 – Pedro II imperador do Brasil cativou muitos corações graças à sua bondade.
   7 – Havia na bolsa excelentes frutas por exemplo pêssego, maçã, morango e pêra.
   8 – Um dos grandes livros de Machado de Assis *Memorial de Aires* revela-nos muito da vida do grande autor brasileiro.

9 – Em 15 de novembro dia consagrado à nossa república sempre há numerosos festejos.
10 – O filho esperança dos pais deve honrá-los e estimá-los.
11 – Fiz-lhe um pecúlio de cinco contos os cinco contos achados em Botafogo como um pão para a velhice.

Lição X (respostas na página 358)

I – Separar as orações inanalisáveis das que se podem analisar (§§ 1 e 2):
    1 – Que horror!
    2 – Avançai!
    3 – Como está quente!
    4 – Maravilhoso!
    5 – Bons ventos o levem!
    6 – Santo nome de Deus!
    7 – Pelas barbas de meu avô!
    8 – Quão bela está a tarde!
    9 – Oh! quanta tolice!
    10 – Pobre de ti!
    11 – Silêncio!
    12 – Psiu!
    13 – Que belos sonhos!

II – Destacar o vocativo nos seguintes exemplos (§ 3):
    1 – Ó palmeira da serra, continuai firme!
    2 – De humana piedade foi teu ato, Senhor!
    3 – Erguei-a com cautela, ó frágil criatura!
    4 – Minha harpa, saudemos este instante.
    5 – Esposa querida, minha harpa, vem cá!
    6 – Ó mar, o teu rugido é um eco incerto.
    7 – Ah! donde tiraste essa voz, majestoso oceano?
    8 – Não chores, meu filho.
    9 – Ó guerreiros, meus cantos ouvi!
    10 – Sabia-o, senhor.
    11 – Senhor rei, vós tendes um cetro e uma espada.
    12 – Criança, ama a terra em que nasceste.

13 – Sim, senhor, erra mais uma vez.
14 – Tu, meu caro leitor, deves ir até o fim.
15 – "Deus, ó Deus onde estás?"

III – Assinalar com um X dentro do parêntese as orações corretas quanto à concordância verbal (§ 4):
1 – ( ) Vivam os campeões!
2 – ( ) Salve os heróis da pátria!
3 – ( ) Viva o rei!
4 – ( ) Viva os mestres!
5 – ( ) Salve os sábios!
6 – ( ) Vivam os patriotas!
7 – ( ) Viva as musas!
8 – ( ) Salve os poetas!

Lição XI (respostas nas páginas 358 a 362)

I – Separar os períodos simples (S) dos compostos (C) (§ 1):
1 – É agradável a vida dos campos.
2 – Ela e ele encontram-se depois do almoço.
3 – Estimamos que voltem cedo.
4 – Pedro saiu cedo, mas ainda não voltou.
5 – Às vezes é o peso demasiado.
6 – Essa fortuna a tive eu.
7 – Assim faz a pessoa que é consciente.
8 – Não vacila um só instante o camarada.
9 – Hábitos arraigados a vida diária e agitada lhe não consente.
10 – Os alunos entravam fardados, subiam e abancavam-se à esquerda.
11 – Ora vinha ele pela esquerda, ora surgia à direita do observador.
12 – Ficou provado que tudo era mentira.
13 – Saiu tarde, porque chovia.
14 – Quando voltar, tragam-me esses embrulhos.
15 – Veio-nos visitar, logo já está trabalhando.
16 – Todos precisavam de que os ajudassem.
17 – Os pais e os filhos representam o presente e o futuro da pátria.
18 – Estudavas enquanto os outros dormiam.
19 – O menino que é obediente aumenta o número de seus admiradores.
20 – Espero que não perturbem a paz desta casa.
21 – Não só ficou em casa, mas também dormiu a valer.

II – Distinguir, no exercício acima, os períodos constituídos por orações independentes (Or I) daqueles de orações dependentes (Or D) (§ 2):

III – Classificar as orações coordenadas que ocorrem nas seguintes máximas do MARQUÊS DE MARICÁ (§§ 4 e 5):
1 – "Não emprestes, não disputes, não maldigas e não terás de arrepender-te".
2 – "O homem de juízo aproveita, o tolo desaproveita a experiência própria".
3 – "A virtude é comunicável, mas o vício contagioso".
4 – "A autoridade impõe e obriga, mas não convence".
5 – "Não queremos pensar na morte, por isso nos ocupamos tanto da vida".
6 – "As circunstâncias fazem ou descobrem os grandes homens".
7 – "Avistamos a Deus em toda a parte, mas não o compreendemos em nenhuma".
8 – "As flores e as mulheres enfeitam e guarnecem a Terra".
9 – "Louvamos por grosso, mas censuramos por miúdo".
10 – "Não há inimigo desprezível nem amigo totalmente inútil".

IV – Reconhecer as conjunções coordenativas que ocorrem nos seguintes trechos, indicando a natureza sintática das expressões que unem (se sujeitos, objetos, adjuntos, etc. §§ 4 e 5):
 a) "Situada na última trincheira de dunas, mais perto da várzea que se estendia para o interior do que do mar, a nossa casa possuía nos fundos, a três dezenas e metros, uma pequena lagoa em que viviam alguns peixes miúdos, característicos da água doce e parada. Armado de um caniço que trazia na ponta da linha de costura um anzol improvisado com um alfinete torcido, eu ia todos os dias a essa pescaria voltando com alguns peixes achatados e negros a que davam, ali, a denominação de *cará*. Certo dia, porém, minha mãe me recomendou que não fosse à lagoa. Era Sexta-Feira Santa, dia consagrado ao jejum e à oração. Dia nublado, escuro, triste, como se o céu inteiro se tivesse coberto de um véu polvilhado de cinza. Uma das minhas virtudes era, no entanto, a desobediência. Ao ver que a família se achava entregue aos cuidados caseiros, tomei o caniço e corri para a lagoa. Alguns peixes beliscaram, mas não vieram. Os peixes sabem, parece, quando os meninos estão pescando sem a permissão dos pais, e não lhes dão o prazer de engolir a isca. Eu insisti, todavia. Se Deus não quisesse que o homem apanhasse o peixe não teria consentido que ele inventasse o anzol. Em determinado momento, porém, senti que vinha alguma coisa volumosa e pesada. Puxei a linha, aos poucos, desconfiado, e com cautela. De repente, emerge a presa. Olho e esfrio. Vinha ano anzol uma botina velha!
 É desnecessário dizer que abandonei botina, anzol, caniço, e até o meu chapéu de carnaúba, à margem da lagoa, e que desandei na carreira, apavorado, rumo de casa.
 Chamei minha mãe à parte, e contei-lhe o ocorrido, os olhos fora das órbitas. E ela:

– Eu não te disse. É castigo...
E enchendo-me de terror:
– Quem pesca em lagoa Sexta-Feira Santa, o anzol só apanha sapato de defunto.."
(HUMBERTO DE CAMPOS, *Memórias*, I, 184-6).

b) "Situada perto da várzea, nossa casa era uma das primeiras do arraial, à entrada deste, e o caminho natural de quem vinha de Parnaíba. As pessoas que procediam da cidade, e que eram portadoras de encomendas – café, açúcar, cereais ou carne, pois que aí não havia nenhuma casa de comércio – chegavam à Pedra do Sul já noite fechada. Mas a aproximação desses emissários, que haviam partido pela madrugada a vender o produto da sua pescaria, era anunciada de longe pelos téus-téus, o indiscreto quero-quero das coxilhas do Sul, o qual é, no Norte, o guarda infatigável das várzeas adormecidas. Ao perceberem, com os seus olhos, que varam a sombra, vulto de cavaleiro ou de peão, essas aves erguem em bando o seu voo, em gritaria assustada. E com uma precisão tal, que, pelo grito delas, se sabia, em casa, em que várzea e a que distância vinha o viajante.

A maior curiosidade do lugarejo marítimo eram, entretanto, os seus rochedos. Havia pedras enormes, de feitios bizarros, de dez e mais metros de altura. Algumas constituíam, mesmo, a reprodução da fisionomia humana. E eu ainda me lembro de uma, grande e alta como uma casa, que possuía dois olhos, e nariz e a boca imensa, rota em uma das extremidades. A onda vinha de longe, e atirava-se à cara do monstro. Ele bebia-a; engolia-a; mas vomitava-a de novo com asco e com estrondo, repelindo o resto pelo rasgão de pedra, que a água cavara durante séculos" (Id., ibid., 186-7).

V – Transformar os sujeitos dos seguintes exemplos em orações substantivas subjetivas iniciadas por conjunção integrante (§§ 7 e 8):
    1 – É possível a nossa vinda.
    2 – Urge a tua vitória.
    3 – É bom o nosso conselho.
    4 – Não convém a minha tristeza.
    5 – Cumpre a vossa atenção a esse problema.
    6 – Admira-me a tua paciência.
    7 – Ficou claro o nosso desgosto.
    8 – Não se compreende o seu insucesso.
    9 – Importam as nossas respostas.
    10 – Não se viu a nossa inteligência.

VI – Transformar os objetos diretos dos seguintes exemplos em orações substantivas objetivas diretas iniciadas por conjunção integrante (§§ 7 e 8):
    1 – A justiça exige a punição do criminoso.
    2 – Ele alcançou o prêmio dos seus serviços.

3 – O professor assentou o adiamento da prova.
4 – Todos conseguiram a realização das promessas.
5 – Nós obtivemos a estima dos presentes.
6 – O aluno demonstrou ignorância da matéria.
7 – Os amigos revelaram a falsidade daquelas declarações.
8 – O policial evitou a interrupção do trânsito.
9 – Eles não tinham permitido a continuação das obras.
10 – O escritor conseguiu o aplauso da crítica.

VII – Transformar os objetos indiretos dos seguintes exemplos em orações substantivas objetivas indiretas iniciadas por conjunção integrante preposicionada (§§ 7 e 8):
1 – Ele arrependeu-se de sua ingratidão.
2 – O pai insistiu na sua permanência em casa.
3 – Todos desconfiavam da não realização das promessas.
4 – Os pais precisavam do apoio dos filhos.
5 – O exercício consistia na tradução dos autores gregos.
6 – Os vizinhos necessitaram da ajuda de todos os estranhos.
7 – Queixam-se os políticos da pouca consideração do povo.
8 – Os candidatos aspiravam à aprovação no concurso.
9 – Todos os dias se convencia do progresso no estudo do piano.
10 – Esquecêramos da continuação da história.

VIII – Transformar os predicativos dos seguintes exemplos em orações substantivas predicativas iniciadas por conjunção integrante (§§ 7 e 8):
1 – O mais certo é a nossa desistência da luta.
2 – O melhor fora a sua separação.
3 – A verdade será a nossa volta.
4 – O menos provável é a tua saída.
5 – O lógico seria a vossa revolta.

IX – Transformar os primeiros complementos nominais dos seguintes exemplos em orações substantivas completivas nominais iniciadas por conjunção integrante preposicionada (§§ 7 e 8):
1 – Estava receoso da sua perseguição.
2 – Tinha a consciência do cumprimento do dever.
3 – Estou acorde no vosso estudo da Medicina.

4 – Temos a certeza do teu abandono aos livros.
5 – Tivera desconfiança da aplicação do dinheiro.
6 – Estava necessitado da tua ajuda.
7 – O padre fizera insistência do erro do auditório.
8 – Estaria certo do engano dos colegas.
9 – Sentiu necessidade do socorro de todos.
10 – O receio da fuga do prisioneiro deixava o soldado inquieto.

X – Transformar os adjuntos adnominais grifados nos seguintes exemplos em orações adjetivas iniciadas por pronome relativo (§ 11):
1 – O soldado *desleal* merece desprezo.
2 – As crianças *frágeis* preocupam pais.
3 – Gato *escaldado* da água fria tem medo.
4 – Os chefes *severos* não mandam muito tempo.
5 – A cavalo *dado* não se olha o dente.
6 – A *nossa* casa é espaçosa.
7 – Uma vida *inútil* é uma morte prematura.
8 – Homem *acautelado* vale dobrado.
9 – As crianças *mal-educadas* preocupam os professores.
10 – O *seu* vestido é novo.
11 – Candeia *sem* azeite não arde.
12 – O vizinho é uma pessoa *minha* conhecida.

XI – Transformar os adjuntos adverbiais grifados nos seguintes exemplos em orações adverbiais iniciadas por conjunções subordinativas adverbiais (§ 16):
1 – As estrelas parecem pequenas *em virtude da sua imensa distância*.
2 – Estabelecem-se escolas *para instrução da mocidade*.
3 – Muitos frutos caem *antes da maturação*.
4 – Reconheci o meu antigo companheiro *apesar da alteração de suas feições*.
5 – O ouro tem mais valor do que a prata *pela sua raridade*.
6 – *Para a multiplicação de certas árvores* basta cortar-lhes os ramos e plantá-los na terra.
7 – Muitas aves deixam-nos *com a entrada do outono* e só voltam *com o princípio da primavera*.
8 – *Apesar da sua austeridade* é homem gentil.
9 – O azeite nada sobre a água *por causa da sua leveza*.
10 – Regam-se os jardins *para desenvolvimento da vegetação*.
11 – O homem do campo levanta-se *antes do nascimento do sol* e trabalha *até noite fechada*.

12 – *Não obstante a sua doença* trabalha todo dia.
13 – Chovia *à nossa chegada*.
14 – Ele saiu *depois da conclusão do negócio*.
15 – Não deixes fugir o tempo *inutilmente*.
16 – O socorro vem algumas vezes *imprevistamente*.
17 – Os delitos raras vezes se cometem *impunemente*.
18 – Os acidentes sucedem *inopinadamente*.
   (*Apud* CLAUDINO DIAS, *Exercícios de Composição*, 59-60).

Exercícios adiantados
Período composto

Exercícios de revisão (respostas nas páginas 363 a 432)

Termos da Oração

I – Nas seguintes orações:
   1 – O rio rolava vagarosamente as suas grandes águas.
   2 – O animal denunciava um longo e desabrido galope.
   3 – Chegou ao povoado um cavaleiro.
   4 – Logo rangeu o ferrolho.
   5 – As nossas terras vão ser tomadas.
   6 – Vim por essas matas a todo o galope.
   7 – O sertanejo esteve algum tempo hesitante.
   8 – Falta-nos uma bandeira.
   9 – Era quase meio-dia.
  10 – Viva o Brasil!
        dizer:
   a) qual o sujeito, se houver;
   b) se o predicado é verbal ou nominal;
   c) qual o objeto direto, se houver;
   d) qual o objeto indireto, se houver;
   e) qual o adjunto adnominal, se houver;
   f) qual o adjunto adverbial, se houver;
   g) qual a classificação do verbo quanto ao complemento;
   h) qual o predicativo, se houver.

II – Nas seguintes orações:
   1 – Pelos corredores, numa vozeria alegre, andavam os alunos, em grupos.
   2 – Aquele severo edifício estava agora transformado num ambiente alegre.
   3 – Realizara-se ali, na véspera, a distribuição dos prêmios.

4 – Depois da distribuição dos prêmios, a sineta, num repicar festivo, anunciou àqueles pequenos corações o fim da sua prisão de um ano.
5 – Ninguém viera assistir à sua vitória.
6 – Pela primeira vez, passara Jorge, no imenso e frio dormitório do colégio, essa primeira noite de férias.
7 – No saguão, iam diminuindo as rumas das malas e das canastras.
8 – Nessa noite, num escuro e feio quarto da casa de comércio, Jorge não dormiu.
9 – Um pressentimento cruel lhe enchia a alma de terror.
10 – Com que alegria ela fizera, em outros anos, esta viagem!
11 – Houve uma parada brusca do trem.
12 – O caixeiro sacudia-o.
13 – Na porteira da fazenda, ninguém o esperava.
14 – Dentro do seu coração de criança, já a verdade terrível estava palpitando.
15 – Toda a casa tinha ainda o pavor e o espanto desse desastre recente.
16 – Deus te abençoe, meu filho!
17 – Breve desapareceram os sons guerreiros entre as árvores.
  dizer:
  a) o sujeito, se houver;
  b) se o predicado é verbal, nominal ou verbonominal;
  c) o objeto direto, se houver;
  d) o objeto indireto, se houver;
  e) o adjunto adnominal, se houver;
  f) o adjunto adverbial, se houver;
  g) a classificação do verbo quanto ao complemento;
  h) o vocativo, se houver;
  i) o predicativo, se houver.

III – **Nas seguintes orações:**
  1 – A mulher não ouvia com prazer aquelas histórias;
  2 – As letras se baralhavam, atrapalhadas.
  3 – Tremia-lhe nos dedos o papel.
  4 – Podiam viver modestamente com o seu soldo.
  5 – Recordava-se dos sofrimentos passados a pobre senhora.
  6 – No entusiasmo da narração, o velho transfigurava-se.
  7 – A sua voz imitava ora o ruído contínuo e seco da fuzilaria, ora o estrondo rouco dos canhoneios.
  8 – Diante dele, Carlos bebia as suas palavras com inveja.
  9 – Alice admirava o pai e o irmão.
  10 – Às vezes ia a mãe surpreendê-lo, na sala de visitas.
  11 – Uma noite, conversavam os dois velhos a sós, naquela mesma sala de jantar.
  12 – Hoje anda tudo em paz.
  13 – Isto é uma geração de molengas.

14 – Que perigo corre o nosso rapaz?
15 – Neste momento, bateram à porta.
16 – Havia dentro da espingarda uma bala.
17 – O major sobreviveu pouco a esse desastre.
18 – A viúva concentrou toda a sua afeição num neto.
19 – Também este ama a vida de soldado.
20 – Nada ali havia.

dizer:
a) o sujeito, se houver;
b) se o predicado é verbal, nominal ou verbonominal;
c) o objeto direto, se houver;
d) o objeto indireto, se houver;
e) o predicativo do sujeito ou do objeto, se houver;
f) o adjunto adverbial, se houver, e sua classificação quanto à circunstância;
g) o adjunto adnominal do objeto direto, se houver;
h) a classificação do verbo quanto ao complemento.

IV – Analisar sintaticamente os seguintes períodos extraídos das *Memórias* de HUMBERTO DE CAMPOS:

1 – "Ficou-me, apenas, a lembrança do estrago."
2 – "Minha mãe havia levado preventivamente para aquele degredo algumas dúzias de ovos."
3 – "O lugar oferecia-lhe tudo isso."
4 – "O arroz, o açúcar, a farinha, o café, as provisões, enfim, estavam ao ar livre, em torno da casa."
5 – "Eu não conheço nada melhor no mundo."
6 – "Aí, por essa ocasião, eu pratiquei uma das minhas peraltices mais remotas e inexplicáveis."
7 – "A Civilização, com a sua tesoura de ferro, começava a cortar as asas ao pássaro."
8 – "Por cima da casa comercial morava o sócio Lino Gandra, com a sua senhora e os filhos."
9 – "No meu aniversário, ou no da minha irmã, seu brinde consistia no almoço fora de casa."
10 – "Levaram todos existência sem relevo."

11 – "Anos depois ele morria, Anacreonte sertanejo, após quase noventa de existência alegre e viva."

12 – "Aos oitenta anos ele apareceu à família, isto é, aos irmãos e aos filhos, em Parnaíba."

V – Analisar sintaticamente os seguintes períodos extraídos das *Memórias* de HUMBERTO DE CAMPOS:

1 – "Com a morte da mulher, entregou ele os filhos mais novos aos mais velhos."
2 – "Casara-se ele com uma senhora da família Fonseca, piedosa e mansa criatura."
3 – "Que tem sido para mim, pelo resto da vida, a felicidade, senão um brinquedo roubado?"
4 – "Todos os olhos se voltaram, de pronto para o menino órfão."
5 – "Em 1894, já nos últimos meses, iniciei, em Parnaíba, a minha instrução primária."
6 – "Rousseau (Jean Jacques) considera a sua paixão pelas letras a causa de todos os seus infortúnios."
7 – "Deitado na minha esteira de carnaúba, humilde tapete de pobre, à luz tremente da lamparina de querosene, minha medrosa companheira de vigília, bebi eu as primeiras gotas desse veneno."
8 – "Por que te não apagaste aos meus olhos – ó pobre lamparina triste! – naquelas noites pressagas?"
9 – "Não obstante isso, a escola era frequentíssima, principalmente por gente pobre, do bairro dos Tucuns."
10 – "A escola ficava na mesma rua, mas distante."
11 – "Com a presença dos meus tios maternais ainda em Parnaíba, em 1895, fomos passar alguns meses na Pedra do Sal, ponto desabrigado e rochoso do estreito litoral piauiense."
12 – "Em breve, éramos vizinhos de cadeira, e bons camaradas."

VI – Analisar sintaticamente os seguintes períodos extraídos de *A Queda dum Anjo*, de CAMILO CASTELO BRANCO:

1 – "Da maior, e talvez única dor literária de sua vida, fui eu a causa."
2 – "Afora este incidente, as boninas da vida campestre floriam imarcescíveis para o homem de bem, raro exemplo de compostura."
3 – "Adelaide, temerosa de algum imprevisto acidente, relatou ao pai o diálogo da antevéspera, e a promessa da poesia para a noite seguinte."
4 – "Calisto passou o restante da noite com os amigos da casa."
5 – "Nem sequer as Níobes, as Lucrécias e Penélopes o buril respeita."
6 – "Depois, seguiam-se na carta os conselhos ajustados à felicidade da vida."
7 – "As asas cândidas de Ifigênia sacudiam-lhe do espírito saudades e remorsos."
8 – "Pobre senhora! àquela hora já ela andaria a pé."

9 – "Aquela alma vai-se transformando, à proporção da roupa."
10 – "O mestre-escola havia lido, repetidas vezes, no *Período dos Pobres*, as palavras *autonomia nacional*."
11 – "O latim não lho entenderam, salvo o mestre-escola."
12 – "Por muitos fatos desta natureza conspiraram os influentes do círculo de Miranda contra os delegados do Governo."

VII – Analisar sintaticamente os seguintes períodos extraídos de *Eurico, o Presbítero*, de ALEXANDRE HERCULANO:

1 – "Orgulho humano, qual és tu mais feroz, estúpido ou ridículo?"
2 – "Quem contará, porém, as vitórias de nossos avós durante três séculos de glória?"
3 – "A generosidade, o esforço e o amor, ensinaste-os tu em toda a sua sublimidade."
4 – "Para estes o evangelho assemelhava-se ao sol."
5 – "Não para os romanos corrompidos, mas para nós, os selvagens setentrionais, isto era o cristianismo."
6 – "As costas da África fronteiras, lá na extremidade do horizonte, pareciam uma orla escura bordada no manto azul do firmamento."
7 – "Que m'importa a mim a glória?"
8 – "Não, eu não quero a glória inútil e ininteligível hoje para mim."
9 – "Dias e dias, passei-os orando, com a fronte unida às lajes do pavimento sagrado."
10 – "Noites e noites, vagueei-as pelas solidões."
11 – "Que pode hoje embriagar-me, senão uma festa de sangue?"
12 – "Uma nuvem de setas respondeu ao sibilar das dos esculcas árabes."
13 – "Torvos e ferozes eram o gesto e os meneios destes homens sem disciplina."
14 – "Vencidos, nunca pediam compaixão aos inimigos."
15 – "As suas armas ofensivas eram a cateia teutônica, espécie de dardo, a funda, a clava ferrada e o arco e a seta."
16 – "Neste momento, por uma das pontes já desertas, lançadas na noite antecedente sobre o Críssus, soava um correr de cavalo à rédea solta."
17 – "Vinha todo coberto de negro: negros o elmo, a couraça e o saio."
18 – "Pendia-lhe da direita da sela uma grossa maça forrada de muitas puas, espécie de clava conhecida pelo nome de borda, e da esquerda a arma predileta dos godos, a bipene dos francos, o destruidor franquisque."

Coordenação conectiva (respostas nas páginas 381 a 383)

I – Classificar as orações coordenadas dos seguintes períodos:
1 – Estendeu o braço e fez com a mão um gesto de rei.
2 – O tigre avançou, mas não conseguiu prender o animalzinho.
3 – Era uma luta horrível, pois os inimigos tinham ódio de morte.
4 – A um sinal do capitão, os cavaleiros prosseguiram a marcha e entranharam-se de novo na floresta.
5 – O vento era rijo, porém não ficamos em casa.
6 – Os viajantes, naquela noite, não viram a lua nem se preocuparam com isso.
7 – Resolve todas as tuas dificuldades porque dormirás tranquilamente.
8 – Ou não dava atenção aos pobres, ou os enchia de presentes.
9 – A noite não tinha lua, mas estava toda polvilhada de estrelas.
10 – Não tens razão de queixa, porquanto cumpri o meu dever.
11 – Não fui ao encontro marcado, logo não poderias encontrar-me lá.
12 – Não me procurou nem me telefonou.

II – Dividir os seguintes períodos em orações e classificá-las, atentando para as coordenadas correlatas ou intensivas:
1 – Muito se fala sobre este assunto, mas, na realidade, pouco se tem feito para sua resolução.
2 – Não só fazia todos os seus exercícios, como ensinava aos seus colegas.
3 – Ou fazes tudo certo, ou não te quero aqui.
4 – Aplicava-se não só aos serviços do campo, mas também se dedicava aos exercícios da pintura.
5 – Não só o chamou, senão também o repreendeu.

Subordinação conectiva

a) substantivas (respostas nas páginas 383 a 389)

I – Dividir os seguintes períodos em orações e classificá-las:
1 – Cumpre que estudemos as lições.
2 – Espero que os reprovados aprendam essa amarga lição.
3 – É necessário que se perdoem as injúrias.
4 – Diz-se que este ano haverá muitas festas.
5 – É verdade que nem tudo nos agrada.
6 – A verdade é que poucos compreendem o valor da virtude.
7 – O Brasil espera que os estudantes cumpram a sua missão.
8 – Espera-se que tudo termine bem.
9 – Parece que o tempo vai melhorar.

10 – O certo é que a vitória pertence aos fortes.
11 – Convém que estudem mais.
12 – Urge que a vida fique melhor.
13 – Advirta-se que ele sempre se fazia de inocente.
14 – Com a mão no coração vos juro que me horroriza esta guerra desnatural.
15 – Disse-lhe eu que executasse o serviço.
16 – Acertamos que tudo seria feito no maior sigilo.
17 – Tenho para mim que muitas dessas coisas andam erradas.
18 – Ignoramos se todos vieram a tempo.
19 – Soube, enfim, que fora premiado.
20 – Pouco nos importa se ele virá no dia aprazado.

II – **Dividir os seguintes períodos em orações e classificá-las:**
1 – Não se sabe se haverá aula na próxima segunda-feira.
2 – Alguém nos dissera que José havia falhado nas intenções.
3 – Consta que as aulas se prolongarão até o dia 30.
4 – Diz-se que não haverá programa de televisão.
5 – Dizem que todos chegaram cedo à reunião.
6 – O interessante é que aproveitemos a ocasião.
7 – Compreendemos que nem tudo é fácil.
8 – Não se divulgou se prometeu que viria.
9 – Perguntaram-nos se o diretor estava na escola.
10 – Tudo indica que teremos pouca frequência.
11 – Verdade é que não concordaremos com a notícia.
12 – Pouco se me dá que ele chegue na hora certa.
13 – A nós parece-nos que as razões estão com os nossos adversários.
14 – Discutiu-se se o problema era viável.
15 – Desconheço se todas as questões foram resolvidas a contento geral.
16 – Ninguém pode dizer que prescinde do auxílio alheio.
17 – O mestre havia ordenado que os alunos saíssem em silêncio.
18 – Queres tu que Iracema te acompanhe às margens do rio?
19 – A razão é que tomei de algum modo, com ele, um compromisso permanente.
20 – Imagine-se que todos tenham recebido a notícia pelo correio.

III – **Distinguir, nos seguintes períodos, a oração subordinada substantiva objetiva indireta (OI) da completiva nominal (CN):**
1 – Precisamos de que acabem as lutas.
2 – Estamos desejosos de que a paz seja duradoura.
3 – Necessita-se de que a análise seja aprendida.
4 – Tenho consciência de que executei bem o serviço.

5 – O pai insistia em que o filho fizesse o concurso.
6 – Estamos concordes em que saias em primeiro lugar.
7 – Tudo depende de que não chova.
8 – Atende a que saia perfeita a redação.
9 – Temos a impressão de que não haverá aulas na próxima semana.
10 – Estou certo de que há sempre patriotas.
11 – Insistiram em que disséssemos as novidades.
12 – Ficou-nos a dúvida de se iríamos.
13 – Não deixou de chamar a minha atenção para a circunstância de que o osso não tinha carne.

IV – O mesmo exercício:
1 – "Divertimo-nos com os doidos na hipótese de que o não somos" (MARQUÊS DE MARICÁ).
2 – Tens a consciência de que és inocente?
3 – É o sinal de que começa o banquete.
4 – Lembra-te de que erraste.
5 – Tenho medo de que falte ao encontro.
6 – Ele não duvidará, um só momento, de que eu lhe disse a verdade.
7 – Apresentava o campo todos os indícios de que a primavera despontara.
8 – Não creio em que tudo termine bem.
9 – O pai avisara a filha de que voltaria tarde.
10 – A notícia de que os parentes haviam chegado muito alegrou o jovem.
11 – Estava o policial sempre atento a que o criminoso falseasse as declarações.
12 – Não se atendeu a que era necessário maior sacrifício.
13 – Ele tinha esperança de que passaria em primeiro lugar.
14 – Envergonho-me de que o rapaz procedesse tão mal.
15 – Despediu o criado com ordem de que convidasse para a festa toda a cidade.

V – Distinguir, nos seguintes períodos, a oração subordinada substantiva objetiva direta (OD) da indireta (OI) e da completiva nominal (CN), atentando-se para a elipse da preposição antes da conjunção integrante, nas orações dos dois últimos tipos:
1 – "Eu os asseguro que a virtude da penitência tenha em seu coração seu devido lugar" (Fr. TOMÉ DE JESUS).

2 – "No último dia daquele ano, el-rei deu ordem que transferissem o marquês para o seu palácio" (CAMILO).
3 – "Tinha certeza que ela levava uma criança" (*Id.*).
4 – "Ultimamente o ameaçou que não acharia ceia" (Pe. MANUEL BERNARDES).
5 – "Ou daria sua esposa fé que ela sumiu, à sorrelfa, do escritório ao segundo andar" (CAMILO).
6 – "Mas pode-se gabar que foi o primeiro" (*Id.*).
7 – "Eu estou persuadido que as venturas do céu são de outro quilate" (*Id.*).
8 – "Você é testemunha que eu trabalho" (MACHADO DE ASSIS).
9 – "Lembra-te que és homem" (Fr. HEITOR PINTO).
10 – "Um infeliz não se persuade que a sua sorte possa ter mudança" (MATIAS AIRES).
11 – "Ela teima que roubou os brilhantes" (CAMILO).
12 – "Não tenho dúvida que serão mais estimadas" (Fr. LUÍS DE SOUSA).
13 – "Sabemos que ignoramos" (MARQUÊS DE MARICÁ).
14 – "Verifico, com um sentimento indefinível, que sou eu o único sobrevivente" (SILVA RAMOS).

VI – O mesmo exercício:
1 – "Convenci-me que o expediente não era eficaz" (CAMILO).
2 – "Não duvido que clamava por misericórdia" (Fr. LUÍS DE SOUSA).
3 – "Ficaram convencidos que verdadeiramente assistia naquela sagrada congregação o Espírito Santo" (*Id.*).
4 – "Sou persuadido que só poderão remediar-se" (FRANCISCO MANUEL DE MELO).
5 – "Sabia que o evangelho é um protesto ditado por Deus" (ALEXANDRE HERCULANO).
6 – "Sou informado que tu costumas sair da cidade escondidamente" (AMADOR ARRAIS).
7 – "Tenho notícia que os nossos se resolveram a escalar a cidade" (FILINTO ELÍSIO).
8 – "Espantamo-nos que Judas vendesse a seu Mestre e a sua alma por trinta dinheiros" (VIEIRA).
9 – "Podem estar certos os leitores que não será parte a afeição..." (Fr. LUÍS DE SOUSA).

10 – "Não se pode persuadir que houvesse tão desumano coração" (Fr. TOMÉ DE JESUS).
11 – "Admiram-se que Gregório não seja já de visconde para cima?" (CAMILO).
12 – "Não há a menor dúvida que se podem opor barreiras a este desconcerto" (ALEXANDRE HERCULANO).
(Exemplos extraídos de HERÁCLITO GRAÇA, *Fatos da Linguagem*, p.105-17).

b) adjetivas (respostas nas páginas 389 a 399)

VII – Dividir os seguintes períodos em orações e classificá-las:
1 – Todavia, esperou com rosto seguro a chegada dos cavaleiros que subiam a encosta.
2 – Ele buscara na piedade de Deus o amparo que mal podia esperar das muralhas do forte edifício.
3 – O quinquagenário, em cujas faces pálidas passara um relâmpago de vermelhidão, recuou.
4 – A abadessa aproximou-se das reixas douradas que a separavam do guerreiro.
5 – A mulher procurou dar às palavras que proferia um tom de firmeza.
6 – O incêndio que reverberava ao longe e o ruído de um grande combate davam prova da crueza da luta.
7 – Não tardam os cavaleiros que vêm juntar-se aos nossos.
8 – Cumprirei o que ordenas.
9 – Os três, que já iam longe, ouviram os gritos de socorro.
10 – Esta foi a primeira coisa que lhe feriu a vista.
11 – O sussurro que se ouvia entre tantos milhares de homens era cada vez mais acentuado.
12 – Os jovens caminhavam para a orla do bosque onde havia muitas flores.

VIII – O mesmo exercício:
1 – "O Sália era a linha traçada pela feiticeira com a verbena mágica, além da qual não passará jamais aquele ante cujos pés ela a riscou" (ALEXANDRE HERCULANO).
2 – "Aquele punhado de homens, a cuja frente se achava Sancion, penetrou no maciço da cavalaria árabe" (*Id.*).
3 – Falara com voz sumida o que havia ficado perto da moça.
4 – "Os acontecimentos inesperados dessa noite, a incerteza em que se achavam os esculcas sobre o que sucedia no arraial, a rapidez com que se passara esta cena e, sobretudo, a audácia e o tom imperativo com que o desconhecido falara não haviam dado lugar à reflexão e às suspeitas" (*Id.*).

5 – "Falou com os guerreiros que o cercavam, muitos dos quais haviam condenado a sua arriscada confiança na generosidade dos filhos de Witiza" (*Id.*).
6 – "No meio, porém, dos que abandonavam vilmente o campo de batalha nem uma única bandeira se hasteava" (*Id.*).
7 – "Foge tu com os que não sabem morrer pela pátria" (*Id.*).
8 – "O mosteiro da Virgem Dolorosa estava situado numa encosta, no topo da extrema ramificação oriental das que a dilatada cordilheira dos Nervásios estende para o lado dos dos Campos góticos" (*Id.*).
9 – "A pouca distância do vale onde se viam as ruínas de Augustóbriga, caminho do Légio, no meio de uma solidão profunda, aquela silenciosa morada de virgens inocentes achava-se convertida em praça de guerra" (*Id.*).
10 – "O clarão da sua tenda, que ainda ardia a poucos passos do lugar para onde o haviam transportado, foi a primeira cousa que lhe feriu a vista" (*Id.*).
11 – "O crepitar do incêndio, o rumor e alarido do arraial e a inquietação que se lia nos gestos dos que o rodeavam retraçaram-lhe subitamente no espírito a cena que se passara, pouco antes, naquele pavilhão incendiado" (*Id.*).
12 – "A sua narração e o que se passara na tenda do amir eram dois fatos que mutuamente se explicavam" (*Id.*).
13 – "As mulheres e os velhos que tinham vindo buscar asilo no mosteiro enchiam já o templo, em cujas abóbadas murmuravam e repercutiam os gemidos e as preces" (*Id.*).
14 – "Os homens, em todos os tempos, sobre o que não compreenderam fabularam" (MARQUÊS DE MARICÁ).

IX – **Transformar as orações coordenadas em subordinadas adjetivas, intercalando-as na principal:**
Modelo: O âmbar é empregado em vários objetos de ornamento, e encontra-se no mar Báltico = O âmbar, o qual (ou que) se encontra no mar Báltico, é empregado em vários objetos de ornamento.

1 – O âmbar é empregado em vários objetos de ornamento, e encontra-se no mar Báltico.
2 – A mocidade passa depressa; e é a mais bela época da vida.
3 – A Lua recebe a luz do Sol; e é um satélite da Terra.
4 – O Mondego desemboca no Atlântico, e é um dos rios principais de Portugal.
5 – Sintra é visitada por nacionais e estrangeiros; e é o mais belo sítio de Portugal.
6 – A cicuta é uma planta aquática; e é conhecida pelas suas flores pequenas e brancas.
7 – Aqueles cães não mordem; e ladram muito.

8 – Aqueles livros são muito instrutivos; e foram-me oferecidos pelo professor.
9 – O Tejo banha Lisboa; e é o maior rio de Portugal.
10 – A mocidade diz o que intenta fazer; e ela é incauta.
11 – Aqueles homens não querem submeter-se às leis; e eles são maus cidadãos.
12 – A ventoinha é a imagem do homem inconstante; e ela vira com todos os ventos.
(*Apud* CLAUDINO DIAS, *Exercícios de Composição*, 55-6).

X – O mesmo exercício, atentando-se para a colocação do pronome átono na oração adjetiva:
1 – José estava sozinho; e ele achava-se à porta da biblioteca.
2 – O exercício era fácil; e ele achava-se resolvido no caderno.
3 – Nosso primo trouxe o livro hoje; e ele esquecera-se dele ontem.
4 – Com nossos adversários já fizemos as pazes; e eles trouxeram-nos vários presentes.
5 – As chaves foram encontradas; e elas achavam-se perdidas.
6 – Antônio estava arrependido; e ele recusara-se a aceitar o negócio.
7 – As crianças são repreendidas; e elas intrometem-se em assuntos alheios.
8 – Os meninos encontram-se radiantes; e eles admiram-se com os brinquedos expostos.
9 – O Natal promete ser bom; e ele aproxima-se rapidamente.
10 – A noite estava maravilhosa; e ela adornava-se de fulgurantes estrelas.

XI – O mesmo exercício, atentando-se para o emprego correto da preposição antes do pronome relativo:
1 – Gutenberg nasceu em Mogúncia; e deve-se a ele a invenção da imprensa.
2 – O diamante é a pedra preciosa mais dura; e corta-se o vidro com ele.
3 – O trem chegou ao seu destino duas horas mais tarde; e nós queríamos partir nele.
4 – Aquelas penas eram de pato; e antigamente, se escrevia com elas.
5 – O navio foi a pique; e os emigrantes partiram nele.
6 – O trabalho é a fonte das riquezas honestas; e nós tiramos dele grandes vantagens.
7 – Os lobos são hoje muito raros; e os homens fazem-lhes montarias por toda a parte.
8 – Os vícios são os nossos piores inimigos; e não devemos deixar de contar com eles.
9 – Os ratos desta casa serão exterminados; e a todos eles não lhes podemos dar trégua.
10 – As festas foram animadas; e temos assistido a elas.

XII – O mesmo exercício, atentando para o emprego obrigatório de *o qual, a qual, os quais, as quais*, em vez de *que* ou *quem*, depois de certas preposições e locuções prepositivas:
    1 – A informação estava correta e conforme ela pudemos chegar a tempo à estação.
    2 – As festas juninas são muito concorridas e depois delas só o carnaval lhes faz frente.
    3 – Sua palavra é muito respeitada e contra ela são necessários fortes argumentos.
    4 – As razões são controvertidas e por elas o rapaz tem sido mal interpretado.
    5 – A porta não se encontrava fechada e através dela se pôde ouvir o segredo das jovens.
    6 – As lágrimas da criança comoveram o juiz e diante dela estavam os pais.
    7 – Compramos alguns livros velhos e dentre eles dois eram raríssimos.
    8 – Numerosas notícias saem pelo jornal e muitas delas não enobrecem o gênero humano.
    9 – Tenho muitos amigos e vários deles já me decepcionaram.
    10 – O traço de grandes pintores é inconfundível e por meio dele se identificam os gênios.
    11 – As regras de etiqueta social completam a educação da pessoa e segundo elas devemos proceder de forma diferente em situações especiais.

XIII – O mesmo exercício, atentando-se para o emprego correto da preposição antes do relativo *cujo (cuja, cujos, cujas)*:
    1 – O ganso pertence às aves aquáticas; e com as suas penas enchem-se os travesseiros.
    2 – Aquele homem cumpre a sua palavra; e pode-se confiar na probidade dele.
    3 – O livro é útil e agradável; e para a sua leitura são necessários alguns dias.
    4 – O meu amigo foi fazer uma longa viagem; e eu fiquei privado da sua companhia.
    5 – O meu protetor está fora do país; e eu contava com o seu auxílio.
    6 – O rapaz deve ser um bom empregado; e eu respondo pela suas qualidades.
    7 – A cidade era muito extensa; e dentro dos seus muros havia belos edifícios.
    8 – A festa promete ser brilhante; e nada obsta à sua realização.
    9 – A ponte era muito alta; e as grandes embarcações passavam por baixo dos seus arcos.
    10 – O tempo tudo gasta; e aquele velho castelo não pode resistir às suas injúrias.
    11 – O inimigo era cruel; e eles conseguiram libertar-se do seu jugo.
    12 – O meu companheiro fala muito; e eu tenho receio da sua indiscrição.
    13 – O padrinho era homem muito bondoso; e o pequeno estava debaixo de sua proteção.
    14 – A rua era muito comprida; e a praça estava situada numa das suas extremidades.

15 – O palácio era muito antigo; e eles abrigaram-se debaixo do pórtico.
16 – O lenço perdeu-se; e em uma das pontas estava bordada uma letra.
17 – As pessoas importunas não se podem aturar; e toda a gente foge da sua companhia.
18 – Os tiranos são mais severos que as leis; e o povo submete-se à sua vontade.
19 – Os homens são falíveis; e a reputação funda-se no juízo deles.
(*Apud* CLAUDINO DIAS, *Exercícios de Composição*, 57-8).

XIV – Dar a função sintática dos pronomes relativos dos seguintes exemplos de MACHADO DE ASSIS:

1 – "Não sei se há aí algum que explique o fenômeno."
2 – "Esta é uma razão a que não se pode negar algum peso."
3 – "Eu mesmo fui injusto com ele durante os anos que se seguiram ao inventário de meu pai."
4 – "Era irmão remido de uma ordem, o que não se coaduna muito com a reputação de avareza."
5 – "A principal razão foi a reflexão que me fez o Quincas Borba."
6 – "Conheceu meu pai, um homem às direitas, com quem dançara num célebre baile da Praia Grande."
7 – "Nunca mais deixou de rezar por mim, todas as noites, diante de uma imagem da Virgem, que tinha no quarto."
8 – "Eugênia, a flor da moita, mal respondeu ao gesto de cortesia que lhe fiz."
9 – "A mãe arranjou-lhe uma das tranças do cabelo, cuja ponta se desmanchara."
10 – "Não imagina, doutor, o que isto é."
11 – "Meu cérebro foi um tablado em que se deram peças de todo gênero."
12 – "Quis retê-la, mas o olhar que me lançou não foi já de súplica, senão de império."
13 – "Esta é a reflexão imoral que eu pretendia fazer, a qual é ainda mais obscura do que imoral."
14 – "Não posso recusar o que me pedem."
15 – "Tinha dito tudo a d. Plácida, que buscava consolá-la."
16 – "O que você precisa, sei eu."
17 – "Mas esse filósofo, com o elevado tino de que dispunha, bradou-me que eu ia escorregando na ladeira fatal da melancolia."
18 – "Pois isto é coisa que se faça."
19 – "A casa em que morava, nos Cajueiros, era própria."
20 – "Não havia desejo a que não acudisse com alma."

XV – Distinguir as classes de palavras a que pertence o *que* dos seguintes exemplos, apontando, quando for o caso, a função sintática que exerce:

1 – "Agora, que isto escrevo, quer-me parecer que o compromisso era uma burla" (MACHADO DE ASSIS).
2 – "A baronesa era uma das pessoas que mais desconfiavam de nós" (*Id.*).

3 – "Olhei para Virgília, que empalideceu; ele que a viu empalidecer, perguntou-lhe..." (*Id.*).
4 – "Acrescentou que tinha muito prazer com a visita, o que nos rendeu hora e meia de enfado mortal" (*Id.*).
5 – "Eu observei que a adulação das mulheres não é a mesma coisa que a dos homens" (*Id.*).
6 – "Viu-lhe também o lenço de três pontas de algodão azul com que ela costumava resguardar os ombros, antes de subir as quatro escadinhas que conduziam ao alteroso leito" (CAMILO CASTELO BRANCO).
7 – "Repete diante do que respira aquilo que proferiste diante da sombra criada pelo teu terror" (ALEXANDRE HERCULANO).
8 – "Então apareceu o Lobo Neves, um homem que não era mais esbelto que eu" (MACHADO DE ASSIS).
9 – "Eram tantos os castelos que engenhara, tantos e tantíssimos os sonhos, que não podia vê-los assim esboroados" (*Id.*).
10 – "E, serenada a tempestade, que resta dos penhascos em que as ondas já não batem, que o mar apenas roça, que já não atraem as nossas vistas pela luta que sobre eles se travara?" (JOSÉ ESTÊVÃO).
11 – "Só há uma sina a que o homem não pode fugir: é o trabalho" (COELHO NETO).
12 – "Mamãe! Este foi o primeiro nome que pronunciei, o nome flor, que ainda me perfuma a voz e que será, na minha hora derradeira, a palavra sacramental da extrema-unção da minha boca" (*Id.*).
13 – "E essa palavra inicial foi a raiz de que nasceram todas as outras, como nascem as folhas na árvore, à medida que se lhe vão distendendo os ramos" (*Id.*).
14 – "Inclinou a cabeça que lhe foi decepada pela nuca, de um só golpe" (CAMILO CASTELO BRANCO).
15 – Inclinou a cabeça, que lha deceparam.
16 – Somos o que somos, e não o que desejaríamos ser.

XVI – Corrigir, nos seguintes trechos, o erro no emprego pleonástico do pronome átono que exerce função sintática já expressa pelo pronome relativo:
1 – É o livro que precisamos consultá-lo quando temos dúvida.
2 – Já saíram todas as pessoas que você as procurava.
3 – Recitou ontem a poesia que o professor me mandou lê-la.
4 – São vários os erros de redação que devemos evitá-los.
5 – Já se venderam os livros que o professor no-los recomendou.
6 – Muitas vezes o livro possui uma bonita capa, que impressiona os olhos, mas que nem por sonho deveríamos lê-lo.
7 – Encerra coisas que jamais podemos deixar de conhecê-las.[1]

---

[1] O professor, para algum destes exemplos, poderá lembrar a possibilidade de se considerar o **que** conj. consecutiva, o que tornará correta a construção. Para uma interpretação

XVII – Escrever, no espaço em branco, o relativo conveniente a cada passo (*que, quem, o qual, onde, cujo*), usando, quando necessário, antes do mesmo, a preposição adequada e flexionando, quando preciso, o pronome *cujo* e *o qual*:
    1 – É interessante o livro .... li.
    2 – Já comuniquei ao chefe o fato .... você se refere.
    3 – O convite .... prazerosamente acedi desvaneceu-me muito.
    4 – Há amigos .... sempre nos queixamos, mas .... nunca esquecemos.
    5 – Já conheço a obra .... você aludira.
    6 – Há coisas .... se deve responder.
    7 – As provas .... se pretende proceder serão fáceis.
    8 – Houve muitos pedidos .... não se pôde atender.
    9 – Processaremos os .... fomos ludibriados.
    10 – Trabalho numa seção .... os servidores são operosos.
    11 – Há preceitos médicos .... não gostamos de obedecer.
    12 – São poucas as pessoas .... nomes não me lembro.

XVIII – O mesmo exercício:
    1 – Há pessoas .... parentes me interesso estão aí.
    2 – São várias as razões .... me queixo.
    3 – A prova .... te referes foi longa.
    4 – Contemplamos o céu .... estrelas brilham.
    5 – Eis aí .... poderá explicar o fato.
    6 – A casa .... moro tem dois quartos.
    7 – Na casa .... moro há dois quartos.
    8 – Não são bons os filmes .... temos assistido.
    9 – Os mestres são pessoas .... palavras devemos acatar.
    10 – A educação é o caminho .... se atinge a perfeição.

XIX – O mesmo exercício:
    1 – O aluno .... pai vos referistes, não relatou esse fato.
    2 – São difíceis os concursos .... se está procedendo.
    3 – Há cargos .... se renuncia por serem ingratos.
    4 – Há ordens .... obedecemos com prazer.
    5 – Tornam-se nossas amigas as pessoas .... faltas perdoamos.
    6 – Não gostei dos filmes .... você assistiu.
    7 – Há pessoas .... nomes nunca nos esquecemos.
    8 – Há cartas .... não gostamos de responder.
    9 – Foram boas as provas .... se procedeu.
    10 – Estavam arrasadas as casas .... o fogo atingiu.

---

estilística deste pleonasmo remeto o leitor à lição de SOUSA DA SILVEIRA, *Obras de Casimiro de Abreu*, p. 29 e 36 da 2.ª edição.

XX – O mesmo exercício:
1 – Não são poucos os motivos .... deixou de obedecer às ordens.
2 – São elevadas as quantias .... atingiu esta última compra.
3 – O bilhete .... ontem respondi era de um velho amigo.
4 – Esta é a estrada .... centro há muitos buracos.
5 – Foram estas as razões .... me afastei do clube.
6 – Vão aqui os títulos dos livros .... nossos colegas se interessaram.
7 – Já cumprimentamos as moças .... ontem conversamos.
8 – Dificilmente haverá concurso para a função .... aspiras.
9 – Temos o endereço dos pais .... filhos queremos informações.
10 – O tema, ... discorreu o professor, é atraente, mas difícil.

XXI – O mesmo exercício:
1 – Perguntaram-me a causa .... não fui ao teatro.
2 – A cidade .... cheguei não oferecia o menor conforto.
3 – Fomos enganados .... nunca pensaríamos sê-lo.
4 – As pessoas .... te referes merecem a nossa confiança.
5 – Aqui estão as redações .... erros agora disserto.
6 – O lugar .... nos dirigimos possui um clima saudável.
7 – Onde moras e aonde vais são duas coisas .... nada desejo saber.
8 – Já não está sobre a mesa a carta .... hoje respondi.
9 – São estes os literatos .... biografias mais se escreve.
10 – Aqui está o terreno .... centro pretendes construir a casa.
11 – Desapareceu o homem .... palavra eu acreditava.
12 – O homem .... se deparou não o assustou.
13 – O pai, ... filhos ensino a língua pátria, veio hoje procurar-me.

XXII – Distinguir as orações adjetivas restritivas (AR) das explicativas (AE), atentando-se ainda para a pontuação: [2]
1 – Rui Barbosa, que foi grande escritor, deixou-nos um livro sobre questões da língua portuguesa: *Réplica*.
2 – Desconhecia todas as razões que ele me lembrou.
3 – A primavera, que é a estação das flores, promete vir radiosa.
4 – O homem que não tem ideais perde cedo a vontade de viver.
5 – Nem tudo o que reluz é ouro.
6 – Pedro II, que foi imperador do Brasil, gostaria de ser professor.
7 – As alegrias, que a vida nos proporciona, devem ser bem aproveitadas.
8 – Soube das novidades na casa do José, que é o meu melhor colega.

---

[2] Com razão, a **Nomenclatura** insiste no apontar as naturezas diferentes das adjetivas, fato que nos interessa para problemas de equivalências estilísticas e de pontuação. Por outro lado, a distinção vem ainda ajudar o professor de línguas estrangeiras que se servem de relativos diferentes, conforme o caso. Em inglês, por exemplo, não se usam indiferentemente **that** e **who** (**whom**). O primeiro aparece nas adjetivas restritivas, e o segundo nas explicativas. Cf. ONIONS, *Advanced English Syntax*, § 63 c.

9 – Falava sempre do sítio do avô, onde passava todas as férias.
10 – Sempre chegava atrasado, o que descontentava o patrão.
11 – O relógio que ontem ganhei foi presente do meu padrinho.
12 – Gostava de ir à praia em que seus colegas tomavam banho.
13 – "A morte, que fecha as portas da vida, abre as portas da eternidade" (MARQUÊS DE MARICÁ).

XXIII – Transformar a oração adjetiva explicativa dos seguintes exemplos em aposto:
1 – Colombo, que descobriu a América, nasceu em Gênova.
2 – O Tejo, que é o maior rio de Portugal, nasce em Espanha.
3 – O nosso parente, que reside em Lisboa, é rico.
4 – A Rússia, que é o maior país da Europa, confina ao poente com a Alemanha e a Áustria.
5 – José, que é meu primo, vem hoje aqui.
6 – Lisboa, que é a capital de Portugal, tem um porto excelente.
7 – Gutenberg, que inventou a imprensa, era natural de Mogúncia.
8 – A baleia, que é o maior de todos os animais, habita principalmente o mar glacial do norte.
9 – Cipião, que destruiu Cartago, era cognominado o Africano.
10 – Carlos Magno, que fundou muitas escolas, foi também guerreiro e legislador.
(*Apud* CLAUDINO DIAS, *Exercícios de Composição*, 52).

XXIV – Transformar o aposto dos seguintes exemplos em orações adjetivas explicativas:
1 – O leão, rei dos animais, habita de preferência as regiões desertas.
2 – Alexandre Magno, filho de Filipe, rei da Macedônia, cortou o nó górdio.
3 – Roma, residência do rei da Itália, é edificada sobre sete colinas.
4 – Do elefante, o maior dos animais terrestres, obtém-se o marfim.
5 – A pele do boi, o mais útil animal doméstico, é empregada em sola.
6 – Alexandre Magno, fundador de Alexandria, foi grande conquistador.
7 – Das Índias Orientais, a mais fértil região da Terra, recebemos nós a maior parte das especiarias.
8 – Os chineses, o povo mais numeroso da terra, habitam a parte oriental da Ásia.
(*Apud* CLAUDINO DIAS, *ibid.*, 53).

c) adverbiais (respostas nas páginas 399 a 404)

XXV – Classificar sintaticamente as orações subordinadas adverbiais (O.s.a.) dos seguintes períodos:
1 – "Levamos ao Japão o nosso nome, para que outros mais felizes implantassem naquela terra singular os primeiros rudimentos da civilização ocidental" (LATINO COELHO).

2 – "Fomos os espartanos da moderna Europa, mais rudes na doutrina, menos fecundas na invenção que as demais gentes latinas ou teutônicas" (*Id.*).
3 – "Mas tivemos, como os lacedemônios entre os gregos, o dom das heroicas temeridades" (*Id.*).
4 – "A humanidade estanceia quieta e repousada até que principiam as ousadas navegações dos portugueses, prefácio glorioso da nova cultura americana" (*Id.*).
5 – "Chorarão as pedras das ruas, como diz Jeremias que choraram as de Jerusalém destruída" (Pe. ANTÔNIO VIEIRA).
6 – "De noite qualquer estrela, que vejo, é a minha, porque todas favorecem o meu estado" (RODRIGUES LOBO).
7 – "Bastante tempo se passou depois deste incidente, antes que de novo fosse alterada a monotonia do sossego da noite" (RAUL POMPEIA).
8 – "Às três da madrugada de domingo, enquanto a cidade dormia tranquilizada pela vigilância tremenda do Governo Provisório, foi o Largo do Paço teatro de uma cena extraordinária, presenciada por poucos, tão grandiosa no seu sentido e tão pungente, quanto foi simples e breve" (*Id.*).
9 – "Depois do café, Santa ergueu-se da mesa e foi pessoalmente dar as suas ordens para que nada faltasse ao taciturno hóspede" (ALUÍSIO AZEVEDO).
10 – "Todos se tinham posto em pé quando el-rei se erguera, e esperavam ansiosos o que diria o velho" (ALEXANDRE HERCULANO).
11 – "À proporção que passavam as horas, foi-se tornando mais rigorosa a guarda das imediações do palácio" (RAUL POMPEIA).
12 – "Se parece sempre igual o aspecto do caminho, em compensação mui variadas se mostram as paisagens em torno" (ALFREDO TAUNAY).
13 – "Como sabe, tenho algumas patacas, não tanto quanto se diz" (FRANÇA JÚNIOR).
14 – "Acabamos de chegar e, como temo que o vapor volte amanhã muito cedo, escrevo esta carta ainda de bordo" (EUCLIDES DA CUNHA).
15 – "Apenas o tigre moribundo sentia o odor da criança, fez uma contorção violenta, e quis soltar um urro" (JOSÉ DE ALENCAR).
16 – "A escrava tornou a pôr a mão, e de novo retirou-a com presteza tal, que bateu com os pés de Paula contra a bacia" (JOAQUIM MANUEL DE MACEDO).
17 – "Mr. Richard, conquanto não trocasse com o filho meia dúzia de palavras, gostava porém de ver Carlos junto de si, em tão solenes momentos" (JÚLIO DINIS).
18 – "Numa destas ocasiões, Mr. Richard, como se não tivesse perdido ainda o fio da conversa anterior, disse a meia voz..." (*Id.*).
19 – "Mas não vês que a tua morte é certa, se os inimigos percebem que me aconselhaste a resistência" (ALEXANDRE HERCULANO).

20 – "A arte está para a psicologia como o instinto para a inteligência" (FARIAS BRITO).
21 – "As montanhas dispõem o alto cenário, de modo que se desdobra a madrugada e a contemplação e o gozo da luz se prolonga, antes que o sol restrinja com o seu fulgor a capacidade do olhar circunfuso" (MÁRIO DE ALENCAR).
22 – "Não há nada mais trágico do que a fatalidade inexorável deste destino, cuja rapidez ainda lhe agrava a severidade" (RUI BARBOSA).
23 – "Há homens que são de todos os partidos, contanto que lucrem alguma coisa em cada um deles" (MARQUÊS DE MARICÁ).

XXVI – O mesmo exercício, explicando o emprego da vírgula:
1 – "Por mais fortes que sejam os laços com que o amor nos prende, muitas vezes um discurso os rompe" (Pe. ANTÔNIO VIEIRA).
2 – "Tão temerosa vinha e carregada,
Que pôs nos corações um grande medo" (CAMÕES).
3 – "Se junto ao Guadalete se desmoronou o império dos godos, a sociedade visigótica ficou" (ALEXANDRE HERCULANO).
4 – "Guarda para então as soberbas; que hoje, pobre escrava, só te resta obedecer à voz do teu senhor" (*Id.*).
5 – "Embora eu te não veja
Neste ermo pedestal,
És santa, és imortal" (*Id.*).
6 – "Apenas o gardingo proferira estas derradeiras palavras, o clarão avermelhado da lareira bateu subitamente no vulto agigantado de Gutislo" (*Id.*).
7 – "Se as viagens simplesmente instruíssem os homens, os marinheiros seriam os mais intrusos" (MARQUÊS DE MARICÁ).
8 – "A memória dos velhos é menos pronta porque o seu arquivo é muito extenso" (*Id.*).
9 – "Ainda que perdoemos aos maus, a ordem moral não lhes perdoa, e castiga a nossa indulgência" (*Id.*).
10 – "Quando saímos da nossa esfera, ordinariamente nos perdemos na dos outros" (*Id.*).
11 – "A razão dos filósofos é muitas vezes tão extravagante como a imaginação dos poetas" (*Id.*).
12 – "Há homens tão vaidosos da sua ciência, que presumem que os outros não podem ignorar menos nem saber mais do que eles" (*Id.*).
13 – "O amor, como um incêndio, quanto maior é, menos atura" (*Id.*).
14 – "O velho de juízo dá ao mundo a sua demissão antes que este o demita" (*Id.*).
15 – "Sempre nos reputamos melhores, e nunca piores do que somos" (*Id.*).
16 – "O arrependimento, se não repara o feito, previne a reincidência" (*Id.*).

17 – "A opinião que domina é sempre intolerante, ainda quando se recomenda por muito liberal" (Id.).
18 – "Os abusos, como os dentes, nunca se arrancam sem dores" (Id.).
19 – "Como o espaço compreende todos os corpos, a ambição abrange todas as paixões" (Id.).
20 – "O luxo, assim como o fogo, tanto brilha quanto consome" (Id.).
21 – "Mil anos diante de Deus são como o dia de ontem que passou" (Pe. MANUEL BERNARDES).
22 – "Por mais sagaz que seja o nosso amor-próprio, a lisonja quase sempre o engana" (MARQUÊS DE MARICÁ).
23 – "Sem que se pudesse distinguir um só dos passageiros, a toda a força de vapor, o ruído da hélice e o clarão vermelho afastavam-se da terra" (RAUL POMPEIA).

XXVII – Transformar os adjuntos adverbiais grifados em orações subordinadas adverbiais iniciadas por conjunção:

1 – "Uns homens sobem *por leves* como os vapores e gases, outros como os projetis *pela força do engenho e dos talentos*" (MARQUÊS DE MARICÁ).
2 – "Os abusos, como os dentes, nunca se arrancam *sem dores*" (Id.).
3 – "O luxo, como o fogo, devora tudo e perece *de faminto*" (Id.).
4 – "Muitos se abstêm *por acanhados* do que outros fogem *por virtuosos*" (Id.).
5 – "O espírito *por sutil* se evapora, quando o juízo *por grave* permanece" (Id.).
6 – "A admiração exclui o louvor *por diminuto*" (Id.).
7 – *Apesar de seu tamanho*, foi aceito para o jogo.
8 – *Em virtude das notas altas*, mereceu o prêmio.
9 – *Para os bons resultados obtidos* muito se esforçou.
10 – *Não obstante a resposta negativa do pai*, saiu de casa.
11 – Aqueles graves acontecimentos surgiram *inopinadamente*.
12 – O ladrão fugiu da prisão *sem a resistência dos policiais*.
13 – Estudará Medicina *após a conclusão do curso secundário*.
14 – Não devemos permitir que passemos os dias *inutilmente*.
15 – *Pelo sucesso da última noite*, a festa se repetirá na próxima semana.
16 – O aluno chegou *com o início da chuva*.
17 – Gastaram-se muitas noites *para a arrumação do colégio*.
18 – "Os homens parecem extravagantes *por loucos* ou *muito sábios*" (MARQUÊS DE MARICÁ).
19 – "Perdoamos mais vezes aos nossos inimigos *por fraqueza*, que *por virtude*" (Id.).
20 – "*Após a morte de Bezerra*, resolveu pessoalmente organizar a empresa de descobrimento" (JOÃO RIBEIRO).
21 – "Aí permaneceu o bandeirante, *malgrado as febres*" (Id.).

22 – "Nenhuma embarcação, *por mais temerária*, poderia afrontar as ondas enfurecidas" (HUMBERTO DE CAMPOS).

XXVIII – Transformar o aposto circunstancial dos seguintes exemplos em orações subordinadas adverbiais iniciadas por conjunção:
1 – "Marcílio Dias, simples marinheiro, eterniza seu nome pelejando a sabre com quatro paraguaios, dois dos quais rolam a seus pés" (AFONSO CELSO).
2 – "Hércules – Quasímodo, reflete o sertanejo no aspecto a lealdade típica dos fracos" (EUCLIDES DA CUNHA).
3 – "Só ela (a palavra), Pigmaleão prodigioso, esculpe estátuas que vão saindo vivas e animadas da pedra ou do madeiro" (LATINO COELHO).
4 – "Artista – corta o mármore de Carrara;
   Poetisa – tange os hinos de Ferrara,
   No glorioso afã!" (CASTRO ALVES).
5 – "Nem mais lhe lembra o nome de Moema,
   Sem que eu amante a chore, ou grato gema" (SANTA RITA DURÃO).
6 – "Estamos em pleno mar... Doudo no espaço
   Brinca o luar – dourada borboleta" (CASTRO ALVES).
7 – "Depois vi minha prole desgraçada,
   Pelas garras d'Europa arrebatada
   – Amestrado falcão" (*Id.*).
8 – "Também a águia tem o ninho na estreitaza de um rochedo, e, dele abrindo a ampla envergadura, voeja, ascende, alteia-se e perde-se entre as nuvens, librando-se, rainha, na imensa vastidão da atmosfera" (LATINO COELHO).
9 – "E os aleives mais incríveis, que achavam fácil entrada no espírito del-rei, mancebo e inexperiente" (ALEXANDRE HERCULANO).
10 – "Quando moço, admirava os homens; velho, admiro somente a Deus" (MARQUÊS DE MARICÁ).
11 – "E foi por diante o mágico, a agitar diante de mim um chocalho, como me faziam, em pequeno, para eu andar depressa" (MACHADO DE ASSIS).
12 – "Ator profundo, realizava (Aristarco) ao pé da letra, a valer, o papel diáfano, sutil, metafísico, de alma da festa e alma do seu instituto" (RAUL POMPEIA).

Apêndice: orações equipolentes (respostas nas páginas 404 a 408)

XXIX – Dividir os seguintes períodos em orações e classificá-las, atentando-se para as orações equipolentes:
1 – "Estas sociedades, que se agitam e tumultuam sem uma fé que as ligue à moral, é em verdade espetáculo espantoso" (ALEXANDRE HERCULANO).
2 – "Este era um dos que mais se doíam do procedimento de D. Leonor, e que mais desejavam a morte do Conde de Ourém" (*Id.*).
3 – "D. Rodrigo acreditou que tanto mistério atribuído àquele edifício era sinal de que ali estavam encerradas extraordinárias riquezas, e que os fundadores da torre só tinham querido resguardá-la das tentativas de cobiçosos" (*Id.*).
4 – "Não sei a que horas chegamos a São Luís, nem em que dia, precisamente" (HUMBERTO DE CAMPOS).
5 – "Não praguejeis, para que se não diga que sois rapazes malcriados e vos não desprezem todos" (ANTÔNIO FELICIANO DE CASTILHO).
6 – "Desde que entendo, que leio, que admiro Os *Lusíadas*, enterneço-me, choro, ensoberbeço-me com a maior obra de engenho que ainda apareceu no mundo desde a *Divina Comédia* até o *Fausto*" (ALMEIDA GARRETT).
7 – "A Extremadura e parte da Beira davam suas tropas ao Alentejo, tanto porque tinha de sustentar muito maior o número de praças de guerra, como porque os exércitos operavam ali continuamente" (REBELO DA SILVA).

Justaposição

a) coordenadas justapostas (coordenadas assindéticas) (respostas nas páginas 408 a 409)

I – Distinguir, nos seguintes exemplos, as coordenadas conectivas das justapostas (assindéticas), classificando a conjunção das primeiras:
1 – "Não pode tardar muito, pois me disse que vinha" (ANTÔNIO JOSÉ).
2 – "A modéstia doura os talentos, a vaidade os deslustra" (MARQUÊS DE MARICÁ).
3 – "Os velhos ruminam o pretérito, os moços antecipam e devoram o futuro" (*Id.*).
4 – "A virtude é comunicável, mas o vício contagioso" (*Id.*).
5 – "Os moços apaixonam-se pelo bonito e lindo, os homens experientes e maduros pelo belo" (*Id.*).

6 – Os importunos roubam-nos o tempo, e nos consomem a paciência" (*Id.*).
7 – "A vida tudo enfeita, a morte desfigura tudo" (*Id.*).
8 – "Pouca inteligência dirige, coordena e senhoreia muita força" (*Id.*).
9 – "Não emprestes, não disputes, não maldigas e não terás de arrepender-te" (*Id.*).
10 – "A autoridade impõe e obriga, mas não convence" (*Id.*).
11 – "Confiai na mudança em tudo, desconfiai da permanência em coisa alguma" (*Id.*).
12 – "Todos se acusam ou se queixam de pouco dinheiro, nenhum de pouco juízo" (*Id.*).
13 – "A ignorância pasma ou se espanta, mas não admira" (*Id.*).

b) subordinadas justapostas

1) substantivas (respostas nas páginas 409 a 415)

II – Transformar as orações subordinadas substantivas justapostas em expressão substantiva equivalente:
Modelo: Quem crê de leve é enganado facilmente = O crédulo é enganado facilmente.
1 – Quem crê de leve é enganado facilmente.
2 – Quem trabalha encontra em toda parte meios de subsistência.
3 – Quem é avarento nunca tem bastante.
4 – Quem sabe pensar sabe escrever.
5 – Quem goza saúde pode trabalhar.
6 – Nada duvida quem nada sabe.
7 – Quem tem saúde não precisa de médico.
8 – Não sou eu quem lê a gazeta.
(*Apud* CLAUDINO DIAS, *Exercícios de Composição*, 54).

III – Indicar a função sintática das orações subordinadas substantivas justapostas do exercício anterior.

IV – Transformar o objeto direto dos seguintes exemplos em orações subordinadas substantivas justapostas:
Modelo: Ninguém lhe pergunta a sua idade = Ninguém lhe pergunta quantos anos tem.

1 – Ninguém lhe pergunta a sua idade.
2 – Não sei a sua morada.
3 – Não conheço aquele senhor.
4 – Ignoro os teus projetos.
5 – Não sei o seu nome.

6 – A autoridade sabe o esconderijo do criminoso.
7 – Ignoro a sua naturalidade.
8 – Diga-me a sua ocupação.
9 – Perguntei-lhe a hora da partida.
10 – Nenhum homem sabe a hora da sua morte.
(*Apud* CLAUDINO DIAS, *ibid*., 58-9).

V – Transformar as orações adjetivas dos seguintes exemplos em substantivas justapostas, indicando a função sintática destas últimas:
Modelo: Eu ignoro as façanhas que aquele herói cometeu = Eu ignoro que façanhas aquele herói cometeu.

1 – Eu ignoro as façanhas que aquele herói cometeu.
2 – Ele conhece perfeitamente a sociedade em que vive.
3 – Desconheço a virtude que esse remédio possa ter.
4 – Ele sabe os meios de que pode dispor.
5 – Ele não conhecia as belezas que a obra tinha.
6 – Ele compreende o entusiasmo que as suas palavras possam produzir.
7 – Mentor referia-me muitas vezes a glória que Ulisses tinha alcançado entre os gregos.
8 – Ele sabe os deveres que tem de cumprir.
9 – Ele não sabia a história que havia de contar.
10 – Ele já sabia a gente que era.
(*Apud* CLAUDINO DIAS, *ibid*., 59).[3]

VI – Dividir os seguintes períodos em orações e classificá-las:
1 – "Quem não espera na vida futura, desespera na presente" (MARQUÊS DE MARICÁ).
2 – "Para quem ama a Deus, não há neste mundo completa desgraça" (*Id*.).
3 – "Quem muito nos festeja alguma coisa de nós deseja" (*Id*.).
4 – "O sol doura a quem o vê, o sábio ilumina a quem o ouve" (*Id*.).
5 – "Nunca falta força a quem sobeja inteligência" (*Id*.).
6 – "Não interrompemos a quem nos louva, mas aos que nos censuram" (*Id*.).
7 – "A vida é sempre curta para quem esperdiça o tempo" (*Id*.).
8 – Deus ajuda a quem cedo madruga.
9 – "Para quem não tem juízo os maiores bens da vida se convertem em gravíssimos males" (*Id*.).

---

[3] Para o Prof. JOSÉ OITICICA houve, nas orações substantivas do tipo das pedidas neste exercício, antecipação do pronome relativo. Isto significa, portanto, que, analisando o período **Eu ignoro QUE FAÇANHAS AQUELE HERÓI COMETEU**, o citado mestre substituía a oração substantiva por uma adjetiva: **Eu ignoro as façanhas QUE AQUELE HERÓI COMETEU**. Creio forçado este modo de analisar, preferindo distinguir as substantivas das adjetivas. Cf. *Manual de Análise*, p.37 e 232-3; *Revista Filológica*, n.º 4.

10 – "O pedir para quem não tem vergonha é menos penoso que trabalhar" (*Id.*).
11 – "Quem fala despende: quem ouve aprende" (*Id.*).
12 – "A realidade nunca dá quanto a imaginação promete" (*Id.*).
13 – "Quem busca a ciência fora da Natureza não faz provisão senão de erros" (*Id.*).
14 – "Escreva alguém com dobrada erudição e engenho o *Espírito das Leis*, mas sem os encantos do estilo clássico de Montesquieu, e veja quantos lho leem" (ALMEIDA GARRETT).
15 – "Não serei eu quem torne a erguer essa derrocada abóbada" (ALEXANDRE HERCULANO).
16 – "De infindos territórios, que a nosso poderio avassalamos, resta-nos apenas no Oriente quanto de terra era sobejo" (LATINO COELHO).
17 – "O Conde dos Arcos, entre os cavaleiros, era quem dava mais na vista" (REBELO DA SILVA).
18 – Não há quem possa entender os mistérios da Natureza.
19 – Distribuíram-se os prêmios a quem os merecia.
20 – "Não vos fieis muito de quem esperta já sol nascente, ou sol nado" (RUI BARBOSA).

VII – Transformar as orações substantivas objetivas diretas conectivas em apositivas justapostas (discurso indireto para discurso direto):[4]
   1 – VIEIRA disse que o chorar era consequência de ver.
   2 – ALEXANDRE HERCULANO disse que a preponderância era o resultado inevitável da inteligência do trabalho e da economia.

---

[4] Chama-se **discurso** ou **estilo direto** a reprodução literal de um pensamento alheio, através de uma justaposição: **Vieira disse: o chorar é consequência de ver.**
Discurso ou **estilo indireto** expressa o pensamento alheio não mais como foi ou seria anunciado, porém como uma oração subordinada conectiva presa, como complemento, a um verbo principal: **Vieira disse QUE O CHORAR ERA CONSEQUÊNCIA DE VER.**
A oração justaposta do discurso direto possui ainda independência de entoação. Observam-se variações no emprego dos tempos e modos verbais, para que o manuseio dos bons estilistas é melhor lição do que as secas leis ditadas pela gramática.
Merece atenção ainda o chamado **discurso** ou **estilo indireto livre** pelo qual também exprimimos pensamentos alheios.
No discurso indireto livre o narrador se esconde totalmente em seus personagens e a resposta do que se pergunta ou se pensa perguntar rompe a unidade da narração. Daí a oração que contém a declaração alheia apresentar estas características:
a) não possui verbo introdutor;
b) tem independência sintática e de entoação, como no discurso direto;
c) aparece depois de dois-pontos, ponto-e-vírgula, e ponto:
Todos lhe perguntaram se havia melhorado. A FEBRE CONTINUARA POR TODA AQUELA MANHÃ (resposta).
"É bonito? VIDINHA O IGNORA" (MONTEIRO LOBATO).

3 – REBELO DA SILVA disse que era mais para invejar o varão que se fazia grande e famoso pelo engenho e pelos atos, do que o homem que já nascera entre brasões herdados.
4 – SCHILLER disse que a variedade era o sal do prazer.
5 – GOETHE disse que o perigo tirava ao homem toda a presença de espírito.
6 – TIECK disse que aquele que não sabia obedecer não devia comandar.
7 – GOETHE disse que a maior parte dos homens não apreciavam senão o reflexo do merecimento.
8 – KRUMMACHER disse que a língua alemã era a mais rica em vogais depois da língua grega.
9 – O filósofo grego ANTÍSTENES disse que era preciso adquirir bens que nadassem conosco quando nós naufragássemos.
(Cf. CLAUDINO DIAS, *Exercícios de Composição*, 64-5).

VIII – Transformar as orações apositivas justapostas em orações substantivas objetivas diretas conectivas (discurso direto para discurso indireto):
Modelo: VIEIRA disse: O leme da natureza humana é o alvedrio, o piloto é a razão
= VIEIRA disse que o leme da natureza humana é o alvedrio, o piloto é a razão.

1 – VIEIRA disse: O leme da natureza humana é o alvedrio, o piloto é a razão.
2 – O Visconde de ALMEIDA GARRETT disse: O remorso é o bom pensamento dos maus.
3 – VIEIRA disse: As ações generosas, e não os pais ilustres, são os que fazem fidalgos.
4 – KANT disse: O tambor é o emblema do falador; soa porque está oco.
5 – GELLERT disse: A Natureza é o melhor médico.
6 – HUFELAND disse: Quanto mais inativo é o corpo, tanto mais acessível é às doenças.
7 – SCHILLER disse: A mentira é a arma do inferno.
8 – RAUPACH disse: O receio é o irmão da esperança.
9 – HAMANN disse: O dia da morte vale mais que o dia do nascimento.
10 – GELLERT disse: A dificuldade não dispensa nenhum dever.
11 – SCHILLER disse: Todo elogio, por merecido que seja, é lisonja quando se dirige aos grandes.
12 – GOETHE disse: O talento forma-se na solidão; o caráter na torrente do mundo.
13 – JEAN PAUL RICHTER disse: A mulher retém tão dificilmente o título dos livros, como o seu ilustrado marido o nome das modas.
14 – POPE disse: O talento de um autor consiste em agradar.

2) adjetivas (respostas nas páginas 415 a 416)

IX – Dividir os seguintes períodos em orações e classificá-las:
1 – "A beneficência alegra ao mesmo tempo o coração de quem dá e de quem recebe" (MARQUÊS DE MARICÁ).
2 – O coração de quem rouba anda sempre aos pulos.
3 – Devemos ser cuidadosos não só com os objetos de quem estimamos, mas ainda com os de quem repudiamos. A vitória de quem não luta tem pouco valor.
4 – Se quereis saber as misérias de quantos vivem à nossa roda, eu vo-lo direi.
5 – Ficou desanimado com a ingratidão de quem tanto teve a sua ajuda.
6 – A vida de quem estuda é preciosa para a nação.
7 – "A gratidão estava do lado de quem dava" (JOAQUIM NABUCO).
8 – O professor distribuiu as notas de quantos fizeram provas.
9 – A cruz de quem trabalha é sempre mais leve do que a de quem esperdiça o tempo.

X – Distinguir as orações adjetivas justapostas das adjetivas conectivas:
1 – "Não vemos os defeitos de quem amamos, nem os primores dos que aborrecemos" (MARQUÊS DE MARICÁ).
2 – "São muitos os loucos a quem grandes intervalos lúcidos inculcam e representam de racionais" (Id.).
3 – "Há homens como as serpentes que envenenam aqueles a quem mordem" (Id.).
4 – Já chegaram os prêmios de quem acertou no concurso.
5 – Nunca ouvira a voz de quem mora ao lado.
6 – Estes quem contas as façanhas também são nossos conhecidos.

3) adverbiais (respostas nas páginas 415 a 416)

XI – Dividir os seguintes períodos em orações e classificá-las:
1 – "A beleza é uma harmonia, qualquer que seja o seu objeto" (MARQUÊS DE MARICÁ).
2 – "A ordem pública periga onde se não castiga" (Id.).
3 – "Onde não se preza a honra se desprezam as honras" (Id.).
4 – Chegaremos hoje à cidade, aconteça o que acontecer.
5 – Devemos pôr as nossas esperanças onde mais tivermos fé.
6 – Não o via fazia seis anos.
7 – Os jovens se dirigiram para onde estavam seus pais.
8 – Farei o que eu disse, custe o que custar.
9 – "Há mais de sessenta anos que nasci detrás daquele penedo que daqui aparece ao alto da serra" (RODRIGUES LOBO).

Revisão (respostas na página 416)

XII – Dividir os seguintes períodos em orações e classificá-las:
1 – "O que nos sobra em glória de ousados e venturosos navegantes, míngua-nos em fama de enérgicos e previdentes colonizadores" (LATINO COELHO).
2 – "Não sei que fenômeno aí se operou na minha vida, que certos panoramas e aspectos desse arraial de pescadores ficaram ligados a algumas concepções de minha atividade mental" (HUMBERTO DE CAMPOS).
3 – "Para mim ele é quem há de personificar a época tremenda que atravessamos" (COELHO NETO).
4 – "Fiquei assombrado, tanto que perguntei ao Sena quem eras e foi ele quem me apresentou" (*Id.*).
5 – "Uma correspondência de Londres, publicada no Rio de Janeiro há dois dias, dava notícia do heroísmo sereno de dois ou três faroleiros de um rochedo do Mar do Norte" (HUMBERTO DE CAMPOS).

c) intercaladas (respostas na página 416)

XIII – Dividir os seguintes períodos em orações e classificá-las:
1 – "O programa da festividade externa também sofreu modificações que a grande massa dos crentes, diga-se a verdade, não aprovou" (XAVIER MARQUES).
2 – "Daqui a um crime distava apenas um breve espaço, e ela o transpôs, ao que parece" (ALEXANDRE HERCULANO).
3 – "Lembrai-vos, cavaleiro – disse ele – de que falais com D. João I" (*Id.*).
4 – "Tio Feliciano – Feliciano Gomes de Farias Veras – a quem conheci em Parnaíba, foi, parece, o princípio da família que ali aportou" (HUMBERTO DE CAMPOS).
5 – "E, se na marcha estaca pelo motivo mais vulgar, cai logo – cai, é o termo – de cócoras" (EUCLIDES DA CUNHA).
6 – José, que eu saiba, foi quem conseguiu convencer a todos os presentes.
7 – "Ah! isto é outra coisa, continuou o negociante, agora amável" (GRAÇA ARANHA).
8 – "Os complementos indiretos do verbo *preferir*, esses excluem, não há dúvida nenhuma, a preposição *por*, exigindo a preposição *a*" (RUI BARBOSA).

9 – "Os compatriotas serviram à verdadeira causa nacional com a deposição do governo, que, note-se bem, já não era mais a república, mas outra forma ditatorial, essencialmente distinta" (CARLOS DE LAET).
10 – "Este (espelho) pode ser que não fosse; era um espelhinho de pataca (perdoai a barateza), comprado a um mascate italiano, moldura tosca, argolinha de latão, pendente da parede, entre as duas janelas" (MACHADO DE ASSIS).
11 – "Ela se encarregava do chapéu de sol – o chapéu de sol de minha mãe era mais alto do que nós" (HUMBERTO DE CAMPOS).
12 – Minha professora primária – que Deus a conserve por muitos anos – é mãe do meu mestre de Matemática.

Orações reduzidas (respostas nas páginas 418 a 432)

I – Reconhecer, quando houver, as locuções verbais, nos seguintes exemplos:
1 – "Nenhum dos cavaleiros se atreveu a sair contra ele" (REBELO DA SILVA).
2 – "O seu trajo, cortado à moda da corte de Luís XV, de veludo preto, fazia realçar a elegância do corpo" (*Id.*).
3 – "Nos joelhos as ligas bordadas deixavam escapar com artifício os tufos de cambraieta alvíssima" (*Id.*).
4 – "Na terceira volta, obrigando o cavalo quase a ajoelhar-se diante de um camarote, fez que uma dama escondesse, torvada, no lenço as rosas vivíssimas do rosto" (*Id.*).
5 – "O mancebo desprezava o perigo, e, pago até da morte pelos sorrisos que seus olhos furtavam de longe, levou o arrojo a arrepiar a testa do toiro com a ponta da lança" (*Id.*).
6 – "O cavalo baqueou trespassado, e o cavaleiro, ferido na perna, não pôde levantar-se" (*Id.*).
7 – "Quando o Conde dos Arcos saiu a farpeá-lo, as feições do pai contraíram-se, e a sua vista não se despregou mais da arriscada luta" (*Id.*).
8 – "Sem querer ouvir nada, desceu os degraus do anfiteatro, seguro e resoluto" (*Id.*).
9 – "El-rei manda nos vivos e eu vou morrer!" (*Id.*).
10 – "Deixe-me passar, diga isto" (*Id.*).
11 – "D. José vira o marquês levantar-se e percebera a sua resolução" (*Id.*).
12 – "Dentro do peito o seu coração chorava, mas os olhos áridos queimavam as lágrimas, quando subiam a rebentar por eles" (*Id.*).
13 – "Os semblantes consternados e os olhos arrasados de água exprimiam aquela dolorosa contenção do espírito em que um sentido parece concentrar todos" (*Id.*).
14 – "Deixai-o ir, ao velho fidalgo!" (*Id.*).

15 – "Fez-se no circo um silêncio gélido, tremendo e tão profundo, que poderiam ouvir-se até as pulsações do coração do marquês" (*Id.*).
16 – "Nenhum ousa desviar a vista de cima da praça" (*Id.*).
17 – "Por entre as névoas, de que a pupila trêmula se embaciava, viu-se o homem crescer para a fera" (*Id.*).
18 – "Sem fazer caso dos que o rodeavam, tornou a abraçar-se com o corpo do filho" (*Id.*).
19 – "O toiro ergueu-se, e, cambaleando com a sezão da morte, veio apalpar o sítio onde queria expirar" (*Id.*).
20 – "Ajuntou ali os membros e deixou-se cair sem vida ao lado do cavalo do Conde dos Arcos" (*Id.*).
21 – "Vossa Majestade não pode consentir que os toiros lhe matem o tempo e os vassalos!" (*Id.*).
22 – "El-rei consente que vá em seu nome consolar o Marquês de Marialva?" (*Id.*).
23 – "Sabe o que há de dizer-lhe..." (*Id.*).

II – O mesmo exercício:

1 – "Vinha deslizando, quando topou na barreira, que se lhe atravessa no caminho" (RUI BARBOSA).
2 – "Esse fluido implacável vai, por outras regiões, arder nos espíritos, fulgurar nas trevas humanas, abalar vontades" (*Id.*).
3 – "A correnteza precipitada, que acabou de criar à distância essas descargas da grande força, volve, pouco adiante, ao ramanso ordinário de seu curso" (*Id.*).
4 – "Não seria este novo encontro, embora duro e violento, com a mentira política, a velha corruptora dos nossos costumes, a sabida arruadeira das cercanias do poder, a pimpona rixadora do grande mercado, que me induzisse a esquecer, para com as pobres criaturas por ela contaminadas, a lição divina da caridade" (*Id.*).
5 – "Antes de político, me prezo de ser cristão" (*Id.*).
6 – "Não sei odiar os homens, por mais que deles me desiluda" (*Id.*).
7 – "Espírito supremo daquele que me ensinou a sentir o direito e querer a liberdade" (*Id.*).
8 – "Que elas (as flores) envolvam no seu aroma a vossa memória, reabram em cada geração de vossos netos, aos pés da vossa cruz, e deixem cair o refrigério de seu orgulho" (*Id.*).
9 – "Liberdade! entre tantos que te trazem na boca sem te sentirem no coração, eu posso dar testemunho da tua identidade, definir a expressão do teu nome, vingar a pureza do teu evangelho" (*Id.*).
10 – "Ousei pôr na funda de jornalista pequenino a pedra, de que zombam os gigantes" (*Id.*).
11 – "Quando a República principiou a desgarrar do teu rumo, enchi do teu clamor a imprensa" (*Id.*).

12 – "Porque eu quisera fundar assim uma escola, onde te sentasses, para ensinar aos nossos compatriotas o exercício viril do Direito, ouvi ressoarem-se no encalço os cantos heroicos do civismo" (*Id.*).
13 – "Enquanto a fascinação do teu prestígio podia ser útil a uma deslocação do poder, tua áurea lenda foi o estribilho dos entusiastas, dos ambiciosos e iludidos" (*Id.*).
14 – "Assim que a vitória obtida sob a tua invocação entrou a ver na tua severidade o limite aos seus caprichos, um culto novo começou a contrapor-te as imagens da República e da Pátria" (*Id.*).
15 – "Dos que deveras te amam e entendem, nem a República nem a Pátria podem receber detrimento" (*Id.*).
16 – "A honra do busto é mais uma carícia, um extremo, um afetuosíssimo requinte desses com que não se corrigem de me amimalhar os meus caros conterrâneos" (*Id.*).
17 – "Entre irmãos, o reconhecimento vive de se sentir, não de se mostrar" (*Id.*).
18 – "O que me agradaria recomendar seria uma ferramenta de trabalho, com o nome do operário e a inscrição daquilo de São Paulo na primeira aos Coríntios" (*Id.*).
19 – "Ninguém, senhores meus, que empreenda uma jornada extraordinária, primeiro que meta o pé na estrada, se esquecerá de entrar em conta com as suas forças" (*Id.*).
20 – "Ninguém, desde que entrou, em lhe chegando o turno, se conseguirá evadir à saída" (*Id.*).
21 – "Em tão breve trajeto cada um há de acabar a sua tarefa" (*Id.*).
22 – "A regra da igualdade não consiste senão em quinhoar desigualmente os desiguais, na medida em que desigualam" (*Id.*).
23 – "Os apetites humanos conceberam inverter a norma universal da criação" (*Id.*).

III – Transformar a oração reduzida de infinitivo numa oração conectiva com o verbo na voz passiva pronominal, atentando-se para a função sintática da oração subordinada e para a concordância do verbo com o sujeito:

Modelo: É necessário perdoar as injúrias = É necessário que se perdoem as injúrias (oração subordinada, substantiva, subjetiva).

1 – É necessário perdoar as injúrias.
2 – É útil estudar as lições.
3 – É preciso respeitar a velhice.
4 – É mister prevenir os abusos.
5 – É proveitoso empregar bem o tempo.
6 – Convém regar as flores.
7 – É indispensável cultivar os campos.
8 – Cumpre saudar as pessoas conhecidas.

9 – É forçoso observar as leis.
10 – Importa vencer as paixões.
11 – É conveniente não desprezar os conselhos dos velhos.
12 – É necessário dizer a verdade.
13 – É mister punir os crimes.
14 – É útil evitar as más companhias.
15 – É indispensável arejar as casas.
16 – É proveitoso seguir os exemplos.
17 – É preciso sacrificar os interesses particulares aos interesses gerais.
18 – Cumpre opor a perseverança às dificuldades.
19 – Não convém comunicar segredos a pessoas indiscretas.
20 – É conveniente não guardar para amanhã o que se pode fazer hoje.
21 – Importa evitar o mal e praticar o bem.
22 – Cumpre odiar o vício e prezar a virtude.
23 – É necessário pronunciar e escrever corretamente as palavras.
(*Apud* CLAUDINO DIAS, *Exercícios de Composição*, 61).

IV – Transformar as expressões grifadas (orações ou não), primeiro em orações subordinadas conectivas, depois em orações reduzidas de infinitivo, atentando-se para a função sintática da oração subordinada:
Modelo: O arco, *sendo muito estirado*, quebra-se = O arco, se for muito estirado, quebra-se (oração subordinada adverbial, condicional). O arco, a ser muito estirado, quebra-se.

1 – O arco, *sendo muito estirado*, quebra-se.
2 – A severidade *sendo demasiada* erra o intento.
3 – A raposa, *excedendo em astúcia todos os animais*, tem dado assunto para muitas fábulas.
4 – O elefante, *sendo apanhado ainda novo*, deixa-se domesticar facilmente.
5 – A cobra raras vezes morde *não sendo provocada*.
6 – O sol *em nascendo* doura a terra com os seus raios.
7 – O próprio veneno pode ser um excelente remédio, *sendo empregado com circunspeção*.
8 – *Vencendo-se sem perigo* triunfa-se sem glória.
9 – *Lendo e estudando os bons autores* aprende-se a escrever bem.
10 – *Conhecendo todos* quanto vale o tempo, bem poucos o aproveitam.
11 – O criminoso *atormentado pelo remorso* confessou a sua culpa.
12 – O veado *alcançado pela mortífera bala* caiu por terra.
13 – A lebre *perseguida pelos cães* fugia apressada.
14 – *Passado o inverno*, vem a primavera.
15 – *Proferidas aquelas palavras*, desceu as escadas da torre.
16 – *Acabada a refeição*, todos se retiraram.
17 – *Chegada a hora oportuna*, as grandes reformas triunfam.
(*Apud* CLAUDINO DIAS, *ibid*., 60-1).

V – Transformar os adjuntos adverbiais dos seguintes exemplos em orações subordinadas adverbiais reduzidas de infinitivo, atentando-se para a função sintática da oração subordinada:

Modelo: As estrelas parecem pequenas em virtude da sua imensa distância =
As estrelas parecem pequenas por estarem muito distantes (oração subordinada adverbial causal).

1 – As estrelas parecem pequenas em virtude da sua imensa distância.
2 – Estabelecem-se escolas para instrução da mocidade.
3 – Muitos frutos caem antes da maturação.
4 – Reconheci o meu antigo companheiro apesar da alteração das suas feições.
5 – O ouro tem mais valor do que a prata, pela sua raridade.
6 – Para a multiplicação de certas árvores basta cortar-lhes os ramos novos e plantá-los na terra.
7 – Muitas aves deixam-nos com a entrada do outono e só voltam com o princípio da primavera.
8 – Apesar da sua austeridade é homem gentil.
9 – O azeite nada sobre a água por causa da sua leveza.
10 – Regam-se os jardins para desenvolvimento da vegetação.
11 – O homem do campo levanta-se antes do nascimento do sol e trabalha até noite fechada.
12 – Não obstante a sua doença trabalha todo dia.
13 – Chovia à nossa chegada.
14 – Ele saiu depois da conclusão do negócio.
15 – Não deixes fugir o tempo inutilmente.
16 – O socorro vem algumas vezes imprevistamente.
17 – Os delitos raras vezes se cometem impunemente.
18 – Os acidentes sucedem inopinadamente.
(*Apud* CLAUDINO DIAS, *ibid.*, 59-60).

VI – Dividir os seguintes períodos em orações e classificá-las:
1 – "Tenho o consolo de haver dado a meu país tudo o que me estava ao alcance" (RUI BARBOSA).
2 – "Tudo envidei por inculcar ao povo os costumes da liberdade e à república as leis do bom governo" (*Id.*).
3 – "Chegou o momento de vos assentardes, mão por mão, com os vossos sentimentos, de vos pordes à fala com a vossa consciência, de praticardes familiarmente com os vossos afetos, esperanças e propósitos" (*Id.*).
4 – "Não cabia em um velho catecúmeno vir ensinar a religião aos seus bispos e pontífices, nem aos que agora nela recebem ordens do seu sacerdócio" (*Id.*).
5 – "Ninguém, cabendo-lhe a vez, se poderá furtar à entrada" (*Id.*).

6 – "Ninguém, desde que entrou, em lhe chegando o turno, se conseguirá evadir à saída" (*Id.*).
7 – "Ninguém desanime, pois, de que o berço lhe não fosse generoso, ninguém se creia malfadado, por lhe minguarem de nascença haveres e qualidades" (*Id.*).
8 – "Gutierrez animou-o a orar, persistir, e esperar" (*Id.*).
9 – "Nem, por vir muito cedo, lho leveis a mal, lho tenhais à conta de importuna" (*Id.*).
10 – "Dirão que tais trivialidades, cediças e corriqueiras, não são para contempladas num discurso acadêmico, nem para escutadas entre doutores, lentes e sábios" (*Id.*).
11 – "Menino ainda, assim que entrei ao colégio, alvidrei eu mesmo a conveniência desse costume, e daí avante o observei, sem cessar, toda a vida" (*Id.*).
12 – "Mas, senhores, os que madrugam no ler, convém madrugarem no pensar" (*Id.*).
13 – "Se o povo é analfabeto, só ignorantes estarão em termos de o governar" (*Id.*).
14 – "Entraste pela política, antes de a teres estudado" (*Id.*).
15 – "Que extraordinário, que imensurável, que, por assim dizer, estupendo e sobre-humano, logo, não será, em tais condições o papel da justiça" (*Id.*).
16 – "De nada aproveitam as leis, bem se sabe, não existindo quem as ampare contra os abusos" (*Id.*).
17 – "Como vedes, senhores, para me não chamarem a mim revolucionário, ando a catar minha literatura de hoje nos livros religiosos" (*Id.*).
18 – "Oxalá não se me fechem os olhos, antes de lhe ver os primeiros indícios no horizonte" (*Id.*).

VII – O mesmo exercício:
1 – "Teobaldo passou dos braços da mãe para os da tia, que não menos o idolatrava, apesar de ser um tanto rezingueira de gênio" (ALUÍSIO AZEVEDO).
2 – "O governo teve necessidade de isolar o paço da cidade, vedando qualquer comunicação do seu interior com a vida da capital" (RAUL POMPEIA).
3 – "Do latim que, sendo estudado como cumpre, é só por si um bom curso de Lógica, Retórica e todas as humanidades, passou, já armado de ponto em branco, para as palestras da Filosofia" (A. FELICIANO DE CASTILHO).
4 – "Lendo-os com atenção, sente-se que Vieira, ainda falando do céu, tinha os olhos nos seus ouvintes" (*Id.*).
5 – "Em Vieira morava o gênio; em Bernardes, o amor que, em sendo verdadeiro, é também gênio" (*Id.*).

6 – "Bernardes não tomava tese que da consciência lhe não brotasse, e a desenvolvê-la aplicava todas as suas faculdades intelectuais, que eram muitas, e todas as faculdades morais que eram mais, tresdobradamente" (*Id.*).

7 – "Beijo-vos as mãos, senhor rei, por vos lembrardes ainda de um velho homem de armas que para nada presta hoje" (ALEXANDRE HERCULANO).

8 – "Vamos, bom cavaleiro – disse el-rei pondo-se em pé – não haja entre nós doestos" (*Id.*).

9 – "Uma das dores dalma que, em vez de lacerar, a consolam, é sem dúvida a compaixão" (*Id.*).

10 – "Investindo depois com o toiro tornado imóvel com a raiva concentrada, rodeou-o, estreitando em volta dele os círculos, até chegar quase a pôr-lhe a mão na anca" (REBELO DA SILVA).

11 – "Voltando sobre ele o boi enraivecido, arremessou-o aos ares, esperou-lhe a queda nas armas, e não se arredou senão quando, assentando-lhe as patas sobre o peito, conheceu que o seu inimigo era cadáver" (*Id.*).

12 – "Saiu o Conde de Avranches a reconhecer a força dos adversários, e voltou a dizer ao infante que nenhum meio de salvação havia" (ALEXANDRE HERCULANO).

13 – "Isto acendeu por tal modo os ânimos dos soldados, que sem mandado nem ordem de peleja deram no arraial do infante, rompendo-o por muitas partes" (*Id.*).

14 – "Travada a briga, por mais que pedissem a D. Pedro que se retirasse enquanto era tempo, ele o não quis fazer" (*Id.*).

15 – "Tomada esta resolução, no outro dia, antes de amanhecer, partiu toda a gente nos batéis, indo demandar a praia pelos dois lados do rio, e, ao romper Dalva, saltaram em terra" (*Id.*).

16 – "Chegando o junco à borda do rio, sendo muito alteroso, não pôde passar além de um banco de areia, que na estrada havia, e o mesmo sucedeu a outra embarcação mais pequena que foi depois dele" (*Id.*).

17 – "Não sei como, escorregaram-me duas lágrimas pelas faces abaixo, e olhei de roda outra vez, examinando se por ali estaria alguém, em cuja cara se divisassem sinais de ser pessoas de bastante filosofia para se rir de mim" (*Id.*).

18 – "Não teve ao menos a decepção de verificar, como se verificou, que as pedras que descobrira não eram esmeraldas" (JOÃO RIBEIRO).

19 – "Não é patriota quem não esteja sinceramente disposto a dedicar à pátria ao menos um pouco do seu bem-estar" (AFONSO ARINOS).

20 – "Movido de piedade parou, e chamou-o, e disse-lhe que se descesse abaixo para a lapa, e fugisse da chuva, pois não tinha roupa bastante para a esperar" (Fr. LUÍS DE SOUSA).

VIII – Dividir os seguintes períodos em orações e classificá-las, atentando-se para o emprego do infinitivo, flexionado ou não, com os auxiliares causativos e sensitivos. Atenção para a divisão das orações:

1 – "Deixe-me passar, e diga isto" (REBELO DA SILVA).
2 – "D. José vira o marquês levantar-se e percebera a sua resolução" (*Id.*).
3 – "Deixai-o ir, ao velho fidalgo!" (*Id.*).
4 – "Emílio fez subir os dois meninos e assentou-se defronte deles" (ALUÍSIO AZEVEDO).
5 – "Nada é mais surpreendente do que vê-la desaparecer de improviso" (EUCLIDES DA CUNHA).
6 – "As passadas dos que entravam moveram-no a volver os olhos" (ALEXANDRE HERCULANO).
7 – "Bem pouco importa isso a quem vê arrancarem-lhe, nas bordas da sepultura, aquilo por que trabalhou toda a vida, um nome honrado e gloriosos" (*Id.*).
8 – "Chegou el-rei, e logo depois entra pelos camarotes o vistoso cortejo, e vê-se ondear um oceano de cabeças e plumas" (REBELO DA SILVA).
9 – "Nos joelhos as ligas bordadas deixavam escapar com artifício os tufos de cambraieta alvíssima" (*Id.*).
10 – "De repente viu-se o Conde dos Arcos, firme na sela, provocar o ímpeto da fera, e a hástea flexível do rojão ranger e estalar, embebendo o ferro no pescoço musculoso do boi" (*Id.*).
11 – "Quando o nobre mancebo passou a galope por baixo do camarote, diante do qual pouco antes fizera ajoelhar o cavalo, a mão alva e breve de uma dama deixou cair uma rosa, e o conde, curvando-se com donaire sobre os arções, apanhou a flor do chão sem afrouxar a carreira, levou-a aos lábios e meteu-a no peito" (*Id.*).

IX – O mesmo exercício:

1 – "Em Alcoentre os ginetes e corredores do exército real vieram escaramuçar com os do infante, e ele próprio os ouviu chamarem-lhe traidor e hipócrita" (ALEXANDRE HERCULANO).
2 – "O Conde de Avranches saiu a eles com quase toda a gente do arraial, e fazendo-os fugir tomou alguns prisioneiros" (*Id.*).
3 – "Irado o infante com as injúrias que lhe tinham dito, mandou enforcar uns e degolar outros, e o conde perseguiu o resto até Pontevel" (*Id.*).
4 – "Como um rochedo no meio do oceano, D. Álvaro, no meio daquelas ondas de soldados, fazia cair a seus pés quantos a ele se aproximavam" (*Id.*).
5 – "Isto, e a muita liberdade com que ele defendia o infante, fez com que, apesar dos seus serviços e reputação, fosse mal recebido dos cortesãos, que instavam com el-rei para que o mandasse sair do reino" (*Id.*).
6 – "Reduzido o Duque de Coimbra à condição de um simples particular, começaram os seus inimigos a fazer-lhe todo o gênero de insultos, e a

torcerem contra ele o ânimo de D. Afonso, até a induzirem a mandá-lo sair da corte" (*Id.*).

7 – "Sancho II deu-lhes depois por válida a carta e mandou-lhes erguer de novo os marcos onde eles os haviam posto" (*Id.*).

8 – "O pajem que comigo trouxera mandei-o voltar para o meu castelo" (*Id.*).

9 – "O infante respondeu que, visto serem baldadas todas as justificações que os seus amigos dele davam, não quisesse el-rei tirar-lhe todos os meios de se defender de seus contrários, e que se carecia de armas ele lhas mandaria vir de fora" (*Id.*).

10 – "Apenas os edifícios e naus começaram a arder, os mouros, a quem não tinham boas palavras obrigado, mandaram entregar os cativos portugueses, pedindo aos da armada não quisessem incendiar o resto das embarcações e edifícios, que eles não podiam defender" (*Id.*).

Exercícios elementares resolvidos
Com especial atenção para o período simples

Lição I

I – Assinalar a palavra ou grupos de palavras que constituem oração:
2, 5, 8, 9, 12, 13, 15, 16

II – Construir orações com os seguintes grupos de palavras: (Seguem algumas sugestões)
1 – Ao sétimo dia deixamos a cidade.
2 – De olhos baixos, o cajado ao ombro, o fazendeiro entrou em casa.
3 – No viçoso jardim em flor as crianças brincavam de roda.
4 – Profundamente com infinita e inenarrável melancolia o trem deixava a estação.
5 – A casa do meu vizinho é espaçosa.
6 – No campo, à luz bendita do sol, a folhagem era balançada pelo vento.
7 – A caminho pela poeira fina da estrada lá ia o carro de bois.
8 – O céu, muito azul, prometia uma noite fria.
9 – Dali para baixo não havia mais gente.
10 – A sombra negra do seu corpo na claridade nítida da estrada assustava os viajantes.

III – Dizer a que tipo pertencem as seguintes orações:
1 – or. interrogativa   4 – or. imperativa   7 – or. declarativa   10 – or. declarativa
2 – or. declarativa   5 – or. imperativa   8 – or. declarativa   11 – or. interrogativa
3 – or. declarativa   6 – or. declarativa 9 – or. declarativa   12 – or. interrogativa

IV – Distinguir as orações por meio de ponto final e letra maiúscula, corrigindo-se os erros...
"Nasci a 25 de outubro de 1886. Não tenho certeza rigorosa da hora. Parece-me, todavia, ter ouvido dizer à minha mãe que foi a três ou quatro da manhã. Eu sempre fui, aliás, excelente madrugador".

Lição II

I – Separar o sujeito e o predicado das seguintes orações:

Sujeito	Predicado
1 – A tarde	ia morrendo.
2 – O sol	declinava no horizonte.
3 – Um concerto de notas graves	saudava o pôr do sol.
4 – Todas	se descobriram.
5 – Os aventureiros	ajoelharam-se a alguns passos de distância.
6 – Aires Gomes	estendeu o mosquete.
7 – Os animais retardados	procuravam a pousada.
8 – Os espinheiros silvestres	desatavam as flores, alvas e delicadas.
9 – A luz frouxa e suave do ocaso	deslizava pela verde alcatifa.
10 – Dois mil infantes inimigos	espreitavam as estradas.
11 – O livro	é o melhor amigo.
12 – O inimigo	desce com grande velocidade.
13 – Um estremecimento elétrico	corre pelas veias dos valentes oficiais.
14 – Os sinos de bordo	soaram nove horas da manhã.
15 – A escolha da posição	fora verdadeiramente inspirada.
16 – Os restos da destemida guarnição	atroam os ares com os gritos de vitória.
17 – Tupi	era o nome de uma tribo.
18 – Deus	conservara ali o coração do escravo.
19 – A paixão da verdade	semelha, por vezes, as cachoeiras da serra.
20 – Aqueles borbotões d'água	eram, pouco atrás, um regato.

II – Construir orações que tenham por sujeito as seguintes orações: (Seguem algumas sugestões)

1 – A felicidade *nem sempre nos aparece.*
2 – Os dois moços *se conheciam.*
3 – Todos *o esperavam.*
4 – Os cabelos *estavam penteados.*
5 – O braço do viajante *aparecia na janela do trem.*
6 – Seu coração *batia forte.*
7 – Os olhos do velho *se encheram de luz.*
8 – Nós *fomos embora.*
9 – A pequena cruz de esmalte *estava no móvel.*
10 – Os gritos dos selvagens *assustaram os viajantes.*

III – Construir orações que tenham por predicado as seguintes expressões:
(Seguem algumas sugestões)
1 – *Os soldados* abaixaram as armas.
2 – *O vizinho* tornou-se triste.
3 – *A jovem* voltou o rosto com desdém.
4 – *O macaco* havia feito coisas incríveis.
5 – *A criança* recusava tomar o alimento.
6 – *O padre* murmurava sua prece.
7 – *Os caminhões* não... lusco-fusco.
8 – *O cão* desobedece à tua voz.
9 – *O indígena* apontou... do precipício.
10 – *O bombeiro* debruçou-se... janela.

IV – Apontar o sujeito e o predicado nas seguintes orações:

Sujeito	Predicado
1 – (Tu)	obedece aos teus superiores.
2 – { Estas flores / (Vós) }	{ são vossas / recebei-as. }
3 – (Nós)	descobrimos os objetos perdidos.
4 – (Eu)	sou obrigado a confessar o engano.
5 – (Vós)	como estais agora?
6 – (Eu)	não lhe entendi palavra.
7 – (Tu)	podes limpar as mãos à parede.
8 – (Tu)	porque não serás conservador?
9 – (Vós)	ide com Nosso Senhor.
10 – (Vós)	não vos esqueçais de mim.

V – Explicar o emprego da vírgula nos seguintes exemplos:
1 – Elipse do verbo "são".
2 – Elipse do verbo "se queixava".
3 – Elipse da locução verbal "havia lido".
4 – Elipse do verbo "passaras".
5 – Elipse do verbo "examinaram".

VI – Apontar o sujeito das seguintes orações, atentando-se para a ordem inversa:
1 – o estrangeiro
2 – os sons melancólicos de um clarim
3 – os irmãos
4 – o sol
5 – o dia 11 de junho de 1865
6 – o coronel
7 – medonho combate
8 – os cordões de sentinelas
9 – um grito de alarma
10 – a nova capital
11 – o sonhado emprego

VII – Explicar o emprego da vírgula nos seguintes exemplos:
1 – Assinala a separação do sujeito ao verbo pela expressão "naquele tempo".
2 – Assinala a separação do verbo "deram" ao seu complemento "larga parte" pela expressão "nos meus progressos intelectuais".

3 – Assinala a intercalação do "sim" entre "devo" e seu complemento "o mais dos frutos do meu trabalho".
4 – Assinala a separação do sujeito "eu" ao verbo "faço" pela expressão "nisto aqui".
5 – Assinala a intercalação de "menino ainda" ao verbo "alvidrei" pela expressão "assim que entrei para o colégio".
6 – Assinala a intercalação da expressão "ainda hoje" entre "tenho" e seu complemento "convicção".
7 – Assinala a separação das expressões "no Brasil" e "durante o Império" e "os privilégios" da sua continuação "da Fazenda Nacional" pela expressão "já espantosos".
8 – Assinala a intercalação de "de súbito" entre "mas" e "agora" e de "levando" a "a um recuo inexplicável" pela expressão "empuxados de uma corrente submarina".

Lição III

I – Separar o sujeito e o predicado das seguintes orações...

Sujeito	Predicado
1 – Justiça atrasada	não é justiça (nominal)
2 – Vós	preservai... sofismas (verbal)
3 – Vós	não tergiverseis... responsabilidades (verbal)
4 – As alegrias dos rapazes	são de curta duração (nominal)
5 – Os dias	ficaram curtos (nominal)
6 – O cérebro	sobre a noite pende ao sono (verbal)
7 – O crime	não ficará sem castigo (nominal)
8 – (Nós)	estamos aqui numa catedral da ciência (verbal)
9 – O sertanejo	esteve algum tempo hesitante (nominal)
10 – Isto	é uma geração de molengas (nominal)
11 – A mulher de Lote	virou uma estátua de sal (nominal)
12 – Rumor suspeito	quebra a doce harmonia da sesta (verbal)
13 – O problema	nos parece fácil (nominal)
14 – Um crucifixo	estava sobre... aposento (verbal)
15 – O trovador	sumiu-se no meio da multidão (verbal)
16 – A imagem da pátria	continuava viva em sua lembrança (nominal)
17 – O mês de maio	não tarda (verbal)
18 – O mestre de armas	conservou-se calado (nominal)
19 – Todo o ambiente	ficou em silêncio (nominal)
20 – O vizinho	ficou ralado de ciúmes (nominal)

II – Separar o sujeito e o predicado das seguintes orações apontando se este é verbal (V), nominal (N) ou verbonominal (VN):

Sujeito	Predicado
1 – Os desvios da estrada	são também frequentes (N)
2 – O capim	nesses campos transforma-se... relva (N)
3 – Tudo	fica debaixo de espessa camada de cinzas (V)
4 – O fogo	vai aos poucos morrendo (V)
5 – Moléstia repentina e perigosa	deteve o marquês naquele sítio até o dia 19 (V)
6 – O ladrão	parecia nervoso (N)
7 – Os soldados	esperavam firmes no seu posto (VN)
8 – Nenhuma de... impressões	morrerá em mim (V)
9 – O rio	corria murmuroso e descuidado (VN)
10 – (Eu)	tornei a visitar... São Mateus (V)
11 – Setembro	entrou radioso (VN)
12 – Os últimos... de saudade	correram taciturnos (VN)
13 – Tudo	se reduziu a cinza (N)
14 – (Vós)	interessai-vos por todas as belas coisas (V)
15 – As nossas terras	vão ser tomadas (V)
16 – Os olhos do ancião	ficaram enxutos (N)
17 – Nenhum dos cavaleiros	se atreveu a sair contra ele (V)
18 – O cavalo	baqueou ferido (VN)
19 – El-rei D. José	com as mãos no rosto parecia petrificado (N)
20 – O cavaleiro	desceu os... resoluto (VN)

III – Analisar, de acordo com os modelos abaixo, as orações que se seguem:
   1 – Sujeito: *o leão*
      Predicado nominal: *se mostrou o rei das matas*
      Predicativo: *o rei das matas*
   2 – Sujeito: *as irmãs*
      Predicado verbonominal: *choraram abraçadas*
      Predicativo: *abraçadas*
   3 – Sujeito: *a eternidade*
      Predicado verbonominal: *apresenta-se-me tenebrosa*
      Predicativo: *tenebrosa*
   4 – Sujeito: *a noite*
      Predicado verbonominal: *corria branda*
      Predicativo: *branda*
   5 – Sujeito: (eu)
      Predicado verbonominal: *fui sentar-me triste e só no meu jardim*
      Predicativo: *triste e só*
   6 – Sujeito: *os circunstantes*
      Predicado nominal: *quedaram silenciosos*
      Predicativo: *silenciosos*

7 – Sujeito: (eu)
   Predicado verbonominal: *busco anelante o palácio encantado da Ventura*
   Predicativo: *anelante*
8 – Sujeito: *a humanidade*
   Predicado nominal: *é sempre a mesma enferma*
   Predicativo: *enferma*
9 – Sujeito: (tu)
   Predicado verbonominal: *por que choras silencioso*
   Predicativo: *silencioso*
10 – Sujeito: (eu)
   Predicado verbonominal: *alta noite deito triste e fatigado*
   Predicativo: *triste e fatigado*
11 – Sujeito: *o meu sono*
   Predicado verbonominal: *desliza perfumado*
   Predicativo: *perfumado*
12 – Sujeito: *alguém*
   Predicado nominal: *ficava com saudade*
   Predicativo: *com saudade*
13 – Sujeito: *os ódios da nora*
   Predicado verbonominal: *uma noite, à hora da ceia, arreganharam... peçonhentas*
   Predicativo: *mais vivos*
14 – Sujeito: *a mãe*
   Predicado verbonominal: *toda contente, presenteara o filho com a casa*
   Predicativo: *toda contente*
15 – Sujeito: *a guarda das imediações do palácio*
   Predicado nominal: *foi-se tornando mais rigorosa*
   Predicativo: *mais rigorosa*
16 – Sujeito: *a marquesa*
   Predicado verbonominal: *no centro do cadafalso, chorou muito ansiada*
   Predicativo: *muito ansiada*
17 – Sujeito: *o rio defronte*
   Predicado verbonominal: *descia preguiçoso*
   Predicativo: *preguiçoso*
18 – Sujeito: *o débil sussurro*
   Predicado nominal: *parecia o último eco dos rumores do dia*
   Predicativo: *o último eco dos rumores do dia*

19 – Sujeito: *a princesa*
    Predicado nominal: *permaneceu firme nos seus propósitos*
    Predicativo: *firme*
20 – Sujeito: *ele*
    Predicado verbonominal: *sentara-se na relva, arquejante*
    Predicativo: *arquejante*

IV – Transformar os predicativos numa só palavra de igual significação:
1 – Os órfãos não ficaram *desamparados*.
2 – Todos estavam *embaraçados*.
3 – Os passageiros saíram *ilesos*.
4 – Os erros pareciam *irremediáveis*.
5 – Os candidatos permaneceram *duvidosos*.
6 – As alegrias... *efêmeras/ passageiras*.
7 – Os soldados continuavam *inermes/ desarmados*..
8 – Os filhos ficaram *desanimados*.
9 – Os metais são *utilíssimos*.
10 – O crime ficou *impune*.
11 – As brincadeiras pareciam *desengraçadas*.
12 – Os moradores... *alvoroçados*.
13 – A doente ficou *desacordada*.
14 – A moda estava *extemporânea*.
15 – O ambiente continuava *silencioso*.
16 – Estes alunos eram *contemporâneos*.
17 – Os erros eram *inúmeros*.
18 – Os inimigos ficaram *inertes*.
19 – Com a notícia ela ficou *muda*.
20 – Estas observações são *importantíssimas*.

V – Transformar o predicado verbal em nominal formado pelo verbo *ser* e um nome cognato...
1 – O ministro *é o punidor da* barbaridade do circo.
2 – Eu *sou devedor de* tudo aos meus pais.
3 – A inveja *é a cobiçadora dos* bens.
4 – As flores *são o enfeite da* terra.
5 – Os maus livros *são a perdição da* mocidade.
6 – Colombo *foi o descobridor da* América.
7 – O povo *é o eleitor dos* seus representantes.
8 – Os importunos *são os roubadores do* nosso tempo.
9 – A lisonja *é a corruptora dos* bons.
10 – A audácia *é ilimitada*.

VI – Preencher o espaço em branco com um verbo de ligação adequado... (Seguem algumas sugestões)

1 – *mostrou-se*	5 – *está*	9 – *estão*	13 – *eram*
2 – *ficou*	6 – *estavam*	10 – *fez-se*	14 – *pareciam*
3 – *parece*	7 – *virou/ficou*	11 – *meteu-se*	15 – *ficam*
4 – *permaneceu*	8 – *parece*	12 – *continuaram*	

Lição IV

I – Reconhecer, quando houver, as orações de sujeito indeterminado:
4, 6, 8, 10, 11, 13, 14

II – Reconhecer as orações sem sujeito nos seguintes exemplos:
3, 4, 9, 11, 13, 14, 17, 20

III – Empregar os verbos indicados entre parênteses, atentando-se para a concordância:
1 – *Houve*   3 – *Faz*   5 – *Era*   7 – *houvesse*
2 – *existem*   4 – *Deverá*   6 – *farão*   8 – *houve*

IV – Corrigir, quando necessário, os seguintes trechos, atentando-se para o emprego correto de *ter* e *haver*.
1 – Há   6 – Houve   8 – há   10 – haverá

V – Distinguir o sujeito, o predicado e o predicativo das seguintes orações:
1 – Sujeito: nosso pequeno exército
   Predicado verbal: colocou-se em frente do inimigo
2 – Sujeito: (nós)
   Predicado verbal: não transcrevemos aqui esses mapas
3 – Sujeito: (nós)
   Predicado verbal: talvez o façamos mais tarde
4 – Sujeito: a terra
   Predicado nominal: era uma das mais vastas da região
   Predicativo: uma das mais vastas da região.
5 – Sujeito: o declinar do sol
   Predicado nominal: estava deslumbrante
   Predicativo: deslumbrante
6 – Sujeito: o cenobita
   Predicado verbal: correu a mão pela fronte calma
7 – Sujeito: (eu)
   Predicado verbal: já não tenho parentes na terra
8 – Sujeito: el-rei
   Predicado nominal: parecia grandemente comovido
   Predicativo: grandemente comovido
9 – Sujeito: não há
   Predicado verbal: há tantas coisas misteriosas nesta vida
10 – Sujeito: não há
   Predicado verbal: era à hora da sobremesa
11 – Sujeito: ela
   Predicado verbonominal: acordara assustada

Predicativo: assustada
12 – Sujeito: os homens do século
Predicado verbal: que lhe importavam
13 – Sujeito: a avezinha
Predicado verbonominal: pulava contente na gaiola
Predicativo: contente
14 – Sujeito: (eu)
Predicado verbal: para que vos hei de dar o meu nome
15 – Sujeito: o colega
Predicado nominal: tornou-se pedante
Predicativo: pedante
16 – Sujeito: não há
Predicado verbal: tem feito muito calor
17 – Sujeito: o homem cruel
Predicado verbal: soprou para o ar as cinzas
18 – Sujeito: indeterminado
Predicado verbal: precisa-se de novos assinantes
19 – Sujeito: eu
Predicado verbonominal: certa vez cheguei ao Massena com febre
Predicativo: com febre

VI – Empregar, em vez das formas verbais em itálico, o verbo *haver*

1 – Houve / Houvera [*Sucederam* pode pode ser pret. perf. ou m.q.perf. do ind., como nos casos mais adiante]	8 – Terá havido	17 – Haja
	9 – Houve / Houvera	18 – Houvesse
	10 – Haverá	19 – Haja falta de
2 – Havia	11 – Houve / Houvera	20 – Tenha havido
3 – Tinha havido	12 – Haverá	21 – Tivesse havido
4 – Houve / Houvera	13 – Houve / Houvera	22 – Haver
5 – Havia	14 – Tem havido	23 – Haver
6 – Haverá	15 – Havia	24 – Haver
7 – Houve / Houvera	16 – Houve	

Lição V

I – Depois de separar... o sujeito e o predicado, distinguir o núcleo do sujeito:
 1 – Sujeito: o vulto da minha mãe
  Núcleo do sujeito: vulto
  Predicado verbal: apareceu a pequena distância

2 – Sujeito: dois passarinhos
Núcleo do sujeito: passarinhos
Predicado verbal: em um ramo de ateira brincavam
3 – Sujeito: aqueles pobres filhos de pescadores
Núcleo do sujeito: filhos
Predicado verbonominal: acabaram aterrorizados
Predicativo: aterrorizados
4 – Sujeito: a água
Núcleo do sujeito: água
Predicado verbal: em Miritiba, era colhida em fontes naturais [*era colhida* é forma passiva do verbo *colher*]
5 – Sujeito: os filhos mais novos
Núcleo do sujeito: filhos
Predicado verbal: foram entregues aos padrinhos [*foram entregues* é forma passiva do verbo *entregar*]
6 – Sujeito: os três outros irmãos vivos
Núcleo do sujeito: irmãos
Predicado verbal: tiveram vida própria
7 – Sujeito: Feliciano Gomes de Farias Veras
Núcleo do sujeito: Feliciano Gomes de Farias Veras
Predicado verbal: estivera, antes, no Maranhão, no comércio
8 – Sujeito: o conflito entre os parentes
Núcleo do sujeito: conflito
Predicado nominal: foi o seu tormento de toda a vida
Predicativo: o seu tormento de toda a vida
9 – Sujeito: ele
Núcleo do sujeito: ele
Predicado verbal: reclamava contra tudo
10 – Sujeito: o professor de primeiras letras
Núcleo do sujeito: professor
Predicado verbal: acabara de chegar
11 – Sujeito: o antigo viajante dos altos sertões brasileiros
Núcleo do sujeito: viajante
Predicado verbal: viu uma tribo de indígenas
12 – Sujeito: a nossa mudança de Miritiba
Núcleo do sujeito: mudança
Predicado verbal: se deu muito cedo
13 – Sujeito: ele
Núcleo do sujeito: ele
Predicado verbal: reconhecia intimamente a inferioridade da sua condição
14 – Sujeito: nada
Núcleo do sujeito: nada
Predicado verbal: no primo, atraía a simpatia alheia
15 – Sujeito: a noção dessa inferioridade

Núcleo do sujeito: noção
Predicado nominal: lhe era dolorosa
Predicativo: dolorosa

II – Distinguir o sujeito simples (S) do composto (C) nas orações que se seguem:

1 – S	5 – C	9 – C	13 – C	17 – C	21 – C	25 – C
2 – C	6 – C	10 – C	14 – C	18 – C	22 – S	
3 – C	7 – C	11 – C	15 – C	19 – S	23 – C	
4 – S	8 – S	12 – C	16 – C	20 – C	24 – C	

III – Explicar a concordância do verbo com o sujeito ou predicativo nos seguintes exemplos:
    1 – eu (1.ª pessoa) + o meu irmão (3.ª pessoa): verbo na 1.ª pessoa do plural
    2 – nós (1.ª pessoa) + vós (2.ª pessoa): verbo na 1.ª pessoa plural
    3 – ela (3.ª pessoa) + vós (2.ª pessoa): verbo na 2.ª pessoa plural
    4 – *ou* com valor de exclusão: verbo concorda com o núcleo mais próximo
    5 – nem... nem: verbo concorda com o núcleo mais próximo
    6 – núcleos sinônimos: verbo no singular
    7 – núcleos sinônimos: verbo também no plural
    8 – *mais de um* + sujeito [*vestígio*]: verbo no singular
    9 – verbo *ser* impessoal concordando com o predicativo [*quatro de agosto*]
    10 – verbo no plural com *um e outro*
    11 – verbo concordando com o sujeito *eu*
    12 – verbo impessoal concordando com o predicativo [*dez horas*]
    13 – verbo concordando com o sujeito *relógio*
    14 – verbo concordando com o sujeito *as oito*
    15 – verbo concordando com o último núcleo [*os poderes*] porque *ou* é retificador
    16 – verbo *sois* concorda com o sujeito *vós*; verbo *é* concorda com o predicativo *tudo isso*
    17 – *tu* (2.ª pessoa) + *tua filha* (3.ª pessoa): verbo no plural de 3.ª pessoa
    18 – verbo concordando com a determinação plural preposicionada [*dos vencedores*]
    19 – verbo *sou* concorda com o sujeito *eu*
    20 – verbo concorda com o núcleo mais próximo de núcleos do sujeito sinônimos

IV – Usar, no espaço em branco, a forma verbal indicada entre parênteses...

1 – *alugam*	5 – *consertavam*	9 – *gosta*	13 – *ouviram*
2 – *venderam*	6 – *dessem*	10 – *Esperaram*	14 – *levantavam*
3 – *precisava*	7 – *assistia*	11 – *fariam*	15 – *destacaram*
4 – *verão*	8 – *cometem*	12 – *viam*	

Lição VI

I – Acrescentar às seguintes orações um complemento adequado: (Seguem algumas sugestões)
1 – O poeta fechou *o livro*.
2 – O imperador fora visitar *seus súditos*.
3 – Convidamos *os colegas*.
4 – Os alunos necessitavam *de ajuda*.
5 – A mãe tinha interesse *na educação dos filhos*.
6 – Todos procuravam *os objetos desaparecidos*.
7 – O marinheiro viu *a tempestade*.
8 – A união faz *a força*.
9 – O livro pertencia *à professora*.
10 – Nossa prima tinha desconfiança *das informações*.
11 – Os soldados livram-se *do inimigo*.
12 – É digno de louvor o amor *à pátria*.
13 – Absteve-se *do álcool*.
14 – O jovem demonstrava inclinação *ao canto*.
15 – Não havia *resposta*.
16 – As crianças não ouviram *o rádio*.
17 – Os vizinhos preparam *a festa* com cuidado.
18 – Os conhecimentos são úteis *a todos*.
19 – Os hóspedes não se adaptavam *ao frio*.
20 – Estas palavras são compatíveis *com a situação*.
21 – Ninguém pode prescindir *da fé*.
22 – Referentemente *ao assunto*, somos do mesmo parecer.
23 – Durante o jogo não deviam variar *as regras*.
24 – A preocupação *da vizinha* nos deixa aborrecidos.
25 – Não o deixava a certeza *da vitória*.
26 – O professor celebrava *o término das aulas*.
27 – Aquelas maneiras eram impróprias *a um governante*.
28 – Por motivo de economia privava-se *da sobremesa*.
29 – Hoje não cumprimentamos *nossas colegas*.
30 – Aquelas palavras não foram acessíveis *às criancinhas*.
31 – Demonstrava grande amor *aos pais*.

II – Distinguir... complementos nominais (CN) dos verbais (CV) e nestes os diretos (D) dos indiretos (I):

1 – CVD   7 – CVD   13 – CVI   19 – CVI   25 – CN   31 – CN
2 – CVD   8 – CVD   14 – CN   20 – CN   26 – CVD
3 – CVD   9 – CVI   15 – CVD   21 – CVI   27 – CN
4 – CVI   10 – CN   16 – CVD   22 – CN   28 – CVI
5 – CN   11 – CVI   17 – CVD   23 – CVD   29 – CVD
6 – CVD   12 – CN   18 – CN   24 – CN   30 – CN

III – Distinguir, nos seguintes exemplos, os verbos transitivos (VT) dos intransitivos (VI):

1 – VI	7 – VT	13 – VT	19 – VT	25 – VT	31 – VT	37 – VT
2 – VT	8 – VI	14 – VT	20 – VI	26 – VT	32 – VT	38 – VT
3 – VI	9 – VT	15 – VT	21 – VT	27 – VT	33 – VT	39 – VI
4 – VT	10 – VI	16 – VI	22 – VT	28 – VT	34 – VT	40 – VT
5 – VT	11 – VT	17 – VT	23 – VI	29 – VT	35 – VI	
6 – VT	12 – VI	18 – VT	24 – VI	30 – VT	36 – VT	

IV – Nos seguintes exemplos, os verbos são empregados como de ligação, como transitivos...
2, 5, 8, 12 e 13

V – Distinguir... os predicativos do sujeito (PS) e os predicativos do objeto (PO):

1 – PS	6 – PO	11 – PO	16 – PO	21 – PS	26 – PS	31 – PO
2 – PS	7 – PO	12 – PS	17 – PS	22 – PO	27 – PO	32 – PO
3 – PS	8 – PS	13 – PS	18 – PS	23 – PO	28 – PS	33 – PS
4 – PS	9 – PO	14 – PO	19 – PS	24 – PO	29 – PO	34 – PS
5 – PO	10 – PO	15 – PS	20 – PO	25 – PO	30 – PS	

VI – Classificar o pronome oblíquo como objeto direto (OD) ou indireto (OI):

1 – OD	7 – OI	13 – OI	19 – OD	25 – OI	31 – OI	37 – OD
2 – OI	8 – OD	14 – OI	20 – OD	26 – OD	32 – OD/OI	38 – OD
3 – OI	9 – OI	15 – OD	21 – OD	27 – OI	33 – OD	39 – OI
4 – OD	10 – OD	16 – OD	22 – OI	28 – OI	34 – OI	40 – OD
5 – OI	11 – OD	17 – OD	23 – OD	29 – OI	35 – OD	
6 – OI	12 – OI	18 – OI	24 – OI	30 – OI	36 – OD	

VII – Substituir os pronomes oblíquos do exercício anterior por substantivos adequados...
1 – Quem armou as encrencas que desarme as dificuldades
2 – (...) dizer *à acusada*
3 – Dá um abraço *a ele / nele*
4 – Considero *meu pai*...
5 – Prometeu *a este com quem fala*...
6 – Dá *ao jovem*

7 – Posso chamar *ao vizinho / o vizinho*
8 – Não conhecem *os vizinhos*
9 – Nunca pediram contas *ao juiz*
10 – (...) e entregou *a nota* a Anselmo
11 – (...) desculpe *este seu colega*
12 – Estendeu a mão *ao pobre*
13 – Falta *a este amigo* tempo para continuar
14 – Contava ele *a este amigo*
15 – Não troco *este companheiro* por ele
16 – Não procures *a resposta*, não
17 – Viram *nossas pessoas* quando saíamos da festa
18 – Ah! isto servirá *a este amigo*
19 – Chamou *este seu filho*, meu pai?
20 – Eu esperava *o amigo* há uma hora
21 – Guardei *a carta* na gavetinha do móvel
22 – Desejávamos falar *ao colega*
23 – Hei de sustentar *o irmão*
24 – A bola serve *à minha pessoa* de divertimento
25 – Isto não convém *a nossas pessoas*
26 – Mas procure bem *o primeiro* até que o ache para arrancar-lhe a carta
27 – Era um pretexto para não dizer *àquela colega* que não.
28 – Era um pretexto para não fazeres o favor que pedia *à tua pessoa*
29 – Hei de mandar dizer-lhe que fale *a este amigo* em português
30 – Já não mostrei *ao colega* o livro?
31 – Perdoaram *à vossa pessoa* desta vez
32 – Eles ajudaram *(a) estes colegas* nos exercícios
33 – Teus pais veneram *a tua pessoa*
34 – Lá fora pagarás *a este ofendido*
35 – Vossa Senhoria não pode prender *esta pessoa* à toa
36 – Rapaz, acompanhe *esta pessoa*
37 – A chave fica em cima da mesa; leve *a chave*, quando eu sair
38 – Há muito que conhecemos um ao outro, confessou o casal de jovens
39 – Nada, não acontece outra *a este seu amigo*
40 – Todos saudaram *nossas pessoas* à entrada

VIII – Acrescentar, aos seguintes verbos, objeto direto (OD) ou indireto (OI)... (Seguem algumas sugestões)

1 – *o ladrão* (OD)
2 – *à professora* (OI)
3 – *o trabalho* (OD)
4 – *seus representantes* (OD)
5 – *o imóvel* (OD)
6 – *ao inverno* (OI)
7 – *aos inimigos* (OI)
8 – *a lebre* (OD)
9 – *as crianças* (OD)
10 – *a força* (OD)
11 – *seus alunos* (OD)
12 – *o crescimento* (OD)
13 – *à mãe* (OI)
14 – *à vitória* (OI)

15 – *o (ou ao) cliente* (OD/OI)
16 – *aos candidatos* (OI)
17 – *aos pais* (OI)
18 – *as vítimas* (OD)
19 – *seu sermão* (OD) *aos fiéis* (OI)
20 – *os benefícios* (OD)
21 – *do compromisso* (OI)
22 – *chuva* (OD)
23 – *ao vício* (OI)
24 – *ao trabalho* (OI)
25 – *aos mendigos* (OI)
26 – *seu objetivo* (OD)
27 – *à professora* (OI)
28 – *as exigências* (OD) / *às exigências* (OI)
29 – *ao seu benefício* (OI)
30 – *à justiça* (OI)

IX – Explicar as formas gráficas dos pronomes oblíquos que ocorrem nos seguintes exemplos:

1 – escrever̸ + lo (o) – escrevê-lo
2 – ferir̸ + lo (o) – feri-lo
3 – fiz̸ + lo (o) – fi-lo
4 – pusemos̸ + lo (o) – pusemo-lo
5 – pus̸ + lo (o) – pu-lo
6 – cortaram + lo (o) – cortaram-no
7 – diz̸ + lo (o) – di-lo
8 – traz̸ + lo (o) – trá-lo
9 – ver̸ + la (a) ou vês̸ + la (a) – vê-la
10 – encomendamos̸ + la (a) – encomendamo-la
11 – oferecemos + lhe – oferecemos-lhe

X – Conjugar, no presente do indicativo, com o pronome oblíquo posposto...

pô-lo	vê-la	desavir-se	escrever-lhe
ponho-o	vejo-a	desavenho-me	escrevo-lhe
põe-lo	vê-la	desavéns-te	escreves-lhe
põe-no	vê-a	desavém-se	escreve-lhe
pomo-lo	vemo-la	desavimo-nos	escrevemos-lhe
ponde-lo	vede-la	desavindes-vos	escreveis-lhe
põem-no	veem-na	desavêm-se	escrevem-lhe

XI – Explicar, nos seguintes exemplos, as combinações de pronome:

1 – ma = me + a
2 – lho = lhe + o
3 – to = te + o
4 – vo-la = vos̸ + la
5 – lhos = lhe + os
6 – mo = me + o
7 – mos = me + os
8 – no-lo = nos̸ + lo
9 – no-los = nos̸ + los
10 – vo-la = vos̸ + la

XII – Colocar, no princípio, o objeto direto das seguintes orações, repetindo-o depois do verbo...

1 – Os astros, observa-os o astrônomo.
2 – A pátria, defende-a o soldado.

3 – O trabalho, receia-o o preguiçoso.
4 – O ar, perfumam-no as flores.
5 – O sol, encobrem-no as nuvens.
6 – O corpo, fortifica-o o exercício.
7 – Causas, advogam-nas os advogados.
8 – Chapéus, fá-los o chapeleiro.
9 – As mercadorias, vendem-nas os negociantes.
10 – Livros, compõe-nos o escritor.
11 – As ruas, calçam-nas os calceteiros.
12 – O futuro, predi-lo o profeta.
13 – Os deputados, elegem-nos os eleitores.
14 – As cotas, pagam-nas os contribuintes.
15 – As leis, fá-las o legislador.
16 – Os ratos, perseguem-nos os gatos.
17 – Provisões, fá-las a formiga.
18 – A lã, dão-na os carneiros.
19 – A força, fá-la a união.
20 – Os nossos defeitos, conhecemo-los nós.
21 – Bons vinhos, produ-los Portugal.
22 – As terras e os mares, percorrem-nos os viajantes.
23 – Os homens, sedu-los o ouro.
24 – Camisas e vestidos, fá-los a costureira.
25 – A ordem pública, mantém-na a polícia.
26 – O coração, corrompem-no os maus conselhos.
27 – Flores artificiais, fá-las a florista.
28 – As nossas obrigações, cumprimo-las nós.
29 – Os insetos, destroem-nos os pássaros.
30 – Sombra, dão-na as árvores.
31 – As nações, enriquece-as o comércio.
32 – Os seus exercícios, pretende-os o aluno fazer corretamente.
33 – A polícia, quis enganá-la (ou qui-la enganar) o ladrão.
34 – O desastre, viram-no os alunos.
35 – Chuvas, promete-as o tempo.

XIII – Empregar, no espaço em branco, o pronome *o* ou *lhe*, conforme a regência verbal:
1 – Despede-se o amigo que muito *o* preza e *o* estima.
2 – Não *o* convidei para a festa, porque não *o* queria por lá.
3 – Conheci-*o* no último baile do clube.

4 – Perdoo-*lhe* pelo que você fez.
5 – Abraço-*o* pelo seu aniversário.
6 – O empregado não *o / lhe* atendia porque era muito exigente.
7 – Do amigo que muito *lhe* quer, F.
8 – Eu *o / lhe* ajudei a ser alguém na vida.
9 – Nós *lhe* obedecíamos com prazer.
10 – Sempre *o* socorria nos momentos difíceis.
11 – Vejo-*o* todos os dias à janela.
12 – As palavras não *lhe* agradaram.
13 – O médico *o / lhe* assistiu em toda a crise.
14 – Eu *o / lhe* chamei feio.
15 – Esperava-*o* todos os dias à saída da escola.
16 – O Sr. *o / lhe* satisfez, embora ele não tivesse razão.
17 – Aquele empregado nunca *o* servia quando o restaurante estava cheio.
18 – Nosso primo *lhe* sucedeu na tarefa.
19 – Havia muito que não *o* visitávamos.
20 – Ninguém *o* cumprimentou pela vitória.
21 – A televisão não *o* aborrecia.

XIV – Destacar o objeto indireto nos seguintes exemplos:

1 – lhe
2 – me
3 – para muitos
4 – nos
5 – para si mesmos
6 – à posteridade
7 – ao pobre, lhe; ao rico, lhe
8 – vos
9 – me
10 – ao inimigo
11 – me
12 – me
13 – lhes
14 – a todos os doentes
15 – à criança
16 – nos
17 – aos colegas
18 – te
19 – para mim
20 – me
21 – para mim
22 – ao pássaro

Lição VII

I – Acrescentar, no espaço em branco, adjuntos adnominais apropriados...
(Seguem algumas sugestões)
1 – Reprovam *nossos* autores *essa* história.
2 – Foram seis ou sete meses de palpitação *constante*.
3 – *Vários* ramos roçavam os *nossos* ombros com familiaridade e carinho.
4 – É Santo Antônio *permanente* glória e *ilustre* brasão do reino de Portugal.
5 – Vaso *ruim* não quebra.
6 – Em tão *poucos* anos de vida logrou *muitos* séculos de virtude.
7 – Não há horizonte *fechado* à ambição *desmedida*.

8 – Um *bom* poeta *moderno* prestou um *inestimável* e *permanente* serviço a todos nós escrevendo uma *interessante* História do Brasil.
9 – As ideias *elevadas* e *grandiosas* dilataram o horizonte da pátria.
10 – Essa areia *movediça* e um tanto *perigosa* tem cor *acinzentada*.

II – Sublinhar os adjuntos adnominais nos seguintes trechos: (Obs.: Os adjuntos constantes de outro adjunto – p.ex. *da pátria* **– não são levados em consideração para não tornar a análise mais longa)**
  1 – da pátria, bela, delicada
  2 – sem amor, um, árido
  3 – a, frouxa, suave, o (do), a (pela), verde, de ouro, de púrpura, a, das
  4 – estas, outro
  5 – primeiro, a, lesta, a, da espada
  6 – suspeito, a, doce, da sesta
  7 – a, da paz
  8 – o, o (no), a (da), as, suas, graves, sonoras
  9 – bastante, este (deste), a, do sossego, da noite
  10 – o, profundo, do lugar, esta (nesta)
  11 – os, monstruosas, nossa
  12 – os, desta turma
  13 – o, único, meu
  14 – a, sua, robusta, esta (nesta), toda, a
  15 – dois, de agonia, dois, de silêncio e dor, o
  16 – o, o, seu, de cisne
  17 – todo, o, cada, silvestres
  18 – um, de papel, o, a (da), uma, as (das), redondas
  19 – o, de uma fábrica, de tecidos
  20 – uma, esse (nesse), uma, alta, algumas, de latas, (filas) de azeite, (latas) de oliveira (azeite)
  21 – a, minha, a (sala), de jantar, a (à), do lampião (claridade), de querosene (lampião)

III – Empregar, em vez do pronome possessivo, um pronome pessoal posposto como objeto indireto:
  1 – Nós observamos-*lhe* o defeito.
  2 – O convidado apertou-*nos* as mãos.
  3 – Os policiais protegem-*vos* as residências.
  4 – O cenário florido da primavera encanta-*nos* os olhos.
  5 – Não tivemos oportunidade de observar-*lhe* os inventos.
  6 – O professor corrigiu-*me* as redações.
  7 – O trabalho excessivo roubou-*lhe* a mocidade.
  8 – A música deleita-*nos* os ouvidos.
  9 – Pintava constantemente a casa para garantir-*lhe* a conservação.
  10 – O médico tomou-*te* o pulso.

11 – Era difícil esquecer-*lhe* o nome.
12 – Escutou-*vos* atentamente as palavras.
13 – Ele tentou corrigir-*te* os erros.
14 – Os velhos conheciam-*nos* todas as fraquezas.
15 – Queríamos ver-*lhe* o rosto.
16 – Deus escutou-*me* as preces.
17 – As lágrimas rebentaram-*lhe* dos olhos.
18 – Os hinos patrióticos aceleram-*nos* os corações.
19 – Podam-se as árvores para aumentar-*lhes* (*as* árvores, plural)o crescimento.
20 – Tremiam-*lhe* as pernas de cansaço e de fome.

IV – Acrescentar cinco diferentes adjuntos adverbiais adequados aos seguintes verbos:

1 – pouco, de tarde, com o professor, às pressas, apesar da doença
2 – com prazer, de dia, com os pais, hoje, antes do início das aulas
3 – bem, alto, com o soprano, à noite, depressa
4 – claramente, confusamente, com facilidade, com energia, sempre
5 – facilmente, rápido, devagar, sob chuva, pela madrugada
6 – alto, baixo, velozmente, sobre as nuvens, cedo
7 – pela manhã, alegremente, de noite, de Teresópolis, depois da chuva
8 – cedo, tarde, mal, com os pais, pelos exemplos recebidos
9 – hoje, de noite, pela manhã, no inverno, todo o dia
10 – sempre, para nossa tranquilidade, fielmente, com consciência, para exemplo
11 – rapidamente, com receio da polícia, pelo telhado, depois do roubo, no carro do vizinho
12 – na vida, para um futuro melhor, sempre, no convívio social, com vantagem
13 – hoje, à mão, depois do almoço, no colégio, com facilidade
14 – nessa disciplina, para sempre, para a vida, quando jovens, contra as dificuldades
15 – no colégio, depois das provas, com certeza, sempre, como prêmio
16 – com a notícia, muito, pelo resultado, na festa, com a injustiça
17 – a olhos vistos, rapidamente, pelo esforço dos seus filhos, apesar das dificuldades, para nossa alegria
18 – de medo, no escuro, com o grito, roucamente, sem motivo
19 – na festa, ontem, durante o jogo, raramente, para sempre
20 – na escola, depois do trabalho, com facilidade, com satisfação, sem alarde
21 – agora, com o irmão, no ônibus, devagar, com prudência

22 – entre os homens, no ocidente, naqueles séculos, facilmente, com a ajuda de todos
23 – na montanha, suavemente, mais tarde, na escuridão, cedo
24 – devagar, aos gritos, sem cuidado, no escuro, sem medo
25 – justamente, com rigor, com sermões, todos os dias, com tristeza

V – Responder às seguintes perguntas com uma oração em que apareça um adjunto adverbial...
1 – Saí depressa por causa da chuva.
2 – O Brasil foi descoberto em 1500.
3 – Com meu irmão dirijo-me ao cinema.
4 – Desisti do emprego em virtude do pouco futuro nele.
5 – Consegui chegar com ajuda do taxista.
6 – Meus pais estão morando na nova casa.

VI – Destacar os adjuntos adverbiais que ocorrem nos seguintes trechos, classificando-os...
1 – então (tempo), aqui (lugar)
2 – nessa noite (tempo), no salão (lugar), afoito [afoitamente] (modo); [se for considerado adjetivo, funcionará como predicativo]
3 – durante o Império (tempo, duração), nunca (tempo)
4 – aí (lugar), na tipografia (lugar)
5 – em silêncio (modo) [Sobre o *sim*, cf. p. 92]
6 – não obstante esse isolamento (concessão), não (negação), uma só noite, e nos dias trevosos (tempo)
7 – ao fim da terceira semana (tempo)
8 – por mais temerária (concessão)
9 – alta noite (tempo), sob o vento cortante e gelado (lugar), lá (lugar ou ênfase), para o serviço (lugar, direção)
10 – mais rapidamente (modo)
11 – quando eu completo doze anos (temporal, representado por uma oração)
12 – a trinta ou quarenta metros da casa (distância)
13 – pouco a pouco (tempo)
14 – da esquina da rua (lugar), ainda (tempo), por cima da cerca (lugar), mais (intensidade)
15 – não (negação), mais (tempo)
16 – veloz, larga e fogosamente (modo)
17 – agora (tempo), com os olhos cheios dágua (modo)

18 – em casa (lugar), com uma chave falsa (instrumento)
19 – muito (intensidade), para médico (finalidade)
20 – talvez (dúvida), mais (intensidade)
21 – logo (intensidade), depois (tempo), à magia da casa do Largo do Palácio (causa)
22 – com o coração aos pulos (modo)
23 – à tarde (tempo), à noite (tempo)
24 – na pena (instrumento ou lugar), mais (intensidade)
25 – no dia seguinte (tempo), para a nova casa (lugar)
26 – sempre (tempo), baixinho (modo), agora (tempo), acima das vozes do mar e do vento (intensidade)
27 – aí (lugar), ao anoitecer (tempo), a cavalo (meio)
28 – horas depois (tempo), com a bagagem (companhia)
29 – ali (lugar), naquele ano (tempo), menos (intensidade)
30 – na mesma rua (lugar), distante (lugar)
31 – não (negação), muito (intensidade)
32 – com a sua tesoura de ferro (instrumento)
33 – certo dia (tempo), não (negação), à lagoa (lugar)
34 – aos poucos (modo), desconfiado e com cautela (modo) [se forem consideradas advérbios; cf. n.º 2]
35 – não (negação), em casa (lugar), nessa tarde (tempo)

VII – Transformar os adjuntos adverbiais em expressões equivalentes pelo sentido...
1 – lenta; lentamente
2 – prazerosos; prazerosamente
3 – interessada; interessadamente
4 – inconsciente; inconscientemente
5 – espantados; espantadamente
6 – desordenado; desordenadamente
7 – abundantes; abundantemente
8 – medrosos; medrosamente
9 – rápidas; rapidamente
10 – fervorosos; fervorosamente
11 – ávido; avidamente
12 – desembaraçadas; desembaraçadamente
13 – irrefletido; irrefletidamente
14 – piedosa; piedosamente
15 – silenciosos; silenciosamente
16 – discretos; discretamente

Exercícios elementares resolvidos

VIII – Flexionar convenientemente o substantivo ou adjetivo postos entre parênteses...

1 – aluno
2 – capítulo / capítulos
3 – série / séries
4 – livro
5 – língua / línguas
6 – lado
7 – feminino / femininos
8 – altos / alta
9 – portuguesa / portuguesas
10 – divina / divinas
11 – discretos
12 – discretas / discretos
13 – discretos / discreto
14 – discreta / discretos
15 – corretos / corretas
16 – humano / humanos
17 – humanos
18 – públicos / pública
19 – desertos / deserta
20 – deserto / desertos

IX – Empregar convenientemente o que estiver dentro do parêntese...

1 – mesmas
2 – próprios
3 – mesma
4 – próprias
5 – sós
6 – sós
7 – mesmos, sós
8 – mesmos
9 – mesmas
10 – próprias

X – Usar convenientemente o adjetivo posto entre parêntese...

1 – anexos
2 – vistos / visto
3 – leso-patriotismo
4 – anexas
5 – vistos / visto
6 – leso-sentimento
7 – vistos / vistas
8 – anexas
9 – anexa
10 – lesa-pátria, leso-amor
11 – vistos / vista
12 – anexas
13 – mesma

XI – Empregar a expressão *haja vista* nos seguintes trechos, utilizando as diversas modalidades...

1 – Haja vista os comentários; haja vista aos (dos) comentários; hajam vista os comentários
2 – Haja vista as razões; haja vista às (das) razões; hajam vista as razões
3 – Haja vista o motivo; haja vista ao (do) motivo (*motivo* no singular impede *hajam*)
4 – Haja vista a razão; haja vista à (da) razão (a mesma explicação para só *haja*)
5 – Haja vista as ideias; haja vista às (das) ideias; hajam vista as ideias
6 – Haja vista os resultados; haja vista aos (dos) resultados; hajam vista os resultados
7 – Haja vista o incidente; haja vista ao (do) incidente (cf. explicação acima)
8 – Haja vista a nota; haja vista à (da) nota (cf. explicação acima)

XII – Usar, quando necessário, nos adjuntos adnominais e adverbiais uma preposição...
1 – pela segunda vez
2 – com a mão direita
3 – com os olhos fixos neles
4 – pela manhã toda
5 – com armas em punho
6 – com as mãos dadas, com o coração afogado, com os olhos nas trevas, com o pensamento para o céu
7 – de olhos grandes e pretos, de testa espaçosa, de nariz aquilino, de boca larga, de beiços quase austríacos

XIII – Substituir por pronomes átonos objetivos indiretos pospostos os adjuntos adverbiais sublinhados:
1 – fugir-me
2 – pôs-se-lhe diante
3 – apareças-nos diante
4 – sentaram-se-lhe em frente
5 – caíram-nos em cima
6 – deram-lhe um beijo
7 – atiravam-lhe
8 – pegava-lhe com cerimônia
9 – avizinhava-se-lhe
10 – aplicou-lhe um pontapé
11 – bateu-lhe por causa da brincadeira
12 – girou-nos em volta
13 – tornou a pôr-lhe os olhos em cima

Lição VIII

I – Indicar se o sujeito das seguintes orações é agente (ag) ou paciente (pac) da ação verbal:
1 – os atalaias (ag)
2 – os homens de arma (ag)
3 – um arauto (ag)
4 – o arauto (ag)
5 – a Virgem (ag)
6 – eu (ag)
7 – o vento (ag)
8 – el-rei (ag)
9 – a guarda (pac)
10 – um pássaro erradio (ag)
11 – a notícia (pac)
12 – o prédio (pac)
13 – os convidados (ag)
14 – os palanques (pac)
15 – a aluna (ag)
16 – os responsáveis (pac)
17 – o livro (pac)
18 – quem (ag)
19 – as suas ordens (pac)
20 – novos consertos (pac)

II – Indicar se os verbos dos trechos seguintes estão na voz *ativa, passiva* ou *medial*:

1 – ativa
2 – medial
3 – passiva
4 – medial – passiva
5 – ativa
6 – passiva
7 – medial – reflexiva
8 – medial
9 – ativa
10 – medial – indeterminação do sujeito
11 – passiva
12 – ativa
13 – medial – reflexiva
14 – medial – passiva
15 – ativa
16 – ativa
17 – passiva
18 – medial – passiva
19 – ativa
20 – ativa
21 – medial – passiva
22 – medial – reflexiva
23 – medial – reflexiva dinâmica
24 – medial – reflexiva dinâmica
25 – medial – indeterminação do sujeito
26 – passiva
27 – medial
28 – passiva
29 – medial – passiva
30 – medial – reflexiva

III – Passar para a voz passiva os verbos das seguintes orações, ressaltando o agente...

1 – Os dois livros foram vendidos *por mim*.
2 – Os deveres foram copiados a lápis *pelos colegas*.
3 – As alunas eram estimadas *pelas suas mestras*.
4 – O ditado será feito *por quem*?
5 – Sem minhas considerações os alunos seriam reprovados *pelo professor*.
6 – Que essas poesias sejam aprendidas *por vocês*.
7 – Até o mais sabido dos candidatos fora enganado *pelo cálculo*.
8 – Os ratos da casa não eram vistos *pelo gato*.
9 – Belas poesias foram recitadas depois da festa *por nós*.
10 – A tropa seria reunida no pátio *pelo comandante*.
11 – O gigante Golias foi morto *pelo pequeno Davi*.
12 – Os livros serão fechados *pelos preguiçosos*.
13 – Teu carro foi vendido *por ti*.
14 – A flor fora arrancada *pela criança*.
15 – Café com leite será bebido *por todos*?

IV – **Passar para a voz passiva os verbos das seguintes orações...**
1 – Ele não fora repreendido por nós.
2 – Tu não eras procurado por ninguém.
3 – Tu eras ameaçado por ele.
4 – Eles foram acompanhados na vida por vós.
5 – Tua ação seria louvada por todos.
6 – Ele foi censurado por nós (agente da passiva) pelas suas ações (adjunto adverbial de causa).
7 – Tu foste (ou *foras*, já que *roubaram* pode ser pret. perf. ou m.q.perf. do indicativo) roubado no caminho do trabalho (não há agente da passiva, porque o sujeito é indeterminado).
8 – Eu fui (ou *fora*, pelas razões acima) visto à saída do colégio (sem agente da passiva, pelas razões acima).
9 – Nós fomos (ou *fôramos*) intimados.
10 – Ele era preso.
11 – Vós sois cercados.
12 – Ela era respeitada.

Explicação da passagem de orações com construções a partir do n.º 7, isto é, com sujeito indeterminado: Prendiam-no
Voz ativa
Sujeito: indeterminado   Sujeito: ele
Verbo: *prendiam*   Verbo: era preso
Obj. direto: *o*   Ag. da passiva: Ø

No exemplo 9, *nos* (*Intimaram-nos*) pode ser interpretado como *nós* – como fizemos – ou por *os* (= *eles*), com ressonância nasal do final do verbo. Neste caso, a resposta seria: *Eles foram* (pret. perf. ou m.q.perf.) *intimados*.

V – **O mesmo exercício:**
1 – Muitas páginas têm sido lidas por nós.
2 – Muitas palestras terão sido realizadas por eles.
3 – Os móveis tinham sido comidos pelos bichos.
4 – Alguns enganos têm sido cometido pelos homens.
5 – Seus lares tinham sido destruídos pela guerra.
6 – Uma boa lição haverá (ou *terá*) sido aprendida pelas crianças.
7 – Os doentes terão sido curados pelo remédio?
8 – As preces das mães teriam sido ouvidas por Deus..
9 – Frágeis embarcações teriam sido aproveitadas pelos primeiros navegantes.
10 – Muitas novidades pelo mundo têm sido vistas por nós.

VI – **Passar para a voz ativa os verbos das seguintes orações...**
1 – Viram-na na praia.
2 – Vigiá-lo-iam com cuidado (Nunca: *Vigiariam-no*!).

3 – Perseguiam-na no trem.
4 – Chamaram-no a juízo.
5 – Tê-los-iam prejudicado (Nunca: *Teriam-nos!*).
6 – Compreendem-nas.
7 – Condená-lo-iam.
8 – Têm-nas beneficiado.
9 – Tê-lo-ão arruinado.
10 – Castigam-no diariamente.
11 – Interrogavam-na todos os dias.
12 – Absolvê-lo-ão.

Explicação de passagens à voz ativa, tendo a passiva agente indeterminado:
Voz passiva   Voz ativa
Ex.: Ela fora vista na praia
Sujeito: ela   Sujeito: indeterminado (o que leva
                                              o verbo à 3.ª pessoa do plural)
Verbo: fora vista   Verbo: viram
Ag. da passiva: indeterminado   Obj. direto: *a*
Adj. adverbial: *na praia*   persiste na ativa
Resposta: *Viram-na na praia*

Ex.: Eles teriam sido prejudicados.

Sujeito: *eles*   Sujeito: indeterminado
Verbo: *teriam sido prejudicados*   Verbo: *teriam prejudicado*
Ag. da passiva: indeterminado   Obj. direto: *os*

Obs.: Na passagem de *teriam sido prejudicados* à ativa basta eliminar a forma *sido* da construção passiva. Como fica *teriam prejudicado*, por ser o sujeito indeterminado, como vimos no exemplo 1, o pronome objeto direto tem de ficar mesoclítico ao fut. do pretérito ou condicional *teriam*. Logo, a resposta será: *Tê-los-iam prejudicado*.

VII – **Passar para a voz ativa os verbos das seguintes orações:**
  1 – Alugam apartamentos.   7 – Consertavam chaves.
  2 – Vendem esta bicicleta.   8 – Fizeram a descoberta.
  3 – Dão aterro.   9 – Ouviram muito barulho.
  4 – Formularam poucas questões.   10 – Cometeriam um leve engano.
  5 – Terão dado vários enganos.   11 – Davam livros aos pobres.
  6 – Teriam emendado as notas.   12 – Terão feito uma só concessão.

Explicação de passagens da voz passiva com o pronome *se* à ativa:
Ex. 1: *Alugam-se apartamentos*.

Voz passiva
Sujeito: apartamentos
Verbo: alugam-se
Ag. da passiva: indeterminado

Voz ativa
Sujeito: indeterminado
alugam (por ter sujeito indeterminado)
Obj. direto: apartamentos

Logo: basta eliminar o pronome *se* na ativa, e pôr o verbo no plural (por ter o sujeito indeterminado), se este já não estiver no plural, como no exemplo. Se o sujeito da passiva for singular, pôr-se-á o verbo da ativa na 3.ª pessoa do plural, como no exemplo 2:
Vende-se esta bicicleta – Vendem esta bicicleta

VIII – Passar a voz passiva analítica dos seguintes verbos para a passiva pronominal...

1 – Promulgaram-se novas leis.
2 – Omitem-se muitos fatos.
3 – Discutir-se-ão muitos projetos.
4 – Têm-se fundado muitas escolas.
5 – Tomar-se-iam as providências necessárias.
6 – Expunham-se com clareza algumas questões.
7 – Tinham-se pronunciado brilhantes discursos.
8 – Nessa ocasião distribuíam-se os prêmios.
9 – Transmitir-se-ão as convenientes ordens.
10 – Ter-se-ão cometido muitas faltas.
11 – Abolir-se-ão vários impostos.
12 – Satisfizeram-se todas as dívidas.
13 – Conseguir-se-á o fim.
14 – Obtiveram-se muitos favores.
15 – Têm-se inscrito novos sócios.
16 – Publicam-se vários livros úteis.
17 – Tinha-se divulgado o segredo.
18 – Remeter-se-ão os devidos documentos.
19 – Ter-se-iam proferido muitas blasfêmias.
20 – Suprimir-se-iam vários cargos.
21 – Ter-se-á descoberto a conspiração.
22 – Restaurar-se-ão vários edifícios.
23 – Cobraram-se os impostos.
24 – Esgotar-se-ão todos os recursos.
25 – Ter-se-iam percorrido grandes distâncias.

IX – Distinguir as orações de verbo na voz passiva (VP) das orações de predicado nominal (PN):

1 – PN 3 – VP 5 – PN 7 – VP 9 – PN
2 – VP 4 – PN 6 – VP 8 – PN 10 – PN

Lição IX

I – Destacar o aposto que ocorre nos seguintes exemplos:
1 – vosso antigo capitão
2 – luz da sua alma e ufania de suas cãs
3 – a virgem dos lábios de mel
4 – um anel e um relógio
5 – cinema, rádio, televisão
6 – essa
7 – os representantes da turma
8 – *um* de automóvel, *outro* de bonde
9 – oito e nove
10 – a febre, a inapetência e a palidez do rosto
11 – imperador romano
12 – prova segura de sua curiosidade
13 – os moradores desta casa
14 – essa
15 – o vale de Santarém
16 – saudade
17 – *este* na sala e *aquele* na secretaria
18 – assim o golpe como o sacrifício
19 – Tejo
20 – indício de seu grande coração

II – Pontuar convenientemente o aposto dos seguintes exemplos:
1 – Nós, representantes desta classe, pedimos a vossa atenção.
2 – Disse-me duas palavras amargas: ruim e traidor.
3 – Camões, o grande poeta português, cantou as glórias lusitanas.
4 – O médico atendeu bem aos clientes, salvação daquelas pobres criaturas.
5 – Deram-nos dois convites, a saber, (ou dois pontos) um para o baile de máscaras e o outro para o desfile na avenida.
6 – Pedro II, imperador do Brasil, cativou muitos corações graças à sua bondade.
7 – Havia na bolsa excelentes frutas, por exemplo, (ou dois pontos) pêssego, maçã, morango e pêra.
8 – Um dos grandes livros de Machado de Assis, *Memorial de Aires*, revela-nos muito da vida do grande autor brasileiro.
9 – Em 15 de novembro, dia consagrado à nossa república, sempre há numerosos festejos.
10 – O filho, esperança dos pais, deve honrá-los e estimá-los.
11 – Fiz-lhe um pecúlio de cinco contos, os cinco contos achados em Botafogo, como um pão para a velhice.

Lição X

I – Separar as orações inanalisáveis das que se podem analisar:
2 – Avançai!   3 – Como está quente!   5 – Bons ventos o levem!   8 – Quão bela está a tarde!

II – Destacar o vocativo nos seguintes exemplos:

1 – Ó palmeira da serra	6 – Ó mar	11 – senhor rei
2 – Senhor!	7 – majestoso oceano	12 – criança
3 – ó frágil criatura	8 – meu filho	13 – senhor
4 – minha harpa	9 – Ó guerreiros	14 – meu caro leitor
5 – esposa querida, minha harpa	10 – senhor	15 – Deus, ó Deus

III – Assinalar com um X dentro do parêntese as orações corretas quanto à concordância verbal:
1, 2, 3, 5, 6 e 8

Lição XI

I – Separar os períodos simples (S) dos compostos (C):

1 – S	4 – C	7 – C	10 – C	13 – C	16 – C	19 – C
2 – S	5 – S	8 – S	11 – C	14 – C	17 – S	20 – C
3 – C	6 – S	9 – S	12 – C	15 – C	18 – C	21 – C

II – Distinguir... orações independentes (Or I) daqueles de orações dependentes (Or D):
3 – Or D   7 – Or D   11 – Or I   13 – Or D   15 – Or I   18 – Or D   20 – Or D
4 – Or I   10 – Or I   12 – Or D   14 – Or D   16 – Or D   19 – Or D   21 – Or I

III – Classificar as orações coordenadas (or. coord.) que ocorrem nas seguintes máximas...
   1 – oração coordenada aditiva
   2 – oração coordenada
   3 – oração coordenada adversativa
   4 – oração coordenada aditiva e adversativa

5 – oração coordenada conclusiva
6 – oração coordenada alternativa
7 – oração coordenada adversativa
8 – oração coordenada aditiva
9 – oração coordenada adversativa
10 – oração coordenada aditiva

IV – Reconhecer as conjunções coordenativas que ocorrem nos seguintes trechos...
a)
1 – água doce *e* parada: liga adjuntos adnominais
2 – peixes achatados *e* negros: liga adjuntos adnominais
3 – certo dia, *porém*: liga períodos
4 – dia consagrado ao jejum *e* à oração: liga complementos nominais
5 – era, no entanto (= mas): liga períodos
6 – tomei o caniço *e* corri: liga orações coordenadas
7 – alguns peixes beliscaram *mas* não vieram: liga orações coordenadas
8 – Os países sabem (...) *e* não lhe dão (...): liga orações coordenadas
9 – Eu insisti, *todavia* (= mas): liga períodos
10 – Em determinado momento, *porém*: liga períodos
11 – alguma coisa volumosa *e* pesada: liga adjuntos adnominais
12 – puxei a língua desconfiado *e* com cautela: liga predicativos ou adjuntos adverbiais
13 – olho *e* esfrio: liga orações coordenadas
14 – abandonei botina, anzol, caniço *e* até o meu chapéu: liga objetos diretos
15 – É desnecessário dizer que abandonei (...) *e* que desandei (...): liga orações subordinadas coordenadas entre si (são dois objetos diretos)
16 – chamei minha mãe (...) *e* contei-lhe (...): liga orações coordenadas
17 – *E* enchendo (...): liga períodos

b)
1 – nossa casa era uma das primeiras (...) *e* caminho (...): liga predicativos
2 – As pessoas que procediam da cidade *e* que vinham (...): liga duas orações subordinadas coordenadas entre si (são dois adjuntos adnominais de *as pessoas*)
3 – cereais *ou* carnes: liga dois opostos de *encomendas*
4 – *Mas* a aproximação (...): liga períodos
5 – vulto de cavaleiro *ou* [vulto] de peão: liga objetos diretos de *perceberem*
6 – *E* com uma precisão (...): liga períodos
7 – em que várzea *e* a que distância (...): liga orações subordinadas coordenadas entre si (são objetos diretos ou sujeitos de *se sabia*)
8 – A maior curiosidade (...) eram, *entretanto* [= mas]: liga períodos
9 – pedras (...) de dez *e* mais metros: liga adjuntos adnominais
10 – *E* eu ainda me lembro: liga períodos
11 – me lembro de uma [pedra] grande *e* alta: liga adjuntos adnominais

12 – que possuía dois olhos, *e* nariz *e* a boca: ligam objetos diretos de *possuía*
13 – A onda vinha (...) *e* atirava-se: liga orações
14 – engolia-a; *mas* vomitava-a: liga orações
15 – com asco *e* com estrondo: liga adjuntos adverbiais

V – Transformar os sujeitos dos seguintes exemplos em orações substantivas subjetivas...
1 – É possível que venhamos.
2 – Urge que venças.
3 – É bom que aconselhemos.
4 – Não convém que me entristeça.
5 – Cumpre que atenteis a esse problema.
6 – Admira-me que te pacientes.
7 – Ficou claro que desgostamos.
8 – Não se compreende que não se suceda bem (ou *que não tenha tido sucesso*).
9 – Importa que respondamos.
10 – Não se via que tivéssemos inteligência (ou *que fôssemos inteligentes*).

VI – Transformar os objetos diretos dos seguintes exemplos em orações substantivas objetivas...
1 – A justiça exige que se puna o criminoso (ou *que o criminoso seja punido*).
2 – Ele alcançou que seus serviços fossem premiados.
3 – O professor assentou que a prova fosse adiada.
4 – Todos conseguiram que se realizassem as promessas.
5 – Nós obtivemos que os presentes estimassem (ou *que se estimassem os presentes*).
6 – O aluno demonstrou que ignorava a matéria.
7 – Os amigos revelaram que eram falsas aquelas declarações.
8 – O policial evitou que o trânsito fosse interrompido.
9 – Eles não tinham permitido que as obras continuassem.
10 – O escritor conseguiu que a crítica o aplaudisse.

VII – Transformar os objetos indiretos dos seguintes exemplos em orações substantivas...
1 – Ele arrependeu-se de que tivesse sido ingrato.
2 – O pai insistiu em que permanecesse em casa.
3 – Todos desconfiavam de que não realizasse as promessas.
4 – Os pais precisavam de que os filhos os apoiassem.
5 – O exercício consistia em que traduzisse os autores gregos.
6 – Os vizinhos necessitaram de que todos os estranhos os ajudassem.
7 – Queixam-se os políticos de que o povo pouco os considere.
8 – Os candidatos aspiravam a que fossem aprovados no concurso.
9 – Todos os dias se convencia de que progredia no estudo do piano.
10 – Esquecêramos de que continuássemos a história.

VIII – Transformar os predicativos dos seguintes exemplos em orações substantivas...
    1 – O mais certo é que desistamos da luta.
    2 – O melhor fora que se separe.
    3 – A verdade será que voltaremos.
    4 – O menos provável é que saias.
    5 – O lógico seria que vos revoltásseis.

IX – Transformar os primeiros complementos nominais dos seguintes exemplos em orações...
    1 – Estava receoso de que perseguisse.
    2 – Tinha a consciência de que cumpriu o dever.
    3 – Estou acorde em que estudeis Medicina.
    4 – Temos a certeza de que abandones os livros.
    5 – Tivera desconfiança de que aplicara o dinheiro.
    6 – Estava necessitado de que o ajudasses.
    7 – O padre fizera insistência em que o auditório errara.
    8 – Estaria certo de que os colegas errariam.
    9 – Sentiu necessidade de que todos o socorressem.
    10 – O receio de que fugisse o prisioneiro deixava o soldado inquieto.

X – Transformar os adjuntos adnominais grifados nos seguintes exemplos em orações adjetivas...
    1 – O soldado que se mostra desleal merece desprezo.
    2 – As crianças que são frágeis preocupam os pais.
    3 – Gato que se escaldou da água fria tem medo.
    4 – Os chefes que são severos não mandam muito tempo.
    5 – A cavalo que se dá não se olha o dente.
    6 – A casa que é nossa é espaçosa.
    7 – Uma vida que não é útil é uma morte prematura.
    8 – Homem que se acautela vale dobrado.
    9 – As crianças que não têm boa educação preocupam os professores.
    10 – O vestido que possui é novo.
    11 – Candeia que não tem azeite não arde.
    12 – O vizinho é uma pessoa que eu conheço.

XI – Transformar os adjuntos adverbiais grifados nos seguintes exemplos em orações...

1 – As estrelas parecem pequenas porque estão muito distantes.
2 – Estabelecem-se escolas para que instruam a mocidade.
3 – Muitos frutos caem antes que amadureçam.
4 – Reconheci o meu antigo companheiro ainda que tivessem alterado suas feições.
5 – O ouro tem mais valor do que a prata porque é raro.
6 – Para que se multipliquem certas árvores basta cortar-lhes os ramos e plantá-los na terra.
7 – Muitas aves deixam-nos quando entra o outono e só voltam quando principia a primavera.
8 – Ainda que seja austero é homem honrado.
9 – O azeite nada sobre a água porque é leve.
10 – Regam-se os jardins para que a vegetação se desenvolva.
11 – O homem do campo levanta-se antes que o sol nasça e trabalha até que a noite se feche.
12 – Embora esteja doente trabalha todo dia.
13 – Chovia quando chegamos.
14 – Ele saiu depois que concluiu o negócio.
15 – Não deixes fugir o tempo sem que o aproveites.
16 – O socorro vem algumas vezes sem que o esperemos.
17 – Os delitos raras vezes se cometem sem que sejamos punidos.
18 – Os acidentes sucedem sem que pensemos neles.

Exercícios adiantados resolvidos
Período composto
Exercícios de revisão

Termos da Oração

I – Nas seguintes orações:
1 – O rio rolava vagarosamente as suas grandes águas.
   a) Sujeito: o rio
   b) Predicado verbal
   c) Objeto direto: as suas grandes águas
   d) Adjunto adnominal: *o* (rio), *as*, *suas*, *grandes* (águas)
   e) Adjunto adverbial: vagarosamente
   f) Verbo transitivo direto

2 – O animal denunciava um longo e desabrido galope.
   a) Sujeito: o animal
   b) Predicado verbal
   c) Objeto direto: um longo e desabrido galope
   d) Adjunto adnominal: *o* (animal), *um*, *longo* e *desabrido* (galope)
   e) Verbo transitivo direto

3 – Chegou ao povoado um cavaleiro.
   a) Sujeito: um cavaleiro
   b) Predicado verbal
   c) Adjunto adnominal: *um* (cavaleiro), *o* (ao povoado)
   d) Adjunto adverbial: ao povoado
   e) Verbo intransitivo

4 – Logo rangeu o ferrolho.
   a) Sujeito: o ferrolho
   b) Predicado verbal
   c) Adjunto adnominal: *o* (ferrolho)
   d) Adjunto adverbial: logo
   e) Verbo intransitivo

5 – As nossas terras vão ser tomadas.
   a) Sujeito: as nossas terras
   b) Predicado verbal
   c) Adjunto adnominal: *as, nossas* (terras)
   d) Verbo intransitivo

6 – Vim por essas matas a todo o galope.
   a) Sujeito: eu
   b) Predicado verbal
   c) Adjunto adnominal: *essas* (matas), *todo, o* (galope)
   d) Adjunto adverbial: por essas matas; a todo o galope
   e) Verbo intransitivo

7 – O sertanejo esteve algum tempo hesitante.
   a) Sujeito: o sertanejo
   b) Predicado nominal
   c) Adjunto adnominal: *o* (sertanejo), *algum* (tempo)
   d) Adjunto adverbial: algum tempo (tempo)
   e) Verbo de ligação
   f) Predicativo do sujeito: hesitante

8 – Falta-nos uma bandeira.
   a) Sujeito: uma bandeira
   b) Predicado verbal
   c) Objeto indireto: nos
   d) Adjunto adnominal: *uma* (bandeira)
   e) Verbo transitivo indireto

9 – Era quase meio-dia.
   a) Sujeito: não há / inexistente / oração sem sujeito
   b) Predicado nominal
   c) Adjunto adnominal: meio (dia)
   d) Adjunto adverbial: quase
   e) Verbo de ligação
   f) Predicativo: meio-dia

10 – Viva o Brasil!
   a) Sujeito: o Brasil
   b) Predicado verbal
   c) Adjunto adnominal: o (Brasil)
   d) Verbo intransitivo

II – **Nas seguintes orações:**
1 – Pelos corredores, numa vozeria alegre, andavam os alunos, em grupos.
   a) Sujeito: os alunos
   b) Predicado verbal
   c) Adjunto adnominal: uma [numa], alegre (vozeria); *os* (alunos)
   d) Adjunto adverbial: pelos corredores; numa vozeria alegre; em grupo
   e) Verbo intransitivo

2 – Aquele severo edifício estava agora transformado num ambiente alegre.
   a) Sujeito: aquele severo edifício
   b) Predicado nominal
   c) Adjunto adnominal: aquele, severo (edifício); *um, alegre* (ambiente)
   d) Adjunto adverbial: agora
   e) Verbo de ligação
   f) Predicativo: num ambiente alegre

3 – Realizara-se ali, na véspera, a distribuição dos prêmios.
   a) Sujeito: a distribuição de prêmios
   b) Predicado verbal
   c) Adjunto adnominal: *a* (na véspera); *a* (distribuição)
   d) Adjunto adverbial: ali, na véspera
   e) Verbo transitivo na medial passiva

4 – Depois da distribuição dos prêmios, a sineta, num repicar festivo, anunciou àqueles...
   a) Sujeito: a sineta
   b) Predicado verbal
   c) Objeto direto: o fim da sua prisão de um ano
   d) Objeto indireto: àqueles pequenos corações
   e) Adjunto adnominal: *a* (da distribuição), *os* (dos prêmios), *a* (sineta); *um, festivo* (repicar); aqueles, pequenos (corações); *o* (fim); *a*, sua, de um ano (prisão)
   f) Adjunto adverbial: depois da distribuição dos prêmios; num repicar festivo
   g) Verbo bitransitivo / transitivo direto e indireto

5 – Ninguém viera assistir à sua vitória.
   a) Sujeito: ninguém
   b) Predicado verbal
   c) Objeto indireto: à sua vitória
   d) Adjunto adnominal: *a* [à], *sua* (vitória)
   e) Verbo transitivo indireto

6 – Pela primeira vez, passara Jorge, no imenso e frio dormitório do colégio, essa primeira...
   a) Sujeito: Jorge
   b) Predicado verbal
   c) Objeto direto: essa primeira noite de férias
   d) Adjunto adnominal: *a* [pela], *primeira* (vez); *o* [no] imenso e frio, do colégio (dormitório); essa, primeira, de férias (noite)
   e) Adjunto adverbial: pela primeira vez; no imenso e frio dormitório do colégio
   f) Verbo transitivo direto

7 – No saguão, iam diminuindo as rumas das malas e das canastras.
   a) Sujeito: as rumas... canastras
   b) Predicado verbal
   c) Adjunto adnominal: *o* [no] (saguão); as, das malas e das canastras (rumas)
   d) Adjunto adverbial: no saguão
   e) Verbo intransitivo

8 – Nessa noite, num escuro e feio quarto da casa de comércio, Jorge não dormiu.
   a) Sujeito: Jorge
   b) Predicado verbal
   c) Adjunto adnominal: essa [nessa] (noite); *um* [num] escuro e feio, da casa de comércio (quarto)
   d) Adjunto adverbial: nessa noite; num escuro... comércio; não
   e) Verbo intransitivo

9 – Um pressentimento cruel lhe enchia a alma de terror.
   a) Sujeito: um pressentimento cruel
   b) Predicado verbal
   c) Objeto direto: a alma
   d) Objeto indireto de posse: lhe
   e) Adjunto adnominal: um, cruel (pressentimento); *a* (alma)
   f) Adjunto adverbial: de terror
   g) Verbo transitivo direto (já que o obj. indireto não é complemento do verbo, e sim um "dativo livre". Cf. *MGP*)

10 – Com que alegria ela fizera, em outros anos, esta viagem!
   a) Sujeito: ela
   b) Predicado verbal
   c) Objeto direto: esta viagem
   d) Adjunto adnominal: que (alegria); outros (anos); esta (viagem)
   e) Adjunto adverbial: com que alegria; em outros anos
   f) Verbo transitivo direto

11 – Houve uma parada brusca do trem.
   a) Sujeito: oração sem sujeito
   b) Predicado verbal
   c) Objeto direto: uma parada brusca de trem
   d) Adjunto adnominal: *uma*, *brusca* (parada), *o* [do] (trem)
   e) Verbo transitivo direto

12 – O caixeiro sacudia-o.
   a) Sujeito: o caixeiro
   b) Predicado verbal
   c) Objeto direto: *o*
   d) Adjunto adnominal: *o* (caixeiro)
   e) Verbo transitivo direto

13 – Na porteira da fazenda, ninguém o esperava.
   a) Sujeito: ninguém
   b) Predicado verbal
   c) Objeto direto: o
   d) Adjunto adnominal: *a* [na], da fazenda (porteira)
   e) Adjunto adverbial: na porteira da fazenda
   f) Verbo transitivo direto

14 – Dentro do seu coração de criança, já a verdade terrível estava palpitando.
   a) Sujeito: a verdade terrível
   b) Predicado verbal
   c) Adjunto adnominal: *o* [do], seu, de criança (coração); *a*, terrível (verdade)
   d) Adjunto adverbial: dentro do... criança; já
   e) Verbo intransitivo

15 – Toda a casa tinha ainda o pavor e o espanto desse desastre recente.
   a) Sujeito: toda a casa
   b) Predicado verbal
   c) Objeto direto: o pavor e o espanto... recente
   d) Adjunto adnominal: toda, a (casa); *o* (pavor); o (espanto); esse [desse], recente (desastre)
   e) Adjunto adverbial: ainda
   f) Verbo transitivo direto

16 – Deus te abençoe, meu filho!
   a) Sujeito: Deus
   b) Predicado verbal
   c) Objeto direto: te
   d) Adjunto adnominal: meu (filho)
   e) Verbo transitivo direto
   f) Vocativo: meu filho

17 – Breve desapareceram os sons guerreiros entre as árvores.
   a) Sujeito: os sons guerreiros
   b) Predicado verbal
   c) Adjunto adnominal: *os, guerreiros* (sons); *as* (árvores)
   d) Adjunto adverbial: breve (tempo); entre as árvores
   e) Verbo intransitivo

III – Nas seguintes orações:
1 – A mulher não ouvia com prazer aquelas histórias.
   a) Sujeito: a mulher
   b) Predicado verbal
   c) Objeto direto: aquelas histórias
   d) Adjunto adverbial: não (negação); com prazer (modo)
   e) Adjunto adnominal do objeto direto: aquelas (histórias)
   f) Verbo transitivo direto

2 – As letras se baralhavam, atrapalhadas.
   a) Sujeito: as letras
   b) Predicado verbal-nominal
   c) Objeto direto: se
   d) Predicativo do sujeito: atrapalhadas
   e) Verbo transitivo direto

3 – Tremia-lhe nos dedos o papel.
   a) Sujeito: o papel
   b) Predicado verbal
   c) Objeto indireto de posse: lhe (= nos seus dedos)
   d) Adjunto adverbial: nos dedos (lugar)
   e) Verbo intransitivo

4 – Podiam viver modestamente com o seu soldo.
   a) Sujeito: indeterminado
   b) Predicado verbal
   c) Adjunto adverbial: modestamente (modo), com o seu soldo (meio)
   d) Verbo intransitivo

5 – Recordava-se dos sofrimentos passados a pobre senhora.
   a) Sujeito: a pobre senhora
   b) Predicado verbal
   c) Objeto indireto: dos sofrimentos passados
   d) Verbo transitivo indireto

6 – No entusiasmo da narração, o velho transfigurava-se.
   a) Sujeito: o velho
   b) Predicado verbal
   c) Objeto direto: se
   d) Adjunto adverbial: no entusiasmo da narração (tempo)
   e) Verbo transitivo direto

7 – A sua voz imitava ora o ruído contínuo e seco da fuzilaria, ora o estrondo rouco dos canhoneios.
   a) Sujeito: a sua voz
   b) Predicado verbal
   c) Objeto direto: ora o ruído... canhoneios
   d) Adjunto adnominal do objeto direto: *o*, contínuo e seco, da fuzilaria (ruído); o, rouco, dos canhoneios (estrondo)
   e) Verbo transitivo direto

8 – Diante dele, Carlos bebia as suas palavras com inveja.
   a) Sujeito: Carlos
   b) Predicado verbal
   c) Objeto direto: as suas palavras
   d) Adjunto adverbial: diante dele (lugar); com inveja (modo)
   e) Adjunto adnominal do objeto direto: as, suas (palavras)
   f) Verbo transitivo direto

9 – Alice admirava o pai e o irmão.
   a) Sujeito: Alice
   b) Predicado verbal
   c) Objeto direto: o pai e o irmão
   d) Adjunto adnominal do objeto direto: o (pai), o (irmão)
   e) Verbo transitivo direto

10 – Às vezes ia a mãe surpreendê-lo, na sala de visitas.
   a) Sujeito: a mãe
   b) Predicado verbal
   c) Objeto direto: *o* (lo)
   d) Adjunto adverbial: às vezes (tempo); na sala de visitas (lugar)
   e) Verbo transitivo direto

11 – Uma noite, conversavam os dois velhos a sós, naquela mesma sala de jantar.
   a) Sujeito: os dois velhos
   b) Predicado verbal
   c) Adjunto adverbial: uma noite (tempo); a sós (modo); naquela mesma sala de jantar (lugar)
   d) Verbo intransitivo

12 – Hoje anda tudo em paz.
   a) Sujeito: tudo
   b) Predicado verbal ou nominal (se entender *andar* com verbo de ligação, com o valor de *estar*)
   c) Adjunto adverbial (se predicado verbal) de modo ou predicativo do sujeito (se predicado nominal): *hoje* (tempo)
   d) Verbo intransitivo ou de ligação

13 – Isto é uma geração de molengas.
   a) Sujeito: isto
   b) Predicado nominal
   c) Predicativo do sujeito: uma geração de molengas
   d) Verbo de ligação

14 – Que perigo corre o nosso rapaz?
   a) Sujeito: o nosso rapaz
   b) Predicado verbal
   c) Objeto direto: que perigo
   d) Adjunto adnominal do objeto direto: que
   e) Verbo transitivo direto

15 – Neste momento, bateram à porta.
   a) Sujeito: indeterminado
   b) Predicado verbal
   c) Adjunto adverbial: nesse momento (tempo); à porta (lugar)
   d) Verbo intransitivo

16 – Havia dentro da espingarda uma bala.
   a) Sujeito: oração sem sujeito
   b) Predicado verbal
   c) Objeto direto: uma bala
   d) Adjunto adverbial: dentro da espingarda (lugar)
   e) Adjunto adnominal do objeto direto: uma (bala)
   f) Verbo transitivo direto

17 – O major sobreviveu pouco a esse desastre.
   a) Sujeito: o major
   b) Predicado verbal

c) Objeto indireto: a esse desastre
d) Adjunto adverbial: pouco (intensidade)
e) Verbo transitivo indireto

18 – A viúva concentrou toda a sua afeição num neto.
   a) Sujeito: a viúva
   b) Predicado verbal
   c) Objeto direto: toda a sua afeição
   d) Adjunto adverbial: num neto (lugar ou proveito ou beneficiário)
   e) Adjunto adnominal do objeto direto: *toda*, *a*, *sua* (afeição)
   f) Verbo transitivo direto

19 – Também este ama a vida de soldado.
   a) Sujeito: este
   b) Predicado verbal
   c) Objeto direto: a vida de soldado
   d) Adjunto adnominal do objeto direto: *a*, *de soldado* (vida)
   e) Adjunto adverbial: também
   f) Verbo transitivo direto

20 – Nada ali havia.
   a) Sujeito: oração sem sujeito
   b) Predicado verbal
   c) Objeto direto: nada
   d) Adjunto adverbial: ali (lugar)
   e) Verbo transitivo direto

IV – Analisar sintaticamente os seguintes períodos...
1 – Ficou-me, apenas, a lembrança do estrago.
   a) Sujeito: a lembrança do estrago
   b) Complemento nominal de *lembrança*: do estrago
   c) Predicado verbal: ficou-me
   d) Objeto indireto: me
   e) Adjunto adverbial de exclusão: apenas
   f) Adjunto adnominal: *a* (lembrança); *o* [do] (estrago)[1]

2 – Minha mãe havia levado preventivamente para aquele degredo algumas dúzias de ovos.
   a) Sujeito: minha mãe
   b) Predicado verbal: havia levado... ovos

---

[1] Nas próximas respostas, eliminar-se-á a referência ao adjunto adnominal quando não oferecer maior interesse.

c) Objeto direto: algumas dúzias de ovos
   d) Adjunto adverbial: preventivamente; para aquele degredo

3 – O lugar oferecia-lhe tudo isso.
   a) Sujeito: o lugar
   b) Predicado verbal: oferecia-lhe tudo isso
   c) Objeto direto: tudo isso
   d) Objeto indireto: lhe

4 – O arroz, o açúcar, a farinha, o café, as provisões, enfim, estavam ao ar livre, em...
   a) Sujeito: as provisões
   b) Aposto enumerativo do sujeito: o arroz... café
   c) Predicado verbal: estavam... casa
   d) Adjunto adverbial: enfim, ao ar livre; em torno da casa

5 – Eu não conheço nada melhor no mundo.
   a) Sujeito: eu
   b) Predicado verbal: não conheço... mundo
   c) Objeto direto: nada melhor
   d) Adjunto adverbial: não; no mundo

6 – Aí, por essa ocasião, eu pratiquei uma das minhas peraltices mais remotas e inexplicáveis.
   a) Sujeito: eu
   b) Predicado verbal: aí, por essa ocasião, pratiquei... inexplicáveis
   c) Objeto direto: uma das minhas... inexplicáveis
   d) Adjunto adverbial: aí, por essa ocasião

7 – A Civilização, com a sua tesoura de ferro, começava a cortar as asas ao pássaro.
   a) Sujeito: a Civilização
   b) Predicado verbal: com sua tesoura... pássaro
   c) Objeto direto: as asas
   d) Objeto indireto: ao pássaro
   e) Adjunto adverbial: com a sua tesoura de ferro

8 – Por cima da casa comercial morava o sócio Lino Gandra, com a sua senhora e os filhos.
   a) Sujeito: o sócio Lino Gandra
   b) Predicado verbal: por cima da casa comercial, morava com a sua senhora e os filhos
   c) Adjunto adverbial: por cima da casa comercial; com a sua senhora e os filhos

9 – No meu aniversário, ou no da minha irmã, seu brinde consistia no almoço fora de casa.
   a) Sujeito: seu brinde
   b) Predicado verbal: no meu aniversário, ou no da minha irmã, consistia... casa
   c) Objeto indireto: no almoço fora de casa
   d) Adjunto adverbial: no meu aniversário... irmã (considerou-se *fora de casa* um modificador, um adjunto adnominal de *almoço*, e não um adjunto adverbial; se assim o fizesse, a análise não estaria também má)

10 – Levaram todos existência sem relevo.
   a) Sujeito: todos
   b) Predicado verbal ou predicado verbonominal
   c) Objeto direto: existência sem relevo
   d) Predicativo ou adjunto adnominal do objeto direto: sem relevo (= irrelevante)

11 – Anos depois ele morria, Anacreonte sertanejo, após quase noventa de existência...
   a) Sujeito: ele
   b) Predicado verbal: anos depois, morreria, Anacreonte... viva
   c) Aposto do sujeito: Anacreonte sertanejo
   d) Adjunto adverbial: anos depois; após quase... viva

12 – Aos oitenta anos ele apareceu à família, isto é, aos irmãos e aos filhos, em Parnaíba.
   a) Sujeito: ele
   b) Predicado verbal: aos oitenta anos, apareceu... Parnaíba
   c) Objeto indireto: à família, isto é, aos irmãos e aos filhos
   d) Aposto de família: aos irmãos e aos filhos
   e) Adjunto adverbial: aos oitenta anos; em Parnaíba

V – Analisar sintaticamente os seguintes períodos...
1 – Com a morte da mulher, entregou ele os filhos mais novos aos mais velhos.
   a) Sujeito: ele
   b) Predicado verbal: com a morte da mulher, entregou os filhos mais novos aos mais velho
   c) Objeto direto: os filhos mais novos
   d) Objeto indireto: aos mais velhos
   e) Adjunto adverbial: com a morte da mulher

2 – Casara-se ele com uma senhora da família Fonseca, piedosa e mansa criatura.
   a) Sujeito: ele
   b) Predicado verbal: casara-se com uma senhora... criatura
   c) Objeto direto: se
   d) Objeto indireto: com uma senhora... criatura
   e) Aposto do objeto indireto: piedosa e mansa criatura

3 – Que tem sido para mim, pelo resto da vida, a felicidade, senão um brinquedo roubado?
   a) Sujeito: a felicidade
   b) Predicado nominal: que tem sido para mim, pelo resto da vida, senão um brinquedo roubado
   c) Predicativo do sujeito: que [= que coisa], tem sido senão um brinquedo roubado
   d) Objeto indireto (dativo livre): para mim
   e) Adjunto adverbial: pelo resto da vida

4 – Todos os olhos se voltaram, de pronto para o menino órfão.
   a) Sujeito: todos os olhos
   b) Predicado verbal: se voltaram... órfão
   c) Adjunto adverbial: de pronto (= imediatamente); para o menino órfão (direção)

5 – Em 1894, já nos últimos meses, iniciei, em Parnaíba, a minha instrução primária.
   a) Sujeito: eu
   b) Predicado verbal: em 1894, já... primária
   c) Objeto direto: a minha instrução primária
   d) Adjunto adverbial: em 1894; já nos últimos meses; em Parnaíba

6 – Rousseau (Jean Jacques) considera a sua paixão pelas letras a causa de todos os...
   a) Sujeito: Rousseau (Jean Jacques)
   b) Predicado verbonominal: considera a sua paixão... infortúnios
   c) Aposto do sujeito: (Jean Jacques)
   d) Objeto direto: a sua paixão pelas letras
   e) Complemento nominal de *paixão*: pelas letras
   f) Predicativo do objeto direto: a causa de todos os seus infortúnios
   g) Complemento nominal de *causa*: de todos os seus infortúnios

7 – Deitado na minha esteira de carnaúba, humilde tapete de pobre, à luz tremente da...
   a) Sujeito: eu
   b) Predicado verbal: deitado (...) bebi (...) as primeiras (...) veneno
   c) Objeto direto: as primeiras gotas desse veneno
   d) Adjunto adverbial: deitado na minha (...) pobre; à luz tremente (...) vigília
   e) Aposto de *esteira de carnaúba*: humilde tapete de pobre; aposto de *lamparina de querosene*: minha medrosa companheira de vigília

8 – Por que te não apagaste aos meus olhos – ó pobre lamparina triste! – naquelas noites pressagas?
   a) Sujeito: tu
   b) Predicado verbal: por que te não apagaste... pressagas
   c) Objeto direto: te
   d) Adjunto adverbial: por que (causa); não; aos meus olhos; naquelas noites pressagas
   e) Vocativo: ó pobre lamparina triste

9 – Não obstante isso, a escola era frequentadíssima, principalmente por gente pobre, do bairro dos Tucuns.
   a) Sujeito: a escola
   b) Predicado verbal: não obstante isso, era frequentadíssima... Tucuns (verbo *frequentar* na voz passiva)
   c) Agente da passiva: por gente... Tucuns
   d) Adjunto adnominal de *gente*: do bairro dos Tucuns
   e) Adjunto adverbial: não obstante isso (concessão); principalmente

10 – A escola ficava na mesma rua, mas distante.
   a) Sujeito: a escola
   b) Predicado verbal: ficava... distante
   c) Adjunto adverbial: na mesma rua, mas distante

11 – Com a presença dos meus tios maternais ainda em Parnaíba, em 1895, fomos passar...
   a) Sujeito: nós
   b) Predicado verbal: com a presença... piauinense
   c) Objeto direto: alguns meses
   d) Adjunto adverbial: com a presença... Parnaíba; em 1895; na *Pedra do Sal*, ponto desabrigado e rochoso do estreito litoral piauiense
   e) Aposto de *Pedra do Sal*: ponto desabrigado e rochoso do estreito litoral piauiense

12 – Em breve, éramos vizinhos de cadeira, e bons camaradas.
   a) Sujeito: nós
   b) Predicado nominal: em breve éramos vizinhos... camaradas
   c) Predicativo do sujeito: vizinhos... camaradas
   d) Adjunto adverbial: em breve (tempo)

VI - Analisar sintaticamente os seguintes períodos...
1 – Da maior, e talvez única dor literária de sua vida, fui eu a causa.
   a) Sujeito: eu
   b) Predicado nominal: fui a causa da maior... vida

c) Predicativo: a causa da maior... vida
d) Complemento nominal de *causa*: da maior... vida
e) Adjunto adverbial: talvez

2 – Afora este incidente, as boninas da vida campestre floriam imarcescíveis para o homem...
   a) Sujeito: as boninas da vida campestre
   b) Predicado verbonominal: afora este incidente, floriam imarcescíveis
   c) Predicativo do sujeito: imarcescíveis
   d) Adjunto adverbial: afora este incidente (exclusão); para o homem de bem (adj. adv. de proveito ou obj. indireto)
   e) Aposto de *homem de bem*: raro exemplo de compostura

3 – Adelaide, temerosa de algum imprevisto acidente, relatou ao pai o diálogo da...
   a) Sujeito: Adelaide
   b) Predicado verbal: relatou ao pai... seguinte
   c) Aposto do sujeito: temerosa de algum imprevisto acidente (ou aposto circunstancial)
   d) Objeto direto: o diálogo da antevéspera... poesia
   e) Objeto indireto: ao pai
   f) Adjunto adverbial: para a noite seguinte

4 – Calisto passou o restante da noite com os amigos da casa.
   a) Sujeito: Calisto
   b) Predicado verbal: passou... da casa
   c) Objeto direto: o resto da noite
   d) Adjunto adverbial: com os amigos da casa

5 – Nem sequer as Níobes, as Lucrécias e Penélopes o buril respeita.
   a) Sujeito: o buril
   b) Predicado verbal: nem sequer respeita as Níobes... Penélopes
   c) Objeto direto: as Níobes, as Lucrécias e Penélopes
   d) Adjunto adverbial: nem sequer (negação)

6 – Depois, seguiam-se na carta os conselhos ajustados à felicidade da vida.
   a) Sujeito: os conselhos ajustados à felicidade da vida
   b) Predicado verbal: depois, seguiam-se
   c) Adjunto adverbial: depois; na carta
   d) Complemento nominal de *ajustados*: à felicidade da vida

7 – As asas cândidas de Ifigênia sacudiam-lhe do espírito saudades e remorsos.
   a) Sujeito: as asas cândidas de Ifigênia
   b) Predicado verbal: sacudiam-lhe... remorsos
   c) Objeto direto: saudades e remorsos

d) Objeto indireto de posse: lhe (= do *seu* espírito)
e) Adjunto adverbial: do espírito

8 – Pobre senhora! àquela hora já ela andaria a pé.
   a) Sujeito: ela
   b) Vocativo: pobre senhora
   c) Predicado verbal: àquela hora já andaria a pé
   d) Adjunto adverbial: àquela hora; já; a pé

9 – Aquela alma vai-se transformando, à proporção da roupa.
   a) Sujeito: aquela alma
   b) Predicado verbal: vai-se transformando, à proporção da roupa
   c) Adjunto adverbial: à proporção da roupa (tempo proporcional)

10 – O mestre-escola havia lido, repetidas vezes, no *Período dos Pobres*, as palavras...
   a) Sujeito: o mestre-escola
   b) Predicado verbal: havia lido... *nacional*
   c) Objeto direto: as palavras *autonomia nacional*
   d) Aposto do objeto direto *palavras*: *autonomia nacional*
   e) Adjunto adverbial: repetidas vezes (modo/tempo); no *Período dos Pobres*

11 – O latim não lho entenderam, salvo o mestre-escola.
   a) Sujeito: indeterminado
   b) Predicado verbal: o latim... mestre-escola
   c) Objeto direto: o latim; o [lho] pleonástico de *o latim*
   d) Objeto indireto: *lhe* [lhe + o]
   e) Adjunto adverbial: não; salvo o mestre-escola (exclusão)

12 – Por muitos fatos desta natureza conspiraram os influentes do círculo de Miranda contra...
   a) Sujeito: os influentes do círculo de Miranda
   b) Predicado verbal: conspiraram por muitos fatos desta natureza; contra os delegados do Governo
   c) Adjunto adverbial: por muitos fatos desta natureza (causa) contra os delegados do Governo (oposição)

VII - **Analisar sintaticamente os seguintes períodos...**
1 – Orgulho humano, qual és tu mais feroz, estúpido ou ridículo?
   a) Sujeito: tu
   b) Predicado nominal: qual és mais feroz, estúpido ou ridículo
   c) Vocativo referido ao sujeito: orgulho humano
   d) Predicativo do sujeito: qual mais: feroz, estúpido ou ridículo
   e) Aposto enumerativo do predicativo *qual mais*: feroz, estúpido ou ridículo
   f) Adjunto adverbial: mais

2 – Quem contará, porém, as vitórias de nossos avós durante três séculos de glória?
   a) Sujeito: quem
   b) Predicado verbal: contará... glória
   c) Objeto direto: as vitórias de nossos avós
   d) Adjunto adnominal de *vitórias*: de nossos avós
   e) Adjunto adverbial: durante três séculos de glória

   Obs.: *Porém* liga períodos e, por isso, não interfere na análise gramatical: é um marcador textual

3 – A generosidade, o esforço e o amor, ensinaste-os tu em toda a sua sublimidade.
   a) Sujeito: tu
   b) Predicado verbal: a generosidade... ensinaste-os em toda a sua sublimidade
   c) Objeto direto: a generosidade, o esforço e o amor, *os* (pleonástico da série objetiva direta)
   d) Adjunto adverbial: em toda a sua sublimidade (modo)

4 – Para estes o evangelho assemelhava-se ao sol.
   a) Sujeito: o evangelho
   b) Predicado nominal: para estes assemelhava-se ao sol
   c) Predicativo: ao sol
   d) Objeto indireto de opinião: para estes [dativo livre]

5 – Não para os romanos corrompidos, mas para nós, os selvagens setentrionais, isto era...
   a) Sujeito: isto
   b) Predicado nominal: não para os romanos corrompidos, mas para nós, os selvagens setentrionais, era o cristianismo
   c) Predicativo do sujeito: o cristianismo
   d) Objeto indireto de opinião composto: não para os romanos... setentrionais
   e) Aposto do objeto indireto *para nós*: os selvagens setentrionais
   f) Adjunto adverbial: não

6 – As costas da África fronteiras, lá na extremidade do horizonte, pareciam uma orla...
   a) Sujeito: as costas da África fronteiras
   b) Predicado nominal: lá na extremidade... firmamento
   c) Predicativo do sujeito: uma orla... firmamento
   d) Adjunto adverbial: lá na extremidade do horizonte; no manto azul do firmamento

7 – Que m'importa a mim a glória?
   a) Sujeito: a glória
   b) Predicado verbal: que m'importa a mim
   c) Objeto direto: que (= que coisa)
   d) Objeto indireto: *me* (m'importa), a mim (pleonástico)

8 – Não, eu não quero a glória inútil e ininteligível hoje para mim.
   a) Sujeito: eu
   b) Predicado verbal: não, não quero... mim
   c) Objeto direto: a glória inútil e ininteligível
   d) Objeto indireto: para mim
   e) Adjunto adverbial: não, não; hoje
   Obs.: Hoje, prefere-se ver aqui a existência de uma cláusula comentário no 1.º *não*. Cf. *MGP, cláusula*. Mas a análise gramatical vê uma repetição enfática de *não*.

9 – Dias e dias, passei-os orando, com a fronte unida às lajes do pavimento sagrado.
   a) Sujeito: eu
   b) Predicado verbonominal: dias e dias... sagrado
   c) Objeto direto: dias e dias, os (passei-os) pleonástico
   d) Predicativo do sujeito: orando
   e) Adjunto adverbial: com a fronte... sagrado
   Obs.: Optou-se por considerar *orando* um predicativo (cf. *passei-os pensativo*), porque também não estamos ainda analisando períodos compostos.

10 – Noites e noites, vagueei-as pelas solidões.
   a) Sujeito: eu
   b) Predicado verbal: noites e noites... solidões
   c) Objeto direto: noites e noites, as [vagueei-*as*] pleonástico
   d) Adjunto adverbial: pelas solidões

11 – Que pode hoje embriagar-me, senão uma festa de sangue?
   a) Sujeito: *que* [= que coisa], senão uma festa de sangue
   b) Predicado verbal: pode hoje embriagar-me
   c) Objeto direto: me
   d) Adjunto adverbial: hoje

12 – Uma nuvem de setas respondeu ao sibilar das dos esculcas árabes.
   a) Sujeito: uma nuvem de setas
   b) Predicado verbal: respondeu... árabes
   c) Objeto indireto: ao sibilar das dos... árabes

13 – Torvos e ferozes eram o gesto e os meneios destes homens sem disciplina.
   a) Sujeito: o gesto e os meneios destes... disciplina
   b) Predicado nominal: eram torvos e ferozes
   c) Predicativo: torvos e ferozes

14 – Vencidos, nunca pediam compaixão aos inimigos.
   a) Sujeito: indeterminado
   b) Aposto circunstancial do sujeito: vencidos

c) Predicado verbal: nunca pediam... inimigos
  d) Objeto direto: compaixão
  e) Objeto indireto: aos inimigos
  f) Adjunto adverbial: nunca

15 – As suas armas ofensivas eram a cateia teotônica, espécie de dardo, a funda, a clava...
  a) Sujeito: a cateia teotônica... seta
  b) Predicado nominal: eram as suas armas ofensivas
  c) Predicativo: as suas armas ofensivas
  d) Aposto do termo do sujeito: *a cateia teotônica*: espécie de dardo

16 – Neste momento, por uma das pontes já desertas, lançadas na noite antecedente sobre o...
  a) Sujeito: um correr de cavalo
  b) Predicado verbal: neste... nova à rédea solta
  c) Adjunto adverbial: neste momento; por uma das pontes já desertas; (lançadas) sobre o Críssus; na noite antecedente; à rédea solta

17 – Vinha todo coberto de negro: negros o elmo, a couraça e o saio.
  a) Sujeito: indeterminado
  b) Predicado verbal: vinha todo... saio
  c) Adjunto adverbial: todo coberto de negro (modo)
  d) Aposto de *todo coberto de negro*: negros o elmo, a couraça e o saio

18 – Pendia-lhe da direita da sela uma grossa maça forrada de muitas puas, espécie de clava...
  a) Sujeito composto: uma grossa maça forrada de muitas puas e a arma predileta dos godos [concordância do verbo com o núcleo mais próximo]
  b) Aposto de sujeito: 1) de (*grossa*) *maça*: espécie de clava conhecida pelo nome de borda; 2): de *arma* (predileta dos godos): a bipene dos francos [seguida de aposto do aposto do 2.º membro do sujeito composto: o destruidor franquisque]
  c) Predicado verbal: pendia-lhe da direita da sela e da esquerda
  d) Adjunto adverbial composto: da direita da sela e da esquerda (lugar donde)
  e) Objeto indireto de posse: *lhe* (= pendia da direita de *sua* sela)

Coordenação conectiva

I – Classificar as orações coordenadas dos seguintes períodos:
Obs.: No período composto por coordenação, a 1.ª oração ou não recebe nome especial ou lhe chamam:
1.º *termo da coordenação* (J. Oiticica); *coordenante*; *culminante* ou – talvez a menos boa – coordenada assindética. Preferimos não lhe dar nome especial e, por isso, só classificaremos a coordenada introduzida pela conjunção coordenativa.

1 – Estendeu o braço / e fez com a mão um gesto de rei: coordenada sindética aditiva
2 – O tigre avançou, / mas não conseguiu prender o animalzinho: coordenada sindética adversativa
3 – Era uma luta horrível, / pois os inimigos tinham ódio de morte: coordenada sindética explicativa
4 – A um sinal do capitão, os cavaleiros prosseguiram a marcha / e entranharam-se de novo na floresta: coordenada sindética aditiva
5 – O vento era rijo, / porém não ficamos em casa: coordenada sindética adversativa
6 – Os viajantes, naquela noite, não viram a lua / nem se preocuparam com isso: coordenada sindética aditiva (*nem* = e não)
7 – Resolve todas as tuas dificuldades / porque dormirás tranquilamente: coordenada sindética explicativa
8 – Ou não dava atenção aos pobres, / ou os enchia de presentes: coordenada sindética alternativa
9 – A noite não tinha lua, / mas estava toda polvilhada de estrelas: coordenada sindética adversativa
10 – Não tens razão de queixa, / porquanto cumpri o meu dever: coordenada sindética explicativa
11 – Não fui ao encontro marcado, / logo não poderias encontrar-me lá: coordenada sindética conclusiva
12 – Não me procurou / nem me telefonou: coordenada sindética aditiva
Obs.: Tenha-se presente o que se diz na *MGP*, p. 476. Em orações do tipo:
Mário lê muitos livros e aumenta sua cultura.
Mário lê muitos livros e aprende pouco.
É fácil observar que as duas orações do primeiro exemplo são sintaticamente independentes, porque, ao analisar a primeira (*Mário lê muitos livros*),

verificamos que possui todos os termos sintáticos previstos na relação predicativa:
Sujeito: *Mário*
Predicado: *lê muitos livros*
Objeto direto: *muitos livros*
Entretanto, é também fácil verificarmos que a segunda oração *e aumenta sua cultura* manifesta o resultado, uma consequência do fato de Mário ler muito. Esta interpretação, aliás correta, não interfere na relação sintática que as duas orações mantêm entre si no grupo oracional. Esta interpretação adicional não resulta da relação sintática existente entre as duas orações, mas sim da nossa experiência do mundo, porque sabemos que a leitura é uma das nossas fontes de cultura. E muito menos a manifestação nasce do emprego da conjunção *e* que, por ser mero conector das orações, tem por missão semântica apenas adicionar um conteúdo de pensamento a outro. Por isso, é denominada *conjunção* (= conector) *aditiva*.

Prova evidente do que estamos falando é o segundo exemplo:
Mário lê muitos livros e aprende pouco.
Do ponto de vista sintático, já vimos que aqui também estamos diante de orações independentes e que podem figurar isoladamente:
Mário lê muitos livros. Ele aprende pouco.

É partindo desse nosso saber sobre as coisas do mundo e dos significados dos lexemas utilizados que interpretamos a 2.ª oração como o contrário do que estávamos esperando pelo fato de Mário ler muitos livros.

Como no exemplo anterior, essa interpretação adicional não tira da 2.ª oração o caráter de *coordenada aditiva* nem permite que se classifique o *e* diferentemente de uma conjunção aditiva. É o texto, com suas unidades léxicas e o nosso saber do mundo, e não a gramática, que manifesta o sentido adversativo que claramente expressa a 2.ª oração em face do conteúdo que se enunciou na 1.ª".

II – Dividir os seguintes períodos em orações e classificá-las...
1 – Muito se fala sobre este assunto, mas, na realidade, pouco se tem feito para sua resolução. Período composto por coordenação, constituído por duas orações:
    1.ª oração: Muito se fala... assunto:
    2.ª oração: mas, na realidade,... resolução: coordenada sindética adversativa

2 – Não só fazia todos os seus exercícios, como ensinava aos seus colegas.
    Período composto por coordenação, constituído por duas orações interligadas pela expressão aditiva enfática: *não só... como*
    1.ª oração: fazia todos os seus exercícios
    2.ª oração coordenada aditiva: ensinava... colegas

3 – Ou fazes tudo certo, ou não te quero aqui.
Período composto por coordenação, constituído de duas orações interligadas pela série alternativa enfática: *ou... ou*
1.ª oração: (ou) fazes tudo certo
2.ª oração: ou não te quero aqui: coordenada, sindética alternativa enfática

4 – Aplicava-se não só aos serviços do campo, mas também se dedicava aos exercícios da pintura.
Período composto por coordenação, constituído de duas orações interligadas pela série aditava enfática: *não só... mas também*
1.ª oração: aplicava-se aos serviços do campo
2.ª oração: mas também se dedicava aos exercícios da pintura: coordenada aditiva enfática

5 – Não só o chamou, senão também o repreendeu.
Período composto por coordenação, constituído de duas orações interligadas pela série aditiva enfática: *não só... senão também*
1.ª oração: não só o chamou
2.ª oração coordenada aditiva: o repreendeu

Subordinação conectiva

a) substantivas

I – **Dividir os seguintes períodos em orações e classificá-las:**
1 – Cumpre que estudemos as lições.
Período composto [ou complexo] por subordinação constituído de duas orações
1.ª oração: principal: Cumpre
2.ª oração: subordinada substantiva subjetiva: que estudemos as lições

2 – Espero que os reprovados aprendam essa amarga lição.
1.ª oração principal: espero
2.ª oração subordinada substantiva objetiva direta: que os reprovados aprendam... lição

3 – É necessário que se perdoem as injúrias.
Período composto por subordinação constituído por duas orações
1.ª oração principal: é necessário
2.ª oração: que se perdoem as injúrias: oração subordinada subjetiva

4 – Diz-se que este ano haverá muitas festas.
Período composto por subordinação constituído de duas orações
1.ª oração principal: diz-se
2.ª oração subordinada substantiva subjetiva [*diz-se* está na medial passiva]

5 – É verdade que nem tudo nos agrada.
Período composto por subordinação constituído de duas orações.
1.ª oração principal: é verdade
2.ª oração: subordinada substantiva subjetiva: que nem tudo nos agrada

6 – A verdade é que poucos compreendem o valor da virtude.
Período composto por subordinação constituído de duas orações.
1.ª oração principal: a verdade é
2.ª oração: subordinada substantiva predicativa: que poucos compreendem o valor da virtude

7 – O Brasil espera que os estudantes cumpram a sua missão.
Período composto por subordinação constituído de duas orações.
1.ª oração principal: o Brasil espera
2.ª oração subordinada substantiva objetiva direta: que os estudantes... missão

8 – Espera-se que tudo termine bem.
Período composto por subordinação constituído de duas orações.
1.ª oração principal: Espera-se
2.ª oração subordinada substantiva subjetiva (o verbo está na medial passiva)

9 – Parece que o tempo vai melhorar.
Período composto por subordinação constituído de duas orações.
1.ª oração principal: parece
2.ª oração subordinada substantiva subjetiva: que o tempo vai melhorar

10 – O certo é que a vitória pertence aos fortes.
Período composto por subordinação constituído de duas orações.
1.ª oração principal: o certo é
2.ª oração subordinada substantiva predicativa: que a vitória pertence aos fortes
Obs.: Simplificar-se-á daqui por diante, a identificação inicial do período, verificando o enunciado *"período composto*, etc."

11 – Convém que estudem mais.
1.ª oração principal: convém
2.ª oração subordinada substantiva subjetiva: que estudem mais

12 – Urge que a vida fique melhor.
    1.ª oração principal: urge
    2.ª oração subordinada substantiva subjetiva: que a vida fique melhor

13 – Advirta-se que ele sempre se fazia de inocente.
    1.ª oração principal: advirta-se
    2.ª oração subordinada substantiva subjetiva: que ele sempre se fazia de inocente

14 – Com a mão no coração vos juro que me horroriza esta guerra desnatural.
    1.ª oração principal: com a mão no coração vos juro
    2.ª oração subordinada substantiva objetiva direta: que me horroriza esta guerra desnatural

15 – Disse-lhe eu que executasse o serviço.
    1.ª oração principal: disse-lhe eu
    2.ª oração subordinada substantiva objetiva direta: que executasse o serviço

16 – Acertamos que tudo seria feito no maior sigilo.
    1.ª oração principal: acertamos
    2.ª oração subordinada substantiva objetiva direta: que tudo seria feito no maior sigilo

17 – Tenho para mim que muitas dessas coisas andam erradas.
    1.ª oração principal: tenho para mim
    2.ª oração subordinada substantiva objetiva direta: que muitas dessas coisas andam erradas

18 – Ignoramos se todos vieram a tempo.
    1.ª oração principal: ignoramos
    2.ª oração subordinada substantiva objetiva direta: se todos vieram a tempo

19 – Soube, enfim, que fora premiado.
    1.ª oração principal: soube, enfim
    2.ª oração subordinada substantiva objetiva direta: que fora premiado

20 – Pouco nos importa se ele virá no dia aprazado.
    1.ª oração principal: pouco nos importa
    2.ª oração subordinada substantiva subjetiva: se ele virá no dia aprazado

II – Dividir os seguintes períodos em orações e classificá-las:
1 – Não se sabe se haverá aula na próxima segunda-feira.
    1.ª oração principal: não se sabe
    2.ª oração subordinada substantiva subjetiva: se haverá aula na próxima segunda-feira

2 – Alguém nos dissera que José havia falhado nas intenções.
   1.ª oração principal: alguém nos dissera
   2.ª oração subordinada substantiva objetiva direta: que José havia falhado nas intenções

3 – Consta que as aulas se prolongarão até o dia 30.
   1.ª oração principal: consta
   2.ª oração subordinada substantiva subjetiva: que as aulas se prolongarão até o dia 30

4 – Diz-se que não haverá programa de televisão.
   1.ª oração principal: diz-se
   2.ª oração subordinada substantiva subjetiva: que não haverá programa de televisão

5 – Dizem que todos chegaram cedo à reunião.
   1.ª oração principal: dizem
   2.ª oração subordinada substantiva objetiva direta: que todos chegaram cedo à reunião

6 – O interessante é que aproveitemos a ocasião.
   1.ª oração principal: o interessante é
   2.ª oração subordinada substantiva predicativa: que aproveitamos a ocasião

7 – Compreendemos que nem tudo é fácil.
   1.ª oração principal: compreendemos
   2.ª oração subordinada substantiva objetiva direta: que nem tudo é fácil

8 – Não se divulgou se prometeu que viria.
   1.ª oração principal: não se divulgou
   2.ª oração subordinada substantiva subjetiva: se prometeu
   3.ª oração subordinada substantiva objetiva direta: que viria

9 – Perguntaram-nos se o diretor estava na escola.
   1.ª oração principal: perguntaram-nos
   2.ª oração subordinada substantiva objetiva direta: se o diretor estava na escola

10 – Tudo indica que teremos pouca frequência.
   1.ª oração principal: tudo indica
   2.ª oração subordinada substantiva objetiva direta: que teremos pouca frequência

11 – Verdade é que não concordaremos com a notícia.
   1.ª oração principal: verdade é (= é verdade)
   2.ª oração subordinada substantiva subjetiva: que não concordaremos com a notícia

12 – Pouco se me dá que ele chegue na hora certa.
   1.ª oração principal: pouco se me dá
   2.ª oração subordinada substantiva subjetiva: que ele chegue na hora certa

13 – A nós parece-nos que as razões estão com os nossos adversários.
   1.ª oração principal: a nós parece-nos
   2.ª oração subordinada substantiva subjetiva: que as razões estão com os nossos adversários

14 – Discutiu-se se o problema era viável.
   1.ª oração principal: discutiu-se
   2.ª oração subordinada substantiva subjetiva: se o problema era viável

15 – Desconheço se todas as questões foram resolvidas a contento geral.
   1.ª oração principal: desconheço
   2.ª oração subordinada substantiva objetiva direta: se todas as questões foram resolvidas a contento geral

16 – Ninguém pode dizer que prescinde do auxílio alheio.
   1.ª oração principal: ninguém pode dizer
   2.ª oração subordinada substantiva objetiva direta: que prescinde do auxílio alheio

17 – O mestre havia ordenado que os alunos saíssem em silêncio.
   1.ª oração principal: o mestre havia ordenado
   2.ª oração subordinada substantiva objetiva direta: que os alunos saíssem em silêncio

18 – Queres tu que Iracema te acompanhe às margens do rio?
   1.ª oração principal: queres tu
   2.ª oração subordinada substantiva objetiva direta: que Iracema te acompanhe às margens do rio?

19 – A razão é que tomei de algum modo, com ele, um compromisso permanente.
   1.ª oração principal: a razão é
   2.ª oração subordinada substantiva predicativa: que tomei de algum modo, com ele, um compromisso permanente

20 – Imagine-se que todos tenham recebido a notícia pelo correio.
   1.ª oração principal: imagine-se
   2.ª oração subordinada substantiva subjetiva: que todos tenham recebido a notícia pelo correio

III – Distinguir... orações substantiva objetiva indireta (OI) da completiva nominal (CN):
1 – de que acabem as lutas: OI
2 – de que a paz seja duradoura: CN
3 – de que a análise seja aprendida: OI
4 – de que executei bem o serviço: CN
5 – em que o filho fizesse o concurso: OI
6 – em que saias em primeiro lugar: CN
7 – de que não chova: OI
8 – a que saia perfeita a redação: OI
9 – de que não haverá... semana: CN
10 – de que há sempre patriotas: CN
11 – em que disséssemos as novidades: OI
12 – de se iríamos: CN
13 – de que o osso não tinha carne: CN

IV – O mesmo exercício:
1 – de que o não somos: CN
2 – de que és inocente: CN
3 – de que começa o banquete: CN
4 – de que erraste: OI
5 – de que falte ao encontro: CN
6 – de que eu lhe disse a verdade: OI
7 – de que a primavera despontara: CN
8 – em que tudo termine bem: OI
9 – de que voltaria tarde: OI
10 – de que os parentes haviam chegado: CN
11 – a que o criminoso... declarações: CN
12 – a que era necessário maior sacrifício: OI
13 – de que passaria em primeiro lugar: CN
14 – de que o rapaz procedesse tão mal: OI
15 – de que convidasse... cidade: CN

V – Distinguir... oração subordinada substantiva objetiva direta (OD) da indireta (OI) e da completiva nominal (CN)...
1 – (de) que a virtude da penitência tenha em seu coração seu devido lugar: OI
2 – (a) que transferissem o marquês para o seu palácio: CN
3 – (de) que ela levava uma criança: CN
4 – (de) que não acharia ceia: OI
5 – (de) que ela subiu, à sorrelfa, do escritório ao segundo andar: CN
6 – (de) que foi o primeiro: OI
7 – (de) que as venturas do céu são de outro quilate: CN
8 – (de) que eu trabalho: CN
9 – (de) que és homem: OI
10 – (de) que a sua sorte possa ter mudança: OI
11 – (em / –) que roubou os brilhantes: OI / OD
12 – (de) que serão mais estimadas: CN

13 – que ignoramos: OD
14 – que sou eu o único sobrevivente: OD
Obs. 1.ª: Os exemplos acima de omissão da preposição junto à conjunção integrante provam que tal fato não constitui erro e que tem a documentá-lo o uso dos melhores escritores, tanto antigos quanto modernos.
Obs. 2.ª: Sobre outra análise da oração subordinada completiva nominal, vejam-se as considerações da p. 18.

VI – O mesmo exercício:
1 – (de) que o expediente não era eficaz: OI
2 – (de) que clamava por misericórdia: OI
3 – (de) que verdadeiramente assistia naquela sagrada congregação o Espírito Santo: CN
4 – (de) que só poderão remediar-se: CN
5 – que o evangelho é um protesto ditado por Deus: OD
6 – (de) que tu costumas sair da cidade escondidamente: CN
7 – (de) que os nossos se resolveram a escalar a cidade: CN
8 – (de) que Judas vendesse a seu Mestre e a sua alma por trinta dinheiros: OI
9 – (de) que não será parte a afeição: CN
10 – (de) que houvesse tão desumano coração: OI
11 – (de) que Gregório não seja já de visconde para cima: OI
12 – (de) que se podem opor barreiras a este desconcerto: CN

b) adjetivas

VII – Dividir os seguintes períodos em orações e classificá-las:
1 – Todavia, esperou com rosto seguro a chegada dos cavaleiros que subiam a encosta.
   1.ª oração principal: Todavia, esperou com rosto seguro a chegada dos cavaleiros
   2.ª oração subordinada adjetiva restritiva: que subiam a encosta

2 – Ele buscara na piedade de Deus o amparo que mal podia esperar das muralhas do forte...
   1.ª oração principal: ele buscara na piedade de Deus o amparo
   2.ª oração subordinada adjetiva restritiva: que mal podia esperar das muralhas do forte edifício

3 – O quinquagenário, em cujas faces pálidas passara um relâmpago de vermelhidão, recuou.
   1.ª oração principal: O quinquagenário recuou
   2.ª oração subordinada adjetiva explicativa: em cujas faces pálidas passara um relâmpago

4 – A abadessa aproximou-se das reixas douradas que a separavam do guerreiro.
   1.ª oração principal: a abadessa aproximou-se das reixas douradas [reixa = grade de janela]
   2.ª oração subordinada adjetiva restritiva: que a separavam do guerreiro

5 – A mulher procurou dar às palavras que proferia um tom de firmeza.
   1.ª oração principal: a mulher procurou dar às palavras um tom de firmeza
   2.ª oração subordinada adjetiva restritiva: que proferia

6 – O incêndio que reverberava ao longe e o ruído de um grande combate davam prova da...
   1.ª oração principal: o incêndio e o ruído de um grande combate davam prova da crueza da luta (sujeito composto)
   2.ª oração subordinada adjetiva restritiva: que (= o incêndio) reverberava ao longe

7 – Não tardam os cavaleiros que vêm juntar-se aos nossos.
   1.ª oração principal: não tardam os cavaleiros
   2.ª oração subordinada adjetiva restritiva: que vêm juntar-se aos nossos

8 – Cumprirei o que ordenas.
   1.ª oração principal: cumprirei o (= aquilo)
   2.ª oração subordinada adjetiva restritiva: que ordenas[2]

9 – Os três, que já iam longe, ouviram os gritos de socorro.
   1.ª oração principal: os três ouviram os gritos de socorro
   2.ª oração subordinada adjetiva explicativa: que já iam longe

10 – Esta foi a primeira coisa que lhe feriu a vista.
   1.ª oração principal: esta foi a primeira coisa
   2.ª oração subordinada adjetiva restritiva: que lhe feriu a vista

11 – O sussurro que se ouvia entre tantos milhares de homens era cada vez mais acentuado.
   1.ª oração principal: o sussurro era cada vez mais acentuado
   2.ª oração subordinada adjetiva restritiva: que se ouvia entre tantos milhares de homens

---

[2] Para outro tratamento do *o* de *o* (*a, os, as*) *que*, vejam-se os comentários da p. 19.

12 – Os jovens caminhavam para a orla do bosque onde havia muitas flores.
   1.ª oração principal: os jovens caminhavam para a orla do bosque
   2.ª oração subordinada adjetiva restritiva: onde (= no qual bosque) havia muitas flores

VIII – O mesmo exercício:
1 – O Sália era a linha traçada pela feiticeira com a verbena mágica, além da qual não passará...
   1.ª oração principal: o Sália era a linha traçada pela feiticeira com a verbena mágica
   2.ª oração subordinada adjetiva restritiva: além da qual não passará jamais aquele
   3.ª oração subordinada adjetiva restritiva: ante cujos pés ela a riscou

Obs.: Neste período há dois fatos dignos de nota. A oração de relativo separada por vírgula (além da qual...) não lhe dá a condição de *adjetiva explicativa*. A vírgula assinala que o antecedente de *a qual* não é *verbena mágica,* mas sim *a linha,* mais distante. Isto mostra que nem toda adjetiva separada por vírgula é explicativa, embora toda explicativa tenha o relativo *que* separado por vírgula, o que é coisa diferente.

Outro fato é que temos duas adjetivas seguidas (*além da qual* e *ante cujos pés*), mas que não são equipolentes. Cf. mais adiante, p. 404. As preposições e locuções prepositivas (*ante* e *além de* assinalam que os termos com relativos (*cujos pés* e *além da qual*) funcionam como adjuntos adverbiais nas orações a que pertencem.

2 – Aquele punhado de homens, a cuja frente se achava Sancion, penetrou no maciço...
   1.ª oração principal: aquele punhado de homens penetrou no maciço da cavalaria árabe
   2.ª oração subordinada adjetiva explicativa: a cuja frente se achava Sancion
Obs.: Não se use acento grave indicativo de crase antes de *cuja*!

3 – Falara com voz sumida o que havia ficado perto da moça.
   1.ª oração principal: falara com voz sumida *o* (= aquele)
   2.ª oração subordinada adjetiva restritiva: que havia ficado perto da moça

4 – Os acontecimentos inesperados dessa noite, a incerteza em que se achavam os esculcas...
   1.ª oração principal: os acontecimentos inesperados dessa noite, a incerteza, a rapidez e, sobretudo, a audácia e o tom imperativo não haviam dado lugar à reflexão e às suspeitas
   2.ª oração subordinada adjetiva restritiva: em que (= na qual incerteza) se achavam os esculcas sobre o (= aquilo)
   3.ª oração subordinada adjetiva restritiva: que sucedia no arraial
   4.ª oração subordinada adjetiva restritiva: com que (= com a rapidez) se passara esta cena
   5.ª oração subordinada adjetiva restritiva: com que (= com a audácia e o tom imperativo) o desconhecido falara

5 – Falou com os guerreiros que o cercavam, muitos dos quais haviam condenado a sua...
   1.ª oração principal: falou com os guerreiros, muitos dos (= daqueles)
   2.ª oração subordinada adjetiva restritiva: que o cercavam
   3.ª oração subordinada adjetiva restritiva: (os) quais haviam condenado a sua arriscada confiança na generosidade dos filhos de Witiza

6 – No meio, porém, dos que abandonavam vilmente o campo de batalha nem uma única...
   1.ª oração principal: no meio, porém, dos (= daqueles) nem uma única bandeira se hasteava
   2.ª oração subordinada adjetiva restritiva: que abandonavam vilmente o campo de batalha

7 – Foge tu com os que não sabem morrer pela pátria.
   1.ª oração principal: foge tu com os (= aqueles)
   2.ª oração subordinada adjetiva restritiva: que não sabem morrer pela pátria

8 – O mosteiro da Virgem Dolorosa estava situado numa encosta, no topo da extrema...
   1.ª oração principal: o mosteiro da Virgem Dolorosa estava situado numa encosta, no topo da extrema ramificação oriental das (= daquelas)
   2.ª oração subordinada adjetiva restritiva: que a dilatada cordilheira dos Nervásios estende para o lado dos Campos góticos

9 – A pouca distância do vale onde se viam as ruínas de Augustóbriga, caminho do Légio...
   1.ª oração principal: a pouca distância do vale, caminho do Légio, no meio de uma solidão profunda, aquela silenciosa morada de virgens inocentes achava-se convertida em praça de guerra
   2.ª oração subordinada adjetiva restritiva: onde (= no qual vale) se viam as ruínas de Augustóbriga

10 – O clarão da sua tenda, que ainda ardia a poucos passos do lugar para onde o haviam...
    1.ª oração principal: o clarão da sua tenda foi a primeira cousa
    2.ª oração subordinada adjetiva restritiva: que ainda ardia a poucos passos do lugar
    3.ª oração subordinada adjetiva restritiva: para onde (= para o lugar) o haviam transportado
    4.ª oração subordinada adjetiva restritiva: que (= a cousa) lhe feriu a vista

11 – O crepitar do incêndio, o rumor e alarido do arraial e a inquietação que se lia nos...
    1.ª oração principal: o crepitar do incêndio, o rumor e o alarido e a inquietação retraçaram-lhe subitamente no espírito a cena
    2.ª oração subordinada adjetiva restritiva: que (= a inquietação) se lia nos gestos dos (= daqueles)
    3.ª oração subordinada adjetiva restritiva: que o rodeavam
    4.ª oração subordinada adjetiva restritiva: que (= a cena) se passara, pouco antes, naquele pavilhão incendiado

12 – A sua narração e o que se passara na tenda do amir eram dois fatos que mutuamente...
    1.ª oração principal: a sua narração e o (= aquilo) eram dois fatos
    2.ª oração subordinada adjetiva restritiva: que se passara na tenda do amir
    3.ª oração subordinada adjetiva restritiva: que (= os fatos) mutuamente se explicavam

13 – As mulheres e os velhos que tinham vindo buscar asilo no mosteiro enchiam já o templo...
    1.ª oração principal: as mulheres e os velhos enchiam já o templo
    2.ª oração subordinada adjetiva restritiva: que (= mulheres e velhos) tinham vindo buscar asilo no mosteiro
    3.ª oração subordinada adjetiva restritiva: em cujas (= do templo) abóbadas murmuravam
    4.ª oração subordinada adjetiva restritiva e coordenada à 3.ª (equipolente); e repercutiam os gemidos e as preces

14 – Os homens, em todos os tempos, sobre o que não compreenderam fabularam
    1.ª oração principal: os homens, em todos os tempos, sobre o (= aquilo) fabularam
    2.ª oração subordinada adjetiva restritiva: que não compreenderam

IX – Transformar as orações coordenadas em subordinadas adjetivas...
1 – O âmbar, o qual (ou que) se encontra no mar Báltico, é empregado em vários objetos de ornamento.
2 – A mocidade, que é a mais bela época da vida, passa depressa.
3 – A Lua, que é um satélite da Terra, recebe a luz do Sol.
4 – O Mondego, que é um dos rios principais de Portugal, desemboca no Atlântico.
5 – Sintra, que é o mais belo sítio de Portugal, é visitada por nacionais e estrangeiros.
6 – A cicuta, que é conhecida pelas suas flores pequenas e brancas, é uma planta aquática.
7 – Aqueles cães que ladram muito não mordem.
8 – Aqueles livros que me foram oferecidos pelo professor são muito instrutivos.
9 – O Tejo, que é o maior rio de Portugal, banha Lisboa.
10 – A mocidade, que é incauta, diz o que intenta fazer.
11 – Aqueles homens que são maus cidadãos não querem submeter-se às leis.
12 – A ventoinha, que vira com todos os ventos, é a imagem do homem inconstante.

X – O mesmo exercício, atentando-se para a colocação do pronome átono na oração adjetiva:
1 – José, que se achava à porta da biblioteca, estava sozinho.
2 – O exercício que se achava resolvido no caderno era fácil.
3 – Nosso primo que se esquecera do livro ontem trouxe-o hoje.
4 – Com nossos adversários que nos trouxeram vários presentes já fizemos as pazes.
5 – As chaves que se achavam perdidas foram encontradas.
6 – Antônio que se recusara a aceitar o negócio estava arrependido.
7 – As crianças que se intrometem em assuntos alheios são repreendidas.
8 – Os meninos que se admiram com os brinquedos expostos encontram-se radiantes.
9 – O Natal que se aproxima rapidamente promete ser bom.
10 – A noite que se adornava de fulgurantes estrelas estava maravilhosa.

XI – O mesmo exercício, atentando-se para o emprego correto da preposição...
1 – Gutenberg, a quem (ou: *a que*) se deve a invenção da imprensa, nasceu em Mogúncia.
2 – O diamante, com que se corta o vidro, é a pedra preciosa mais dura.
3 – O trem em que nós queríamos partir chegou ao seu destino duas horas mais tarde.
4 – Aquelas penas com que antigamente se escreviam eram de pato.
5 – O navio em que partiram os emigrantes foi a pique.
6 – O trabalho de que tiramos grandes vantagens é a fonte das riquezas honestas.
7 – Os lobos a quem (ou: *a que*) os homens fazem montaria[3] por toda a parte são hoje muito raros.
8 – Os vícios com que não devemos deixar de contar são os nossos piores inimigos.

---

[3] *Montaria* é a caça que se faz aos animais (lobo, porco, etc.) que vivem em geral nos montes.

9 – Os ratos desta casa a todos os quais (ou: a todos os que) não podemos dar trégua serão exterminados.
10 – As festas a que temos assistido foram animadas.
Obs.: Neste momento o professor pode tirar partido para variações de estilo na disposição do antecedente e do seu relativo, bem como para o emprego de *que* e *o qual*. Assim, em vez de, *Gutenberg, a quem se deve a invenção da imprensa, nasceu em Mogúncia*, pode a expressão ser apresentada desta outra maneira: *Nasceu em Mogúncia Gutenberg, a quem se deve a invenção da imprensa*. A discussão estilística despertará no aluno o conhecimento reflexivo das alternativas da expressão que o idioma lhe oferece, e também a calibragem com maior ou menor ênfase, conforme as circunstâncias do discurso. O ritmo frasal também aconselha muitas vezes a inversão de que falamos.

XII – O mesmo exercício, atentando para o emprego obrigatório de *o qual, a qual, os quais*...
1 – A informação conforme a qual pudemos chegar à estação estava correta.
2 – As festas juninas são muito concorridas, depois das quais só o carnaval lhes faz frente.
3 – Sua palavra contra a qual são necessários fortes argumentos é muito respeitada.
4 – As razões por que (ou: pelas quais) o rapaz tem sido mal interpretado são controvertidas.
5 – A porta através da qual se pôde ouvir o segredo das jovens não se encontrava fechada.
6 – As lágrimas da criança diante da qual estavam os pais comoveram o juiz.
7 – Compramos alguns livros velhos dentre os quais dois eram raríssimos.
8 – Numerosas notícias saem no jornal muitas das quais não enobrecem o gênero humano.
9 – Tenho muitos amigos vários dos quais já me decepcionaram.
10 – O traço de grandes pintores por meio do qual se identificam os gênios é inconfundível.
11 – As regras de etiqueta social segundo as quais devemos proceder de forma diferente em situações especiais completam a educação da pessoa.

XIII – O mesmo exercício, atentando-se para o emprego correto da preposição...
1 – O ganso, com cujas penas se enchem os travesseiros, pertence às aves aquáticas.
2 – Aquele homem em cuja probidade se pode confiar cumpre a sua palavra.
3 – O livro para cuja leitura são necessários alguns dias é útil e agradável.
4 – O meu amigo de cuja companhia fiquei privado foi fazer uma longa viagem.
5 – O meu protetor com cujo auxílio eu contava está fora do país.
6 – O rapaz por cujas qualidades eu respondo deve ser um bom empregado.
7 – A cidade dentro de cujos muros havia belos edifícios era muito extensa.
8 – A festa a cuja realização nada obsta promete ser brilhante.

9 – A ponte por baixo de cujos arcos passavam as grandes embarcações era muito alta.
10 – O tempo a cujas injúrias aquele velho castelo não pode resistir tudo gasta.
11 – O inimigo de cujo jugo eles conseguiram libertar-se era cruel.
12 – O meu companheiro de cuja indiscrição eu tenho receio fala muito.
13 – O padrinho debaixo de cuja proteção estava o pequeno era homem muito bondoso.
14 – A rua em cuja extremidade estava situada a praça era muito comprida.
15 – O palácio debaixo de cujo pórtico eles se abrigaram era muito antigo.
16 – O lenço em uma de cujas pontas estava bordada uma letra perdeu-se. Perdeu-se o lenço em uma de cujas pontas estava bordada uma letra.
17 – As pessoas importunas de cuja companhia toda a gente foge não se podem aturar.
18 – Os tiranos a cuja vontade o povo se submete são mais severos que as leis. (e não: *à cuja*, com acento grave)
19 – Os homens em cujo juízo se funda a reputação são falíveis.

XIV – Dar a função sintática dos pronomes relativos dos seguintes exemplos...

1 – Sujeito
2 – Objeto indireto
3 – Sujeito
4 – Sujeito
5 – Objeto direto
6 – Adjunto adverbial
7 – Objeto direto
8 – Objeto direto
9 – Adjunto adnominal
10 – Predicativo
11 – Adjunto adverbial
12 – Objeto direto
13 – Objeto direto; sujeito (a qual)
14 – Objeto direto
15 - Sujeito
16 – Objeto direto
17 – Objeto indireto
18 - Sujeito
19 – Adjunto adverbial
20 – Objeto indireto

XV – Distinguir as classes de palavras a que pertence o *que* dos seguintes exemplos...

1 – Pronome relativo / adjunto adverbial; conjunção integrante
2 – Pronome relativo / sujeito
3 – Pronome relativo / sujeito; pronome relativo / sujeito
4 – Conjunção integrante; pronome relativo / sujeito
5 – Conjunção integrante; conjunção comparativa
6 – Pronome relativo / adjunto adverbial; pronome relativo / sujeito
7 – Pronome relativo / sujeito; pronome relativo / objeto direto
8 – Pronome relativo / sujeito; conjunção comparativa
9 – Pronome relativo / objeto direto; conjunção consecutiva

10 – Pronome interrogativo indefinido / sujeito; pronome relativo / adjunto adverbial; pronome relativo / objeto direto; pronome relativo / sujeito; pronome relativo / sujeito
11 – Pronome relativo / adjunto adverbial ou objeto indireto
12 – Pronome relativo / objeto direto; pronome relativo / sujeito; pronome relativo / sujeito
13 – Pronome relativo / adjunto adverbial; pronome relativo que integra a locução conjuntiva adverbial *à medida que*
14 – Pronome relativo / sujeito
15 – Conjunção consecutiva [Se fosse pronome relativo, com função de objeto direto, repetido no conjunto *lha* (lhe + a = a cabeça), teríamos um erro de sintaxe que é objeto do exercício seguinte. Aí a correção seria: *Inclinou a cabeça que lhe deceparam*]
16 – Pronome relativo / predicativo; pronome relativo / predicativo

XVI – Corrigir, nos seguintes trechos, o erro no emprego pleonástico do pronome átono...
1 – É o livro que precisamos consultar quando temos dúvida.
2 – Já saíram todas as pessoas que você procurou.
3 – Recitou ontem a poesia que o professor me mandou ler.
4 – São vários os erros de redação que devemos evitar.
5 – Já se venderam os livros que o professor nos recomendou.
6 – Muitas vezes o livro possui uma bonita capa, que impressiona os olhos, mas que nem por sonho deveríamos ler.
7 – Encerra coisas que jamais podemos deixar de conhecer.

XVII – Escrever, no espaço em branco, o relativo conveniente a cada passo...

1 – que	5 – a que (ou: à qual)	9 – por quem (ou: por que)
2 – a que	6 – a que (ou: às quais)	10 – em que (ou: onde)
3 – a que	7 – a que (ou: às quais)	11 – a que
4 – de quem (ou: de que); que	8 – a que	12 – de cujos

Obs.: Onde se usa *que* pode-se também empregar *o qual, a qual, os quais, as quais*, mais frequentes quando há necessidade de ênfase ou de esclarecer o antecedente do relativo, no caso de haver mais de um antecedente. Ao se usar *a que* (referido a feminino), usar-se-á também *à qual, às quais* (com acento indicativo de crase). Referido a antecedente humano, ou animado, usa-se, indiferentemente, de *quem* ou *que*.

XVIII – O mesmo exercício:

1 – por cujos
2 – por que (ou: pelas quais)
3 – a que (ou: à qual)
4 – em que (ou: onde)
5 – quem
6 – em que (ou: onde)
7 – em que (ou: onde)
8 – a que
9 – cujas
10 – por que (ou: pelo qual)

XIX – O mesmo exercício:

1 – a cujo 3 – a que 5 – cujas 7 – de cujos 9 – a que (ou: às quais)
2 – a que 4 – a que 6 – a que 8 – a que (ou: às quais) 10 – que

XX – O mesmo exercício:

1 – por que (ou: pelos quais)
2 – que
3 – a que
4 – em cujo
5 – por que (ou: pelas quais)
6 – por que (ou: pelas quais)
7 – com quem (ou: com que)
8 – a que (ou: à qual)
9 – sobre cujos (ou: de cujos)
10 – sobre que (ou: sobre o qual)

XXI – O mesmo exercício:

1 – por que (ou: pela qual)
2 – a que (à qual)
3 – por quem (ou: por que)
4 – a que (ou: às quais)
5 – sobre cujos
6 – a que (ou: ao qual; aonde)
7 – de que (ou: das quais) ou sobre que (ou: sobre as quais)
8 – a que (ou: à qual)
9 – sobre cujas
10 – em cujo
11 – em cuja
12 – com quem (ou: com que)
13 – a cujos

XXII – Distinguir as orações adjetivas restritivas (AR) das explicativas (AE)...

1 – AE 3 – AE 5 – AR 7 – AE 9 – AE 11 – AR 13 – AE
2 – AR 4 – AR 6 – AE 8 – AE 10 – AE 12 – AR

XXIII – Transformar a oração adjetiva explicativa dos seguintes exemplos em aposto:
1 – Colombo, o descobridor da América, nasceu em Gênova.
2 – O Tejo, o maior rio de Portugal, nasce em Espanha.
3 – O nosso parente, residente em Lisboa, é rico.
4 – A Rússia, o maior país da Europa, confina ao poente com a Alemanha e a Áustria.
5 – José, meu primo, vem hoje aqui.
6 – Lisboa, capital de Portugal, tem um porto excelente.
7 – Gutenberg, inventor da imprensa, era natural de Mogúncia.
8 – A baleia, o maior de todos os animais, habita principalmente o mar glacial do norte.
9 – Cipião, destruidor de Cartago, era cognominado o Africano.
10 – Carlos Magno, fundador de muitas escolas, foi também guerreiro e legislador.

XXIV – Transformar o aposto dos seguintes exemplos em orações adjetivas explicativas:
1 – O leão, que é o rei dos animais, habita de preferência as regiões desertas.
2 – Alexandre Magno, que era filho de Filipe, que reinava a Macedônia, cortou o nó górdio.[4]
3 – Roma, onde residia o rei da Itália, é edificada sobre sete colinas.
4 – Do elefante, que é o maior dos animais terrestres, obtém-se o marfim.
5 – A pele do boi, que é o mais útil animal doméstico, é empregada em sola.
6 – Alexandre Magno, que fundou Alexandria, foi grande conquistador.
7 – Das Índias Orientais, que é a região mais fértil da Terra, recebemos nós a maior parte das especiarias.
8 – Os chineses, que é o povo mais numeroso da terra, habitam a parte oriental da Ásia.

c) adverbiais (Na prática da análise sintática seria suficiente limitarmo-nos a caracterizar a natureza adverbial da oração subordinada, sem alusão ao valor semântico da circunstância, que nasce da relação textual. Se marcada pelas chamadas "conjunções adverbiais", a tarefa mostra-se, em geral, mais fácil; todavia, com as orações reduzidas – como veremos – a tarefa revela-se como não pertencendo ao estrito limite da gramática, invadindo-se o domínio da análise textual.).

XXV – Classificar sintaticamente as orações subordinadas adverbiais (O.s.a.)...
1 – O.s.a. final: para que outros... ocidental
2 – O.s.a. comparativa: que (= do que) as demais... teutônicas
3 – O.s.a. comparativa: como os lacedemônios entre os gregos (tiveram)
4 – O.s.a. temporal: até que principiam... americana

---

[4] Cortar o nó górdio = resolver de modo violento uma dificuldade. "Alusão ao feito de Alexandre, que não podendo desatar o nó de um carro existente num templo da cidade de Górdio, cortou-o com a espada" (ANTENOR NASCENTES, *Tesouro da Fraseologia Brasileira*).

5 – O.s.a. comparativa ou conformativa: como diz Jeremias
6 – O.s.a. causal: porque todas favorecem o meu estado
7 – O.s.a. temporal: antes que de novo fosse alterada... da noite
8 – a) O.s.a. temporal: enquanto a cidade dormia tranquilizada pela vigilância tremenda do Governo Provisório
   b) O.s.a. comparativa: quanto foi simples e breve
9 – O.s.a. final: para que nada faltasse ao taciturno hóspede
10 – a) O.s.a. temporal: quando el-rei se erguera
   b) O.s.a. temporal e coordenada à anterior (equipolente): e esperavam ansiosos o
   (= aquilo)
11 – O.s.a. proporcional (temporal): à proporção que passavam as horas
12 – O.s.a. condicional (hipotética): se parece sempre igual o aspecto do caminho
13 – a) O.s.a. conformativa: como sabe
   b) O.s.a. comparativa: quanto se diz
14 – O.s.a. causal: como temo
15 – O.s.a. temporal: apenas o tigre moribundo sentia o odor da criança
16 – O.s.a. consecutiva: que bateu com os pés de Paula contra a bacia
17 – O.s.a. concessiva: conquanto (= embora) não trocasse com o filho meia dúzia de palavras
18 – O.s.a. comparativa hipotética: como se não tivesse perdido ainda o fio da conversa [Poder-se-ia separar o *como se* e considerar *como* introdutor de O.s.a. comparativa (= como diria) e o *se* introdutor de O.s.a. condicional. A análise adotada é prática e econômica, e corresponde a marcadores comparativos hipotéticos, como o latim *quasi* = como se.]
19 – O.s.a. condicional: se os inimigos percebem
20 – O.s.a. comparativa: como o instinto [está] para a inteligência
21 – a) O.s.a. modal (ou comparativa): de modo que se desdobra a madrugada [deveria terminar por vírgula]
   b) O.s.a. temporal: antes que o sol restrinja... circunfuso
   Obs.: Note-se que o verbo *prolongar-se* está no singular porque o sujeito composto (a *contemplação* e o *gozo* da luz) são considerados sinônimos.
22 – O.s.a. comparativa: do que [é trágico] a fatalidade inexorável deste destino
23 – O.s.a. condicional: contanto que lucrem alguma coisa em cada um deles

XXVI – O mesmo exercício, explicando o emprego da vírgula:
1 – O.s.a. concessiva: por mais fortes que sejam os laços
   Explica-se a vírgula pela antecipação da oração subordinada à principal.
2 – O.s.a. consecutiva: que pôs nos corações um grande medo
   Explica-se a vírgula por separar a oração subordinada consecutiva do advérbio intensivo (tão) da oração principal e pela pausa existente entre elas.
3 – O.s.a. condicional hipotética: se junto ao Guadalete se desmoronou o império dos gôdos
   Explica-se a vírgula pela antecipação da subordinada à principal.

4 – O.s.a. causal: que hoje, pobre escrava, só te resta obedecer à voz do teu senhor
Explica-se o ponto e vírgula para assinalar a maior pausa da oração subordinada causal.
5 – O.s.a. concessiva: embora eu te não veja neste ermo pedestal
Explica-se a vírgula pela antecipação da subordinada à principal.
6 – O.s.a. temporal: apenas o gardingo proferira estas derradeiras palavras
A vírgula marca a precedência da subordinada à principal.
7 – O.s.a. condicional hipotética: se as viagens simplesmente instruíssem os homens
A vírgula marca a precedência da subordinada à principal.
8 – O.s.a. causal: porque o seu arquivo é muito extenso
A falta da vírgula justifica-se pela posposição da oração subordinada à principal e pela falta de pausa entre ambas.
9 – O.s.a. concessiva: ainda que perdoemos aos maus
A vírgula explica-se pela precedência da subordinada à oração principal.
10 – O.s.a. temporal: quando saímos da nossa esfera
A vírgula explica-se pela precedência da subordinada à oração principal.
11 – O.s.a. comparativa: como a imaginação dos poetas
A falta de vírgula marca a posposição da oração subordinada à principal e de não haver pausa entre ambas.
12 – a) O.s.a. consecutiva: que presumem
   b) O.s.a. comparativa: de que eles [sabem]
A vírgula depois da concessiva tem a mesma explicação dada ao n.º 2. A falta da vírgula depois da comparativa se explica pela sua posposição à principal, e por não haver pausa entre elas.
13 – a) O.s.a. comparativa: como [é] um incêndio
   b) O.s.a. proporcional (comparativa): quanto maior é
A vírgula, no 1.º caso, explica-se pela inserção da subordinada dentro da sequência da principal.
No 2.º caso, pela anteposição ao resto da oração principal partida.
14 – O.s.a. temporal: antes que este o demita
Explica-se a falta de vírgula pela posposição da subordinada à principal, e por não haver pausa entre elas.
15 – O.s.a. comparativa: do que somos
Explica-se a falta de vírgula pela posposição da subordinada à principal, e por não haver pausa entre elas.
16 – O.s.a. condicional: se não repara o feito
Explica-se a vírgula pela interseção da subordinada à principal.
17 – O.s.a. concessiva: ainda quando se recomenda por muito liberal
Explica-se a vírgula pela pausa entre a principal e a subordinada, ainda que esta venha posposta àquela.
18 – O.s.a. comparativa: como os dentes [nunca se arrancam sem dor]
A vírgula explica-se pela interseção da subordinada à principal.
19 – O.s.a. causal: como (= porque) o espaço compreende todos os corpos
A vírgula explica-se pela precedência da subordinada à principal.

20 – O.s.a. comparativa: assim como o fogo [faz]
   A vírgula explica-se pela interseção da subordinada à principal.
21 – O.s.a. comparativa: como [foi] o dia de ontem
Obs.: Também se poderia considerar *como o dia de ontem* não como uma oração, mas como simples predicativo introduzido pelo *como* com emprego preposicional. Daí talvez a falta de vírgula.
   Considerada como oração, a falta de vírgula se explicará pela ausência de pausa entre a principal e a subordinada.
22 – O.s.a. concessiva: por mais sagaz que seja o nosso amor-próprio
   A vírgula se explica pela anteposição da subordinada à principal.
23 – O.s.a. modal: sem que se pudesse distinguir um só dos passageiros
   Explica-se a vírgula pela anteposição da subordinada à principal.

XXVII – Transformar os adjuntos adverbiais grifados em orações subordinadas adverbiais...
1 – Uns homens sobem *porque* são leves como os vapores e gases, outros como os projetis, *porque* são impulsionados pela força do engenho e dos talentos.
2 – Os abusos, como os dentes, nunca se arrancam *sem que* doam.
3 – O luxo, como o fogo, devora tudo e perece *porque* tem fome.
4 – *Como* (= porque) são acanhados muitos se abstêm do que outros, fogem *porque* são virtuosos.
5 – O espírito *porque é* sutil se evapora, quando o juízo *porque é* grave permanece.
6 – *Como* (= porque) é diminuto, a admiração exclui o louvor.
7 – *Ainda que* tivesse aquele tamanho, foi aceito para o jogo.
8 – *Porque* obteve notas altas, mereceu o prêmio.
9 – *Para que* obtivesse os bons resultados muito se esforçou.
10 – *Embora* tivesse recebido a resposta negativa do pai, saiu de casa.
11 – Aqueles graves acontecimentos surgiram *sem que* fossem esperados.
12 – O ladrão fugiu da prisão *embora* os policiais resistissem.
13 – Estudará Medicina *depois que* concluir o curso secundário.
14 – Não devemos permitir que passemos os dias *sem que* nos sintamos úteis.
15 – *Porque* teve sucesso a última noite, a festa se repetirá na próxima semana.
16 – O aluno chegou *quando* a chuva iniciou.
17 – Gastaram-se muitas noites *para que* se arrumasse o colégio.
18 – Ou *como* (= porque são) loucos, ou *como* (= porque são) sábios, os homens parecem extravagantes.
19 – Perdoamos mais vezes aos nossos inimigos *porque* somos fracos do que *porque* somos virtuosos.
20 – *Depois que* o Bezerra morreu, resolveu... descobrimento.
21 – Aí permaneceu o bandeirante, *embora* estivesse com febre.
22 – Nenhuma embarcação, *por mais temerária que fosse*, poderia afrontar as ondas enfurecidas.

XXVIII – Transformar o aposto circunstancial dos seguintes exemplos em orações...
1 – Marcílio Dias, ainda que seja simples marinheiro, eterniza...
2 – Como se fosse Hércules – Quasímodo, reflete o sertanejo...
3 – Só ela [a palavra], como se fosse Pigmaleão prodigioso, esculpe estátuas...
4 – Como se fosse artista – corta o mármore de Carrara; como se fosse poetisa – tange os hinos de Ferrara, no glorioso afã!
5 – Nem mais lhe lembra o nome de Moema, sem que eu, como seu amante, a chore, ou porque lhe sou grato, gema.
6 – Estamos em pleno mar... Doudo no espaço, brinca o luar, como se fora dourada borboleta.
7 – Depois vi minha prole desgraçada pelas garras d'Europa arrebatada, como se fosse amestrado falcão.
8 – Também a águia... librando-se, como se fosse uma rainha, na imensa vastidão da atmosfera.
9 – E os aleives mais incríveis, que achavam fácil entrada no espírito del-rei, porque era mancebo e inexperiente.
10 – Quando era moço, admirava os homens; agora que estou velho, admiro somente a Deus.
11 – E foi por diante o mágico, a agitar diante de mim um chocalho, como me faziam, quando pequeno, para eu andar depressa.
12 – Como se fosse ator profundo, realizava [Aristarco] ao pé da letra, a valer, o papel diáfano... instituto.

Apêndice: orações equipolentes

Obs.: Dizem-se equipolentes as orações subordinadas que, sendo da mesma natureza sintática (substantivas, adjetivas ou adverbiais) – ainda que exerçam função sintática diferente –, estão coordenadas entre si:

Espero {que estudes (objeto direto) / e / que sejas feliz (objeto direto)}

O homem {*que ri* / e / *que chora*} mostra sua humanidade

Trabalhou {*quando quis* (adverbial temporal) / e / *para quem quis* (adverbial de beneficiário ou proveito)}

Graficamente, a oração subordinada pode ser representada assim:

(Espero ⊗ que estudes)

em que a invasão da primeira a figurar na segunda ou vice-versa mostra que a função sintática de uma invade o espaço da outra.
Já a coordenação ou independência sintática pode ser representada pelo gráfico:

(Trabalhou)(e progrediu)

Assim, as orações equipolentes podem ser representadas desta maneira.

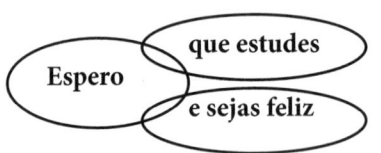

(Espero (que estudes) (e sejas feliz))

Com tal procedimento, o professor pode pedir ao aluno que represente graficamente, por exemplo, os seguintes períodos:
a) Estudou e passou.
b) Passou porque estudou.
c) O homem que ri e chora crê em Deus.
Se o aluno os representar como se segue, terá mostrado que percebeu as relações sintáticas entre as orações, objetivo maior desta fase do conhecimento da análise sintática, e terá evitado a longa enunciação: período composto por coordenação (ou subordinação), constituído de x orações; a 1.ª principal (ou coordenante, ou subordinada), etc., etc.

a) (Estudou) (e passou)
b) (Passou) (porque estudou)
c) (O homem crê em Deus) (que ri) (e que chora)

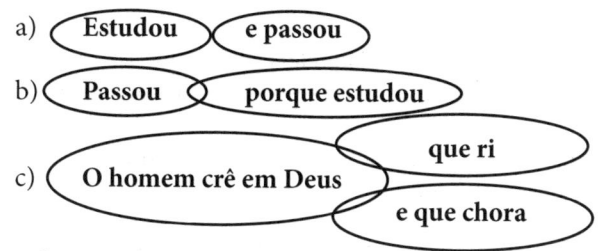

Tal prática tem duas vantagens: a primeira é levar o aluno à construção de períodos, com orações semanticamente concatenadas, obedecendo à estruturação sintática solicitada pelo professor. Assim, dado o gráfico:

○○○

o aluno poderá construir, por exemplo, o seguinte período:
O professor disse que não daria prova, porque houve vários dias de suspensão de aulas.
Isto é:

(O professor disse) (que não daria prova) (porque houve vários dias de suspensão de aulas)

Tais exercícios reúnem o conhecimento da estruturação oracional com a prática de elaborar períodos com orações semanticamente relacionadas a um determinado assunto.

A segunda vantagem — não menos relevante — é diminuir ao professor a tarefa estafante de corrigir semelhantes exercícios.

Como demonstração aos colegas e aos alunos representaremos graficamente as estruturas oracionais do exercício com equipolentes.

XXIX – Dividir os seguintes períodos em orações e classificá-las...
1 – Período composto por subordinação e coordenação constituído de 4 orações.
   a) oração principal: estas sociedades é em verdade espetáculo espantoso
   b) oração subordinada adjetiva: que se agitam
   c) oração subordinada adjetiva e coordenada à anterior (equipolente à anterior): e [que] tumultuam sem uma fé
   d) oração subordinada adjetiva: que (= a fé) as ligue à moral

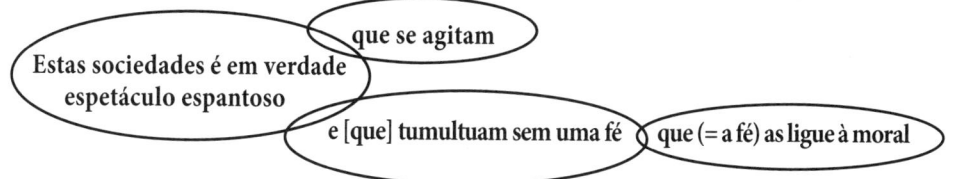

(Estas sociedades é em verdade espetáculo espantoso) (que se agitam) (e [que] tumultuam sem uma fé) (que (= a fé) as ligue à moral)

2 – Período composto por subordinação e coordenação constituído de 3 orações:
   a) oração principal: este era um dos (= daqueles)
   b) oração subordinada adjetiva: que mais se doíam do procedimento de D. Leonor
   c) oração subordinada adjetiva e coordenada à anterior (equipolente à anterior): e que mais desejavam a morte do Conde de Ourém

```
                    ┌─ que mais se doíam do procedimento de D. Leonor
  Este era um dos ──┤
                    └─ e que mais desejavam a morte do Conde de Ourém
```

3 – Período composto por subordinação e coordenação constituído de 4 orações:
   a) oração principal: D. Rodrigo acreditou
   b) oração subordinada objetiva direta: que tanto mistério atribuído àquele edifício era sinal
   c) oração subordinada substantiva completiva nominal: de que ali estavam encerradas extraordinárias riquezas
   d) oração substantiva objetiva direta coordenada à segunda oração: e que os fundadores da torre só tinham querido resguardá-la das tentativas de cobiçosos

```
                    ┌─ que tanto mistério... era sinal ─── de que ali estavam... riquezas
  D. Rodrigo ───────┤
  acreditou         └─ e que os fundadores da torre... cobiçosos
```

4 – Período composto por subordinação e coordenação constituído por 3 orações:
   a) oração principal: não sei
   b) oração subordinada substantiva objetiva direta: a que horas chegamos a São Luís
   c) oração subordinada substantiva objetiva direta coordenada à anterior: nem em que dia, precisamente

```
            ┌─ a que horas... S. Luís
  Não sei ──┤
            └─ nem em que dia, precisamente
```

5 – Período composto por subordinação e coordenação constituído por 4 orações:
   a) oração principal: não praguejeis
   b) oração subordinada adverbial final: para que se não diga
   c) oração subordinada substantiva subjetiva: que sois rapazes malcriados
   d) oração subordinada adverbial final coordenada à 2.ª oração: e [para que] vos não desprezem todos

```
                    ┌─ para que se não diga ─┬─ que sois rapazes malcriados ─┐
    Não praguejeis ─┤                                                        │
                    └─ e [para que] vos não desprezem todos ─────────────────┘
```

6 – Período composto por subordinação e coordenação constituído por 7 orações:
   a) oração subordinada adverbial temporal: desde que entendo
   b) oração subordinada adverbial temporal coordenada assindética à anterior: que leio
   c) oração subordinada adverbial temporal coordenada assindética à anterior: que admiro *Os Lusíadas*
   d) oração principal: enterneço-me
   e) oração coordenada assindética à anterior: choro
   f) oração coordenada assindética à anterior e principal da seguinte: ensoberbeço-me com a maior obra de engenho
   g) oração subordinada adjetiva: que ainda apareceu no mundo desde a *Divina Comédia* até o *Fausto*

```
   desde
   que    ─ Enterneço-me ─ choro ─ ensoberbeço-me ─ que ainda apareceu... Fausto
   entendo                                ... engenho
                  │              │
                que            que admiro Os
                leio              Lusíadas
```

7 – Período composto por subordinação e coordenação constituído por 3 orações:
   a) oração principal: a Estremadura e parte da Beira davam suas tropas ao Alentejo
   b) oração subordinada adverbial causal: porque tinha de sustentar muito maior o número de praças de guerra
   c) oração subordinada adverbial causal coordenada à anterior por expressão aditiva intensiva *tanto... como*: porque os exércitos operavam ali continuamente

```
                                   ┌─ tanto porque tinha de sustentar... guerra ─┐
    A Estremadura e a parte da ────┤                                             │
    Beira... Alentejo              └─ como porque os exércitos... continuamente ─┘
```

Justaposição

A) coordenadas justapostas (coordenadas assindéticas)

I – Distinguir, nos seguintes exemplos, as coordenadas conectivas das justapostas...
1 – pois me disse: coordenada conectiva conclusiva

2 – a vaidade os deslustra: coordenada assindética

3 – a) os moços antecipam: coordenada assindética
   b) e devoram o futuro: coordenada sindética aditiva

4 – mas o vício [é] contagioso: coordenada sindética adversativa

5 – os homens experientes e maduros [apaixonam-se] pelo belo: coordenada assindética

6 – e nos consomem a paciência: coordenada sindética aditiva

7 – a morte desfigura tudo: coordenada assindética

8 – a) coordena: coordenada assindética
   b) e senhoreia muita força: coordenada sindética aditiva

9 – a) não disputes: coordenada assindética
   b) não maldigas: coordenada assindética
   c) e não terás de arrepender-te: coordenada sindética aditiva

10 – a) e obriga: coordenada sindética aditiva
    b) mas não convence: coordenada sindética adversativa

11 – desconfiai da permanência em coisa alguma: coordenada assindética

12 – a) ou se queixam de pouco dinheiro: coordenada sindética alternativa
    b) nenhum [se queixa] de pouco juízo: coordenada assindética

13 – a) ou se espanta: coordenada sindética alternativa
    b) mas não admira: coordenada sindética adversativa

B) subordinadas justapostas

1) substantivas

II – Transformar as orações subordinadas substantivas justapostas em expressão substantiva...
1 – O crédulo é enganado facilmente.
2 – O trabalhador encontra...
3 – O avarento (O avaro) nunca tem bastante.
4 – O pensador (pensante) sabe escrever.
5 – O sadio pode trabalhar.
6 – O ignorante nada duvida.
7 – O sadio não precisa de médico.
8 – O ledor da gazeta não sou eu.

III – Indicar a função sintática das orações subordinadas substantivas justapostas...
1 – Sujeito: quem crê de leve
2 – Sujeito: quem trabalha
3 – Sujeito: quem é avarento
4 – Sujeito: quem sabe pensar
5 – Sujeito: quem goza saúde
6 – Sujeito: quem nada sabe
7 – Sujeito: quem tem saúde
8 – Predicativo: quem lê a gazeta (não *o* sou; sujeito *eu*; predicativo *o*)

IV – Transformar o objeto direto dos seguintes exemplos em orações subordinadas substantivas...
1 – Ninguém lhe pergunta *quantos anos tem*.
2 – Não sei *onde mora*.
3 – Não conheço *quem seja aquele senhor*.
4 – Ignoro *que projetos tens*.
5 – Não sei *como se chama*. / Não sei *que nome tem*.
6 – A autoridade sabe *onde é o esconderijo do criminoso*. / A autoridade sabe onde se esconde o criminoso.
7 – Ignoro onde nasceu. / Ignoro qual seja sua naturalidade.
8 – Diga-me em que se ocupa.
9 – Perguntei-lhe a que hora partirá. / Perguntei-lhe qual era a hora da partida.
10 – Nenhum homem sabe quando morrerá. / Nenhum homem sabe qual será a hora da sua morte.

V – Transformar as orações adjetivas dos seguintes exemplos... (OD = Objeto Direto)

1 – Eu ignoro que façanhas aquele herói cometeu: OD
2 – Ele conhece perfeitamente em que sociedade vive: OD
3 – Desconheço que virtude esse remédio possa ter: OD
4 – Ele sabe de que meios pode dizer: OD
5 – Ele não conhecia que belezas a obra tinha: OD
6 – Ele compreende que entusiasmo as suas palavras possam produzir: OD
7 – Mentor referia-me muitas vezes que glória Ulisses tinha alcançado entre os gregos: OD
8 – Ele sabe que (quais os) deveres que tem de cumprir: OD
9 – Ele não sabia que (qual) história havia de contar: OD
10 – Ele já sabia que (qual) gente era: OD

VI – Dividir os seguintes períodos em orações e classificá-las:

1 – a) quem não espera na vida futura: oração subordinada substantiva subjetiva
   b) desespera na presente: oração principal

2 – a) para quem ama a Deus: oração subordinada substantiva objetiva indireta
   b) não há neste mundo completa desgraça: oração principal

3 – a) quem muito nos festeja: oração subordinada substantiva subjetiva
   b) alguma coisa de nós deseja: oração principal

4 – a) o sol doura: oração principal da 2.ª oração
   b) a quem o vê: oração subordinada substantiva objetiva direta
   c) o sábio ilumina: coordenada assindética e principal da 4.ª oração
   d) a quem o ouve: oração subordinada substantiva objetiva direta
   Obs.: O *a* que precede os pronomes *quem* das orações justapostas é preposição expletiva, isto é, não tira à oração subordinada uma função de objeto direto, complemento dos verbos transitivos diretos *vê* e *ouve*.

5 – a) nunca falta força: oração principal
   b) a quem sobeja inteligência: oração subordinada substantiva objetiva indireta

6 – a) não interrompemos: oração principal da 2.ª oração
   b) a quem nos louva: oração subordinada substantiva objetiva direta
   c) mas aos (= àqueles) [interrompemos]: oração coordenada sindética adversativa à 1.ª oração e principal da 4.ª
   d) que nos censuram: oração subordinada adjetiva

7 – a) a vida é sempre curta: oração principal
   b) para quem esperdiça o tempo: oração subordinada substantiva objetiva indireta de opinião ou adverbial de proveito ou benefício

8 – a) Deus ajuda: oração principal
   b) a quem cedo madruga: oração subordinada substantiva objetiva direta (se a preposição *a* for considerada expletiva) ou indireta (já que o verbo *ajudar* pode pedir objeto direto ou indireto)

9 – a) para quem não tem juízo: oração subordinada substantiva objetiva indireta de opinião ou adverbial de proveito ou benefício
   b) os maiores bens da vida se convertem em gravíssimos males: oração principal

10 – a) o pedir é menos penoso: oração principal
   b) para quem não tem vergonha: oração subordinada substantiva objetiva indireta de opinião ou adverbial de proveito ou benefício
   c) que (= do que) [é penoso] trabalhar: oração subordinada adverbial comparativa

11 – a) quem fala: oração subordinada substantiva subjetiva
   b) despende: oração principal da 1.ª
   c) quem ouve: oração subordinada substantiva subjetiva
   d) aprende: oração coordenada assindética à 2.ª e principal da 3.ª

12 – a) a realidade nunca dá [tanto]: oração principal
   b) quanto a imaginação promete: oração subordinada adverbial comparativa

13 – a) quem busca a ciência fora da Natureza: oração subordinada substantiva subjetiva
   b) não faz provisão senão de erros: oração principal

14 – a) escreva alguém com... Montesquieu (o adjunto adverbial *com dobrada erudição... mas sem os encantos...* é composto, por isso, coordenado)
   b) e veja: oração coordenada sindética aditiva à anterior e principal da 3.ª
   c) quantos lho leem: oração subordinada substantiva objetiva direta

15 – a) não serei eu: oração principal
b) quem torne a erguer essa derrocada abóbada: oração subordinada substantiva predicativa

16 – a) de infindos territórios resta-nos apenas no Oriente: oração principal
b) que a nosso poderio avassalamos: oração subordinada adjetiva
c) quanto de terra era sobejo: oração subordinada substantiva subjetiva (o *quanto* é pronome indefinido, sujeito de *era sobejo*, e não 2.º elemento da comparação de igualdade *tão* [tanto]... *quanto*]

17 – a) o Conde dos Arcos, entre os cavaleiros, era: oração principal
b) quem dava mais na vista: oração subordinada substantiva predicativa

18 – a) não há: oração principal
b) quem possa entender os mistérios da Natureza: oração subordinada substantiva objetiva direta

19 – a) distribuíram-se os prêmios: oração principal
b) a quem os merecia: oração subordinada substantiva objetiva indireta

20 – a) não vos fieis muito: oração principal
b) de quem esperta já sol nascente, ou sol nado (o adjunto adverbial temporal *já sol nascente, ou sol nado* é composto e, assim, coordenado): oração subordinada substantiva objetiva indireta

VII – Transformar as orações substantivas objetivas diretas conectivas em apositivas...
1 – Vieira disse: o chorar é consequência de ver.
2 – Alexandre Herculano disse: a preponderância é... economia.
3 – Rebelo da Silva disse: é mais para invejar o varão que se fazia grande... brasões herdados.
4 – Schiller disse: a variedade é o sal do prazer.
5 – Goethe disse: o perigo tira ao homem toda a presença de espírito.
6 – Tieck disse: aquele que não sabe obedecer não devia comandar.
7 – Goethe disse: a maior parte dos homens não aprecia(m) senão o reflexo do merecimento.
8 – Krummacher disse: a língua alemã é a mais rica em vogais depois da língua grega.
9 – O filósofo grego Antístenes disse: é preciso adquirir bens que nadem conosco quando nós naufragamos (naufragarmos).

VIII – Transformar as orações apositivas justapostas em orações substantivas objetivas diretas conectivas (discurso direto para discurso indireto):
1 – Vieira disse que o leme da natureza humana é o alvedrio, o piloto é a razão.
2 – O Visconde de Almeida Garrett disse que o remorso é o bom pensamento dos maus.

3 – Vieira disse que as ações generosas, e não os pais ilustres, são os que fazem fidalgos.
4 – Kant disse que o tambor é o emblema do falador; soa porque está oco.
5 – Gellert disse que a Natureza é o melhor médico.
6 – Hufeland disse que quanto mais inativo é o corpo, tanto mais acessível é às doenças.
7 – Schiller disse que a mentira é a arma do inferno.
8 – Raupach disse que o receio é o irmão da esperança.
9 – Hamann disse que o dia da morte vale mais que o dia do nascimento.
10 – Gellert disse que a dificuldade não dispensa nenhum dever.
11 – Schiller disse que todo elogio, por merecido que seja, é lisonja quando se dirige aos grandes.
12 – Goethe disse que o talento se forma na solidão; o caráter na torrente do mundo.
13 – Jean Paul Richter disse que a mulher retém tão dificilmente o título dos livros, como o seu ilustrado marido o nome das modas.
14 – Pope disse que o talento de um autor consiste em agradar.
Obs.: Notícia breve sobre os autores citados, para que os alunos os conheçam mais de perto:
Alexandre Herculano (1810-1877). Escritor e historiador português, companheiro de Garrett na introdução do Romantismo em Portugal.
Almeida Garrett (pron. Garret) (1799-1854). Romancista, dramaturgo, poeta e político português, pertenceu ao grupo que introduziu o Romantismo em Portugal.
Geller (pron. guélert): Christian Fürchetegott (1715-1769). Poeta alemão.
Goethe (pron. guête): Johann Wolfgang von Goethe (1749-1823). Escritor alemão, dos maiores da literatura europeia, escreveu *Fausto*.
Hamann (pron. ráaman): Johann Georg (1730-1788). Pensador alemão.
Hufeland (pron. rufelant): Christoph Wilhelm Hufeland (1762-1836). Médico alemão, defensor de criação de instituições de saúde pública na Prússia.
Jean Paul Richter pseudônimo de Johann Paul Friedrich (1763-1825). Romancista alemão, muito preocupado com a função pedagógica do escritor.
Kant: Emmanuel Kant (1724-1804). Filósofo alemão cuja crítica se baseia na razão.
Krummacher: Friedrich Adolfo Krummacher (1767-1845). Teólogo protestante alemão.
Pope: Alexandre Pope (1688-1744). Poeta e ensaísta inglês.
Rebelo da Silva (1822-1871). Escritor, historiador e político português.
Raupach (pron. ráupahr): Ernst Benjamin Salomon (1784-1852). Escritor dramaturgo alemão.
Shiller: Friedrich von Shiller (1759-1805). Poeta e dramaturgo alemão escreveu *Guilherme Tell*.
Tieck (pron. tik): Ludwig Tieck (1773-1853). Escritor alemão, chefe literário do Romantismo em seu país.
Vieira: Padre Antônio Vieira (1608-1697). Orador sacro, missionário e diplomata português; viveu muito tempo no Brasil. São célebres seus *Sermões* e as suas *Cartas*.
2) adjetivas

IX – Dividir os seguintes períodos em orações e classificá-las:
1 – a) a beneficência alegra ao mesmo tempo o coração: oração principal
   b) de quem dá: oração subordinada adjetiva[5]
   c) e de quem recebe: oração subordinada adjetiva e coordenada à anterior

2 – a) o coração anda sempre aos pulos: oração principal
   b) de quem rouba: oração subordinada adjetiva

3 – a) devemos ser cuidadosos não só com os objetos, mas ainda com os (= aqueles): oração principal
   b) de quem estimamos: oração subordinada adjetiva do antecedente *os objetos*
   c) de quem repudiamos: oração subordinada adjetiva do antecedente *com os* (= aqueles objetos)

4 – a) a vitória tem pouco valor: oração principal
   b) de quem não luta: oração subordinada adjetiva

5 – a) se quereis saber as misérias: oração subordinada adverbial condicional e principal da 2.ª
   b) de quantos vivem à nossa roda: oração subordinada adjetiva
   c) eu vô-lo direi: oração principal

6 – a) ficou desanimado com a ingratidão: oração principal
   b) de quem tanto teve a sua ajuda: oração subordinada adjetiva

7 – a) a vida é preciosa para a nação: oração principal
   b) de quem estuda: oração subordinada adjetiva

8 – a) a gratidão estava do lado: oração principal
   b) de quem dava: oração subordinada adjetiva

9 – a) o professor distribuiu as notas: oração principal
   b) de quantos fizeram provas: oração subordinada adjetiva

10 – a) a cruz é sempre mais leve: oração principal
   b) de quem trabalha: oração subordinada adjetiva
   c) do que a (= aquela) [é leve]: oração subordinada adverbial comparativa e principal da 4.ª
   d) de quem esperdiça o tempo: oração subordinada adjetiva

---

[5] De interesse para a análise sintática basta indicar a sua natureza de oração subordinada adjetiva; a distinção entre restritiva e explicativa é de natureza de sentido e mais pertence à interpretação textual.

X – Distinguir as orações adjetivas justapostas das adjetivas conectivas:

1 – a) de quem amamos: justaposta (*quem* é pronome indefinido)
   b) que aborrecemos: conectiva (*que* é pronome relativo)

2 – a quem grandes... racionais: conectiva (*quem* é pronome relativo)

3 – a) que envenenam: conectiva (*que* é pronome relativo)
   b) a quem mordem: conectiva (*que* é pronome relativo)

4 – de quem acertou no concurso: justaposta (*quem* é pronome indefinido)
5 – de quem mora ao lado: justaposta (*quem* é pronome indefinido)
6 – de quem contas as façanhas: conectiva (*quem* é pronome relativo)

   3) adverbiais

XI – Dividir os seguintes períodos em orações e classificá-las:
1 – a) a beleza é uma harmonia: oração principal
   b) qualquer que seja o seu objeto: oração subordinada adverbial concessiva (justaposta)

2 – a) a ordem pública periga: oração principal
   b) onde se não castiga: oração subordinada adverbial locativa (justaposta)

3 – a) onde não se preza a honra: oração subordinada adverbial locativa
   b) se desprezam as honras: oração principal

4 – a) chegaremos hoje à cidade: oração principal
   b) aconteça o que acontecer: oração subordinada adverbial concessiva (justaposta)

5 – a) devemos pôr as nossas esperanças: oração principal
   b) onde mais tivermos fé: oração subordinada adverbial locativa (justaposta)

6 – a) não o via: oração principal
   b) fazia seis anos: oração subordinada adverbial temporal (justaposta)

7 – a) os jovens se dirigiram: oração principal
   b) para onde estavam seus pais: oração adjetiva adverbial de lugar (justaposta)

8 – a) farei o (= aquilo): oração principal
   b) que eu disse: oração subordinada adjetiva
   c) custe o que custar: oração subordinada adverbial concessiva (justaposta)

9 – a) há mais de sessenta anos: oração principal
b) que nasci detrás daquele penedo: oração subordinada adverbial temporal
c) que daqui aparece ao alto da serra: oração subordinada adjetiva

Revisão

XII – Dividir os seguintes períodos em orações e classificá-las:
1 – a) o (= isso / aquilo) míngua-nos em fama de enérgicos e previdentes colonizadores: oração principal
b) que nos sobra em glória de ousados e venturosos navegantes: oração subordinada adjetiva

2 – a) não sei: oração principal
b) que fenômeno aí se operou na minha vida: oração subordinada substantiva objetiva direta (justaposta: *que* é pronome indefinido)
c) que certos panoramas e aspectos desse arraial de pescadores ficaram ligados a algumas concepções de minha atividade mental: oração subordinada adverbial consecutiva

3 – a) para mim ele é: oração principal
b) quem há de personificar a época tremenda: oração subordinada substantiva predicativa e principal da 3.ª
c) que atravessamos: oração subordinada adjetiva

4 – a) fiquei assombrado: oração principal
b) tanto que perguntei ao Sena: oração subordinada adverbial consecutiva
c) quem eras: oração subordinada substantiva objetiva direta (justaposta)
d) e foi ele: oração coordenada sindética aditiva e principal da 5.ª
e) quem me apresentou: oração subordinada substantiva predicativa (justaposta)

5 – a) uma correspondência de Londres, publicada no Rio de Janeiro, dava notícia do heroísmo sereno de dois ou três faroleiros de um rochedo do Mar do Norte: oração principal
b) há dois dias: oração subordinada adverbial temporal (justaposta)
c) intercaladas

XIII – Dividir os seguintes períodos em orações e classificá-las:
1 – a) o programa da festividade externa também sofreu modificações: oração principal
b) que a grande massa dos crentes não aprovou: oração subordinada adjetiva
c) diga-se a verdade: oração justaposta, intercalada de ressalva

2 – a) daqui a um crime distava apenas um breve espaço: 1.ª oração[6]
b) e ela o transpôs: oração coordenada sindética aditiva
c) ao que parece: oração justaposta intercalada de ressalva

3 – a) lembrai-vos, cavaleiro: oração principal da 3.ª
b) disse ele: oração justaposta intercalada de citação
c) de que falais com D. João I: oração subordinada substantiva objetiva indireta

4 – a) tio Feliciano – Feliciano Gomes de Farias Veras – foi o princípio da família: oração principal
b) a quem conheci em Parnaíba: oração subordinada adjetiva
c) parece: oração justaposta intercalada de opinião
d) que ali aportou: oração subordinada adjetiva

5 – a) e cai logo de cócoras: oração principal
b) se na marcha estaca pelo motivo mais vulgar: oração subordinada adverbial condicional
c) cai, é o termo: justaposta intercalada de opinião

6 – a) José foi: oração principal
b) quem conseguiu convencer a todos os presentes: oração subordinada substantiva predicativa
c) que eu saiba: oração justaposta intercalada de ressalva

7 – a) ah! isto é outra coisa: 1.ª oração
b) continuou o negociante, agora amável: oração justaposta intercalada de citação.

8 – a) os complementos indiretos do verbo *preferir*, esses excluem a preposição *por*: oração principal da 3.ª
b) não há dúvida: oração justaposta intercalada de opinião
c) exigindo a preposição *a*: oração subordinada adverbial de causa (exigindo = porque exigem) reduzida de gerúndio (tipo sintático que veremos adiante)

---

[6] Sobre a classificação da 1.ª oração de uma série de coordenadas veja-se a Obs. da página 381 destas Respostas.

9 – a) os compatriotas serviram à verdadeira causa nacional com a deposição do governo: oração principal da 2.ª
b) que já não era mais a república, mas outra forma ditatorial, essencialmente distinta: oração subordinada adjetiva (o predicativo é composto)
c) note-se bem: oração justaposta intercalada de advertência

10 – a) este (espelho) pode ser: oração principal da 2.ª
b) que não fosse: oração subordinada substantiva predicativa (Poder-se-ia pensar numa antecipação de *este* para a 1.ª oração, em vez de estar na 2.ª, sujeito de *não fosse* com o predicativo *o* oculto, ficando assim a construção: *Pode ser que este (espelho) não* [o] *fosse*; 1.ª oração principal: *pode ser*; 2.ª oração subordinada substantiva subjetiva: *que este* (espelho) *não* [o] *fosse*)
c) era [ele] um espelhinho de pataca, comprado a um mascate italiano, moldura tosca, argolinha de latão, pendente da parede, entre as duas janelas: 1.ª oração
d) (perdoai a barateza): oração justaposta intercalada de escusa

11 – a) ela se encarregava do chapéu de sol: 1.ª oração
b) o chapéu de sol de minha mãe era mais alto do que nós: período justaposto intercalado de advertência[7]

12 – a) minha professora primária é mãe do meu mestre de Matemática: 1.ª oração
b) que Deus a conserve por muitos anos: oração justaposta intercalada de desejo

Orações reduzidas

I – Reconhecer, quando houver, as locuções verbais... Há locuções verbais em:
1 – se atreveu a sair
6 – não pôde levantar-se
8 – sem querer ouvir
9 – (e eu) vou morrer
15 – poderiam ouvir-se
16 – (nenhum) ousa desviar (a vista)
18 – tornou a abraçar-se
19 – veio apalpar (o sítio)
21 - não pode consentir
22 – vá consolar (o Marquês)
23 – há de dizer(-lhe)

II – O mesmo exercício: Há locuções verbais em:
1 – vinha deslizando
2 – vai arder

---

[7] Não há necessidade aqui de subdividir o período justaposto.

3 – acabou de criar
6 – (não) sei odiar
7 – ensinou a sentir // e querer
9 – posso dar (testemunho)
10 – ousei pôr
11 – principiou a desgarrar
12 – quisera fundar
13 – podia ser (útil)
14 – entrou a ver (o limite) // (um culto) começou a contrapor(-te)
15 – podem receber (detrimento)
18 – agradaria recomendar
20 – se conseguirá evadir
21 – há de acabar

III – Transformar a oração reduzida de infinitivo numa oração conectiva com o verbo...
1 – É necessário que se perdoem as injúrias: oração subordinada substantiva subjetiva
2 – É útil que se estudem as lições: or.s.s.subjetiva
3 – É preciso que se respeite a velhice: or.s.s.subjetiva
4 – É mister que se previnam os abusos: or.s.s.subjetiva
5 – É proveitoso que se empregue bem o tempo: or.s.s.subjetiva
6 – Convém que se reguem as flores: or.s.s.subjetiva
7 – É indispensável que se cultivem os campos: or.s.s.subjetiva
8 – Cumpre que se saúdem as pessoas conhecidas: or.s.s.subjetiva
9 – É forçoso que se observem as leis: or.s.s.subjetiva
10 – Importa que se vençam as paixões: or.s.s.subjetiva
11 – É conveniente que não se desprezem os conselhos dos velhos: or.s.s.subjetiva
12 – É necessário que se diga a verdade: or.s.s.subjetiva
13 – É mister que se punam os crimes: or.s.s.subjetiva
14 – É útil que se evitem as más companhias: or.s.s.subjetiva
15 – É indispensável que se arejem as casas: or.s.s.subjetiva
16 – É proveitoso que se sigam os exemplos: or.s.s.subjetiva
17 – É preciso que se sacrifiquem os interesses particulares aos interesses gerais: or.s.s. subjetiva
18 – Cumpre que se oponha a perseverança às dificuldades: or.s.s.subjetiva
19 – Não convém que se comuniquem segredos a pessoas indiscretas: or.s.s.subjetiva
20 – É conveniente que não se guarde para amanhã o que se pode fazer hoje. or.s.s.subjetiva
21 – Importa que se evite o mal e se pratique o bem: or.s.s.subjetiva
22 – Cumpre que se odeie o vício e se preze a virtude: or.s.s.subjetiva
23 – É necessário que se pronunciem e se escrevam corretamente as palavras: or.s.s.subjetiva

IV – **Transformar as expressões grifadas (orações ou não), primeiro em orações subordinadas...**

1 – a) O arco, se for muito estirado, quebra-se: oração subordinada adverbial (or.s.a.) condicional
   b) O arco, a ser muito estirado, quebra-se.

2 – a) A severidade, se for demasiada, erra o intento: or.s.a.condicional
   b) A severidade, a ser demasiada, erra o intento.

3 – a) A raposa, porque excede em astúcia todos os animais, tem dado assunto para muitas fábulas: or.s.a.causal
   b) A raposa, por exceder em astúcia todos os animais, tem dado assunto para muitas fábulas.

4 – a) O elefante, se for apanhado ainda novo, deixa-se domesticar facilmente: or.s.a.condicional
   b) O elefante, a ser (ao ser) apanhado ainda novo, deixa-se domesticar facilmente.

5 – a) A cobra raras vezes morde se não for provocada: or.s.a.condicional
   b) A cobra raras vezes morde a não ser provocada.

6 – a) O sol, quando nasce, doura a terra com os seus raios: or.s.a.temporal
   b) O sol, ao nascer, doura a terra com os seus raios.

7 – a) O próprio veneno pode ser um excelente remédio se for empregado com circunspeção: or.s.a.condicional
   b) O próprio veneno pode ser um excelente remédio a ser (ao ser) empregado com circunspeção.

8 – a) Se se vence sem perigo, triunfa-se sem glória: or.s.a.condicional
   b) Ao se vencer sem perigo, triunfa-se sem glória.

9 – a) Quando se leem e se estudam os bons autores, aprende-se a escrever bem: or.s.a.temporal (seria *condicional* se optássemos por *Se se leem e se estudam*...)
   b) Ao se lerem e se estudarem os bons autores, aprende-se a escrever bem.

10 – a) Embora todos conheçam quanto vale o tempo, bem poucos o aproveitam: or.s.a.concessiva
b) Apesar de todos conhecerem quanto vale o tempo, bem poucos o aproveitam.

11 – a) O criminoso, porque o atormentou o remorso (ou: porque foi atormentado pelo remorso), confessou a sua culpa: or.s.a.causal
b) O criminoso, por ser atormentado pelo remorso, confessou a sua culpa.

12 – a) O veado, porque foi alcançado pela mortífera bala, caiu por terra: or.s.a. causal (Poderíamos optar pela ideia temporal: *quando foi...; ao ser...*)
b) O veado, por ser alcançado pela mortífera bala, caiu por terra.

13 – a) A lebre, porque era perseguida pelos cães, fugia apressada: or.s.a.causal
b) A lebre, por ser perseguida pelos cães, fugia apressada.

14 – a) Depois que passa o inverno, vem a primavera: or.s.a.temporal
b) Ao passar (Depois de passar) o inverno, vem a primavera.

15 – a) Logo que proferiu aquelas palavras, desceu as escadas da torre: or.s.a.temporal
b) Ao (Após) proferir aquelas palavras, desceu as escadas da torre.

16 – a) Depois que acabou a refeição, todos se retiraram: or.s.a.temporal
b) Ao acabar (Após acabar) a refeição, todos se retiraram.

17 – a) Quando chega a hora oportuna, as grandes reformas triunfam: or.s.a.temporal
b) Ao chegar a hora oportuna, as grandes reformas triunfam.

V – Transformar os adjuntos adverbiais dos seguintes exemplos em orações subordinadas...
1 – As estrelas parecem pequenas por estarem muito distantes.
2 – Estabelecem-se escolas para instruírem a mocidade.
3 – Muitos frutos caem antes de amadurecerem.
4 – Reconheci o meu antigo companheiro apesar de alterarem suas feições.
5 – O ouro tem mais valor do que a prata, por ser raro.
6 – Para se multiplicarem certas árvores basta cortar-lhes os ramos novos e plantá-los na terra.
7 – Muitas aves deixam-nos ao entrar o outono e só voltam com o princípio da primavera.
8 – Apesar de ser austero é homem gentil.
9 – O azeite nada sobre a água por ser leve.
10 – Regam-se os jardins para desenvolver a vegetação.
11 – O homem do campo levanta-se antes de nascer o sol e trabalha até cair a noite.

12 – Apesar de estar doente trabalha todo dia.
13 – Chovia ao (nós) chegarmos.
14 – Ele saiu depois de concluir o negócio.
15 – Não deixes fugir o tempo sem utilizá-lo (aproveitá-lo).
16 – O socorro vem algumas vezes sem ser previsto.
17 – Os delitos raras vezes se cometem sem serem punidos.
18 – Os acidentes sucedem sem serem esperados.

VI – Dividir os seguintes períodos em orações e classificá-las: (oração subordinada = or. s.)

1 – a) tenho o consolo: oração principal
   b) de haver dado a meu país tudo o (= aquilo): or. s. substantiva completiva nominal
   c) que me estava ao alcance: or. s. adjetiva

2 – a) tudo envidei: oração principal
   b) por inculcar ao povo os costumes da liberdade: or. s. adverbial final reduzida de infinitivo
   c) e [por inculcar] à república as leis do bom governo: or. s. adverbial final e coordenada à anterior

3 – a) chegou o momento: oração principal
   b) de vos assentardes, mão por mão, com os vossos sentimentos: or. s. substantiva completiva nominal reduzida infinitiva
   c) de vos pordes à fala com a vossa consciência: or. s. substantiva completiva nominal coordenada à anterior
   d) de praticardes familiarmente com os vossos afetos, esperanças e propósitos: or. s. substantiva completiva nominal coordenada à anterior

4 – a) não cabia em um velho catecúmeno: oração principal
   b) vir ensinar a religião aos seus bispos e pontífices: or. s. substantiva subjetiva reduzida de infinitivo
   c) nem [vir ensinar] aos (= àqueles): or. s. substantiva subjetiva coordenada à anterior
   d) que agora nela recebem ordens do seu sacerdócio: or. s. adjetiva

5 – a) ninguém se poderá furtar à entrada: oração principal
   b) cabendo-lhe a vez: or. s. adverbial temporal (*quando lhe cabe*) ou condicional (*se lhe cabe*), reduzida de gerúndio

6 – a) ninguém se conseguirá evadir à saída: oração principal
b) desde que entrou: or. s. adverbial temporal
c) em lhe chegando o turno: or. s. adverbial temporal ou condicional, reduzida de gerúndio

7 – a) ninguém desanime, pois: oração principal da 2.ª
b) de que o berço lhe não fosse generoso: or. s. substantiva objetiva indireta
c) ninguém se creia malfadado: oração coordenada à 1.ª e principal da 4.ª
d) por lhe minguarem de nascença haveres e qualidades: or. s. adverbial causal reduzida de infinitivo

8 – a) Gutierrez animou-o: oração principal
b) a orar: or. s. substantiva objetiva indireta ou or. s. adverbial final reduzida de infinitivo
c) persistir: oração equipolente à anterior (classificação por brevidade)
d) e esperar: oração equipolente à anterior (classificação por brevidade)

9 – a) nem lho leveis a mal: oração principal
b) por vir muito cedo: or. s. adverbial causal reduzida de infinitivo
c) lho tenhais à conta de importuna: oração coordenada à 1.ª

10 – a) dirão: oração principal
b) que tais trivialidades, cediças e corriqueiras, não são: or. s. substantiva objetiva direta
c) para [serem] contempladas num discurso acadêmico: or. s. substantiva predicativa (= contempláveis) reduzida de infinitivo (É corrente entre os escritores clássicos essa omissão do auxiliar junto ao particípio, construção que R. Barbosa utilizou)
d) nem para [serem] escutadas entre doutores, lentes e sábios: oração equipolente à anterior

11 – a) menino ainda, alvidrei eu mesmo a conveniência desse costume: oração principal da 2.ª
b) assim que entrei ao colégio: or. s. adverbial temporal
c) e daí avante o observei toda a vida: oração coordenada à 1.ª e principal da 4.ª
d) sem cessar: or. s. adverbial de modo reduzida de infinitivo

12 – a) mas, senhores, convém: oração principal
b) madrugarem os (aqueles) no pensar: or. s. substantiva subjetiva reduzida de infinitivo
c) que madrugam no ler: oração subordinada adjetiva

13 – a) se o povo é analfabeto: or. s. adverbial condicional
b) só ignorantes estarão em termos: oração principal
c) de o governar: or. s. substantiva completiva nominal

14 – a) entraste pela política: oração principal
b) antes de a teres estudado: or. s. adverbial temporal reduzida de infinitivo

15 – a) que extraordinário, que imensurável, que estupendo e sobre-humano, logo, não será, em tais condições o papel da justiça: 1.ª oração
b) por assim dizer: oração justaposta intercalada de opinião

16 – a) de nada aproveitam as leis: oração principal da 3.ª
b) bem se sabe: oração justaposta intercalada de opinião
c) não existindo (= se / quando não existir): oração subordinada adverbial condicional ou temporal reduzida de gerúndio
d) quem as ampare contra os abusos: oração subordinada substantiva subjetiva

17 – a) como vedes, senhores: or. s. adverbial conformativa
b) para me não chamarem a mim revolucionário: or. s. adverbial final reduzida de infinitivo
c) ando a catar minha literatura de hoje nos livros religiosos: oração principal

18 – a) oxalá não se me fechem os olhos: oração principal
b) antes de lhe ver os primeiros indícios no horizonte: or. s. adverbial temporal reduzida de infinitivo

VII – O mesmo exercício:
1 – a) Teobaldo passou dos braços da mãe para os da tia: oração principal
b) que não menos o idolatrava: or. s. adjetiva
c) apesar de ser um tanto rezingueira de gênio: or. s. adverbial concessiva reduzida de infinitivo

2 – a) o governo teve necessidade: oração principal
b) de isolar o paço da cidade: or. s. substantiva completiva nominal reduzida de infinitivo
c) vedando qualquer comunicação do seu interior com a vida da capital: or. s. adverbial de meio reduzida de gerúndio

3 – a) do latim passou já armado de ponto em branco, para as palestras da Filosofia: oração principal
b) que é só por si um bom curso de Lógica, Retórica e todas as humanidades: or. s. adjetiva

c) sendo (= se for / quando for) estudado: or. s. adverbial condicional ou temporal reduzida de gerúndio
d) como cumpre [ser estudado]: or. s. adverbial modal ou conformativa e principal da or. s. substantiva subjetiva *ser* (ou: *que seja*) *estudado*, que não analisamos por serem normais e naturais estas elipses, como ocorre com as comparativas em geral

4 – a) lendo-os com atenção (= se os leem / quando os leem): or. s. adverbial condicional ou temporal reduzida de gerúndio
b) sente-se: oração principal
c) que Vieira tinha os olhos nos seus ouvintes: or. s. substantiva subjetiva (*sente-se* é passiva)
d) ainda falando (= ainda que falasse) do céu: or. s. adverbial concessiva reduzida de gerúndio

5 – a) Em Vieira morava o gênio: 1.ª oração
b) em Bernardes [morava] o amor: oração coordenada à anterior e principal da 3.ª
c) que é também gênio: or. s. adjetiva
d) em sendo verdadeiro (= se for / quando for): or. s. adverbial condicional ou temporal reduzida de gerúndio

6 – a) Bernardes não tomava tese: oração principal da 2.ª
b) que da consciência lhe não brotasse: or. s. adjetiva
c) e aplicava todas as suas faculdades intelectuais e todas as faculdades morais: oração coordenada aditiva à 1.ª e principal da 5.ª e 6.ª
d) a desenvolvê-la (= para desenvolvê-la): or. s. adverbial final reduzida de infinitivo
e) que (= todas as faculdades intelectuais) eram muitas: or. s. adjetiva
f) que (= as faculdades morais) eram mais, tresdobradamente: or. s. adjetiva

7 – a) beijo-vos as mãos, senhor rei: oração principal
b) por vos lembrardes ainda de um velho homem de armas: or. s. adverbial causal (= porque vos lembrais)
c) que para nada presta hoje: or. s. adjetiva

8 – a) vamos, bom cavaleiro: oração principal da 3.ª
b) disse el-rei: oração justaposta intercalada de citação
c) pondo-se em pé: or. s. adverbial temporal reduzida de gerúndio
d) não haja entre nós doestos: oração coordenada assindética à 1.ª

9 – a) uma das dores dalma é sem dúvida a compaixão: oração principal
b) que a consolam: or. s. adjetiva
c) em vez de lacerar: or. s. adverbial de substituição ou troca reduzida de infinitivo

10 – a) investindo depois com o toiro: or. s. adverbial temporal
b) tornado (= que se tornou) imóvel com a raiva concentrada: or. s. adjetiva reduzida de particípio
c) rodeou-o: oração principal
d) estreitando em volta dele os círculos: or. s. adverbial modal ou temporal (= ao mesmo tempo que estreitava)
e) até chegar quase a pôr-lhe a mão na anca: or. s. adverbial temporal

11 – a) voltando sobre ele o boi enraivecido: or. s. adverbial temporal
b) arremessou-o aos ares: oração principal da 1.ª
c) esperou-lhe a queda nas armas: oração coordenada assindética à anterior
d) e não se arredou senão: oração coordenada aditiva da anterior e principal da seguinte
e) quando conheceu: or. s. adverbial temporal e principal da seguinte
f) que o seu inimigo era cadáver: or. s. substantiva objetiva direta
g) assentando-lhe as patas sobre o peito: or. s. adverbial modal, temporal ou outra circunstância mais propícia à interpretação textual, o que representa um bom exemplo do que dissemos na página 399, sobre a impossibilidade de muitas vezes fixarmos o sentido da circunstância

12 – a) saiu o Conde de Avranches: oração principal da 2.ª
b) a reconhecer a força dos adversários: or. s. adverbial final reduzida de infinitivo c) e voltou: oração coordenada aditiva à 1.ª e principal da 4.ª
d) a dizer ao infante: or. s. adverbial final reduzida de infinitivo e principal da 5.ª
e) que nenhum meio de salvação havia: or. s. substantiva objetiva direta

13 – a) isto acendeu por tal modo os ânimos dos soldados: oração principal
b) que sem mandado nem ordem de peleja deram no arraial do infante: or. s. adverbial consecutiva
c) rompendo-o por muitas partes: or. s. adverbial consecutiva ou modal

14 – a) travada a briga: or. s. adverbial temporal reduzida de particípio
b) por mais que pedissem a D. Pedro: or. s. adverbial concessiva
c) que se retirasse: or. s. substantiva objetiva direta
d) enquanto era tempo: or. s. adverbial temporal
e) ele o não quis fazer: oração principal

15 – a) tomada esta resolução: or. s. adverbial temporal reduzida de particípio
b) no outro dia partiu toda a gente nos batéis: oração principal
c) antes de amanhecer: or. s. adverbial temporal reduzida de infinitivo
d) indo demandar a praia pelos dois lados do rio: or. s. adverbial final ou temporal reduzida de gerúndio
e) e saltaram em terra: oração coordenada sindética aditiva
f) ao romper dalva: or. s. adverbial temporal reduzida de infinitivo

16 – a) chegando o junco à borda do rio: or. s. adverbial temporal reduzida de gerúndio
b) sendo muito alteroso: or. s. adverbial causal reduzida de gerúndio
c) não pôde passar além de um banco de areia: oração principal
d) que na estrada havia: or. s. adjetiva
e) e o mesmo sucedeu a outra embarcação mais pequena: oração coordenada sindética aditiva à 3.ª e principal da seguinte
f) que foi depois dele: or. s. adjetiva

17 – a) não sei como: 1.ª oração
b) escorregaram-me duas lágrimas pelas faces abaixo: oração coordenada assindética
c) e olhei de roda outra vez: oração coordenada sindética aditiva e principal da seguinte
d) examinando (= para examinar): or. s. adverbial final reduzida de gerúndio
e) se por ali estaria alguém: or. s. substantiva objetiva direta
f) em cuja cara se divisassem sinais: or. s. adjetiva
g) de ser pessoas de bastante filosofia: or. s. substantiva completiva nominal reduzida de infinitivo
h) para se rir de mim: or. s. adverbial final ou consecutiva

18 – a) não teve ao menos a decepção: oração principal
b) de verificar: or. s. substantiva completiva nominal reduzida de infinitivo
c) como se verificou: or. s. adverbial conformativa
d) que as pedras não eram esmeraldas: or. s. substantiva subjetiva
e) que descobrira: or. s. adjetiva

19 – a) não é patriota: oração principal
b) quem não esteja sinceramente disposto: or. s. substantiva subjetiva
c) a dedicar à pátria ao menos um pouco do seu bem-estar: or. s. substantiva completiva nominal reduzida de infinitivo

20 – a) movido de piedade: or. s. adverbial causal reduzida de particípio
b) parou: oração principal da anterior
c) e chamou-o: oração coordenada sindética aditiva
d) e disse-lhe: oração coordenada sindética aditiva

e) que se descesse abaixo para a lapa: oração subordinada substantiva objetiva direta
f) e fugisse da chuva: oração equipolente à anterior
g) pois não tinha roupa bastante: oração coordenada sindética explicativa ou causal
h) para a esperar: oração subordinada adverbial consecutiva reduzida de infinitivo

VIII – Dividir os seguintes períodos em orações e classificá-las...
1 – a) deixe: oração principal
   b) me passar (= que eu passe): or. s. substantiva objetiva direta reduzida de infinitivo
   c) e diga isto: oração coordenada sindética aditiva

2 – a) D. José vira: oração principal
   b) o marquês levantar-se (= que o marquês se levantara): or. s. substantiva objetiva direta reduzida de infinitivo
   c) e percebera a sua resolução: oração coordenada sindética aditiva

3 – a) deixai: oração principal
   b) o ir, ao velho fidalgo (= que o velho fidalgo vá): há pleonasmo do sujeito: *o* [ao velho fidalgo]: or. s. substantiva objetiva direta, reduzida de infinitivo

4 – a) Emílio fez: oração principal
   b) subir os dois meninos (= que os dois meninos subissem): or. s. substantiva objetiva direta reduzida de infinitivo
   c) e assentou-se defronte deles: oração coordenada sindética aditiva

5 – a) nada é mais surpreendente: oração principal
   b) do que ver: or. s. adverbial comparativa
   c) a (de vê-*la*) desaparecer de improviso (= que ela desaparece): or. s. substantiva objetiva direta reduzida de infinitivo

6 – a) as passadas dos (= daqueles) moveram
   b) o (de moveram-*no*) a volver os olhos (= a que ele volvesse os olhos): or. s. substantiva objetiva indireta reduzida de infinitivo
   c) que entravam: or. s. adjetiva

7 – a) bem pouco importa isso: oração principal
b) a quem vê: or. s. substantiva objetiva indireta
c) arrancarem-lhe (= que lhe arrancam), nas bordas da sepultura, aquilo, um nome honrado e glorioso: or. s. substantiva objetiva direta reduzida de infinitivo
d) por que trabalhou toda a vida: or. s. adjetiva

8 – a) chegou el-rei: 1.ª oração
b) e logo depois entra pelos camarotes o vistoso cortejo: oração coordenada sindética adjetiva
c) e vê-se: oração coordenada sindética aditiva e principal da 4.ª
d) ondear (= que ondeia) um oceano de cabeças e plumas: or. s. substantiva subjetiva reduzida de infinitivo

9 – a) nos joelhos as ligas bordadas deixavam: oração principal
b) escapar (= que escapassem) com artifício os tufos de cambraieta alvíssima: or. s. substantiva objetiva direta reduzida de infinitivo

10 – a) de repente viu-se: oração principal
b) o Conde dos Arcos, firme na sela, provocar o ímpeto da fera (= que o Conde dos Arcos provocava...): or. s. substantiva subjetiva reduzida de infinitivo
c) e a hástea flexível do rojão ranger (= que a hástea rangia): oração equipolente à anterior reduzida de infinitivo
d) e estalar (= e que a hástea estalava): oração equipolente à anterior reduzida de infinitivo
e) embebendo o ferro no pescoço musculoso do boi: or. s. adverbial temporal reduzida de gerúndio

11 – a) quando o nobre mancebo passou a galope por baixo do camarote: or. s. adverbial temporal
b) diante do qual pouco antes fizera: oração subordinada adjetiva
c) ajoelhar (= que ajoelhasse) o cavalo: or. s. substantiva objetiva direta reduzida de infinitivo
d) a mão alva e breve de uma dama deixou: oração principal
e) cair (= que caísse) uma rosa: or. s. substantiva objetiva direta reduzida de infinitivo

f) e o conde apanhou a flor do chão: oração coordenada sindética aditiva à 4.ª e principal da 7.ª

g) curvando-se com donaire sobre os arções: or. s. adverbial temporal reduzida de gerúndio

h) sem afrouxar a carreira: or. s. adverbial modal reduzida de infinitivo

i) levou-a aos lábios: oração coordenada assindética à 6.ª

j) e meteu-a no peito: oração coordenada sindética aditiva à anterior

IX – O mesmo exercício:

1 – a) em Alcoentre os ginetes e corredores do exército real vieram escaramuçar com os do infante

b) e ele próprio ouviu: oração coordenada sindética aditiva à anterior e principal

c) os chamarem-lhe (= que eles lhe chamaram) traidor e hipócrita: or. s. substantiva objetiva direta reduzida de infinitivo

2 – a) o Conde de Avranches saiu a eles com quase toda a gente do arraial: 1.ª oração

b) e tomou alguns prisioneiros: oração coordenada sindética aditiva e principal da 3.ª

c) fazendo (= quando fez): or. s. adverbial temporal reduzida de gerúndio

d) os fugir (= que eles fugissem): or. s. substantiva objetiva direta reduzida de infinitivo

3 – a) irado o infante com as injúrias: or. s. adverbial causal reduzida de particípio

b) que lhe tinham dito: oração subordinada adjetiva

c) mandou: oração principal

d) enforcar uns (= que enforcassem uns): oração subordinada substantiva objetiva direta reduzida de infinitivo

e) e degolar outros: oração equipolente à anterior reduzida de infinitivo

f) e o conde perseguiu o resto até Pontevel: oração coordenada sindética aditiva à 3.ª

4 – a) como um rochedo no meio do oceano, D. Álvaro, no meio daquelas ondas de soldados, fazia: oração principal

b) cair (= que caíssem) a seus pés: or. s. substantiva objetiva direta reduzida de infinitivo c) quantos a ele se aproximavam: or. s. substantiva subjetiva

5 – a) isto e a muita liberdade fez: oração principal

b) com que ele defendia o infante: or. s. adjetiva

c) com que fosse mal recebido dos cortesãos, apesar dos seus serviços e reputação: or. s. substantiva objetiva direta (a preposição *com* é sintaticamente um expletivo)

d) que instavam com el-rei: or. s. adjetiva
e) para que mandasse: or. s. adverbial final
f) o sair (= que ele saísse) do reino: or. s. substantiva objetiva direta reduzida de infinitivo

6 – a) reduzido o Duque de Coimbra à condição de um simples particular: or. s. adverbial temporal ou causal reduzida de particípio
b) começaram os seus inimigos a fazer-lhe todo o gênero de insultos: oração principal da 1.ª
c) e [começaram] a torcerem contra ele o ânimo de D. Afonso: oração coordenada sindética aditiva
d) até a induzirem: or. s. adverbial temporal ou consecutiva reduzida de infinitivo e) a mandar: or. s. substantiva objetiva indireta reduzida de infinitivo
f) o (de mandá-lo) sair (= que ele saísse) da corte: or. s. substantiva objetiva direta reduzida de infinitivo

7 – a) Sancho II deu-lhes depois por válida a carta: 1.ª oração
b) e mandou: oração coordenada sindética aditiva e principal da 3.ª
c) lhes erguer (= que eles erguessem) de novo os marcos: or. s. substantiva objetiva direta reduzida de infinitivo
d) onde eles os haviam posto: or. s. adverbial locativa ou de lugar

8 – a) mandei: oração principal
b) que (= o pagem) comigo trouxera: or. s. adjetiva
c) o (= o pagem) voltar (= que ele voltasse) para o meu castelo: or. s. substantiva objetiva direta reduzida de infinitivo

9 – a) o infante respondeu: oração principal
b) que não quisesse el-rei tirar-lhe todos os meios: or. s. substantiva objetiva direta
c) visto serem baldadas todas as justificações: or. s. adverbial causal reduzida de infinitivo
d) que os seus amigos dele davam: oração subordinada adjetiva
e) de se defender de seus contrários: or. s. substantiva completiva nominal de *meios* (da 2.ª oração)
f) e que ele mandaria: oração equipolente à 2.ª
g) lhas vir (= que elas [= as armas] viessem a ele [lhe]) de fora: or. s. substantiva objetiva direta reduzida de infinitivo
h) se carecia de armas: or. s. adverbial condicional

10 – a) apenas os edifícios e naus começaram a arder: or. s. adverbial temporal
b) os mouros mandaram: oração principal
c) a quem não tinham obrigado boas palavras: or. s. adjetiva
d) entregar (= que entregassem) os cativos portugueses: or. s. substantiva objetiva direta reduzida de infinitivo
e) pedindo aos da armada: or. s. adverbial temporal reduzida de gerúndio
f) (que) não quisessem incendiar o resto das embarcações e edifícios: or. s. substantiva objetiva direta (a conjunção integrante está elíptica)
que eles não podiam defender: or. s. adjetiva

BIBLIOGRAFIA

ADRIÃO, Pedro. *Tradições Clássicas da Língua Portuguesa*. Porto Alegre, 1945.

AGUIAR, Martinz de. *Notas de Português de Filinto e Odorico*. Rio de Janeiro, 1955. *Notas e Estudos de Português*. Fortaleza, 1942. Há 2.ª ed. Rio de Janeiro, FGV, 1971.

ALI, M. Said. *Dificuldades da Língua Portuguesa*. Rio de Janeiro, 5.ª ed., 1957; *Gramática Histórica da Língua Portuguesa*. São Paulo – Caieiras - Rio de Janeiro, s/d. [1931]; *Gramática Secundária da Língua Portuguesa*. São Paulo – Caieiras – Rio de Janeiro, 4.ª ed. s/d.; artigo na *Revista Americana*, II; *Meios de Expressão e Alterações Semânticas*. 2.ª edição, Rio de Janeiro, 1951.

BARBOSA, Rui. *Réplica*. Rio de Janeiro, 1904.

BARRETO, Fausto. *Noções Elementares de Sintaxe da Proposição Simples e da Proposição Composta* (in *Antologia Nacional* de FAUSTO BARRETO e CARLOS DE LAET). Rio de Janeiro, 1949.

BARRETO, Mário. *Estudos da Língua Portuguesa*. Rio de Janeiro; *Novos Estudos da Língua Portuguesa*. Rio de Janeiro, 2.ª edição, 1921; *Fatos da Língua Portuguesa*. Rio de Janeiro, 2.ª edição, 1954; *Novíssimos Estudos da Língua Portuguesa*. 2.ª edição, 1924; *Através do Dicionário e da Gramática*. Rio de Janeiro, 1954, 3.ª edição; *Últimos Estudos*. Rio de Janeiro, 1944. *De Gramática e de Linguagem*. 2.ª edição, Rio de Janeiro, 1955.

BASSOLS DE CLIMENT, M. *Sintaxis Latina*. 2 vols. Madrid, 1956.

BECHARA, Evanildo. *Estudos sobre os Meios de Expressão do Pensamento Concessivo em Português*. Rio de Janeiro, 1954.

BELLO, A. e CUERVO, R. J. *Gramática de la Lengua Castellana con Notas*. Paris, 1903.

BLOOMFIELD, L. *Language*. New York, 1941.

BOURCIEZ, E. *Éléments de Linguistique Romane*. 4.ª edição, Paris, 1946.

BRANDÃO, Cláudio. *O Particípio Presente e o Gerúndio em Português*. Belo Horizonte, 1933.

BRUGMANN, K. *Abrégé de Grammaire Comparée des Langues Indo-européennes*. Paris, 1905.

BRUNOT, F. *La Pensée el la Langue*. 3.ª edição, Paris, 1936.

CAETANO, Batista. *Rascunhos sobre a Gramática da Língua Portuguesa*. Rio de Janeiro, Tip. A. dos Santos, 1881.

CÂMARA JÚNIOR, Joaquim Mattoso. *Curso da Língua Pátria*. 2 vols. Rio de Janeiro, 1953; *Dicionários de Filologia e Gramática*. Rio de Janeiro, Ozon Editor, 1974; *Princípios de Linguística Geral*. 3.ª ed. Livraria Acadêmica, 1959.

CHAVES DE MELO, Gladstone. *Iniciação à Filologia e à Linguística Portuguesa*. Rio de Janeiro, 5.ª edição, 1975; *Novo Manual de Análise Sintática*. Rio de Janeiro, 3.ª ed., 1971; *Alencar e a Língua Brasileira* (in ed. de *Iracema*, I. N. L.), Rio de Janeiro, 1948.

COELHO, Adolfo. *A Língua Portuguesa*. 3.ª edição, Porto, 1896; *Noções Elementares de Gramática Portuguesa*. Porto, 1891.

CURIOSO, João (Conde PINHEIRO DOMINGUES). *Camilo e as Caturrices dos Puristas*. 1.º volume (e único), Rio de Janeiro.

DIAS, Carlos Claudino. *Exercícios preparatórios de composição*. 10.ª ed., Lisboa, Ferreira Machado, 1920.

ELIA, Sílvio. *Orientações da Linguística Moderna*. Rio de Janeiro, 1954; "Justaposição" (artigo no Jornal de Filologia, v. III, fasc. II).

EPIFÂNIO DA SILVA DIAS, Augusto. *Gramática Portuguesa Elementar*. 8.ª edição, Lisboa, 1880; *Sintaxe Histórica Portuguesa*, 2.ª edição, Lisboa, 1933; *Os Lusíadas*, 2 vols., 2.ª edição, Porto, 1916-1918; *Gramática Francesa* (com a colaboração de J. EDUARD von HAFE). 9.ª edição, Porto, s/d.

ERNOUT, A. e THOMAS, F. *Syntaxe Latine*. Paris, 1953. 2.ª edição.

GARDINER, A. H. *The Theory of Speech and Language*. Oxford, 1932.

GENOUVRIER, Emile. – PEYTARD, Jean. *Linguística e Ensino de Português*. Coimbra, Almedina, 1974.

GILI GAYA, S. *Curso Superior de Sintaxis Española*. 2.ª ed., Barcelona, 1948.

GOIS, Carlos. *Sintaxe de Regência*. Rio de Janeiro – São Paulo – Belo Horizonte, 4.ª edição, 1924.

GOMES, Alfredo. *Gramática Portuguesa*. Rio de Janeiro, 1930. 20.ª edição.

GONÇALVES, Rebêlo. *Tratado de Ortografia da Língua Portuguesa*. Coimbra, 1947.

GRAÇA, Heráclito. *Fatos da Linguagem*. Rio de Janeiro, 1904.

GUTERRES DA SILVEIRA, Olmar. *Orações Subordinadas sem Conectivo*. Rio de Janeiro, 1957.

HOUAISS, Antônio. *Sobre a Linguagem de "Vila dos Confins"* (in Revista do Livro, n.º 10, 137-164).

JUCÁ (filho), Cândido. *O Fator Psicológico na Evolução Sintática*. Rio de Janeiro, 1953, 2.ª edição.

KRÖLL, Heinz. *Die Ortsaverbien in Portugiesischen*. Wiesbaden, Franz Steiner Verlag, 1968.

KURY, Adriano da Gama. *Pequena Gramática*. 6.ª ed., Livraria Agir.

LAPA, M. Rodrigues. *Estilística da Língua Portuguesa*. Lisboa, 2.ª ed.

LÁZARO CARRETTER, Fernando. *Dicionario de Términos Filológicos*. Ed. Gredos, Madri, 1953.

LEITE, Arlindo. *Fragmentos Literários de Alexandre Herculano*. Tomo I (e único), Rio de Janeiro, 1927.

LIMA, M. P. Sousa. *Gramática Portuguesa*. 2.ª ed., Rio de Janeiro, 1945.

LOBATO, Lúcia Maria Pinheiro. *Os Verbos Auxiliares em Português. Critérios de Auxiliaridade* (in: *Análises Linguísticas*, Petrópolis, Vozes, 1975, p. 27-91).

LÖFSTEDT, E. *Philologischer Kommentar zur Peregrinatio Aetheriae*, Oxford – Upsala – Leipzig, 1911.

LOMBARD, A. *L'Infinitif de Narration dans les Langues Romanes* – Upsala – Leipzig, 1936.

MACIEL, Maximino. *Gramática Descritiva*. Rio de Janeiro, 1921, 9.ª edição.

MADVIG, J. N. *Gramática Latina*. Porto, 1872. Tradução de Augusto Epifânio da Silva Dias.

MEIER, Harri. *Ensaios de Filologia Românica*. Lisboa, 1984. Há nova edição pela Grifo.

MEYER-LÜBKE, W. *Grammaire des Langues Romanes*. 4 vols. 1890-1894. Tradução francesa de Doutrefont e Rabiet.

MINISTÉRIO DA EDUCAÇÃO E CULTURA. *Nomenclatura Gramatical Brasileira*, 1959.

MOREIRA, Júlio. *Estudos da Língua Portuguesa*, 2 vols. Lisboa, 1907-1913.

NASCENTES, Antenor. *Dificuldades de Análise Sintática*, Rio de Janeiro, 1959. *O Problema da Regência*, 2.ª ed., Rio de Janeiro, 1960.

NORBERG, D. *Syntaktsche Forschungen auf dem Gebiete des Spätlateins und des frühen Mittellateins*. Upsala, 1943; *Zum Infinitif in lat. Frage – und Relativsâtzen* (Glotta 1939, n.º XXVII, 3-4).

NYROP, Kr. *Grammaire Historique de la Langue Française*. 6 vols. Copenhague, 1935.

OITICICA, José. *Manual de Análise*. Rio de Janeiro, 6.ª ed., 1942; *Da Antecipação* (artigos na *Revista Filológica*); *Curso de Português no I. N. E. P.*; *Uma Gramática*. Niterói, 1955.

ONIONS, C. T. *An Advanced English Syntax*, 5.ª ed., Londres, 1929.

PEREIRA, Eduardo Carlos. *Gramática Expositiva* (curso superior). São Paulo, 1951.

PEREIRA DA SILVA, Vera Lúcia. *Complementos Verbais Regidos de A Transformáveis em LHE*. Rio de Janeiro, PVD/RJ, 1974.

PINTO, Pedro A. *Notas de Advocacia Gramatical*. Rio de Janeiro, 1922. "É da Gente Rir" (artigo na revista *Colaboração*, n.º 5); *Locuções na Réplica de Rui Barbosa*. Rio de Janeiro, 1955.

RIBEIRO, Ernesto Carneiro. *Serões Gramaticais*. 5.ª ed., Bahia, 1959.

RIBEIRO, João. *Gramática Portuguesa*. 20.ª edição, Rio de Janeiro, F. Alves, 1920.

SANDFELD, Kr. *Syntaxe du Français Contemporain*. 3 vols. Copenhague – Paris, 1928- 1943.

SILVA, C. E. Correia da. *Ensaio sobre os Latinismos dos "Lusíadas"*. Lisboa, 1931.

SILVA RAMOS, *Em Ar de Conversa*; artigo na *Revista de Cultura*, ano I – 1927, v. 1.ª (2.ª edição).

SILVEIRA, A. F. Sousa da. *Lições de Português*, 5.ª edição, Coimbra - Rio de Janeiro, 1952; *Trechos Seletos*, 4.ª edição, São Paulo, 1933; *Os Lusíadas*, edição escolar do Prof. Nascentes (artigo na *Revista de Filologia e de História*, t. I, fasc. I); *Obras de Casimiro de Abreu*, 2.ª edição. Rio de Janeiro, 1955; *Máximas, Pensamentos e Reflexões do Marquês de Maricá*, Rio de Janeiro, 1959.

SCHMITZ, John Robert. *A Ocorrência de SER e ESTAR em Orações Predicativas e o Ensino de Português para Falantes de Inglês*. Tese de doutoramento. São Paulo, 1974.

SPITZER, Leo. *Attributives Gerundium im Portugieschen, Spanischen, Rumänischen und Französischen* (in: Zeitschrift für französiche Sprach und Literatur. Jena und Leipzig, W. Gronau. Cito pela separata que não traz indicação de data; o v. é o L).

SVENNUNG, J. *Untersuchungen zu Palladius und zur lateinischen Fach – und Volkssprache*. Upsala, 1935.

VÄÄNÄNEN, Veikko. *Il est venu comme ambassadeur, il agit en soldat*. Helsinque, 1951.

VASCONCELOS, A. G. Ribeiro de. *Gramática Portuguesa*, Lisboa - Rio de Janeiro, s/d.

VASCONCELOS, Leite de. *Lições de Filología Portuguesa*, 2.ª edição. Lisboa, 1926; *Opúsculos*, 6 vols. Lisboa, 1928 e ss.

VIANA, Gonçalves. *Seleta de Autores Franceses*, de João Chèze (acompanhada de notas por G. V.) Paris – Lisboa, 1924.

ÍNDICE REMISSIVO
(A numeração em algarismos romanos indica a lição, e a numeração arábica indica o item)

adjetivo
  pontos de contato entre o advérbio e o adjetivo, VII, 9.
adjunto adnominal
  que é, VII, 1; adjunto adnominal, VII, 1; expressões que exercem a função de adjunto adnominal, VII, 2; adjunto adnominal comum a mais de um núcleo, VII, 3; inversão nos adjuntos adnominais, VII, 4; adjunto adnominal e objeto indireto de posse ou dativo livre de posse, VII, 5.
adjunto adverbial
  que é, VII, 6; omissão de preposição em adjuntos adverbiais, VII, 20; acúmulo de preposições no adjunto adverbial, VII, 21; adjuntos adverbiais expressos por pronomes átonos, VII, 22.
advérbio
  pontos de contato entre o advérbio e o adjetivo, VII, 9; advérbio de oração VII, 19; XI, 3; XI, 22, 3.
advérbio interrogativo
  empregado nas interrogações diretas e indiretas, VII, 7.
advérbios de base nominal e pronominal
  seu papel na oração, VII, 8.
agente da passiva
  que é, VIII, 3; preposições que iniciam o agente da passiva, VIII, 3; diferença entre sujeito e agente, VIII, 2; oração que exerce função de agente da passiva, XI, 24.
anacoluto
  que é, XI; anacoluto no emprego de relativo (**que** ou **quem... lhe**), XI, 21, 1.ª.
aposto
  que é, IX, 1; tipos de aposto, IX, 2; aposto em referência a uma oração inteira, IX, 3; aposto circunstancial, IX, 4; aposto especificativo e o emprego da preposição, IX, 5; pontuação no aposto, IX, 6; casos de concordância com o aposto, IX, 7.
complemento
  que é, VI, 1; complementos nominais e verbais, VI, 2; tipos de complementos verbais, VI, 3; a classificação do verbo depende da

frase, VI, 8; elipse do complemento, VI, 19; complementos de termos de regências diferentes, VI, 21; complementos comuns a mais de um verbo, VI, 22; complementos que variam suas preposições, VI, 23.

concordância verbal
os verbos impessoais ficam no singular, IV, 4; ideia de concordância do verbo com o sujeito: princípios gerais, V, 5; outros casos de concordância verbal, V, 6; concordância do verbo com o sujeito seguido de adjunto adverbial de companhia, VII, 18; concordância com o aposto, IX, 7; a concordância **vivam os campeões!**, X, 4; concordância com os relativos **que** e **quem**, XI, 20.

concordância nominal
princípios gerais, VII, 10; concordância com **um e outro, nem um nem outro, um ou outro**, VII, 11; concordância com **mesmo, próprio, só**, VII, 12; concordância do adjetivo **leso**, VII, 13; concordância do adjetivo **anexo**, VII, 14; a expressão **a olhos vistos**, VII, 15; a expressão **haja vista**, VII, 16; a concordância do tipo **é preciso muita paciência**, VII, 17; **uma pouca de água**, VII, 17a; **a vida nada tem de trágica**, VII, 17b.

conexão
que é, XI, 3.

conjunções coordenativas
que são, XI, 4, a, Obs.; quais são, XI, 5; particularidades no seu emprego, XI, 5.

conjunções subordinativas adverbiais
quais são, XI, 22; particularidades no seu emprego, XI, 22.

de há pouco
como adjunto adnominal (**meninos de há pouco**), XI, 22, **in fine**, Obs. 1.ª; como adjunto adverbial (**de há pouco não o vejo**), XI, 22, **in fine**, Obs. 2.ª.

deixei-os sair
sua explicação, análise e particularidades sintáticas, XII, 9.

discurso direto
que é, VII, 7, Obs.; exercícios, 2.ª parte, IV, 1, 7.

discurso indireto
que é, VII, 7, Obs.; exercícios, 2.ª parte, IV, 1, 7.

discurso indireto livre
que é, exercícios, 2.ª parte, IV, 1, 7.

dizer para + infinitivo
explicação e análise, XII, 13.

é da gente rir
explicação e análise, XII, 16.

elipse
do sujeito, II, 3; do verbo, II, 3; do complemento, VI, 19; da preposição em adjuntos adverbiais, VII, 20; da conjunção integrante nas orações subordinadas substantivas, XI, 10; da preposição nas orações subordinadas substantivas objetivas indiretas e completivas nominais, XI, 8, Obs.; elipse do pronome **se** em **eu os vi afastar** (**por afastar-se**), XII, 11.

entoação
que é, I, 3; entoação e clareza do pensamento, I, 4.

equipolentes (cf. orações concorrentes)

faz quatro meses
sua explicação e análise XI, 22, 9, **in fine**.

gerúndio
seu emprego nas orações adjetivas, XII, 4, b); quando não constitui oração reduzida, XII, 8.
há e a (preposição)
seus empregos, XI, 22, **in fine**, Obs. 5.ª.
há quatro meses
sua explicação e análise, XI, 22, 9, **in fine**.
haver e existir
seu emprego, IV, 5.
haver e ter
seu emprego, IV, 6.
indeterminação do sujeito
que é, IV, 1; quais os modos, IV, 1.
infinitivo
quando não constitui oração reduzida, XII, 7; a construção **sei que fazer**, XII, 7, g.
interjeições
X, 2.
justaposição
que é, XI, 3.
no tempo que ou **em que**
XI, 22, **in fine**, Obs. 4.ª.
núcleo
que é, V, 1; núcleo do sujeito é um nome, V, 2.
objeto direto
que é, VI, 3; preposicionado, VI, 6; objeto direto interno, VI, 20.
objeto indireto
que é, VI, 3; objeto indireto de interesse e afins (**ético**, de **posse**, de **opinião**), VI, 4; adjunto adnominal e objeto indireto de posse, VII, 5.
oração
que é, I, 1; tipos de oração, I, 2; orações quanto ao valor sintático: **dependentes** e **independentes**, XI, 2; orações quanto à ligação: **conectivas** e **justapostas**, XI, 3; tipos de orações independentes, XI, 4; tipos de orações dependentes (subordinadas), XI, 6; **principal**, que é, XI, 2; pode haver no período mais de uma oração principal, XI, 27; oração que exerce função de agente da passiva, XI, 24.
orações concorrentes (equipolentes)
que são, XI, 28; concorrência de **termo** + **oração**, XI, 29.
orações coordenadas
que são, XI, 4; aditivas, XI, 5, a; adversativas, XI, 5, b; alternativas, XI, 5, c; conclusivas, XI, 5, d; explicativas, XI, 5, e.
orações decorrentes
que são, I, 27.
orações exclamativas
que são, I, 7; expressões exclamativas, X, 1; as interjeições, X, 2; um caso de concordância: **vivam os campeões!**, X, 4.
orações intercaladas
que são, XI, 4, b.
orações reduzidas
que são, XII, 1; quais são, XII, 1; desdobramento das orações reduzidas e suas vantagens estilísticas, XII, 2; orações substantivas reduzidas de infinitivo, XII, 3; adjetivas reduzidas, XII, 4 (de infinitivo e gerúndio); adverbiais reduzidas (de infinitivo, gerúndio e particípio passado), XII, 5; preposições que iniciam as adverbiais reduzidas, XII, 5,A; orações reduzidas fixas, XII, 6; o tipo **deixei-os sair**, XII, 9; a construção **pedir para**, XII, 12; a omissão do **se** em **eu os vi afastar** (por **afastar-se**), XII, 11; a

construção **dizer para**, XII, 13; a
construção **para eu fazer**, XII, 14;
a posição do sujeito nas orações
reduzidas, XII, 15; a construção
é da gente rir, XII, 16; reduzidas
decorrentes e concorrentes,
XII,17.

orações sem sujeito
IV, 2; verbos impessoais, IV, 2.

orações subordinadas adjetivas
que são, XI, 6; as funções que
exercem seu conectivo: o pronome
relativo, XI, 12; a pontuação nas
orações adjetivas, XI, 12; orações
adjetivas com sentido de **fim,
condição, causa, consequência,
concessão, oposição**, XI, 12;
subordinada adjetiva justaposta,
XI, 13; funções sintáticas do
conectivo das orações adjetivas,
XI, 14; adjetivas reduzidas, XII, 4.

orações subordinadas adverbiais
que são, XI, 6; as funções que
exercem, XI, 22; seu conectivo:
as conjunções subordinativas
adverbiais, XI, 22; causais, XI,
22, 1; comparativas, XI, 22, 2;
concessivas, XI, 22, 3; condicionais,
XI, 22, 4; conformativas, XI, 22,
5, consecutivas, XI, 22, 6; finais,
XI, 22, 7; proporcionais, XI, 22, 8;
temporais, XI, 22, 9; modais, XI, 22,
10; orações adverbiais justapostas
(certas **concessivas, condicionais,
temporais** e as **locativas**), XI, 24;
uso da vírgula nas subordinadas
adverbiais, XI, 25; subordinadas
adverbiais reduzidas, XII, 5.

orações subordinadas substantivas
que são, XI, 6; funções que exercem
no período composto, XI, 7 e
8; subordinadas substantivas
conectivas e justapostas, XI,
8; o conectivo da subordinada
substantiva, XI, 8; características da
oração subjetiva e predicativa, XI,
9; omissão da conjunção integrante,
XI, 10; subordinadas substantivas
justapostas, XI, 11; omissão da
preposição nas substantivas objetivas
indiretas e completivas nominais, XI,
8, Obs.; subordinadas substantivas
reduzidas do infinitivo, XII, 3.

para eu fazer
explicação e análise, XII, 14.

particípio
quando não constitui oração
reduzida, XII, 8.

pedir para
explicação e análise, XII, 2.

período composto e simples
que são, XI, 1; composição do
período, XI, 26 (período misto).

pleonasmo
que é, VI, 16; pleonasmos no
emprego de pronomes objetivos,
VI, 16.

ponto de exclamação
emprego, I, 2.

ponto de interrogação
emprego, I, 2.

posição
do sujeito, II, 5; do predicado, II,
5; do adjunto adnominal, VII, 4;
inversão nos adjuntos adnominais,
VII, 4.

predicado
que é, II, 1; como se acha, II, 2;
omissão do verbo, II, 3; verbal, III,
1; nominal, III, 2; verbonominal,
III, 3.

predicativo
do sujeito, III, 2; particularidades
de predicativos, III, Obs. final;
do objeto, VI, 5; verbos que
pedem predicativo do objeto, VI,
5; diferença entre voz passiva e
predicativo, VIII, 9.

pronome pessoal
o como objeto direto e **lhe** como indireto, VI, 6; **me, te, se, nos, vos,** como objeto direto ou indireto, VI, 7; **o, a, os, as** e as variantes **lo, la, los, las, no, na, nos, nas,** VI, 8; combinações de pronomes átonos, VI, 9; pleonasmos no emprego de pronomes objetivos, VI, 10; **o** como sujeito de infinitivo, XII, 9; **lhe** por **o** como sujeito de infinitivo, XII, 10; omissão do pronome **se** em **eu os vi afastar** (por **afastar-se**), XII, 11.

pronome relativo
conectivo das orações subordinadas adjetivas, XI, 14; funções que exerce, XI, 14; emprego de relativos, XI, 15; pronome relativo sem função na oração, XI, 16; uso de **o que, a que, os que, as que,** com ou sem preposição, XI, 17; emprego de **à que, às que,** XI, 18; relativo universal, XI, 19; concordância com os relativos **que** e **quem,** XI, 20; anacoluto com o emprego do pronome relativo, XI, 21; o relativo em referência ao **sentido,** e não à **forma,** XI, 21, 3.ª; pleonasmo vicioso com o relativo, XI, 21, 2.ª.

quando foi a vez dele, quando foi da vez dele, quando da vez dele
XI, 22, **in fine,** Obs. 3.ª.

questão a resolver
XII, 4, a, Obs. 1.ª.

regência
que é, VI, 1; verbos em cuja regência frequentemente se erra, VI, 13; complementos de termos de regência diferentes (**entrei e saí do colégio**), VI, 16; complementos comuns a mais de um verbo, VI, 7; complementos que variam suas preposições, VI, 23.

sei que fazer
sua explicação e análise, XII, 7, g.

sem que
seus variados sentidos e análises, XI, 3.

sujeito
que é, II, 1; como se acha, II, 2; omissão, II, 3; indeterminado, IV, 1; orações sem sujeito, IV, 1; simples e composto, V, 3; sujeito como agente da ação verbal, VIII, 1; sujeito como paciente da ação verbal, VIII, 2; sujeito como agente e paciente, VIII, 4; posição do sujeito nas orações reduzidas, XII, 15; a construção **é da gente rir,** XII, 16.

temer, não teme
explicação e análise, XII, 7, Obs. **in fine**.

verbo bitransitivo
que é, VI, 3.

verbo intransitivo
que é, VI, 1.

verbos de ligação
que são, III, 2; quais são, III, 4.

verbos impessoais
que são, IV, 2; quais são, IV, 3; emprego no singular, IV, 4.

verbo transitivo
que é, VI, 3; transitivos diretos, indiretos e bitransitivos, VI, 3.

vírgula
indicadora da omissão do verbo, II, 4; seu emprego na inversão dos termos da oração, II, 6; seu emprego no sujeito composto, V, 4; seu emprego no objeto pleonástico, VI, 17; seu emprego nas subordinadas substantivas apositivas, XI, 11; seu emprego nas subordinadas adjetivas, XI, 12; seu emprego nas subordinadas adverbiais, XI, 25.

vocativo
 que é, X, 3; pontuação no vocativo, X, 3.

vozes verbais
 que são, VIII, 5; **ativa, passiva** e **medial**, VIII, 5; tipos de voz passiva, VIII, 5; diferença entre voz passiva e passividade, VIII, 2 e 5; sentidos da voz medial, VIII, 5; construções de sentido reflexivo e recíproco, VIII, 6; só os verbos transitivos diretos admitem voz passiva, VIII, 7; conversão da voz ativa em passiva e vice-versa, VIII, 8; diferença entre voz passiva e predicativo, VIII, 9.

Conheça outros livros do autor

Análise e história da língua portuguesa
Bechara para concursos
Fatos e dúvidas de linguagem
Gramática Escolar da Língua Portuguesa
Gramática Fácil
Mestres da língua
Moderna Gramática Portuguesa
Novo dicionário de dúvidas da língua portuguesa
Português para provas e concursos
Primeiros ensaios sobre Língua Portuguesa & Fenômenos de entonação

DIREÇÃO EDITORIAL
Daniele Cajueiro

EDITORAS RESPONSÁVEIS
Janaína Senna
Shahira Mahmud

PRODUÇÃO EDITORIAL
Adriana Torres
Laiane Flores
Allex Machado

REVISÃO
Claudia Ajuz
Fatima Amendoeira Maciel
Feiga Fiszon

DIAGRAMAÇÃO
Alfredo Loureiro

Este livro foi impresso em 2023,
pela Exklusiva, para a Nova Fronteira.